国家社科基金
GUOJIA SHEKE JIJIN HOUQI ZIZHU XIANGMU
后期资助项目

# 清代手写文献之俗字研究

## A Study on Popular Form of Characters in the handwritten Documents of the Qing Dynasty

杨小平　著

北京师范大学出版集团
BEIJING NORMAL UNIVERSITY PUBLISHING GROUP
北京师范大学出版社

**图书在版编目（CIP）数据**

清代手写文献之俗字研究 / 杨小平著 . — 北京：北京师范大学出版社 , 2019.11
国家社科基金后期资助项目
ISBN 978-7-303-25325-8

Ⅰ . ①清… Ⅱ . ①杨… Ⅲ . ①文献 – 古文字 – 异体字 – 研究 – 中国 – 清代 Ⅳ . ① H124.3

中国版本图书馆 CIP 数据核字（2019）第 263354 号

**清代手写文献之俗字研究**
QINGDAI SHOUXIE WENXIAN ZHI SUZI YANJIU

杨小平　著

策划编辑：禹明超　责任编辑：王　宁　王　亮
美术编辑：李向昕　装帧设计：李向昕
责任校对：陈　民　责任印制：陈　涛

| | | |
|---|---|---|
| 出版发行：北京师范大学出版社 | 开本：787mm × 1092mm 1/16 | 版次：2019 年 11 月第 1 版 |
| 印刷：北京京师印务有限公司 | 印张：26 | 印次：2019 年 11 月第 1 次印刷 |
| 经销：全国新华书店 | 字数：468 千字 | 定价：92.00 元 |

**北京师范大学出版社**

http://www.bnup.com
北京市西城区新街口外大街 12-3 号
邮政编码：100088
营销中心电话：010-58805602
主题出版与重大项目策划部：010-58805385

# 国家社科基金后期资助项目
## 出 版 说 明

  后期资助项目是国家社科基金设立的一类重要项目，旨在鼓励广大社科研究者潜心治学，支持基础研究多出优秀成果。它是经过严格评审，从接近完成的科研成果中遴选立项的。为扩大后期资助项目的影响，更好地推动学术发展，促进成果转化，全国哲学社会科学工作办公室按照"统一设计、统一标识、统一版式、形成系列"的总体要求，组织出版国家社科基金后期资助项目成果。

全国哲学社会科学工作办公室

# 目　录

# 绪　论

　　清代手写文献是指清代各种手抄写本文献，作为写本①，与普通传世文献的刻本、刊本相对，属于当时的手写文献。清代手写文献以清代南部县衙档案（以下简称《南部档案》）、清代巴县档案（以下简称《巴县档案》）、清代龙泉司法档案（以下简称《龙泉档案》）以及清代徽州文书（以下简称《徽州文书》）、清代龙泉驿契约文书（以下简称《龙泉驿文书》）、北京西山大觉寺藏清代契约文书（以下简称《大觉寺文书》）等为代表。清代手写文献较之正史、政书、文集、方志、笔记等传世文献，语言文字被后来者窜改的可能性较小，记载的语言文字真实性更高。

　　清代手写文献包括我国清代不同层级的档案，以及散藏于民间的手写文书等，其中的俗字②数量浩繁，字体多样，是俗字的渊薮，在汉字发展史上具有承前启后的作用，可谓俗字研究的宝库，更是研究清代文字的绝佳材料。可惜的是，这些资料多为文献学、历史学等学科的研究者所利用，而在语言文字领域，还没有受到足够重视。专题研究清代手写文献俗字，就笔者眼及所见，尚没有人进行。

　　在阅读、整理和研究清代手写文献的俗字时，我们发现有以下一些迫切需要解决的问题：

　　究竟什么是俗字，即俗字的内涵是什么？俗字是通俗的、低俗的，还是约定俗成的？

　　俗字包括哪些？俗字与古今字、通假字、异体字、讹误字、同义字、方言记音字等的界限是什么，即俗字的外延有哪些？

　　如何准确判断识读俗字，即判断识读俗字的方法有哪些？

　　简体俗字有哪些类别，与现在简化字的关系是什么？为何出现简体

---

① 据李运富《汉字学新论》，写本现存最早的是 1924 年和 1965 年新疆出土的晋人写本《三国志》残卷。李运富：《汉字学新论》，北京，北京师范大学出版社，2012，第 88 页。
② "俗字"也称"俗体""俗书""别字""别体""伪体""讹体""或体""破体""小写""手头字"等。

俗字？与繁化俗字出现原因的差异是什么？

俗字是个人现象，还是社会现象？这些俗字的书写是随心所欲，还是有一定习惯？俗字书写的规律是什么？俗字产生、发展、定型等有什么规律？俗字在清代从顺治到宣统各朝具体怎么发展，其来源是什么，产生原因又是什么？是由于民间文化程度较低，还是由于历史传承？清代俗字起源于何时，在汉语俗字发展史上处在什么地位，与现行规范汉字是什么关系？俗字能否登上大雅之堂？

疑难俗字多吗？考释难度怎样？

俗字索引怎样编排才能方便查询，整理与研究者需要一个什么样的俗字索引呢？

## 第一节　清代手写文献俗字研究意义

清代手写文献俗字记录、保存并反映了清代当时的真实文字现象，对这些俗字进行研究具有重要的学术意义。我们之所以选择清代手写文献俗字作为研究对象，是因为研究清代手写文献俗字，既有学术价值，又有应用价值，符合学术研究服务社会、服务地方的宗旨，有助于推动文化建设，推动区域经济的发展；有助于释读文献，有助于汉字研究，有助于辞书编纂等。

### 一、有助于释读文献

时下，清代手写文献为不同学科的研究者所青睐，但欲对之进行整理或研究，首要的是释读正确。释读中首先要涉及正俗字、古今字、借音字、繁简字、行草书、写本特殊符号等文字学知识，如误把"段"的俗字"叚"录成"假"，将"一"的借字"乙"录成"九"；其次要涉及政治学、历史学、文学、地理学、文书学、民俗学、训诂学等专门知识储备与考证技能。清代手写文献俗字是研究者首先必须面对的文字障碍，不通晓俗字，识读无从开始。

清代手写文献俗字，少的仅有一个字形，多的则有二十多个字形。不认识这些俗字，释读手写文献时势必会造成整理和研究的失误。清代手写文献的利用者往往容易对其中的俗字误认、误读与误写。错认俗字，就不可避免地会出现误读与误写的问题，如把"钱"的俗字"夗"录成"力"，把"及"的俗字录成"反"，把"暮"的俗字录成"墓"等。一旦误认、误读与误写俗字，文献的校录整理者就可能会错录姓名、误写文句、误断标点、误解句意乃至文意，甚至无法理解句意，只有俟考。描写、解释这些俗字，并对前人的错误释读加以说明、补充或纠正，编制清代手写文献俗字索引和清代历朝俗字索引等①，可以大大减少整理中释读的错误，减少姓名错录、文句误写、句意误解，避免误断标点，帮助理解句意。

《阙敏侯分家书》："乾傣（隆）五拾四年（年）正月十六日面弄（算）父故除服学信若（名）下用出铜伐（钱）拾叁仟文，其钱日后弟迖（边）有當（当）出息归还学信兄迖（边）。"（《石仓契约》第四辑第八册下茶铺·阙氏，乾隆四十年十一月二十九日）②其中截图的字，如果只看字形，就很容易误读，"弄"单独看不容易判断，甚至会被认成"人斗"二字。

当然，也有不少是形近字草写导致的讹误，如草写"四"与"五"，"六"与"八"等，很不容易辨别，常常误判。又如"元"与"之"草书形近，容易误判。再如《南部档案》第一件档案为顺治时期的舍白，其中"佺"字容易误判为"佺"字，实际上是"住"字，字形与"佺"字相近，构件"主"的点画和横画的连笔，导致与"佺"字相近。

清代手写文献俗字误解情况主要有两类：

一类是从未出现的生僻怪俗字，任何辞书都无法查阅，上下文也无法加以推断，俗字研究论著也未见提及，这种俗字直接影响清代手写文献的整理和研究，导致清代手写文献及其目录在确定文字时产生一些讹误。

另一类是同形字，因为俗字简化或者繁化，造成该字与另一字同形，从而造成误解。例如"银"字简化偏旁后写成"艮"，与表示"停止、界限、艰难、脾气倔"等意思的"艮"字同形，一不小心就可能释读错误。类似的还有"叚"（段、假），"玊"（王、玉）等。

总而言之，研究清代手写文献俗字，有助于整理和正确解读清代手

---

① 我们在翻阅清代手写文献与数字化清代手写文献的过程中，从中辑录俗字，并用表格的形式记载，从而建设清代手写文献俗字语料库，建立和不断完善清代手写文献俗字索引和清代历朝俗字索引等。对清代手写文献按照地域分期，选择其中的代表文献进行穷尽性考察，将其中的俗字逐一选出，并用表格将字形、出处、文献用例等相关信息全部记录，遇到相同字形而文献用例不同的则加以整理与合并。

② 曹树基、潘星辉、阙龙兴编：《石仓契约》第四辑第八册，杭州，浙江大学出版社，2015，第12页。本研究遇到俗字，除能够输入的外，采用在清代手写文献的原始文献图片上截图并在截图后括注正字的方法，以便看到清代文献的俗字写法。下同。

写文献，对因误解俗字而造成的错误释读、整理、研究清代手写文献的情况可以说明、补充、商榷或者纠正，避免误读、误录清代手写文献。

## 二、有助于汉字研究

清代手写文献俗字具有较大的研究价值，有助于汉语俗字研究、有助于研究汉字的发展演变规范。

### （一）有助于汉语俗字研究

本研究归纳俗字的内涵，说明俗字的本质特征，论述俗字的外延，划清俗字与简化字、异体字、古今字、讹误字等的界限。

本研究按照统一的标准，将俗字的分类简单划分为三大类，即笔画变化俗字、偏旁变化俗字、整字变化俗字，试图解决俗字分类繁多、不便掌握的问题。

本研究提出准确判断识别俗字的方法，包括利用辞书、利用上下文和利用文字结构变化进行判断识读。

本研究归纳总结前人时贤对俗字的看法，提出我们的质疑与相关思考，以期能够补充或纠正我们在俗字定义上的不足或错误，尽量为我们的俗字考释提供一些证明材料，增加俗字受书法影响较大等一些新的说法，帮助我们了解一些俗字形成的原由，同时指出语文著作中与俗字有关的疏失，解决一些疑难问题。

陈五云等认为，魏晋南北朝和唐末五代是俗字流行的高峰时期。[①]专家学者对魏晋唐五代俗字也特别关注。清代俗字没有引起专家学者的重视，清代俗字在汉语俗字发展史上具有承前启后的重要地位，与现代规范汉字的形成息息相关，值得加大研究的力度与深度。可喜的是，近年来，已经有专家学者开始对清代俗字进行整理与研究。

有人认为，俗字书写随意，具有任意性。有人认为，清代手写文献存在各地、各人的差异，书写者并不同，但是同一时期内我们并未看到各地俗字在书写上存在太大差异，写法均大同小异。由此可见，俗字并不具有任意性，任意性也不是俗字的特点。

地域因素、个人因素对清代手写文献的影响较小，书写者所写俗字大多都是约定俗成的，有所传承，并非个人创造的，也不是地域专有字。由此可见，俗字的使用并不是个别的、偶然的现象，而是普遍的、带有

---

① 　陈五云、徐时仪、梁晓虹：《佛经音义与汉字研究》，南京，凤凰出版社，2010，第 8 页。

很大约定性的书写方式。清代手写文献俗字并未受到清代手写文献书写者的影响，说明俗字的使用范围较广，也能够验证清代手写文献俗字并不是局限于南部、龙泉、北京、天柱、清水江等地。我们不能因为清代手写文献是地方保存的文献，就误判清代手写文献俗字都是某地人独创的，仅仅通行于某地。这明显是不符合清代语言文字的历史事实的。

唐兰提出研究近代文字中唐以后的简体字、楷书等，是极有眼光的。不过，他认为"简俗体并不太流行"①则未必。清代手写文献文字书体，受书法影响则较大，绝大部分为楷体，次为行书，草书极少，使用者包括书吏、乡约、农民等中层和下层民众，也包括县官、知府、督抚、帝王等上层人士。需要强调的是，俗字与俗体有差异，与汉字的字体并不相同，它们之间有本质的区别。俗字有人称为俗体字，俗体则属于一种字体，字体包括甲骨文、金文、篆书、隶书、楷书、行书、草书等，我们也将汉字的草体、行书等与俗字尽量区分开。

**(二)有助于研究汉字发展演变规范**

虽然清代手写文献中的俗字与传统规范正字不同，文字笔画差异较大，字形讹变较多，但是这些俗字仍然还是十分珍贵的。研究清代手写文献俗字，可以从中窥见有清一代人的书写情况，尤其是底层民众真实的书写情况，可以用来研究清代汉字发展的规律，有助于汉字发展演变规范的研究。

1. 为包括清代俗字在内的汉字研究提供一手材料

清代手写文献保存了文献原貌，其中很多包括简化字在内的俗字经过长期演变，经过约定俗成，具有了深厚的群众基础，展现了汉字手写中千变万化的字形变化，反映了当时文字使用的自然状态，可以从中窥见清代当时人们的用字状况。

清代手写文献可以为包括清代俗字在内的汉字研究提供大量的第一手的文字材料，可以从中挖掘汉语俗字的材料。各个时期的清代手写文献书写者有异，书写者多是低级官吏和代书者以及其他劳动者，书写过程中使用的多是当时流行的通俗汉字。清代手写文献俗字的形态丰富多样，造字理据各具特色，俗字往往具有系统性，并不是随意书写的，能够比较真实地反映当时文字的实际使用状况，是当时用字的真实记载。对清代手写文献俗字加以研究，分析其使用的特定年代和书写特点，可

---

① 唐兰：《中国文字学》，上海，上海古籍出版社，1979，第8页。

以为近代汉字研究提供丰富的字形资料，充实汉语文字史的资料，对推进近代汉字研究的不断深入和细化具有不可忽视的价值，还可以拓展近代汉字研究的范围，从而进行清代俗字断代的专题研究。

2. 揭示俗字在内的汉字演变规律

俗字演变研究资料相对比较匮乏，清代手写文献反映清代真实文字使用情况，可以窥见近代汉字发展演变的情形，有助于促进包括俗字在内的汉字演变研究。清代手写文献中的很多俗字在敦煌文献、陕西神德寺塔出土文献、墓志碑刻文献、清代县志、清代家谱也可见到，可以通过把清代手写文献俗字与之进行历时比较和共时比较。① 清代手写文献俗字大量沿袭以往俗字，未作改变，说明人们在使用文字过程中具有保守性，这也有利于文字的稳定。换句话说，俗字比较稳定，受书写者的书法传承影响较大，往往滞后于时代的发展，滞后于政治、经济的发展。经过对清代历朝俗字进行的统计与分析，我们可以看到，清代具体各期俗字的发展演变特点总体来说是推陈出新，扬长避短。清代手写文献俗字的变异、消亡主要是表义不清楚，容易引起误解。《南部档案》第14目录第58卷第1件中出现的"瓊"是"琼"的俗字，右边的声旁改变。声旁上面写成"⺍"，中间写成"罒"，"目"字的左边增加一竖，下面不变。元代周伯琦《六书正讹·庚清耕韵》："俗作瓊，非。"②该俗字比原有写法简单，但仍旧很复杂，笔画繁多，难以记忆，不被现行规范汉字接受就在情理之中了。

对清代手写文献俗字加以研究，根据清代手写文献原卷详细讨论清代俗字，对清代文字使用的真实情况细化到清代各期，尽量收集与整理清代历朝皇帝统治时期的俗字，为人们提供汉字演变的资料，较完整地

---

① 凡事有利必有弊，近年来数字文献的快速发展，计算机检索的大量运用，降低了问题的深入探讨程度，影响了对问题的思考，带来了一定负面影响。忽视了版本、文字、书法等众多因素，简单根据检索结果和电脑软件就得出新结论，似乎言之成理，论之有据，实际上问题多多。而传统的逐页翻阅虽然速度相对较慢，但是文献例证相对可靠，能够避免仅仅依靠检索，未加思考和推敲而错误引用文献。俗字中的疑难生僻怪字，无法输入，也无法在四库全书、四部丛刊、中国基本古籍库中进行检索。古籍与手写文献的整理研究者有时直接将俗字录成通用汉字，没有附加原始图卷，无从检索与发现俗字。俗字中的常用俗字(尤其是简体俗字)很难通过常规检索手段，在四库全书、四部丛刊、中国基本古籍库中进行检索。我们只好逐页翻阅敦煌文献、陕西神德寺塔出土文献、墓志碑刻文献、县志、家谱等进行比较分析。
② (元)周伯琦编注、(明)胡正言订篆：《六书正讹》，古香阁藏版，元至正十一年(1351)，卷二第23页。

反映清代俗字使用、发展、演变、定型、消亡等情况，有助于分析清代手写文献中俗字与古今俗字的联系，详细了解汉字从古文字到近代文字再到现代文字的过程，描写前人未曾注意到的文字现象，揭示清代汉字的演变规律，有助于探明俗字的演变轨迹，可以掌握清代地方政府及民间书写系统中的文字使用、演变和规范情况，有助于总结近代汉字书写的变异规律，可以推动薄弱的近代文字研究。

对清代手写文献俗字加以研究，理顺俗字与简化字的关系，有助于对汉字简化和简化字有更正确的认识，有助于建立真实、系统、完整的汉语文字学体系，从中吸取汉字简化、规范化等语言文字改革需要的经验教训，可以为汉字整理、规范和改革提供参考。

### 三、有助于辞书编纂等

清代手写文献未受到辞书编纂者的充分重视，受主客观条件的影响，大中型辞书存在漏收部分词条、晚收文献例证、未举疑难字词例证等问题，前人时贤对此所言已经甚多。清代手写文献俗字研究收集清代俗字，考释疑难俗字，对俗字进行汇集、描写、整理和断代研究，按音序编制清代手写文献俗字索引和清代历朝俗字索引，有助于考辨辞书中的疑难俗字，能够为其修订补充词条和文献用例，可以为编辑清代俗字字典在内的断代俗字字典奠定基础。①

**(一)有助于辞书编纂**

清代手写文献俗字研究具有为辞书提供文献例证、提前滞后的文献例证和增补漏收的俗字等价值。

1. 提供文献例证

文献例证是辞书中的重要内容，客观来说，辞书的编纂者应该为每一个字词的所有义项都提出恰当的例证，最好能够提供最早文献用例。但是由于受到主客观条件各种原因的影响，辞书很难做到这一点。

---

① 我们也应该注意到《中文大辞典》《汉语大字典》《中华字海》《汉语大词典》等辞书存在的问题的复杂性，如版本选择、编纂体例、字词确定等。本研究提出的意见主要是善意地提出一些我们找到的文献材料，不一定都是正确的、典型的，也无意否定辞书取得的成就。辞书的编纂者由于种种原因，不可能看到所有文献。即使对看到的文献，辞书的编纂也要考虑文献版本、辞典编纂体例等问题，而且还要考虑文献用例的规范性和代表性等各种情况，同时受时间和精力的影响，出现未收、错收、晚收等情况在所难免。我们指出辞书的问题，并不是求全责备，而是希望为今后辞书的修订和汉语字词的研究提供参考。

辞书中不少字词下就存在缺少例证的缺陷，尤其是俗字。由于当时主客观条件局限等原因，辞书在收录俗字时，往往列举的文献例证很少，或者只有一个孤例，甚至不举例证，没有提供文献例证。辞书没有文献例证，读者无法理解，会误认为这个俗字没有使用，属于死字。没有文献例证，辞书中所收的俗字就存在来源不清的问题。本研究尽量为俗字补充清代手写文献例证，为辞书提供典型、规范的文献例证。

【烕】

"烕"字，辞书大多未收，《中华字海·火部》收录"烕"字，与之类似，解释说："音未详，姓，唐代有此姓。"①根据上下文，该字当就是"严"字，繁体写作"嚴"，俗字下面则用"火"代替"敢"字。②"嚴"演变为"烕"的过程以及构件"火"为何能代替"敢"，李义敏《明朝档案俗字研究》③有详细论述，可以参考④。《宋元以来俗字谱·口部》所收俗字有类似该字的，例证引《东牕记》。清代手写文献中多见该俗字，如：

(1)徽州文书《顺治十七年程达等立保租合同》："历年百有余载，世守无异，人文丁齿，咸赖毓脉于斯，向年恐人心不一，曾立合同，烕（严）禁七大房人等，毋许私厝盗葬，以伤祖茔。"

(2)《为严催牙当各帖以裕国课事饬南部县》："迄今日久，未据查明，具覆合，再烕（严）催。"（《南部档案》10-990-1，光绪十四年二月一日）⑤

【寿】

《辞海·寸部》："寿，壽俗字。"⑥《中文大辞典·寸部》："'壽'之俗字。《辞海》，壽俗字。"⑦《汉语大字典·寸部》："'壽'的简化字。"⑧以上辞书均未列举文献例证。清代手写文献中多见该俗字，如：

(1)《为具供民具告王兴贵私煮大麦酒事》："据任松寿（壽）供。"（《南部档案》4-68-5，道光二十年五月十八日）

---

①　冷玉龙等主编：《中华字海》，北京，中华书局、中国友谊出版公司，1994，第953页。
②　周志锋：《俗字考释两则》，《汉字文化》2006年第4期。
③　李义敏：《明朝档案俗字研究》，浙江师范大学硕士论文，2012，第12、51～53页。
④　王钰欣、周绍泉主编：《徽州千年契约文书（清·民国卷）第一卷》，石家庄，花山文艺出版社，1991，第53页。
⑤　著录《南部档案》时，在俗字后括注正字，标明档案名称（采用中华书局2009年出版的《清代南部县衙档案目录》），档案末尾括注出处，依次标注目录号、卷号、件号和书写时间（根据档案上的图章，不录盒号）。
⑥　舒新城：《辞海》，上海，中华书局，1948，第432页。
⑦　《中文大辞典》，台北，中国文化研究所，1968，第4113页。
⑧　《汉语大字典》第二版，成都，四川辞书出版社；武汉，崇文书局，2010，第546页。

(2)《为具供民具告王兴贵私煮大麦酒事》:"过后任松寿(壽)、蓝天义们向王兴贵角口。"(《南部档案》4-68-5,道光二十年五月十八日)

按:方孝坤《徽州文书俗字研究》也收录,指出明清徽州文书均有该俗字。[①]《龙泉驿文书》"寿"字多写繁体,大多数出现在人名中,不写简体字,可能与人名有关。

2. 提前文献例证

辞书在编撰时,受主客观条件的限制,未能使用早期文献例证,导致字词的文献例证时代滞后。本研究可以提前辞书所收录俗字的文献例证时代。

【佸】

"佸"字是方言俗字,意思是"逼;强迫"。《汉语大字典》首引例证是民国时期的唐枢《蜀籁》卷一和艾芜《猪》[②],时代滞后。《汉语大词典》收录该义,例证引艾芜《一个女人的悲剧》三和李劼人《死水微澜》第三部分二,首引书证也滞后。清代手写文献多见该俗字,如:

(1)《陈胡氏杜卖田地文契》:"即起坟迹不得佸卖与苏姓。"(《龙泉驿文书》6-1-21,嘉庆拾弍年冬月十六日)[③]

(2)《为具告李右连等乱伦叔翁佸配侄妇事》:"似此叔翁佸配侄妇,人伦安在?"(《南部档案》3-78-1,嘉庆十六年九月三日)

(3)《为具告王文兴等勒买盐井阻佃事》:"殊伊父子佸霸不肯,又不决买。"(《南部档案》5-293-1,咸丰元年一月二十九日)

(4)《为具告胡绍文等叠次需索佸割粮苗事》:"非蹧粮苗佸割,即寻买卖挟制。"(《南部档案》6-53-1,同治二年六月十三日)

(5)《周天才为因仇拦殴栽奸勒搕事》:"栽诬父佸奸伊妻。"(《冕宁档案》328-44,光绪四年五月二十七日)[④]

---

① 方孝坤:《徽州文书俗字研究》,北京,人民出版社,2012,第251页。

② 引自徐中舒主编:《汉语大字典》第一版,成都,四川辞书出版社;武汉,湖北辞书出版社,1990,第130页。徐中舒主编:《汉语大字典》第二版,成都,四川辞书出版社;武汉,崇文书局,2010,第163页。两版文字全同。

③ 胡开全主编:《成都龙泉驿百年契约文书》,成都,巴蜀书社,2012,第28页。为简明达意,行文将之简为《龙泉驿文书》,虽有碍于体例一致,但更利于文献的清晰呈述,书中类似情况,皆依此法处理,恕不一一赘述。

④ 李艳君:《从冕宁县档案看清代民事诉讼制度》,昆明,云南大学出版社,2009,第51页。

## 【㘎】

"㘎"是"喊"的俗字。①《汉语大字典·口部》例证孤引《中国谚语资料》②,《中华字海·口部》例证孤引沙汀《困兽记》,时间均滞后③。清代手写文献已见该俗字,如:

《为董连仲扭送汪子星到处喧嚷呈凶事》:"小的随徃杨李氏门首㘎(喊)叫王有元要钱。"(《南部档案》23-39-2,宣统元年十月十三日)

3. 增补漏收俗字

辞书收录了不少俗字,如《汉语大字典》收字6万多,释义精审、引证丰富,《中华字海》收字更多,超过8万。不过,在近代汉字尤其是疑难俗字、生僻字、常用俗字的辑录整理、分析考辨方面,这些大中型辞书仍然还存在一定的缺憾。部分辞书混淆俗字和古今字、通假字、异体字、讹误字等,误将不是俗字的判断为俗字。

由于汉字书写各异,造字无数,所以辞书收录汉字时,遗漏部分俗字,在所难免。辞书受当时主客观条件的制约,对一些俗字未加收录,本研究可以增补辞书漏收的这些俗字,如"缴""遝""肬"等。

"缴"是"缴"的俗字,中间部件发生改变,写成"身",略有变形。这样书写,比原来中间写成上"白"下"方"简便得多。《南部档案》23-256-2、《龙泉司法档案选编》13527:39、明清徽州文书均有此俗字。④《汉语大字典》第一版、第二版、《中华字海》等均未收录该俗字。

### (二)改变记字时有音无字的尴尬

清代手写文献俗字研究有助于改变地方志编纂、旅游资源开发等记载方言俗字时有音无字的尴尬,能够服务方志编纂、地方文化建设、旅游资源开发。

地方志编纂水平参差不齐,一旦记录当地方音时,就往往遇到有音无字的尴尬,因为人们发现,这些耳熟能详的词语一旦用文字来书写的时候,就不知道该用何字,或者不知道有何字可供使用。类似的还有地方文化建设、旅游资源开发,遇到地方特色的方言词语时,常常不知道

---

① 因为"咸"读音发生变化,已经不能够准确表音,所以改成准确表音的"罕"。随着语音的变化,部分形声字的声旁不能够代表整个字的读音,声旁读音和整个字的读音不一致。如果再按照声旁读,就会出现"秀才识字认半边"的笑话。针对这种情况,改变声旁,让其准确表音,就成为汉字改革的必然。当然,这种改革需要得到民众的认可,经过约定俗成,才能够成为正字。

② 《汉语大字典》第二版,成都,四川辞书出版社;武汉,崇文书局,2010,第684页。

③ 冷玉龙等:《中华字海》,北京,中华书局、中国友谊出版公司,1994,第396页。

④ 李义敏:《明朝档案俗字研究》,浙江师范大学硕士论文,2012,第55~57页。

用什么汉字，只好阙疑，或者用同音字代替。

## 第二节　清代手写文献俗字研究现状

清代手写文献属于太田辰夫所言的共时文献（又称"一手文献"），记录当时的语言文字，绝大多数为人工书写（有部分刻本），使用了不少俗字。这些俗字，数量多，内容宽泛，与简帛俗字、碑刻俗字、敦煌俗字、宋元以来刻本俗字等类似，往往难以准确辨认。东汉许慎《说文解字》一书已经涉及"俗字"，但是未将二字连用。① "俗字"连用成为一个词，目前我们能够检索到的早期文献是颜之推《颜氏家训》，分别见《书证》和《杂艺》。②

### 一、俗字研究现状

俗字历史悠久，文化底蕴丰厚，研究既有成就，又有不足。

**（一）成就**

目前俗字研究，六朝唐五代时期的研究比较好，已经取得了很大成绩。

1. 研究众多，成就巨大

俗字研究众多，论著不少，如潘重规《汉语俗字谱》（1978 年）③、《龙龛手镜新编》（1988 年），太田辰夫《唐宋俗字谱·祖堂集之部》（1982年）④，蒋礼鸿《类篇考索》（1996 年），张涌泉《汉语俗字研究》⑤、《敦煌

---

① "由"条："块，俗由字。"该句相当于说"块，由俗字"。《说文·角部》"觥"条："俗觥从光。"《说文·仌部》"冰"条："俗冰从疑。"由此可见，《说文》收录俗字，只差明确连用两字了。

② 王利器：《颜氏家训集解》，北京，中华书局，1993，第 445～447、574 页。版权页上面写 1996 年，下面写 1993 年，上下不一致。版权页上面的 1996 年当误。"裴、徐、邹"，中国基本古籍库误录为"尧、徐、邹"，"因误更立名耳"中的"耳"，中国基本古籍库误录为"尔"。方孝坤：《徽州文书俗字研究》第 17 页也引用该段文字的部分内容作为"俗字"名称的最早使用之处，不过把"末世传写"误引作"末世传字"，"虑羲"误引作"虑义"，可能是二字形近导致的讹误。第 26 页引文同样错误。

③ 潘重规：《汉语俗字谱》，台北，石门图书公司，1978。

④ ［日］太田辰夫：《唐宋俗字谱·祖堂集之部》，东京，汲古书院，1982。只影印俗字，不举例句，没有书证。

⑤ 张涌泉：《汉语俗字研究》，长沙，岳麓书社，1995；又张涌泉：《汉语俗字研究》（增订本），北京，商务印书馆，2010。

俗字研究》(1996 年第一版，2016 年第二版)、《汉语俗字丛考》(2000 年)，黄征《敦煌俗字典》(2005 年)，曾良《俗字及古籍文字通例研究》(2006 年)、《明清小说俗字研究》(2017 年)，曾良、陈敏《明清小说俗字典》(2018 年)，欧昌俊、李海霞《六朝唐五代石刻俗字研究》(2004 年)，吴钢《唐碑俗字录》(2004 年)①，孔仲温《玉篇俗字研究》(2000 年)，杨宝忠《疑难字考释与研究》(2005 年)、《大型字书疑难字考释与研究》(2004 年)、《疑难字读考》(2011 年)、《疑难字三考》(2018 年)，日本学者田中礛《明代俗字考》(1957 年)，郑诗《古今正俗字诂》(1986 年)，金荣华《韩国俗字谱》(1986 年)，曾荣汾《字汇俗字研究》(1996 年)、《龙龛手鉴之俗字研究》(1998 年)、《广韵俗字研究》(1999 年)，季旭升《类篇俗字研究》(1996 年)、黄沛荣《正字通俗字研究》(1997 年)、《唐代墓志俗字辑证》(2001 年)、《全明传奇俗字辑证》(2002 年)，许锬辉《字汇补俗字研究》(1997 年)、《唐代写帖法书俗字辑证》(2001 年)、《"明钞本"俗字辑证》(2003 年)，蔡信发《康熙字典俗字研究》(1997 年)、《宋代版刻俗字辑证》(2001 年)、《"清钞本"俗字辑证》，王妙云《魏晋南北朝墓志俗字研究》(2003 年)，李相馥《唐五代韵书写本俗字研究》(1989 年)，谢慧绮《慧琳一切经音义俗字析论》(2004 年)，徐珍珍《新集藏经音义随函录俗字研究》(1997 年)，凌亦文《增订碑别字中俗字之研究》(1979 年)，周志锋《明清小说俗字俗语研究》，梁晓虹《日本古写本单经音义与汉字研究》(2015 年)②，何华珍《日本汉字和汉字词研究》，姚永铭《慧琳音义研究》，《汉语大字典》，《中华字海》，梁晓虹、陈五云、苗昱《〈新译华严经音义私记〉俗字研究》(2014 年)，毛远明《汉魏六朝碑刻异体字典》(2012 年)，郑贤章《龙龛手镜研究》(2004 年)、《〈新集藏经音义随函录〉研究》(2007 年)、《汉文佛典疑难俗字汇释与研究》(2016 年)，韩小荆《〈可洪音义〉研究——以文字为中心》(2009 年)，刘中富《干禄字书字类研究》(2004 年)，朱葆华《原本玉篇文字研究》(2004 年)，罗振鋆《碑别字》，罗振玉《增订碑别字》，秦公《碑别字新编》③，秦公、刘大新《广碑别字》(1995 年)④，

---

① 吴钢辑、吴大敏编：《唐碑俗字录》，西安，三秦出版社，2004。

② 周志锋还有《俗字俗语与明清白话著作校勘》(载《古籍整理研究学刊》2000 年第 2 期)、《大字典论稿》(杭州，浙江教育出版社，1998)等。

③ 秦公辑：《碑别字新编》，北京，文物出版社，1985。该书共收入俗字别体 12844 个。

④ 秦公、刘大新：《广碑别字》，北京，国际文化出版公司，1995。该书收字头 3450 余字，重文别字 21300 余字。

陆明君《魏晋南北朝碑别字研究》①等，集中在俗字理论、敦煌俗字、字书俗字、碑刻俗字等，研究对象资料涉及敦煌写本、碑刻碣文、佛经佛典，也涉及日本等海外所存的写本文献。契约文书、档案文书领域也开始有语言文字学的专家学者涉猎，2012 年出版了方孝坤的《徽州文书俗字研究》，这是目前唯一一部专题研究文书俗字的专著。李义敏 2012 年硕士论文《明朝档案俗字研究》则是专题研究明代档案俗字的学位论文。曾良、陈敏 2018 年出版的《明清小说俗字典》是专门整理与研究明清小说俗字的工具书。

2. 重辑录和资料汇编

俗字的辑录和研究工作比较有影响的有洪适《隶释》、蒲松龄《日用俗字》②、罗振鋆《碑别字》和罗振玉《增订碑别字》、刘复和李家瑞《宋元以来俗字谱》等，但材料多局限在碑版和宋元通俗小说刻本，较少涉及元明清写本。

"中华字库"③子项目"手写纸本文献用字的搜集与整理"2011 年在浙江师范大学正式启动，由张涌泉教授负责。包括宋元以来契约文书、明清档案等 16 个子课题，将首次全面系统地收集手写纸本文献文字资源，并且全面科学地整理手写纸本文献中未编码字形的楷定、读音、意义、使用等属性信息，完成完善的手写纸本文献文字字形表与属性数据库、资源库等集大成的巨型工具书项目建设，势必对俗字尤其是常用俗字的研究带来重大改变。可惜的是，该字库目前仍然尚未问世，读者无从利用。

俗字的研究论著也辑录了不少相关文献例证，可供吸收借鉴，这些论著列举尽量多的文献例证，实现俗字辑录从摘字到摘句的转变，有利于提供俗字的可信性，便于说明文字的使用、演变规律。

3. 重视俗字的分类、特点

众多的俗字研究论著，尤其注重俗字的分类，分析俗字的特点。研

---

① 陆明君：《魏晋南北朝碑别字研究》，北京，文化艺术出版社，2009。

② （清）蒲松龄：《日用俗字·身体章》："偒偧撒闲游负此身。""偧"字，蒲松龄列为俗字，自注音同"撒"字。《汉语大字典》第二版第 263 页收录，注音为 sà，仅引《集韵》为证。241 页"偒"字条列"偒偧"，解释为"不谨慎"，例证引《玉篇》和《日用俗字》。编者采用了参见的方式，容易误解该字，无文献用例。又如《庄农章》："犁里钩折须另打，鐷官头钗缺亦重添。"敦煌文献出现的"䬂"字，蒲松龄注音同"恰"，见《庄农章》："麦芒䬂恰着叫讙讙。"

③ "中华字库"是国家新闻出版重大科技工程项目，包括汉字古文字约 10 万、楷书汉字约 30 万、各少数民族文字约 10 万。

究者根据研究材料，将俗字分类做得十分细化，为后人研究奠定了基础。专家学者十分注意归纳俗字的特点，努力探寻俗字的本质属性，提出了通俗性、时代性、区别性、方域性等特点。

4. 重视考释疑难俗字

专家学者特别注意考释疑难俗字，甚至全书都是对疑难俗字进行考释，如蔡忠霖、陈五云、方孝坤、韩小荆、黄征、蒋礼鸿、蒋宗福、李海霞、梁晓虹、欧昌俊、潘重规、温振兴、徐时仪、杨宝忠、杨正业、于淑健、曾良、张涌泉、赵红、郑贤章等，疑难俗字考释取得了举世瞩目的巨大成就，为汉字研究、辞书编纂等提供了有益的参考。

(二) 不足

以上这些论著对历史上存在的俗文字进行了许多考释，成绩斐然。然而，由于受到主客观条件局限的影响，相对于其他学科和方向，俗字研究仍旧是比较沉寂的，受重视程度仍然还是不够的。唐兰《古文字学导论》主张文字学要扩宽研究范围，多研究隶书以下的文字，尤其应该注意俗字、简化字、楷书等，认为"隶书以下，是学者们懒得去研究的""所要研究的，是从文字起源，一直到现代楷书，或俗字、简字的历史"，① 朱德熙也指出"现在的常用字里有许多字的历史我们不清楚""我们应该提倡近代文字的研究，俗字的研究。"②我们至今能够检索和利用的常用字辞书仍然偏少，不能满足读者日益增长的对汉字历史演变的巨大需求。

无论俗字研究人员的数量，还是俗字研究成果的数量，都仍然偏少，文字学领域的学者参与相对较少，张涌泉《汉语俗字研究》说："俗字研究的赤贫如洗的状况并没有从根本上得到改变，不但研究论著寥若晨星，研究人员也少得可怜。"③按：目前俗字研究虽然已经不再是"赤贫如洗"，但仍然不容乐观，有待继续努力。

俗字的不少问题和领域还没有进行研究，已进行的汉语俗字考证还或多或少地存在一些不足。蒋礼鸿《中国俗文字学研究导言》看法与此类似，他说"至于隶书以下的文字的研究，前人就不曾很好地系统地做过""辑录文字的多，分析考辨的少""汉以后文字发展演变的情形怎样？人们在怎样地发展俗字以与统治阶级的垄断进行斗争？人们是怎样使用这些

---

① 转引自张涌泉：《汉语俗字研究》，北京，商务印书馆，2010，第10页。

② 朱德熙：《在"汉字问题学术讨论会"开幕式上的发言》，《汉字问题学术讨论会论文集》，北京，语文出版社，1988。转引自张涌泉：《汉语俗字研究》，北京，商务印书馆，2010，第11页。

③ 张涌泉：《汉语俗字研究》，北京，商务印书馆，2010，第12页。

文字的？我们就知道得很少，俗文字学在文字学这个部门中到今天还几乎是空白的。"①蒋先生的话是 60 多年前说的，今天已经有很大改观，但所言的问题到目前我们仍无法准确加以解答，仍然是"辑录多、分析考辨少"，因此这些话对我们今天研究俗字仍然具有指导意义，我们应该在辑录汉字资料的同时，大力加强隶书以后文字的研究，考虑书法对俗字的巨大影响，加强分析考辨，全面掌握汉字系统，增加文字研究的深度与广度，为汉字改革和规范提供参考，提出合乎汉字发展规律的建议。

1. 元明清俗字研究相对薄弱

从时间上来看，元明清时期及其后的俗字研究相对薄弱，需要加强研究。其中清代俗字研究尤其薄弱，仅仅有周志锋《明清小说俗字俗语研究》，方孝坤《徽州文书俗字研究》，温振兴《影戏俗字研究》，李义敏《明代档案俗字研究》，曾良《明清小说俗字研究》，曾良、陈敏《明清小说俗字典》等，而且周书、曾书都局限于小说，方书则侧重历时研究，温书则局限于影戏，李文则研究明代档案俗字，都并非清代俗字断代研究。曾良、林鹭兵《略谈明清古籍俗字的释读》(《江南大学学报》2009 年第 2期)、曾良《明清小说词语俗写考》(《合肥师范学院学报》2010 年第 2 期)、罗芳《清代至民国时期云南契约文书俗字研究》(湘潭大学 2015 年硕士论文)、夏敏《〈康熙字典〉俗字整理与研究》(华东师范大学 2015 年硕士论文)等论文也涉及明清俗字考释等。迄今为止，我们没有一部清代俗字字典，哪怕是简略的清代俗字字典也没有。我们可以看到，国内目前只有两部俗字字典，即《敦煌俗字典》与曾良、陈敏《明清小说俗字典》，《汉语俗字谱》《敦煌俗字谱》仅仅是辑录，还不是俗字字典，包括清代俗字字典在内的断代俗字字典均没有出现，可见俗字的断代研究和汇集、描写、整理，都还有待进行更深入的研究。

清代是近代汉字到现代汉字的重要时期，清代手写文献中的各个时期书写者有异，呈现丰富多彩的特色。而清代具体各期俗字的发展演变是怎样的，我们目前尚不清楚具体情况。清代手写文献俗字的变异、消亡及其原因等都是需要在全面描述、深入系统研究的基础上，才可能得出比较正确的结论，这些结论与传统文字学的观点是否吻合还有待观察，甚至与俗字学的观点是否吻合也需要统计分析，才可能得出比较符合语言文字历史的结论。我们还不知道清代俗字的使用、发展、演变等具体

① 蒋礼鸿：《中国俗字文字学研究导言》，《杭州大学学报》1959 年第 3 期。转引自张涌泉：《汉语俗字研究》，北京，商务印书馆，2010，第 10～11 页。

情况，说不清楚古今俗字的联系，在说明研究俗字与简化字关系问题上就可能存在瑕疵。我们对清代地方政府及民间书写系统中的文字使用、演变情况掌握得不多，调查不够，结论相对比较模糊，无法从中吸取汉字简化、规范化等语言文字改革需要的经验教训。

从研究对象来看，敦煌文献（包括变文、诗歌等）、小说、碑文、石刻中的俗字研究比较多，清代手写文献俗字研究极少，俗字研究亟待加强。清代手写文献俗字的专题研究尚无，没有清代手写文献俗字字典或者索引可供参考。

2. 混淆俗字与其他文字

研究并未严格区分俗字与其他文字，如俗字与古今字、通假字、异体字、讹误字、同义字等，误把通假字、讹误字、异体字、古今字、类化偏旁字一概视作俗字等。混淆的原因就是俗字的内涵和外延不清晰，因为俗字的内涵一直存在争议，俗字的本质特征不清楚是造成混淆的重要原因，研究者无法利用俗字的内涵和本质特征进行判断和区分。俗字的本质特征到底是通俗呢，还是约定俗成呢，还是其他的呢？这个根本问题不解决，混淆俗字和其他文字就在所难免。

3. 偏重疑难俗字

从内容上来看，研究者过分偏重几乎是死字的疑难俗字，重视辞书的生僻怪字，忽视使用频率很高的常用俗字，甚至导致我们对简化字在内的常用俗字产生错误的理解；误认为简化字是1949年后人为规定的，忽视了简化汉字继承历史传承的合理性，简单批评简化汉字损害汉字理据，破坏汉字结构，甚至夸大到影响祖国文化传承。实际上，汉字历史上，汉字既有繁化，又有简化，简化字一直不断出现。由于种种原因，人们对常用俗字的内涵和渊源已知之不多，特别是随着时间的推移，又难免出现偏差，不少俗字尤其是常用俗字很难说清楚原委，俗字尤其是常用俗字仍然需要继续进行研究，俗字的理论仍需要总结，从而为俗字发展史奠定基础。

## 二、清代手写文献俗字研究现状

### （一）成就

1. 略有研究

清代手写文献俗字没有专题研究，但并不意味着完全没有人研究。张涌泉《汉语俗字研究》，方孝坤《徽州文书俗字研究》，戴元枝"明清徽州杂字的整理与研究"①，温振兴《影戏俗字研究》，周志锋《明清小说俗字俗语研究》，曾良《明清小说俗字研究》，曾良、陈敏《明清小说俗字典》等都涉及清代手写文献俗字研究，还有一些硕博士论文和一些期刊论文也涉及这个内容。虽然这些都不是清代手写文献俗字的专题研究，但并不是没有研究。这些研究充分说明，学界已经开始研究清代手写文献俗字。不过，这些或是单篇论文，或是专著中的一章，或是清代文献的部分，清代手写文献大多数俗字还有待分析辨析。

2. 编有索引

方孝坤《徽州文书俗字研究》编有俗字索引，虽然并不是清代俗字索引，但是包括清代俗字，温振兴《影戏俗字研究》按音序排列俗字，都可供我们借鉴。

**(二)不足**

1. 专题研究尚无

受主客观条件限制，俗字研究是我国文字研究中相对薄弱的环节，而清代手写文献俗字的研究更是偏少，目前我们看到仅仅有方孝坤的《徽州文书俗字研究》、温振兴《影戏俗字研究》等。汉语研究中，存在着严重的头重脚轻的倾向，重古轻今。在我国的文字研究中，则存在"重两头轻中间"的倾向，即重视古代和现代，轻视元明清。古文字学(包括甲骨文学、金文学、说文学、简帛学等)和现代文字学发展较好，取得巨大的进步。而近代汉字学的研究虽然已经引起一些重视，但是与古文字学和现代汉字学相比，近代汉字尤其是清代汉字的研究还不够，仍然十分薄弱。

清代手写文献发表的有关论著多是历史、法律、政治等领域的。从事语言、文字研究的专家学者对清代手写文献仍然重视不够，尚未展开充分研究，较少有人使用清代手写文献作为研究语料，没有专门针对清代手写文献俗字的研究。

2. 清代手写文献整理和研究对俗字注意不够

清代手写文献公布的图版太少，如《清代广东土地契约文书汇编》《湖北天门熊氏契约文书》等直接整理成现代文字，没有附加文献图版，读者看不到原卷，则无从辑录、考察、辨析其中的俗字；《龙泉驿文书》《大觉寺文书》则是图文对照，提供了文献图版，读者能够看到手写原卷，就能够整理文字并将俗字直接改成现代规范文字。有原始文献图版，俗字就能够以原始状态呈现在读者面前，真实反映当时的文字。被改成现代规

---

① 戴元枝"明清徽州杂字的整理与研究"，教育部 2014 年规划项目。

范汉字的俗字若看不到这些原始信息，再加整理者的描写或者改写，就可能不够直观地表现，读者也不容易明白整理者论述的究竟是什么情况。

俗字的正确解读是正确释读和整理清代手写文献的基础，俗字的错误认识会导致句意理解错误、标点句读不当等，直接或者间接影响清代手写文献的研究和利用，以讹传讹，不利于地方历史档案的整理与研究。解读和整理清代手写文献并未能充分注意俗字，现已出版的《清代南部县衙档案目录》(中华书局 2009 年)、《清代四川南部县衙门档案》(黄山书社 2015 年)在录入人名时，遇到俗字的情况下，有时就会误判、误写。

同时，整理和研究清代手写文献并遇到俗字时，没有一个俗字索引可供检索。目前的俗字索引往往按照正字为序编排，但清代手写文献整理和研究者并不知道该俗字对应的正字，自然无法检索，只有逐一翻阅，而且翻阅了半天发现并没有该俗字。但按照俗字为序编排索引，又存在俗字的部首、笔画、读音等难以准确确定的问题。这样俗字索引的价值就大打折扣，与实际需要脱节。俗字索引也往往容易混淆俗字与古今字、通假字、异体字、讹误字、同形字、避讳字等，不过，这些文字的研究区分并不是读者最迫切需要的。读者首先需要明白这究竟是什么汉字，意义是什么，其次才是读音，最后才是其他问题。

3. 语言文字研究和辞书编纂基本未曾涉及

研究语言文字和辞书编纂时对俗字关注不够，基本未曾涉及清代手写文献俗字。清代手写文献长期以来不为人们熟知，语言文字领域的人受主客观条件的限制，原始手写文献难以获得，主观上对其关注也不够，导致辞书收字录词时存在未加收录、例证缺失、孤证使用、例证时代滞后等问题，不便民众学习和研究。当然，这与清代手写文献的整理与研究偏少也有关系，因为清代手写文献整理与研究直接录入规范汉字，没有原始图片可以佐证；或者直接影印出版清代手写文献，部头巨大，售价昂贵，普通读者根本无力购买。这些清代手写文献及其俗字自然也不可能进入辞书编纂者的视线，被忽视也就很正常了。《汉语大字典》第二版也已经在 2010 年正式修订出版，《汉语大字典》第二版仍然未能利用清代手写文献，对所收汉字进行补充，实为憾事。《汉语大字典》中有不少汉字属于死字，有字无音，或者无义，或者无文献用例，或者文献例证为孤证，字词的例证时间仍然滞后。清代手写文献完全可以发挥其作为清代一手文献的重要作用，提供补收汉字，补充文献例证，提前字词的文献例证等。

## 第三节　研究材料

清代手写文献绝大多数注明了明确的时间，比传世文献、敦煌文献具有更准确的时间标记，能够直接作为历史地理的客观证据，可以为研究清代政治、经济、法律、军事、文化、教育、卫生、宗教、民俗、语言、文字等提供资料。清代手写文献中的俗字均为同一时代书写，这些俗字书写的具体时间绝大多数非常明确，具体到年，甚至到日。清代手写文献绝大多数不需要文史研究者去断代，可以直接视为当时语言文字使用情况的真实反映。

清代手写文献数量浩瀚，仅仅《南部档案》就有 8 万多个编号，《巴县档案》超过 10 万卷，远远超过号称约 6 万个编号的敦煌文献，数量庞大，迄今无人能够一一校录整理。大多数手写文献也未见前人校录整理，全部穷尽并不现实，也没有必要，尤其是清代前期的手写文献数量偏少，光绪时期的手写文献过多，只需要找出清代各地各时期的代表性手写文献即可。受主客观条件局限，我们把研究材料限定为档案和文书两类代表性手写文献。档案是清代各级官方保管的，大多数是手写的；文书则多是民间所藏的契约等，绝大多数也是手写的。同时，我们所选择的清代手写文献尽量覆盖从顺治时期到宣统时期的每一个时期，每个例证均出自清代手写文献的原卷图版，不根据整理者的录文资料。例证排列按照朝代先后顺序排列，以便观察俗字的发展和使用情况。

### 一、清代档案

清代档案包括国家档案与地方档案，分别以故宫档案与州县档案为代表。故宫清代档案是国家档案，反映中上层语言文字的使用情况；州县档案直接反映民间百态、基层情况、衙门运作等。《南部档案》《巴县档案》《龙泉档案》等就是保存完整的州县档案。明清档案材料多散存于各地档案馆，少有数据光盘和网络资源，利用率往往不高，数字化工程与知识产权保护之间还是存在矛盾的。

**（一）州县档案**

1. 南部档案

《南部档案》是清代四川省南部县衙保存下来的 18186 卷、84010 件官方文书档案①，内容丰富，门类繁多，全面、系统地记录了清代四川省南部县从顺治十三年(1656)至宣统三年(1911)的256年历史。它是我国现存时间跨度最长、保存数量较多的县级地方政府档案，被称为"一座内容极其丰富的地方文献宝库"。

《南部档案》中各个时期的档案并不均衡，顺治时期的最少，仅存一件，光绪时期的最多。现存的第一件档案就是顺治十三年的礼房档案《为易添龙、李正兰二人入住太厚沟西坪寺可耕种不得侵占事》②；现存的最后一件档案是宣统十三年的礼房档案《为杨成志具告杜贵生因捡柴迟缓殴打妻子杜杨氏致死事》③。

《南部档案》先后有1965年春、20世纪70年代末、1984—1986年、2005—2009年、2011—2018年的五次整理。④

---

① 档案保存于南充市档案馆(又称南充市档案局，位于南充市顺庆区北湖路的南充市委内)一号库房，共使用96柜进行收藏，共计5排。每排大约3个目录，前面1～14目录内容较少，仅占2排。尤其是顺治、康熙、雍正、乾隆时期的档案数量不多。档案数量与统计数量仍然有出入，一件档案被统计为几件，也有几件被统计为一件的情况，实际数量需要根据档案的准确统计加以调整。

② 本件档案缩微胶片拍摄的光盘号为200506271079-1080，档案上有两个印章，记录目录号、卷号、件号与盒号，便于检索。本档案于2009年4月13日由冯修齐《清代南部县衙档案中的佛教内容》根据内容命名为《邓架将祖业田舍入西坪寺契约》，公布图版并进行校录。这件礼房档案宽52厘米，高59厘米。有破损，"□"为破损字。姓名下画有"十"字或花押。电子光盘拍摄时分成上下两段，阅读时需要合并才能正确释读，不如原件方便。后来补拍的照片和2016年新近拍的彩色照片就较好地解决了这个问题。

③ 整理者在案卷标题录成"杨志成"，误倒其名，当据档案原卷作"杨成志"。

④ 1960年南充地委档案科在南部县公安局发现南部档案，估计大约有4000卷。1965年初，南部县档案馆初步编目造册。20世纪70年代末整理主要工作目标是成卷编目，没有取得实质性的成果。1984年10月，南充地区档案馆对100余捆档案进行整理清点，以时为序，按房排列，分盒存放。共编目录23本计1873盒，共17882卷，约十万件。2002年系统地通过裱糊、缩拍胶片等途径来抢救、修复已残破的档案文献。2005年3月对档案逐一进行裱糊、固定档号、著录、缩微、扫描或拍摄、刻录光碟，并建立资料库。西华师范大学与南充市档案馆自2005年到2009年对南部档案进行整理、著录，修订出版《清代南部县衙档案目录》。此目录分上、中、下三卷，3272页，共500万字，收录档案的目录共计18186卷、84010件。以朝代为经，以时间为纬，个别案卷情况特殊，间有错乱。每一件档案又按档案号、题名、时间、责任者、文种排列。档号包括档案的目录号、案卷号、件号。《南部档案》共23个目录，目录号用两位阿拉伯数字标识，案卷号用五位阿拉伯数字标识，件号用两位阿拉伯数字标识。例如，档号"16-01059-02"，表示此件档案为第16目录第1059卷第2件。本书著录时也按照这种方式，不过卷号和件号均删除前面的"0"。本书采用《清代南部县衙档案目录》确定的题名，以便核对。时间指该件档案的形成时间，即公私文书著录发文时间，文约著录签署时间，表册著录编制时间等。每件档案完整的时间应包括年号和年、月、日四项。若遇四项残缺不全，或据档案内容辨析补出，或维持不补；若遇四项皆缺，则著之以"时间不详"。

　　南部档案按照形成时期的原始形态分类保存，吏、户、礼、兵、刑、工、盐、承发房八房档案完整，需要注意的是：承发房是执行和传达各房的，流传档案不多，承发房的档案虽然数量不多，但承发房毕竟是独立的一房。《南部档案》属于国家文物，普通读者无法看到。《巴蜀撷影》一书公布影印了部分档案原卷①。2015 年黄山书社全部黑白影印出版了《南部档案》，并加类表格目录，但检索不便、影印模糊不清晰②，一共308 册，采用繁体字。每册如杂志般大小，厚度则如一本新华字典，朱红字的封面。全书分三大部分：一是《总序》《清代四川南部县衙门档案整理著录及基本内容》和《清代四川南部县衙门档案汇编凡例》③；二是目录，共八册，繁体横排，类似表格模式编排，以档案原始的目录、卷、件号为序；三是档案影印，共 300 册，也以档案原始的目录、卷、件号为序，繁体竖排，简单标注档案的时间、责任者、内容和文种。全书售价24 万元，普通读者和一般专家学者根本无力购买，利用率自然不会太高。

　　南部档案的原始档案纸张薄脆，部分已泛黄，稍稍翻动就要破碎掉墨，不对外开放；档案文献的缩微胶片、光盘涉及知识产权保护，其使用、查阅仍然不能完全实现，研究仍然极为不便。即使是缩微胶片，也存在漏排、误拍以及重复拍照、拍照不清的问题，有的问题档案原卷没有问题，但是缩微胶片却存在问题，有可能导致产生新的研究错误。南部档案还存在部分档案归房有误、房属不明等情况。

　　2. 巴县档案

　　清代巴县档案是清代四川巴县官府的档案④，是我国现存时间跨度

---

①　四川省档案馆编：《巴蜀撷影：四川省档案馆藏清史图片集》，北京，中国人民大学出版社，2009。

②　四川省南充市档案局(馆)：《清代四川南部县衙门档案》，合肥，黄山书社，2015。

③　全书第一部分前面附有国家清史纂修工程项目总主持人戴逸 2011 年的《总序》，即《清史文献丛刊、档案丛刊总序》，戴逸《总序》只是提到南部档案，并未涉及任何该书内容。不过，该序交代了汇编档案的宗旨、目的，可供读者参考。戴逸《总序》后是胡忠良的《清代四川南部县衙门档案整理著录及基本内容》，实际上就是胡忠良的《四川省南充市档案馆清代档案调研报告》一文。该文详细介绍了清史委档案组胡忠良到南充调查南部档案的情况，实际上并未涉及该书。

④　这批档案早先存于巴县档案库，抗日战争时期巴县政府为避空袭将其运至长江南岸樵坪场一座破庙中暂存。1953 年被发现，由西南博物院运回收藏，后交四川省博物馆管理。1955 年由四川大学历史系整理使用，1963 年 3 月由四川省档案馆接收。档案内容主要包括：巴县的官吏任免，农户耕牛权纠纷，川江运送滇铜黔铅进京过境；募集营兵、筹备军饷、整肃军纪、应付战争、抚恤伤亡，太平军和李兰起义军入川；官府派兵护卫外国领事、教士、商人以及司法律例、章程、条规和民、刑诉讼案件等。2016 年巴县档案的整理与研究被列为国家社科重大项目。

较长、保存数量最多的县级地方政府档案，是研究巴县地方史的第一手资料，也是研究重庆、四川政治、经济史的重要史料，深为中外学者所重视。上自康熙九年(1670)①，下迄宣统三年(1911)，共 112842 卷。

《巴蜀撷影》公布影印了部分档案原卷，可以据之对俗字进行研究。②档案汇编主要有四川省档案馆编的《四川保路运动档案选编》《四川教案与义和拳档案》《清代巴县档案汇编(乾隆卷)》，四川省档案馆、四川大学历史系主编的《清代乾嘉道巴县档案选编》，四川省档案局主编的《清代四川巴县衙门咸丰朝档案选编》③。不过，很是可惜，这些整理出版的巴县档案基本上未保留俗字，直接改用规范汉字，无从利用这些整理成果对俗字进行研讨。西南交大出版社在 2015 年出版了四川省档案馆编《清代巴县档案整理初编(司法卷·乾隆朝)》，2018 年出版了四川省档案馆编《清代巴县档案整理初编(司法卷·嘉庆朝)》《清代巴县档案整理初编(司法卷·道光朝)》，共收录彩色档案 85 卷，为研究提供了极大便利。

巴县档案设置不止六房，有九房到十房。因为《清代巴县档案汇编(乾隆卷)》说："据档案记载，自嘉庆十八年到宣统三年，县署内设吏、户、礼、兵、刑、工、盐、仓、承发九房，'并无添设裁并'。……此外，自乾隆中期至宣统三年，县衙一直有柬(或简)房之设。因此，巴县衙门科房共有十个。"④

3. 龙泉档案

龙泉司法档案(浙江省龙泉市档案馆藏 M003 号全宗)包括晚清和民国时期的档案，共 17333 件档案(编号到 17411，但存在一些空号)，目录就达到 100 万字。其中晚清部分已经正式出版，即中国人民大学包伟民主编的《龙泉司法档案选编》第一辑《晚清时期》，该书由中华书局 2012 年正式出版，选编咸丰元年(1851 年)到宣统三年(1911)的二十八个案件，涉及 98 个卷宗，628 件文书(不包括附件)，为学界提供了比较清晰的档

---

① 一说从乾隆十七年(1752)。

② 四川省档案馆编：《巴蜀撷影：四川省档案馆藏清史图片集》，北京，中国人民大学出版社，2009。

③ 《清代四川巴县衙门咸丰朝档案选编》，上海，上海古籍出版社，2011，选编巴县咸丰朝 5273 件档案。

④ 四川省档案馆编：《清代巴县档案汇编(乾隆卷)》，北京，档案出版社，1991，《绪论》第 2 页。巴县档案 6-8-858 有"示谕九房书吏"，时间是在光绪八年正月。无独有偶，四川省广元市剑门关风景区内的昭化古城有清代县衙，也不止六房。类似的，重庆市合川区的钓鱼城中的县衙也是这样。

案原卷，可以用来研究清代手写文献俗字。包伟民主编的《龙泉司法档案选编》第二辑于 2014 年出版，选编民国时期档案。

龙泉司法档案起于咸丰元年（1851 年），止于 1949 年，其中有清代档案。我们翻阅了这些档案，看到龙泉县衙包括仓房、承发房、盐房、吏房、工房等①。

除以上档案外，还有冕宁档案、获鹿档案、宝坻档案、紫阳档案，历时时间分别为 206、205、120、83 年，其中宝坻档案 41839 件、浙江黄岩档案 78 件等②。

**（二）国家档案**

国家档案即清代故宫档案。

## 二、清代文书

清代文书是指民间所藏的契约文书，包括清代徽州文书、清代龙泉驿区契约文书、北京西山大觉寺藏清代契约文书等③。

**（一）徽州文书**

徽州文书是指在 20 世纪 50 年代在徽州屯溪大规模面世的 20 万件从宋代到民国的文书档案，后来又相继发现 10 多万件徽州文书。

徽州文书作为古徽州遗存的民间历史档案，主要包含地权赋役文书、宗族文书、商业文书、官府文书、社会关系文书、教育与科举文书六大类，既有田地、山场、房屋等大小买卖文约、招承租约，也有宗族文书、立议合同书、各种日用类文书等。据黄山市文化部门最新调查统计，现存徽州文书不少于 50 万件，黄山市本地收藏有 18.5 万余件。

1988 年，安徽省博物馆编纂的《明清徽州社会经济资料丛编》第一辑

---

① 未见刑房、兵房、户房。另有经手发行处、新政科、财政科，更有意思的是一件档案采用黄帝纪元 4609 年，即宣统三年。有的印有"收发处管理"和姓名。2014 年出版的《龙泉司法选编档案》第二辑则是民国档案。
② 还有长芦盐务档案（从顺治到宣统每一朝都有，可惜现在难以看到档案原卷，现在公布的是整理本，直接录入了规范汉字，看不到当时的文字字形），以及成都市都江堰档案馆保存的几件清代档案，其中有一份是清代手写圣旨。
③ 详细情况可以参阅吴佩林、李增增：《六十年来的明清契约文书整理与研究》，《地方档案与文献研究》第二辑，北京，社会科学文献出版社，2016，第 56～77 页。有意思的是，这些文书详细记载了清代实际的生产、生活情况，反映了清代政治、经济、军事、法律、文化、教育、宗教、民俗等方方面面，文书可以写音同音近或形近的错别字，可以添加删除字词，也可以注明添加字数等，为研究清代真实的语言文字情况提供了宝贵资料。

由中国社会科学出版社出版。该书总共收录了 950 件徽州文书，这算是最早的系统的徽州文书汇编①。1990 年，中国社会科学院历史研究所与徽州文契整理组编纂的《明清徽州社会经济资料丛编》第二集，收录了 697 份文契，其中宋元两代 12 份，明代 685 份②。

1991 年，由中国社会科学院历史研究所王钰欣、周绍泉主编的《徽州千年契约文书》由花山文艺出版社出版，该书共 40 卷，分为宋元明编和清民国编，书中全部为中国社会科学院历史研究所图书馆所藏徽州文书的影印件。全书收录了 3000 多徽州文书散件以及多种簿册和鱼鳞图册③。

安徽大学的刘伯山 2001 年将自己收藏的徽州文书捐献给安徽大学，并以"伯山书屋"命名继续收藏。2005 年开始，由刘伯山主编的五辑《徽州文书》影印版汇编陆续出版。2005 年的第一辑收录了伯山书屋和黄山市祁门县博物馆所藏的徽州文书近 5000 件，共十册，收录有明清契约文书，尤其是其中有不少顺治、康熙年间的文书④。2006 年的第二辑共十册，收入了 5000 余份徽州文书⑤。2009 年的第三辑共十册，收录了 7000 多份徽州文书⑥。2011 年的第四辑共十册，影印了徽州文书图片 6000 多幅⑦。2015 年的第五辑共十册，再次影印 6000 余幅徽州文书图片⑧。

2006 年，日本学者臼井佐知子将自己在安徽收购的徽州文书编纂成《徽州歙县程氏文书·解说》，全书影印了 163 件徽州文书并对其进行了解说⑨。

2009 年安徽师范大学周向华编了《安徽师范大学馆藏徽州文书》，因该书竖写"安徽师范大学馆藏""徽州文书"两排，导致有误作《徽州文书》

---

① 安徽省博物馆编：《明清徽州社会经济资料丛编》第一集，北京，中国社会科学出版社，1988。
② 中国社会科学院历史研究所、徽州文契整理组：《明清徽州社会经济资料丛编》第二集，北京，中国社会科学出版社，1990。
③ 王钰欣、周绍泉主编：《徽州千年契约文书》，石家庄，花山文艺出版社，1991。
④ 刘伯山编著：《徽州文书》第一辑，桂林，广西师范大学出版社，2005。
⑤ 刘伯山编著：《徽州文书》第二辑，桂林，广西师范大学出版社，2006。
⑥ 刘伯山编著：《徽州文书》第三辑，桂林，广西师范大学出版社，2009。
⑦ 刘伯山编著：《徽州文书》第四辑，桂林，广西师范大学出版社，2011。
⑧ 刘伯山编著：《徽州文书》第五辑，桂林，广西师范大学出版社，2015。
⑨ ［日］臼井佐知子：《徽州歙县程氏文书·解说》，东京，日本三元社，2006。

的，全书一共影印了 411 件徽州文书照片①。

2010 年，黄山学院编纂了《中国徽州文书·民国编》第一辑共 20 卷，总共收录影印了 5886 件徽州文书②。2013 年，中国徽州文化博物馆编纂了一套《中国徽州文化博物馆馆藏文物集》，其中有一卷专门是徽州文书卷，为徽州文书的影印照片，倪清华为本卷主编③。2014 年李琳琦主编10 册《安徽师范大学馆藏千年徽州契约文书集萃》，全书影印了 1000 多件徽州文书④。2014 年，南昌大学黄志繁等主编《清至民国婺源县村落契约文书辑录》，全书一共 18 册，收录清至民国时期的民间文书 10000 多张⑤。2016 年，《中国徽州文书·民国编》第二辑出版，该书是黄山学院所藏的民国时期徽州文书原始资料的彩色影印集，全书共 10 卷，5000多幅图片，在内容上分为赋役文书、商业文书、宗族文书、官府文书、教育文书、会社文书、社会关系文书、民间文化文书以及其他类文书等⑥。

清代徽州文书被包含在整个徽州文书中，并未单独整理和研究。方孝坤《徽州文书俗字研究》也是跨代研究，并非单独对清代徽州文书出现的俗字进行整理和研究，需要我们加以筛选和甄别。

### （二）龙泉驿文书

成都市龙泉驿区档案局馆珍藏了一批从乾隆十九年（1754）开始，横跨嘉庆、道光、咸丰、同治、光绪、宣统，直至 1949 年共 195 年的契约文书，龙泉驿文书为了解清代至民国时期成都东山客家社会提供了相近可靠、真实生动的第一手资料。龙泉驿区档案局馆与四川客家研究中心合作，在 2012 年底正式出版了《成都龙泉驿百年契约文书（1754—1949）》。此书精选 293 件珍品档案，图文对照，并进行分类整理、原色

---

① 周向华编：《安徽师范大学馆藏徽州文书》，合肥，安徽人民出版社，2009。
② 黄山学院编：《中国徽州文书·民国编》第一辑，北京，清华大学出版社，2010。
③ 倪清华等主编：《中国徽州文化博物馆馆藏文物集·徽州文书卷》，杭州，西泠印社，2013。
④ 李琳琦主编：《安徽师范大学馆藏千年徽州契约文书集萃》，合肥，安徽师范大学出版社，2014。
⑤ 黄志繁、邵鸿、彭志军编：《清至民国婺源县村落契约文书辑录》，北京，商务印书馆，2014。婺源县虽已划为江西省，但是历史上的婺源县属于徽州，所以该书所收录的契约文书也算是徽州文书。如《断骨出卖山契·吴文思卖与侄应象》："所是契价当日两（两）相交付足讫。"（《清至民国婺源县村落契约文书》秋口镇鸿源吴家 126，康熙十八年十二月十八日）
⑥ 黄山学院编：《中国徽州文书·民国编》第二辑，合肥，合肥工业大学出版社，2016。

影印、标点断句、繁体字原文实录、对生僻字词进行必要注释，再配以《东山客家小山村复原图》《龙泉驿民国地名图》《分类索引表》等，形成一本共计500页、70万字的精品图书。

### (三)大觉寺文书

北京西山大觉寺藏清代契约文书刚好弥补了北方少有契约文书的短板。1991年，大觉寺在一次修缮中发现了这批从未披露过的契约文书，在北京的众多寺庙中，仅在西郊万寿寺和大觉寺有本寺地契约文书遗存，价值连城。大觉寺的全部契约文书共128件，从清康熙七年(1668)至民国三年(1914)，内容涉及诸多方面，是研究大觉寺历史和清代手写文献俗字不可多得的材料。

姬脉利、张蕴芬整理出版了《北京西山大觉寺藏清代契约文书整理与研究》一书，收录大觉寺藏清代和民国时期契约文书书影及录文。包括清代康熙、雍正、乾隆、嘉庆、道光、咸丰、同治、光绪时期，以及民国时期的大觉寺契约文书。还有一些不能确定具体年代的契约文书，并附录有俗写字、同音字借用字与正字对照表，数量不多。

除以上文书以外，1995年张传玺主编的《中国历代契约会编考释》(上下册)出版，2014年，张传玺主编的《中国历代契约粹编》(上中下册)出版①。2001年，私人收藏家田涛等主编的《田藏契约文书粹编》出版，该书一共收录了950件契约文书，书中包括文书的影印件、录文和英文提要②。另外还有清代锦屏契约文书③、清代宁波契约文书④、清代浙东

---

① 张传玺主编：《中国历代契约会编考释(上下册)》，北京，北京大学出版社，1995。张传玺主编：《中国历代契约粹编(上中下册)》，北京，北京大学出版社，2014。

② 田涛、[美]宋格文、郑秦主编：《田藏契约文书粹编》，北京，中华书局，2001。

③ 贵州东南部锦屏有数万份历经天灾人祸而保存下来的"山林契约文书"。20世纪60年代初，当时贵州省民族研究所的杨有赓到锦屏侗乡苗寨田野调查，发现了很多农民家里纸张已经变黄发脆，用汉字写就的成捆、成扎山林契约文书；尘封百年的锦屏林业契约由此进入学者视野。锦屏县档案馆编印的《锦屏契约选辑》三辑166册已经出版。

④ 清代宁波契约文书，已经出版有王万盈辑校：《清代宁波契约文书辑校》(天津，天津古籍出版社，2008)。这批契约文书均属手书，错字、别字、脱漏字、异体字、生僻字、数字大写乃至自造字较多，个别地方字迹已经难以辨认，为便于研究者参考研究，王书在保存原貌的同时，还将其中错别字、脱漏字补上。

契约文书①、云南省博物馆馆藏契约文书②、贵州清水江文书③、贵州省安顺市吉昌契约文书④、浙江石仓契约文书⑤、都江堰档案馆藏清代文书⑥等契约文书。

### 三、研究材料的选择缘由

研究材料的选择必须具有真实性、典型性、代表性、全面性，避免特殊性、个别性等。

首先来看真实性。真实性，是研究材料最重要的要素之一。材料虚假，得出的结论势必不可靠。清代手写文献被人篡改的可能性较小，比刊刻本更具真实性，是研究俗字的绝佳材料。部分出版的清代文献整理和研究论著，直接校录成现代规范文字，我们无从看到清代文字的真实情况。我们选择的都是清代手写文献原卷，以原卷图片为基础，不以现代校录整理的材料为基础，这样，最大程度地保证材料的真实性。

其次来看典型性和代表性。材料太多，时间、精力的限制导致研究不可能完成，或者不能够深入；材料太少，研究又存在片面性，不能得出正确的结论。我们选择南部档案、巴县档案、龙泉档案和徽州文书、

---

① 清代浙东契约文书，已经出版有张介人：《清代浙东契约文书辑选》（杭州，浙江大学出版社，2011），包括清慈溪县十六都四图"泾浦沿楼氏"家族契约、清慈溪县九都外四图"曹氏"家族契约、清慈溪县二十七都五图"叶氏"家族契约、清慈溪县廿九都一图"坊表桥韩氏"家族契约、清慈溪县廿七都二图"柴氏"家族契约、清奉化县廿一都二庄"应家棚"契约以及浙东契约、清山西省契约、清代浙东信函、手抄本等，时间包括从康熙二十二年（1683）到光绪五年（1879）八月。
② 云南省博物馆馆藏契约文书，已经出版有《云南省博物馆馆藏契约文书整理与汇编》全八册（北京，人民出版社，2013），是在整理云南省博物馆馆藏近现代契约文书基础上的研究成果。收有契约文书3000余件，分昆明、宜良、楚雄等六卷，反映了自乾隆以来云南及周边地区的土地买卖和经济社会概况。
③ 贵州清水江文书，是贵州清水江流域苗族和侗族人民创造和传承的一种独特的民间文献遗产，忠实地记录了当地苗族、侗族人民在历史上对中国混农林业和人工营林业的重大贡献。已经出版张应强、王宗勋主编的《清水江文书》三辑（桂林，广西师范大学出版社，2007—2011）；高聪、谭洪沛：《贵州清水江流域明清土司契约文书（九南篇）》（北京，民族出版社，2013）；张新民：《天柱文书》（南京，江苏人民出版社，2014）。
④ 贵州省安顺市吉昌契约文书，已经出版《吉昌契约文书汇编》（北京，社会科学文献出版社，2010），包含的438份契约文书，全部来自屯堡村寨——贵州省安顺市吉昌（屯）村，时间跨度从1733年到1961年。这批契约文书涉及土地、林地、房屋在买卖、租佃、典当和分关（家）等方面的丰富内容。
⑤ 浙江石仓契约文书，已经出版《石仓契约》四辑，由上海交通大学曹树基等搜集与编撰。
⑥ 如都江堰档案馆藏清代圣旨："古圣帝明（明）王。""甄（甄）进贤能。""并（特）设文武勤（勋）阶。""仁以抚衆（众）。"（嘉庆十一年五月初二日）

龙泉驿文书、大觉寺文书作为研究材料的缘由就是考虑到这些材料具有典型性和代表性。档案方面，南部档案、巴县档案分别代表中国西部的巴蜀地区，是巴蜀文化的代表；龙泉档案代表中国东部的沿海发达地区，是江浙文化的代表。文书方面，龙泉驿文书代表中国西部的巴蜀地区，是巴蜀文化的代表；徽州文书代表中国中、东部的内陆地区，是安徽文化的代表；大觉寺文书代表中国北方地区，是中原文化的代表。清代手写文献绝大多数为手写，也有一些是印刷文字，多是官府之间来往的文书。

最后来看全面性。我们选择的这些清代手写文献，涵盖了不同地区、不同类型，并不局限于一地。这些材料突破了区域性，而具有了全面性。同时，我们选择了清代各个时期的手写文献，从顺治时期到宣统时期，每个皇帝的统治时期都有，从时间上具有了全面性。

# 第一章　清代手写文献俗字的内涵与外延

## 第一节　清代手写文献俗字的内涵

### 一、俗字的内涵

从古至今，俗字的内涵不清楚，本质特征模糊不明，判断标准也不清楚。要研究俗字，我们必须首先解决俗字的内涵，解决究竟什么是俗字的问题。俗字的内涵不清楚，往往被误认为等同于异体字、别字，甚至讹误字，古今字等也被误看作俗字。下面我们拟讨论什么是俗字，以及俗字的特征。

#### （一）俗字定义及思考

俗字的定义实际上是俗字的判断问题之基础。也就是说，我们要判断俗字，必须先明白究竟什么样的字是俗字，俗字是什么？

然而，对于究竟何为俗字的问题，却众说纷纭，莫衷一是。何谓俗字？顾名思义，"俗字"是区别于正字而言的一种通俗汉字。但这样并未涉及俗字的本质特征，并无法据此辨析俗字。通常认为俗字不登大雅之堂，造字方法不合六书标准，被官方和正式场合排斥，只适用于民间，适宜平民百姓使用。由此可见，流行于民间，与正字相对，已经成为判断俗字的主要标准。但是从清代手写文献来看，俗字被官方文书广泛使用，郡县官员的判案批词中出现有不少俗字，甚至官方来往的公文中也有不少俗字。由此可见，俗字并非不能应用于大雅之堂，也不局限于平民百姓使用，也流行于官方。宋元以来刻本中也有很多俗字，因此也可以证明，用流行于民间来判断俗字的定义并不可取。从文字学的角度来看，俗字的造字方法也可以用六书的标准进行分析，俗字的使用并非是书手随心所欲、随便乱写的，而是有所继承，甚至被后世沿用成为正字的。

　　经常被论著引用到的俗字定义，包括辞书和专家学者两类。为说明问题，我们逐一列举，并作一定分析，提出思考。

　　1. 辞书的定义

　　《中国大百科全书·语言文字》"俗体"条（未收"俗字"条）说："俗体（vulgar form）指民间手写的跟字书写法不合的汉字字体。例如，盡作尽，備作俻、答作苔，覓作觅、變作变，敵作敌，顧作顾，獻作献。俗体字从六朝已入碑刻，到隋唐时期，俗体字则增加了很多。俗体字最大的特点是改变笔划①，而有的字声旁也有更改②，如燈作灯，墳作坟，驢作驴，遷作迁等字都是俗体。"③按：该定义强调"民间手写"和"跟字书写法不合"两个特点，但俗字也有不是民间手写的，也有跟字书相合的，而且字书本来就收录俗字，与字书写法不合并无法用来辨别俗字。从收录俗字的《说文解字》《干禄字书》《龙龛手镜》《正字通》等字书来看，字书既收录俗字，又收录正字，并非对社会上的文字全收，而是选收，只要跟字书不合就是俗字，就可能误判。

　　《辞源》"俗字"条说："在民间流行的异体字，别于正体字而言。"④按：该定义强调"民间流行""异体字""别于正体字"三个要素，但俗字也有非"民间流行"的，而"正体字"并非历朝历代都有公布，有的正体字本身就是俗字演变而来。俗字与正体字之间也不是意义全同关系。

　　《辞海》"俗字"条说："异体字的一种。旧称流行于民间的多数为简体的文字为俗字，别于正字而言。"⑤最新第六版《辞海》未收录"俗字"，而

---

① 黄征：《敦煌俗字典·前言》、欧昌俊、李海霞：《六朝唐五代石刻俗字研究》均引作"笔画"。

② 欧昌俊、李海霞：《六朝唐五代石刻俗字研究》引作"改变"。

③ 《中国大百科全书》，北京，中国大百科全书出版社，1988，该条由周祖谟先生撰写。字之俗、正，并非用字作为标准来判别的，字书所收的字大多从前代辗转抄袭而来，未必与各时代所规定的正字相合；俗字也并非都是手写体，刻本中同样充斥着俗字。俗字并不都是繁、简对应的变化，繁体的不一定就是正字，简体的就一定是俗字。其实简体字自古以来就存在着，很多的简体字还确确实实都是"正字"。《简化字方案》1956年通过，不少民众误以为简化字从1949年后产生，有的人认为简化字是国家强行规定的，甚至严重损害汉字音形义关系，主张恢复繁体字，这是不符合历史实际的。如简体俗字的"来"字汉代史晨碑铭已见。因此，这个解释存在一定的问题，不足以用来作为俗字的定义。

④ 《辞源》，北京，商务印书馆，1979。把"俗字"限定在"民间流行"是很片面的，事实上文人墨客、王公贵族也照样要写俗字。书法家也往往写俗字，而且许多俗字就是由书法家最早创造出来的。我们在四川省西山风景区中纪念史学家陈寿的万卷楼的楹联和碑文等上就看到不少俗字。这些俗字都是书法家和高校文人所写。

⑤ 《辞海》，上海，上海辞书出版社，1979，第564页。把俗字的特征定为"多数为简体"，显然没有触及本质问题，而且同样具有片面性。俗字既有简化又有繁化，数量之比也还不足以说明简化者占绝大多数。

是合并到"俗体字"条，解释也有一定修改，如："亦称'俗字'。异体字的一种。旧称流行于民间的大都形体简化的汉字，别于正体字而言。"①按：该定义与《辞源》的定义仅仅增加了"多数为简体"或者"大都形体简化"的说法，但实际上我们看到的俗字并非多数为简体，而是少数为简体，包括增加笔画、增加部首、增加部件等繁化文字。李荣也指出："俗字里固然有简化字，实际上也有繁化字。有的人居然认为笔画多的就是正字，俗字都是笔画少的，也就是简字。"②以辽代和尚释行均97年编写的专门解释俗字的字典《龙龛手镜》为例，该字典收录俗字26430个，其中俗字并非"多数为简体字"，甚至有许多俗字的笔画比正字还多，所以"多数为简体"，并非俗字的特点。

《大辞典》"俗字"条说："异体字的一种。过去文字学家称流行于民间的文字为俗字，别于正字而言。"③按：该定义与《辞源》的定义完全相同。

《中文大辞典》"俗字"条："谓通俗流行之字，别于正体字而言。"④按：该定义强调"通俗流行""别于正体字"两点，如果把"通俗流行"分开成"通俗""流行"，就有三点。但该定义的"通俗"却是模糊概念，无法据此进行判断俗字。"流行"也难以确定，只能给俗字判断增加主观随意性，不利于俗字的研究。

《现代汉语词典》"俗字"条说："指字体不合规范的汉字，如'菓'（果）、'唸'（念）、'塟'（葬）等。也叫俗字。"⑤第四版"俗字"条解释为"俗体字"，"俗体字"条解释说："指通俗流行而字体不合规范的汉字，如'菓'（果）、'唸'（念）、'塟'（葬）等。也叫俗字。"⑥第五版、第六版、第七版"俗字"条解释为"俗体字"，"俗体字"条解释说："指通俗流行而字体不合规范的汉字，如"觧"（解）、"塟"（葬）等，也叫俗字。"⑦按：该定义

---

①　夏征农、陈至立：《辞海》第六版，上海，上海辞书出版社，2009，第2164页。

②　李荣：《文字问题》，北京，商务印书馆，1987，第7页。

③　《大辞典》，台北，三民书局，1985，277页。

④　《中文大辞典》，台北，华冈出版有限公司，1979，第1039页。其说源于中华书局1936年出版的《辞海》。"通俗流行"者不仅是俗字，而且是正字。我们现在的印刷品用的都是"通俗流行"的文字，然而却是正字。

⑤　中国社会科学院语言研究所词典编辑室：《现代汉语词典》第二版，北京，商务印书馆，1983，第1095页。

⑥　中国社会科学院语言研究所词典编辑室：《现代汉语词典》第四版，北京，商务印书馆，2002，第1203页。

⑦　中国社会科学院语言研究所词典编辑室：《现代汉语词典》第五版，北京，商务印书馆，2005，第1300页。中国社会科学院语言研究所词典编辑室：《现代汉语词典》第六版，北京，商务印书馆，2012，第1240页。中国社会科学院语言研究所词典编辑室：《现代汉语词典》第七版，北京，商务印书馆，2016，第1247页。从该词典的修订，可以看出俗字的定义与举例并非易事。

沿用《中文大辞典》的"通俗流行",增加的"字体不合规范"实际上是由"别于正体字"调整而来。这种说法相对严谨,被不少人接受。不过,问题是并非历朝历代都有文字的规范,既然没有规范,那怎么断定字体不合规范呢?而且,规范也不是一成不变的,与时俱进的规范如何判断确实是俗字判断需要考虑的事情。

《现代汉语规范词典》"俗字"条解释为"俗体字","俗体字"条解释说:"旧称流行于民间的不规范的汉字,也说俗体、俗字。"①按:该定义与《现代汉语词典》的定义基本一致,少了"通俗"的说法。也有学者将"俗字"与"俗体字"看作是一样的,如周有光《汉字改革概论》:"俗体字的产生在历史上没有停止过。……各种字体里都有俗体字。"②

《汉语大词典》"俗字"条说:"即俗体字。旧时指通俗流行而字形不合规范的汉字,别于正体字而言。"③按:该定义与《现代汉语词典》的定义完全一致。

为说明问题,便于对比各家异同,列表如下:

### 辞书中俗字定义一览表

| 辞书 | 俗字定义 |
| --- | --- |
| 《中国大百科全书》 | 民间手写的跟字书写法不合的汉字字体 |
| 《辞源》 | 民间流行的异体字,别于正体字 |
| 《辞海》 | 异体字,流行于民间,多数为简体的文字,别于正字 |
| 《大辞典》 | 异体字,流行于民间的文字,别于正字 |
| 《中文大辞典》 | 通俗流行之字,别于正体字 |
| 《现代汉语词典》 | 通俗流行而字体不合规范的汉字 |
| 《现代汉语规范词典》 | 流行于民间的不规范的汉字 |
| 《汉语大词典》 | 通俗流行而字形不合规范的汉字,别于正体字 |

综上所述,辞书的定义分为三类:第一类是以《现代汉语词典》为代表,认为俗字是不合规范的通俗流行汉字,《现代汉语规范词典》《汉语大词典》沿用,《中文大辞典》的定义也类似;第二类是以《辞源》为代表,认

---

① 李行健主编:《现代汉语规范词典》第三版,北京,外语教学与研究出版社,2014,第1254页。

② 周有光:《汉字改革概论》,北京,文字改革出版社,1961,第299~300页。

③ 罗竹风:《汉语大词典》第1卷,上海,汉语大词典出版社,1986—1993,1405页。《汉语大词典》指出"俗字"是"不合规范的汉字",但是说是"旧时",又说是"通俗",存在着问题。因为"俗字"的概念至少在南北朝以后就一直在被广泛使用着,我们今天仍然也在使用它。"字"作为语言符号,不管怎么写,其本质问题都不是通俗不通俗的问题,事实上俗字可能更不"通俗"。

为俗字是民间流行的与正体字相对的异体字,《大辞典》《辞海》的定义相似;第三类是以《中国大百科全书》为代表,认为俗字是民间手写的不合字书的汉字。

2. 专家学者的定义

马叙伦(本书为行文简洁,引用前人时贤时一概不赘"先生")《说文解字研究法》解释说:"此盖由其字不见于《史籀》《仓颉》《凡将》《训纂》及壁中书而世俗用之,故不得而削,别之曰俗字。"①按:该定义与《中国大百科全书》的定义相近,不过把字书细化成《史籀》《仓颉》《凡将》《训纂》及壁中书而已,强调"世俗用",但何为"世俗用"无法明确,难以凭此判断俗字。

蒋礼鸿《中国俗文字学研究导论》解释说:"俗字是对正字而言的。……俗字者,就是不合六书条例的(这是以前大多数学者的观点,实际上俗字中也有很多是依据六书原则的),大多是在平民中日常使用的,被认为不合法的、不合规范的文字。"②按:该定义讲俗字不合法、不合规范,有一定道理,也被后来学者接受,影响较大;不过,这种定义说俗字不合六书,与历朝历代俗字的情况不符;又说大多在平民中日常使用,与事实也不符,官文、档案、刻本、碑刻中大量出现俗字就证明该说法欠妥。

裘锡圭《文字学概要》第四章《形体的演变(上):古文字阶段的汉字》"商代文字"下说:"所谓俗体就是日常使用的比较简便的字体。"③该定义强调两方面:"日常使用""比较简便"。不过,这两方面可操作性不强,无法据此判断俗字。而且,俗字并不一定都比较简便,有的俗字也十分复杂。

郭在贻、张涌泉《俗字研究与古籍整理》说:"所谓俗字,是相对于正字而言的,正字是指得到官方认可的字体,俗字则是指在民间流行的通

---

① 转引自张涌泉:《汉语俗字研究》,北京,商务印书馆,2010,第16页。

② 原刊于《杭州大学学报》1959年第3期;《蒋礼鸿集》第三卷,杭州,浙江教育出版社,2001。这种提法揭示俗字"不合法的、不合规范"的问题关键。他认为正字有凭据,不浅近,合法、规范。

③ 裘锡圭:《文字学概要》,北京,商务印书馆,1988,第43页。"俗体字"与"俗字"相似,但是并不相同。因为"俗体字"主要讲书体,俗体正体都在日常使用。

俗字体。……他认为俗字是不登大雅之堂的一种浅近字体。"①按：该定义强调"通俗""浅近""不登大雅之堂""民间流行"等，触及俗字本质。不过，该定义仍有值得推敲之处，尚待加以完善。比如说俗字是字体，有把文字与字体相混之嫌。

欧昌俊、李海霞《六朝唐五代石刻俗字研究》说"俗字"是"指流行于民间的跟当时字书正体字写法不合的字（也包括同音代替的字），是相对于正体字而言的一种非正式或准正式字体"。②按：该定义强调"流行于民间""与当时字书正体字不合""非正式"等因素，尤其是用当时字书正体字来对比判断，具有可操作性。不过，书中前半说俗字是字，后半说是字体，不够严谨。

张涌泉《敦煌俗字研究》说："汉字史上各个历史时期与正字相对而言的主要流行于民间的通俗字体称为俗字。"③按：该定义强调"与正字相对""主要流行于民间""通俗"等因素，不过仍然说俗字是字体。同时，通过正字来判断正字并非都可以操作，如历朝历代并无正字表，只能依靠历代的字书。不过字书也并非都属于官方字书，属于官方字书的并不是多数，而是少数，甚至是极少数。

蒋冀骋、吴福祥《近代汉语纲要》说："俗字是相对正字而言的。……俗字则指那些不见于《说文》，不能施于高文大典，民间所习用的字。"④按：该定义强调"不见于《说文》及经典""民间习用"两个因素。不过，不见于《说文》及经典的文字未必是俗字。实际上，《说文》中也收有俗字，经典里也出现有不少俗字。正字也有不少不见于《说文》及经典。

石云孙《论俗字》说："诸凡古代经史或《说文》上的字都视为正字，后出的世俗所行之字被看作俗字。"⑤按：该定义认为经史或《说文》以外的都是俗字，范围过大。因为《说文》收字仅仅一万字左右，而汉字总量仅《汉语大字典》收字就突破 6 万，《中华字海》更是收字超过 8 万，难道《说文》以外的七八万汉字都是俗字，这显然不符合事实。

---

① 见《古籍整理与研究》1991 年第 5 期，载《郭在贻语言文学论稿》，杭州，浙江古籍出版社，1992。该文把俗字的主要特点和基本范围都作了比较准确的说明，指出了"俗字""正字"是相对而言的，即判别俗字的参照系是正字；正字是得到官方认可的字体。但是，"俗字"是"……的通俗字体"，意思就比较含糊了。其实，汉字本身并无通俗与不通俗之分，古人说的"例皆浅近"明显带有鄙视之意。

② 欧昌俊、李海霞：《六朝唐五代石刻俗字研究》，成都，巴蜀书社，2004，第 3～4 页。

③ 张涌泉：《敦煌俗字研究》，上海，上海教育出版社，2015，第 6 页。

④ 蒋冀骋、吴福祥：《近代汉语纲要》，长沙，湖南教育出版社，1997，第 25 页。

⑤ 石云孙：《论俗字》，《安庆师范学院学报》2000 年第 1 期。

卢金、于李丽《浅析〈庐山远公话〉中的俗字现象》认为：俗字是汉字史上各个时期流行于社会各个阶层与正字相对的不规范的异体字。①按：该定义强调四个因素："各时期流行于社会""与正字相对""不规范""异体字"。

郝茂《论唐代敦煌写本中的俗字》认为：俗字是指民间手写的跟字书写法不合的汉字字体。②按：该定义强调"民间手写""跟字书写法不合"两个因素，与《中国大百科全书》看法一致，不过，说俗字是字体则欠妥。

张涌泉《敦煌俗字研究导论》第一章《绪论·俗字的定义》指出："汉字史上各个时期与正字相对而言的主要流行于民间的通俗字体称为俗字。"③按：该定义与作者《敦煌俗字研究》的看法完全相同。

周志锋《明清小说俗字俗语研究》指出："俗字是与正字相对而言的主要流行于民间的通俗字体。"④按：该定义强调"与正字相对""主要流行于民间""通俗"三个因素，也未能够注意俗字与字体的区别。

张涌泉《汉字俗字研究》说："所谓俗字，是区别于正字而言的一种通俗字体。"又说："俗字是一种不合法的、其造字方法未必合于六书标准的浅近字体，它适用于民间的通俗文书，适宜于平民百姓使用。"⑤按：该定义说造字方法未必合于六书，等于说有的合、有的不合，等于没有说是否一定合于六书，无法用来判断俗字。言及俗字不合法，但俗字大量使用，甚至在官方也被使用，如果不合法，那么其存在就是不可思议的，同时，说俗字是浅近字体的也未必。

蔡忠霖《敦煌汉文写卷俗字及其现象》认为："写法有别于官方制定之正字，乃经约定俗成而通行于当时社会，且易随时、地不同而迁变之简便字体。"⑥按：该定义强调"有别官方正字""约定俗成而通行于当时社会""易变化""简便字体"等因素，也未能够区分俗字与字体。

---

①　卢金、于李丽：《浅析〈庐山远公话〉中的俗字现象》，《现代语文》2010 年第 1 期。
②　郝茂：《论唐代敦煌写本中的俗字》，《新疆师范大学学报》1996 年第 1 期。
③　张涌泉：《敦煌俗字研究导论》，台北，台湾新文丰出版公司，1996，第 2 页。上海教育出版社 1996 年 12 月出版的《敦煌俗字研究》上编与此略同。定义下又作四条阐释，一曰"俗字存在于汉字史上各个时期"，二曰"俗字具有时代性"，三曰"俗字主要流行于民间"，四曰"俗字是一种通俗字体"。
④　周志锋：《明清小说俗字俗语研究》，北京，中国社会科学出版社，2006，第 3 页。
⑤　张涌泉：《汉语俗字研究》，北京，商务印书馆，2010，第 1 页。角度侧重俗字流通的范围和书写群体。俗字和正字是互动关系，俗字如果遵从汉字演变规律，就会成为正字；正字随着时间的流逝，也会演变成为俗字。
⑥　蔡忠霖：《敦煌汉文写卷俗字及其现象》，台北，台湾文津出版公司，2002，第 55 页。该书颇为精详，所惜大陆读者见之不多。归结为"简便字体"，恐怕仍然难以揭示俗字的本质。

陈五云《俗文字学刍议》认为"俗文字是正字系统的补充，是正字系统由于时代的不同形成的历时变体，是正字系统由于地域因素造成的方言变体，是正字系统在一定文化背景下的文化变体。"①按：该提法认为俗字是变体，包括历时变体、方言变体、文化变体，这仅仅涉及俗字产生途径，而非判断标准，无法据此判断俗字。

徐复《敦煌俗字典·序言》认为"俗字即不规范异体字"②。该定义强调"不规范""异体字"两个因素。

黄征《汉语俗语词通论》指出："汉语俗字是汉字史上各个时期流行于各社会阶层的不规范的异体字。"③按：该定义强调"流行于各社会阶层""不规范""异体字"三个因素，融合了《现代汉语词典》和《辞源》定义的合理部分。不过，"流行于各社会阶层"并无实际意义，这样说就基本接近说全社会通行，还不如不说。

郑贤章《龙龛手镜研究》认为："俗字是汉字史上各个时期出现在民间，多数具有简易性特点，相对正体而言的或者新造的本无正体的字体。"④按：该定义强调"新造本无正体"也是俗字，符合俗字实际。说"各

---

① 　陈五云：《俗文字学刍议》，《上海师范大学学报》1990 年第 2 期。陈五云认为俗字最重要的特点是依附性。

② 　黄征：《敦煌俗字典·序言》，上海，上海教育出版社，2005。徐复先生此言当引该字典的表述。

③ 　参黄征：《汉语俗语词通论》，杭州大学博士学位论文，1993，第 18 页。黄征《对俗字与敦煌俗字的定义》也说："俗字就是历代不规范异体字。"黄征认为"俗字"不是"粗俗鄙俚的字"，俗字都是异体字，俗字是异体字中的主体。只有一个字形的字只能是正字，不存在它的俗字，不管它的构造多么"俚俗"或"通俗"。反之则不然。我们认为异体字并非都是俗字，异体字还包括古今字中的古字或今字、繁简字中的繁体字或简体字、简化字，甚至正字中的另一个。而俗字并不都是异体字，有的俗字在本质上是一种异体字，只是异体字中的一部分；有的则不是异体字，而是没有正字相对的，由民众创造、使用、流行但还没有得到官方认可的文字，包括一些行业用字（如药方俗字、乐谱俗字、秘密社会俗字、典当俗字、商用俗字等）、区域用字（地名俗字）、方言用字、佛经音译字、避讳俗字、阶级用字等（据郑贤章《龙龛手镜研究》和方孝坤《徽州文书俗字研究》）。有的字古人注曰"皆正"，说明异体字中也有被定为正字的，不完全是俗字。具有创意的书法家、文字学家以及社会各界的应用者所创造或改造的字形逐渐得以攀升为通行之字，得以流行。只是正字即便有两个并立者，都是规范异体字；俗字纵有百十并立者，都属于不规范异体字。字有规范、不规范之别，而无"文雅"与"通俗"之辨。这是国家"书同文"政策所决定的。不过时有古今，字有迁革，昨日的俗字有的变成了今日的正字，正、俗往往随时代的变迁而地位有所变迁；何况在秦代的小篆与今日的简化字之外，中间大约有二千年的时间跨度，历代并未颁布完整的正字法令。因此"俗字"的判别，由于它的参照系难以确定而必然有其难度，我们现在说的"俗字"有比较大的模糊性，并非都有辞书或古代圣哲的注解作为依据。学者们判别俗字的正字参照系，实际上是现在的通行繁体字。然而不管怎样，"俗字"永远跳不出"异体字"的圈圈。

④ 　郑贤章：《龙龛手镜研究》，长沙，湖南师范大学出版社，2004，第 101 页。

个时期出现在民间"则欠妥，因为俗字并非汉字史各个时期都有出现，俗字也并不仅仅出现在民间。说"多数具有简易性"也未必，不少俗字也比较繁难。说俗字是字体，又未能够区别文字与书体的关系。

方孝坤《徽州文书俗字研究》指出："俗字是流行于民间的一种通俗的字体。"①按：该定义仅仅是沿用通行说法，虽着眼于"民间流行""通俗"两个因素，但没有注意俗字与字体的不同。该书在中文摘要中说："俗字是汉字发展史上不同历史阶段使用的正字以外的汉字，和正字共同构成汉字系统，是正字确立以后的产物。"其核心是"正字以外"，与通行的"与正字相对"是一样的意思，并无新意。

温振兴《影戏俗字研究》认为："俗字是指汉字史上各个时期与正字相对而言的主要流行于民间的通俗字体。"②按：温书的观点与方孝坤的看法一致。

曾良《明清小说俗字研究》认为："一是'俗字'实际上是与'正字'相对出现的概念。二是俗字必须被一定的人群默认使用（约定俗成）。"③按：曾书的观点只提出俗字与正字相对，并未言及其本质特征，还专门强调了俗字的约定俗成性。

为说明问题，便于对比各家异同，列表如下：

**专家学者对俗字定义一览表**

| 专家学者及其论著 | 俗字定义 |
| --- | --- |
| 蒋礼鸿《中国俗文字学研究导论》 | 对正字而言，不合六书条例，大多是在平民中日常使用的，不合法的、不合规范的文字 |
| 马叙伦《说文解字研究法》 | 不见于《史籀》《仓颉》《凡将》《训纂》及壁中书而世俗用之 |
| 裘锡圭《文字学概要》 | 日常使用的比较简便的字体 |
| 郭在贻、张涌泉《俗字研究与古籍整理》 | 民间流行的通俗字体，不登大雅之堂的浅近字体 |
| 欧昌俊、李海霞《六朝唐五代石刻俗字研究》 | 流行于民间的跟当时字书正体字写法不合的字（也包括同音代替的字），是相对于正体字而言的一种非正式或准正式字体 |
| 张涌泉《敦煌俗字研究》 | 汉字史上各个历史时期与正字相对而言的主要流行于民间的通俗字体 |

---

①　方孝坤：《徽州文书俗字研究》，北京，人民出版社，2012，第 3 页。
②　温振兴：《影戏俗字研究》，太原，三晋出版社，2012，《前言》第 1 页。
③　曾良：《明清小说俗字研究》，北京，商务印书馆，2017，第 1～2 页。

续表

| 专家学者及其论著 | 俗字定义 |
|---|---|
| 蒋冀骋、吴福祥《近代汉语纲要》 | 相对正字，不见于《说文》，不能施于高文大典，民间所习用的字 |
| 石云孙《论俗字》 | 古代经史或《说文》以外，后出的世俗所行之字 |
| 陈五云《俗文字学刍议》 | 正字的历时变体、方言变体、文化变体 |
| 卢金、于李丽《浅析〈庐山远公话〉中的俗字现象》 | 各个时期流行于社会各个阶层与正字相对的不规范的异体字 |
| 郝茂《论唐代敦煌写本中的俗字》 | 民间手写的跟字书写法不合的汉字字体 |
| 张涌泉《敦煌俗字研究导论》 | 各个时期与正字相对的主要流行于民间的通俗字体 |
| 周志锋《明清小说俗字俗语研究》 | 与正字相对的主要流行于民间的通俗字体 |
| 张涌泉《汉字俗字研究》 | 区别于正字的通俗字体，不合法的、其造字方法未必合于六书标准的浅近字体 |
| 蔡忠霖《敦煌汉文写卷俗字及其现象》 | 有别于官方制定之正字，乃经约定俗成而通行于当时社会，且易随时、地不同而迁变之简便字体 |
| 徐复《敦煌俗字典·序言》 | 不规范异体字 |
| 黄征《汉语俗语词通论》 | 各个时期流行于各社会阶层的不规范的异体字 |
| 郑贤章《龙龛手镜研究》 | 汉字史上各个时期出现在民间，多数具有简易性特点，相对正体而言的或者新造的本无正体的字体 |
| 方孝坤《徽州文书俗字研究》 | 流行于民间的一种通俗的字体 |
| 温振兴《影戏俗字研究》 | 汉字史上各个时期与正字相对而言的主要流行于民间的通俗字体 |
| 曾良《明清小说俗字研究》 | 与"正字"相对出现的概念，必须被一定的人群默认使用（约定俗成） |

综上所述，专家学者的定义可以大致分为四类：第一类以黄征为代表，认为俗字是不规范的异体字，徐复、卢金、于李丽等人看法相同①；第二类以张涌泉为代表，认为俗字是民间流行的通俗浅近字体，裘锡圭、郑贤章等人的看法相似；第三类以蒋礼鸿为代表，认为俗字是与正字相

---

① 黄先生也用"杂字"，杂字可以包括俗字，但"杂字"仍然无法解决"俗字"是什么的问题，"杂字"容易给人杂乱的汉字之感觉，并无法概括"俗字"。

对的不规范的通俗字体，蔡忠霖、周志锋、曾良等人的看法相似；第四类以马叙伦为代表，认为俗字是跟当时字书写法不合的通俗字体，蒋冀骋、吴福祥、欧昌俊、石云孙、郝茂等人的看法相似。后面三类都未能够区分俗字与字体，我们也比较倾向第一类的定义，在没有更准确的定义以前，本书拟在第一类的定义和《现代汉语词典》的基础上给俗字下一个定义。

### (二)俗字的本质属性

我们必须弄清，俗字的本质属性(即本质特征)是什么？俗字具有什么特点？我们认为俗字的本质属性是浅俗、浅近。

张涌泉《汉语俗字研究》将俗字的特点确定为通俗性、任意性、时代性、区别性、方域性。[①]

方孝坤《徽州文书俗字研究》将俗字的特点确定为继承性、独创性、时代性、民间性。[②]

我们认为只有事物独有的才能够称为特点，必须是只有俗字才有的特点才能称为特点。我们可以明显看到，俗字具有时代性，正字也具有时代性，因此，时代性并非俗字的特点。

俗字在继承性和独创性、任意性上是相互矛盾的，俗字具有继承性，就否定了俗字是任意书写，也否定了俗字的独创性。实际上，任何一个汉字，在创造之初都具有独创性，这并非俗字的特点。下面以清代手写文献为材料，列举其中几个俗字进行说明。

### 【妾】

(1)《文山遗嘱分关契纸普王亮将田地房屋等财产均搭分给儿子》："不得藉拮据情形妾(妾)生觊觎。"(《云南省博物馆藏契约文书》社土216，道光七年二月十三日)[③]

(2)《为韩尚玩具告韩仕炜等纠众砍伐毁霸事》："妾(妾)骗小的们霸砍他柏树八十余根、慈竹十余丛。"(《南部档案》14-71-8，光绪二十四年八月二十五日)

按："妾"是"妾"的俗字。《汉语古文字字形表》收录，例证引《毛公鼎》。字写作"宀"，楷化后写作"妾"。《汉语大字典·女部》收录，判断

---

① 张涌泉：《汉语俗字研究》，北京，商务印书馆，2010，第122～139页。

② 方孝坤：《徽州文书俗字研究》，北京，人民出版社，2012，第101～108页。

③ 吴晓亮、徐政芸主编：《云南省博物馆馆藏契约文书整理与汇编》第六卷，北京，人民出版社，2012，第221页。

为异体字，例证只举《汉武帝内传》，可参阅①。《中华字海·女部》收录，判断为异体字，说"字见《说文》"，没有列举文献例证②。明代焦竑《俗书刊误·漾韵》："妾，俗作妄，非。"③据焦氏所言，"妾"在明代是正字，而"妄"是俗字。刘复《宋元以来俗字谱·女部》也收录，例证引《目连记》《岭南逸事》，均写作"妾"，则判断为俗字④。方孝坤《徽州文书俗字研究》收录，指出明代徽州文书有该俗字。⑤　由此可见，该俗字并非是清代随意书写的，而是继承前代的俗字。

【徃】

（1）《为阆中差役杨贵在南部县遗失银文案人证事》："要叫小的送徃（往）保宁。"（《南部档案》2-62-2，乾隆五十四年七月二十七日）

（2）《冕宁县仵作舒弟道辞状》："速遵前徃（往）肄业。"（《冕宁档案》，乾隆三年八月九日）

（3）《为阆中差役杨贵遗失银文案事》："小的奉票前徃（往）南充守取吹炮工食艮文回至炉井沟。"（《南部档案》2-62-6，乾隆五十四年八月二日）

（4）《康熙二十七年僧定旺典房契》："定旺大师傅徃（往）西安府去。"（《大觉寺文书》QW-038，康熙二十七年十一月八日）

按："徃"是"往"的俗字。"往"字右半边是"主"字，而"徃"字的右半边作"生"字。《集韵·漾韵》："徃，归向也，隶作徃。"⑥认为"徃"字是由"往"字隶变而演变而产生。《碑别字新编》《广碑别字》均收录，例证均引明《涿州石经山琬公塔院碑》。后世认为是俗字。元朝李文仲《字鉴·养韵》："俗作徃。"⑦明代梅膺祚《字汇·彳部》："俗作徃，非。"⑧明代张自烈《正字通·彳部》："俗作徃。"⑨明代郭一经《字学三正·体制上·俗书加画者》："往，俗作徃。"⑩明代焦竑《俗书刊误·养荡韵》："俗作徃，非。"⑪当代沈富进《汇音宝鉴》："徃，俗往也。"⑫偏旁"主"换作"生"，可

---

①　《汉语大字典》第二版，成都，四川辞书出版社；武汉，崇文书局，2010，第546页。

②　冷玉龙等主编：《中华字海》，北京，中华书局、中国友谊出版公司，1994，第681页。

③　（明）焦竑：《俗书刊误》，清文渊阁四库全书本，卷三，十七《漾韵》。

④　刘复：《宋元以来俗字谱》，北京，文字改革出版社，1957，第14页。

⑤　方孝坤：《徽州文书俗字研究》，北京，人民出版社，2012，第188页。

⑥　（宋）丁度等：《集韵》，述古堂影宋本，上海，上海古籍出版社，1985，第600页。

⑦　（元）李文仲：《字鉴》，丛书集成初编本，上海，商务印书馆，1936，卷三，第98页。

⑧　（明）梅膺祚：《字汇》，明代万历四十三年（1615）刻本，《寅集》第78页。

⑨　（明）张自烈：《正字通》，清代康熙十年（1671）刻本，《寅集下》第52页。

⑩　（明）郭一经：《字学三正》，清文渊阁四库全书本。

⑪　（明）焦竑：《俗书刊误》，清文渊阁四库全书本。

⑫　沈富进：《汇音宝鉴》，文艺学社，1954。

能是为了书写方便，而不是为了表音准确。"生"字便于毛笔书写时连写，可以提高书写速度。清代李光地《榕村字画辨讹》说："往，作徃非。"①

宋代已经出现，例如宋沈辽《走笔酬亨甫所示二篇次韵和之》之一："少壮已徃谁能逐，此身正如车轼毂。"②"往"字，赵开美以北宋元祐三年（1088）小字本《伤寒论》为底本翻刻的《伤寒论》也写作"徃"。

赵春兰说：《辽藏·妙法莲花经》："周旋徃返十方。"《说文》彳部："徃，之也。从彳，[生]声。""徃"是据小篆复古而产生。《隶释》："羊窦道碑往来无患。"《字鉴》卷三《养韵》："往，羽枉切，俗作徃。"《复古编》卷上："往，隶作徃，俗，羽两切。"《字汇》："往，俗作徃，非。"《正字通·彳部》："往，俗作徃。"③方孝坤《徽州文书俗字研究》收录，指出元明清、民国时期徽州文书均有该俗字。④ 文献多见，如《尉缭子·治本》："徃世不可及，来世不可待。"⑤

清代县志也有使用，道光《南部县志》卷二十三《人物志·流寓》："迄今俯仰遗踪，流观徃迹，犹见弹丸小邑，诸君子往来其间，未尝不闻风兴起，寄想芳徽于靡尽也。"⑥

## 【虗】

（1）《广南领地文约木低属笼浪寨杨金七徐德成矣朋领到依大少爷地》："中间不虗（虚）冒领状是实。"（《云南省博物馆藏契约文书》社土663-2，道光十六年正月二十八日）⑦

（2）《为造赍顶补卑县工房典吏程献忠着役日期事呈保宁府》："中间不虗（虚）。"（《南部档案》18-12-3，光绪三十三年十月二十二日）

按："虗"是"虚"的俗字，声旁"业"写作"亚"，表音都不明显。清代手写文献多见该俗字，尤其是领条文书。这种情况也可以视作增加笔画而形成的俗字。"虚"字写作俗字"虗"，容易与"灵"字俗写混淆，这点与敦煌文献俗字（如俄藏 ДX02826《唐开元某年卖与兴胡作人状》"虚妄"）

---

① （清）李光地：《榕村字画辨讹》，清代道光九年（1829）刻本。
② （宋）沈辽：《走笔酬亨甫所示二篇次韵和之》，见《云巢编》，清文渊阁四库全书本，卷四。
③ 赵春兰：《应县木塔辽代秘藏妙法莲花经俗字研究》，上海师范大学硕士学位论文，2006，第33页。赵春兰"徃"字前误用前引号为后引号。
④ 方孝坤：《徽州文书俗字研究》，北京，人民出版社，2012，第197页。
⑤ 《尉缭子》，北京，中华书局，1985，第30页。
⑥ （清）王瑞庆、李澍修；徐畅达、李咸若纂：《南部县志》，清代道光二十九年（1849）刻本，卷二十三，第1页。
⑦ 吴晓亮、徐政芸主编：《云南省博物馆馆藏契约文书整理与汇编》第六卷，北京，人民出版社，2012，第23页。整理者将"今于领到"的"今"录成"令"，二字形近。

类似。

又写作"虗",如:

(1)《为具告何天祥等伙卖坟地事》:"中间不虗(虚)。"(《南部档案》2-60-17,乾隆五十一年一月九日)

(2)《为造赍顶补卑县工房典吏程献忠着役日期事呈保宁府》:"中间不虗(虚),甘结是实。"(《南部档案》18-12-3,光绪三十三年十月二十二日)

(3)《巴县刑房典吏何承先保状》:"中间不虗(虚),保状是实。"(《巴县档案》1-13-6,乾隆三十三年四月十七日)①

按:"虗"即"虚",是"虚"的俗字,声旁改用"丘",表音较原有声旁好,但是仍然不能够准确表音。"虚"字多写"虗"。《说文·丘部》篆文作"𧆜",注:"从丘,虍声。"②楷化后就写作"虛"。《类篇·𠂢部》:"虚𠂤,休居切。空也,亦姓,古作𠂤虚,又丘于切,大丘也。"③明代梅膺祚《字汇·虍部》:"虗,俗虚字。"④将其判断为俗字。明清不少辞书将其判断为异体字,明代张自烈《正字通·虍部》:"虗,与虚同。"⑤《康熙字典·虍部》同。清代铁珊《增广字学举隅·古文字略》:"虗,同虚字。"⑥均将其判断为异体字。

俗字具有区别性,正字也具有区别性。

另外,俗字并非局限于某个地方,也不局限于民间书写,俗字并没有方域性,因此,俗字的方域性和民间性均不是俗字的特点。

俗字具有通俗性,这是正字不具备的特点。我们认为这是俗字的特点,但还不是本质特点,也不是本质属性。那么,究竟什么是俗字的本质属性呢?

俗字的本质属性应该从"俗"字落实,如果"俗"字不落实,就无从阐述俗字的本质属性。何谓"俗"呢?"俗"字有三个理解,一是通俗,二是浅俗,三是约定俗成。通俗即通行、浅俗,古人把汉字的属性分为通、

---

① 四川省档案馆编:《巴蜀撷影:四川省档案馆藏清史图片集》,北京,中国人民大学出版社,2009,第12页。

② (东汉)许慎:《说文解字》,北京,中华书局,1963,第168页。

③ (宋)司马光:《类篇》,清文渊阁四库全书本,卷二十三。

④ (明)梅膺祚:《字汇》,明代万历四十三年(1615)刻本,《申集》第54页。

⑤ (明)张自烈:《正字通》,清代康熙十年(1671)刻本,《申集中》第3页。

⑥ (清)铁珊:《增广字学举隅》,清文渊阁四库全书本,卷三。中华汉语工具书书库编辑委员会:《中华汉语工具书书库》第十二册,合肥,安徽教育出版社,2002,第523页。

俗、正，可见通俗有别。通即通行、流行，俗即浅俗，正即正字，为国家的规范汉字。由此可见，通俗是俗字的特点，但还不是本质属性。因为对通俗的判断又是模糊的，即什么文字是通俗的，所以难以准确断定。约定俗成是语言文字的本质属性，可以用于正字，也可以用于俗字。因此，约定俗成也不是俗字的本质属性。于是，俗字的本质属性应该是浅俗的，这个属性是正字不具有的。唐代颜元孙《干禄字书》也认为："所谓俗者，例皆浅近，唯籍帐、文案、券契、药方，非涉雅言，用亦无爽。"①俗字浅俗、浅近，便于书写，有利于提高交际效率。

## 二、清代手写文献俗字的内涵

根据清代手写文献保存内容来看，清代手写文献中保存的俗字是浅俗的汉字，能够完整地反映清代文字的真实情况。下面以清代手写文献为材料，列举其中几个俗字进行说明。

【茂】

(1)《为发给各地军用火药铅子火绳等物登记事》："给发茂(茂)州营司厅黄凤铅子壹千颗。"(《南部档案》3-11-1，嘉庆二年十月四日)

(2)《龙求保立卖地土字》："茂(茂)昌、茂(茂)来占一股。"(《清水江文书》14-2-1-020，宣统元年六月二十二日)

按："茂"是"茂"的俗字，下面多写一点。下面写成与"成"字相似。秦公《碑别字新编》收录"茂"，例证引《唐庞德威墓志》。

无独有偶，现代人仍然沿用这种写字方法，如广西桂林有个景点叫"结婚岛"，其中"婚"字多写一点，作"婚"，也属于俗字的应用。

【行】

(1)《为具供民具告王兴贵私煮大麦酒事》："打取行(行)用。"(《南部档案》4-68-5，道光二十年五月十八日)

(2)《李在朝典当柿树典契》："同产行(行)言明典价大小(钱)四百文。"(《太行山文书》，光绪九年十二月二十八日)②

(3)《为敬绍虞霸吞凶抗案内传唤差役事》："新镇坝请示设立祐行

---

① 中华汉语工具书书库编辑委员会：《中华汉语工具书书库》第十二册，合肥，安徽教育出版社，2002，第587页。方孝坤：《徽州文书俗字研究》第17页引用该段文字时，"笺启"漏写"启"字，"籍帐"写成"藉帐"。后面的第27页再次引用该段文字时，"笺启"仍然漏写"启"字，"籍帐"并未写成"藉帐"。

② 康香阁主编：《太行山文书精萃》，北京，文物出版社，2017，第71页。

（行）。"（《南部档案》14-36-1，光绪二十四年三月二十二日）①

（4）《为禀垦签饬严子等违规抗缴学欸事》："内有本场猪斗等**行**（行）提欸十串外。"（《南部档案》18-564-1，光绪三十三年五月五日）

按："**行**"是"行"的俗字，多写一点，也属于末笔增加。我们怀疑这种写法可能与"得"字的写法有关，两字相似。

【**押**】

（1）《为李仕仲具告李清籍公挟害事》："拨差将李清锁**押**（押）回县。"（《南部档案》16-7-6，光绪二十九年正月十八日）

（2）《为胆敢擅入门房探问案件答责革退事》："不料大爷把小的锁**押**（押，下文即作**押**）。"（《南部档案》23-8-2，宣统元年九月十八日）

（3）《为王蒲氏具告丈夫王洪模虐待侮辱事》："夫主率人在王姓家中将小妇人捆**押**（押）来案。"（《南部档案》23-236-1，宣统二年二月十八日）

按："**押**"是"押"的俗字，多一点，右边不再是"甲"字，也属于末笔增加。又如"写"字在清代手写文献中也有四种写法。

【**寫**】

《为卖水牛三只与王荣亮事》："立**寫**（写）卖牛人张幼乡。"（《南部档案》2-61-3，乾隆十三年九月十五日）

按："**寫**"是"写"的俗字。《龙龛手镜》，高丽本载智光序："俫传岁久，抄**寫**（写）时讹。"②秦公《碑别字新编》收录该俗字，例证引《魏鞠彦云墓志》。刘复《宋元以来俗字谱·宀部》也收录，例证引《白袍记》。清代小说刻本也有，参清代李肇亨《梦余集》中的"写山楼"，"写"字就写作"**寫**"。③

又写作"**寫**"，将"**寫**"字最后一横写成四点，如：

《陈尧徵杜出卖田地文契》："立**寫**（写）杜出卖田地文契人陈尧征同男。"（《龙泉驿文书》6-1-010，乾隆拾玖年七月十八日）④

又写作"**寫**"，如：

《为廖维纪出卖田地给杨应廷》："立**寫**（写）永远出卖坝地文约人廖维纪。"（《南部档案》2-64-1，乾隆三十九年十月二十二日）

---

① 本件档案电子缩微光盘漏拍一到二行，导致档案无法阅读。
② （辽）释行均：《龙龛手镜》，高丽本，北京，中华书局，1985，第3页。
③ 北京师范大学图书馆：《北京师范大学图书馆藏稀见清人别集丛刊》第1册，桂林，广西师范大学出版社，2008，第6页。
④ 胡开全主编：《成都龙泉驿百年契约文书》，成都，巴蜀书社，2012，第2页。

又写作"**寫**"，如：

《为计开雷朝具告雷普越分图葬案内人证候讯事》："被告：雷普，雷普诉出：雍**寫**（写）。"（《南部档案》2-66-7，乾隆四十六年九月二十八日）

这种写法与"寫"字容易混淆。如：

《为具告杨永泰等蓁伐伤冢逆辱行凶叩勘唤究事》："氏寫远茔内禁蓄树株。"（《南部档案》14-74-1，光绪二十四年九月二十日）

"寫"并不是"写"的俗字，下面写成"鸟"，上面写成"穴"，因为与"写"字形体相近，被误当成"写"字。实际上，该字念 diào，本是深远、遥远的意思。传世文献多见该义，如宋代周邦彦《倒犯·新月》词："淮左旧游，记送行人，归来山路寫。"[①] 李纲《再乞招抚曹成奏状》："虽已具奏道依近降圣旨，踏逐军马，道路寫远，见今阻隔，卒难办集。"[②] 明代凌濛初《初刻拍案惊奇》卷二十："本是西粤人氏，只为与京师寫远，十分孤贫，不便赴试。"[③]《闻过楼》第三回："起先还说相公住得寫远，一时不进城来，这主银子没有对会处，落得隐瞒下来。"[④]

我们认为俗字的本质属性不容易准确断定是俗字难以严格定义的原因。俗字与正字（或雅字）相对仅仅是两种文字的关系，而非俗字的本质特点。从历史角度来看，汉字是否历代都有正字都成问题，虽然个别朝代公布了字样，辞书也有"正字""正"等表述，但是官方并未以法律法规的形式明文规定国家规范的正字，这与 1949 年后政府用法律法规明确规定的规范汉字不同。即使就算有正字，事实上，正字与俗字的区分也是一件十分困难的事情，何字是正字，何字是俗字，不论是辞书，还是专家学者，都难以准确断定。因为资料有限，文字发展演变比较隐晦，况且正字与俗字也不是一成不变的，而是随社会的发展而变化的。俗字流行民间属于使用范围，俗字不规范也只能说明有规范时其和之后的情况，无法说明规范缺失和失效的情况，也无法涵盖新造俗字和记音俗字等情况。

俗字属于异体字的只能是其中的大部分，而不是全部，简单地把俗字归入异体字的看法有狭隘之嫌。因为历朝历代，随着社会的发展和文化交流传播的扩大，语言文字势必会需要一些新字、新词、新语来适应时代的变化。这些新的汉字在出现之初，往往有几个不同的字形，它们

---

① （清）沈辰垣：《御选历代诗余》，清文渊阁四库全书本，卷七十八，第 15 页。

② （宋）李纲：《李忠定公奏议》，明正德刻本，卷二十九。

③ （明）凌濛初：《初刻拍案惊奇》，明崇祯尚友堂刻本，卷二十。

④ （清）李渔：《十二楼》，清消闲居本，第三回。

并不是哪个汉字的异体字，但也仍然只能归入俗字。另外，音译外来词的用字、方言用字中也会出现不少俗字，这些都无法归入异体字。

前面我们已经讲过，只有浅俗性属于俗字的本质属性，是俗字具有的本质特征，因为俗字的俗与雅相对，雅是典雅，俗是浅俗。俗字具有浅俗性，浅近易懂，不够典雅。以前，人们多将相对于正字和民间流行作为俗字的本质特点，却存在瑕疵。不过，专家学者对俗字定义的推敲修改，比较注重共时、平面的描述，或者注意历时、动态的变化，对人们进一步深入揭示俗字的本质特征具有一定的启发价值。我们以为俗字应该是浅俗汉字，不够典雅，甚至讹误减省，但不影响交际使用，并为世代传承。

结合清代手写文献实际和各方论述，我们暂时将清代手写文献俗字定义如下：清代手写文献俗字就是清代手写文献中浅俗的汉字。

## 第二节　清代手写文献俗字的外延

清代手写文献俗字的外延包括一些行业用字（如药方俗字、乐谱俗字、秘密社会俗字、典当俗字、商用俗字等），区域用字（地名俗字），方言用字，佛经音译字，避讳俗字，阶级用字等，由民众创造、使用、流行，多数没有得到官方认可。清代手写文献中也有古字、异体字、通假字、讹误字等，俗字与之易混淆，难以区别，俗字外延并不包括这些。

俗字的外延需要严格区分俗字与非俗字，掌握哪些字属于俗字，哪些字不属于俗字。为了能比较客观地反映清代正字与俗字的实际情况，我们没有按照以往以现代通行规范字为正字来确定俗字的做法，而是以清代正字书《康熙字典》为标准，在与清代手写文献的共时对比中确定俗字。

既然是以清代《康熙字典》为正字标准，就还须注意到以下情况：

部分汉字，清代和现代已发生了正俗字的易位。例如，清代正字书所指出的俗字"粮、遍"（清代正字为"糧、徧"）等，这些字在现代汉字中已成为正字，审读时稍有疏忽便会遗漏；反过来，不能以今律古，错将"徧、糧"等字作为俗字来辑录。

《说文解字》中的有些正字后来演变成了俗字，唐五代时期的有些俗字却演变成了现在通用的简体字。俗字与正字是相辅相成的，在某一时期是正字演变成俗字，俗字有时也会取代正字的地位。

我们也应该看到，手写的文献与雕版的文献各有千秋，不能够片面强调一面。手写文献多俗字，但也有正字；雕版刻本多正字，但也并非没有俗字。调查发现，雕版刻本也是由民间工匠书写成模字再印刷，出现俗字也十分正常。因此，我们仅仅根据写本和刻本来判断俗字的多少是有问题的。

清代手写文献俗字虽然数量较多，但是清代手写文献俗字所占全部文字的比例并不高，正字使用仍然较多。清代手写文献中正字俗字同时使用，正字使用比例高于俗字。不过奇怪的是，清代手写文献中常常见到同一件文献前后采用正字和俗字，或者两个不同的俗字。

张涌泉《汉语俗字研究》说："俗字的产生和存在，对那些世代相传的'正字'来说，无疑是一种威胁、一种反动。"又说："我们认为，正字和俗字是相辅相成的。俗字是相对于正字而言的，没有正字，也就无所谓俗字。在一定的文字系统中，正字总是占据主要的、主导的地位，俗字则处于从属的、次要的地位；正字是文字系统的骨干，俗字则是正字系统的补充和后备力量。正俗之间的关系并不是一成不变的，它们往往随着时间的推移而不断发生变化。"①李荣《文字问题》也批评了对正俗字的几种偏见，说："有的人以为见于经典的文字才是正字，不见于经典的文字就是俗字，俗字最好不用。这是一种偏见。有的人以为俗字就是经典，俗字应该推广。这是另一种偏见。"②

《南部档案》第 2 目录第 66 卷有"房（房）""書（畫）""舅（舅）""據（据）""肴（看）""寫（寫）""騐（验）""紙（纸）"等俗字，第 4 目录第 18 卷有"斷（断）""繳（缴）""两（两）"等俗字，第 13 目录第 6 卷有"据（据）""閗（开）""欵（款）""共（与）"等俗字，第 13 目录第 23 卷有"處（处）""遵（遵）""泟（从）""共（与）""寫（写）"等俗字，第 14 目录第 46 卷有"総（总）""帶（带）""段（段）""国"等俗字。

《龙泉司法档案选编》10898：5 有"炎（炎）""夢（梦）""壁（壁）""審（审）"等俗字，2416：4-5 有"邉（边）""邀（邀）""两（两）"等俗字。

《徽州文书》康熙十九年十一月廿六日有"単（单）""玊（土）""德（德）""年（年）""叅（叁）""啚（图）"等俗字，嘉庆九年三月十日有"升（升）""老

① 张涌泉：《汉语俗字研究》，北京，商务印书馆，2010，第 3、4 页。
② 李荣：《文字问题》，北京，商务印书馆，1987，第 7 页。

（悉）""**典**（典）""**凭**（凭）""**圡**（土）""**両**（两）"等俗字，道光八年四月廿八日有"**典**（典）""**少**（少）""**凭**（凭）""**廷**（廷）"等俗字。

《大觉寺文书》037 有"**叚**（段）""**畂**（亩）""**覺**（觉）""**㸦**（与）""**柒**（柒）""庄（庄）""**菅**（管）""**凭**（凭）""**帯**（带）""**初**（初）"等俗字，038 有"**柒**（柒）""**外**（外）""**筝**（争）""**菅**（管）""**无**（无）""**凭**（凭）""**熙**（熙）""**徃**（往）""**盛**（盛）"等俗字，106 有"**批**（批）""**庙**（庙）""**塈**（塈）""**墅**（坚）""**糟**（糟）""德（德）"等俗字。

《清水江.文书》1-1-1-001 有"**㨿**（据）""**凭**（凭）""**缺**（缺）""**少**（少）""**業**（业）""**㸦**（与）"等俗字；1－3－4－001 有"**菅**（管）""**缺**（缺）""**少**（少）""**堂**（堂）""**外**（外）""**㸦**（与）""**族**（族）"等俗字。

## 【**寃**】

(1)《词稿簿之二七》："为**寃**（冤）奇证确、不究不体事。"（《清水江文书》10-1-1-027，道光十三年七月□日）

(2)《为具诉李朝贤勒诬抵氏子搕伐事》："**寃**（冤）遭讼累。"（《南部档案》14-75-3，光绪二十四年十月二十九日）

按："**寃**"是"冤"的俗字，上面多写一点，下面少写一点。"冖"常与"宀"混，不过，清代以前却是正字。唐代颜元孙《干禄字书》将"**寃**"判断为正字[1]，宋代娄机《汉隶字源·元韵》收录"**寃**"，引《溧阳长潘干校官碑》，辽代僧人释行均《龙龛手镜·宀部》等书将"冤"都作"**寃**"[2]。清代顾蔼吉《隶辨·元韵》收录，例证引《校官碑》《夏承碑》。[3]

又写作"**冤**"。如：

《为张润之具控夫头敬洪顺私吞夫价事》："才角口喊**冤**（冤）的。"（《南部档案》23-9-3，宣统元年十二月十七日）

按："**冤**"是"冤"的俗字，少写一点，"兔"字写成"免"字。

---

① 中华汉语工具书书库编辑委员会：《中华汉语工具书书库》第十二册，合肥，安徽教育出版社，2002，第 588 页。

② （辽）释行均：《龙龛手鉴》，四部丛刊续编景宋本，卷一第 53 页。（辽）释行均：《龙龛手镜》，高丽本，北京，中华书局，1985，第 155 页。

③ （清）顾蔼吉：《隶辨》，北京，北京市中国书店，1982，第 147 页。

裴锡圭指出："在文字形体演变的过程里，俗体所起的作用十分重要。有时候，一种新的正体就是由前一阶段的俗体发展而成的。比较常见的情况，是俗体的某些写法后来被正体所吸收，或者明显地促进了正体的演变。"

我们应该注意到，俗体与俗字长期纠缠不清，二者存在混用的情况，需要加以辨别，或者准确使用。俗体可以指字体，又可以指俗字。字体与文字是不同的，字体的演变与文字的演变也是不同的。我国文字的字体演变是由商周古文字到小篆，由小篆到隶书，由隶书到真书，这些字体的演变中也存在俗字的产生。有时候，一种新的字体就是由前一段的俗体发展而来的，如隶书。广义地说，每一种新的文字都可以说是旧文字的简俗字。严格地说，新字体不能够看作俗字。

在清代手写文献中书吏个人有个人的风格，书写往往洒脱豪迈，写几个连笔字、草书那是常有的，这是出于对艺术的追求，但绝不是因为他认为这个字有问题才可以用俗字或草书；而清代手写文献的抄写是在不能使用印刷术的背景下进行的，抄书者为了节省时间写俗字就很正常了。

清代手写文献中有正俗字、古今字、借音字、繁简字、行草书、写本特殊符号等文字。除正俗字外，也使用古字、异体字、通假字、讹误字等，清代手写文献俗字与通假字、异体字、古今字、讹误字容易混淆，难以区别。我们力求区别清代手写文献中俗字与通假字、异体字、古今字、讹误字等其他文字，从而准确辨识俗字。但是俗字与这些文字存在各种各样的关系，要准确断定不易，尤其是俗字与异体字、古今字之间的准确区别更是麻烦。要确认俗字，辞书是重要工具。辞书可以帮助确认所搜集的汉字是否属于俗字，但辞书也有错误判断，需要结合其他论著和理性思考、逻辑推理等来断定是否属于俗字。

【绌】

(1)《为敬绍虞霸吞凶抗案内传唤差役事》："但此局欹支绌。"(《南部档案》14-36-1，光绪二十四年三月二十二日)①

(2)《为旨谕严禁军营逢迎积习事饬南部县》："自咸丰十年以来库欹支绌。"(《南部档案》14-22-1，光绪二十四年七月十七日)②

按："绌"因为与"支"连用，容易误解是"出"的加旁俗字，但下文中的"出"字又不加旁。这种情况让人费解。我们对此进行反复推敲后认为，

---

① 电子缩微光盘漏拍一到二行，导致档案无法阅读。

② 《清代南部县衙档案目录》(第 1545 页)录为"14-22-2"，但前面没有"14-22-1"。当录为"14-22-1"。

该字并非"出"的加旁俗字,也不是"出"的古字或者今字,而就是"绌"。意思是短缺、减损。"绌"与下文的"不足"对文同义。传世文献多见"绌"字此义。例如,《荀子·非相》:"与时迁徙,与世偃仰,缓急嬴绌,府然若渠匽檃栝之于己也。"①清代龚自珍《送钦差大臣侯官林公序》:"于是有关吏送难者曰:'不用呢羽、钟表、燕窝、玻璃,税将绌。'"②《聊斋志异·刘夫人》:"远方之盈绌,妾自知之。"③章炳麟《訄书·明农》:"议者病夫商旅之不远出,而欲致行之,顾未尝以器之良楛、物之盈绌为计。"④

《汉语大字典·糸部》解释说:绌,短缺;不足。《正字通·纟部》:"绌,音屈。嬴绌,犹盈歉也。"《荀子·非相》:"缓急嬴绌。"⑤《中文大辞典》解释:"今俗谓不足也。如支绌。"⑥《中文大辞典》正以"支绌"为例进行说明,也能够证明"绌"非"出"的俗字。

《汉语大词典》也收录"支绌"条,解释说:谓处境窘促,顾此失彼,穷于应付。清包世臣《致祈大臣书》:"唯是军兴三载,经费支绌已甚。"鲁迅《书信集·致萧三》:"人手少,经济也极支绌。"⑦

| 正字 | 异体字 | | | | | | | | | |
|---|---|---|---|---|---|---|---|---|---|---|
| | 顺治 | 康熙 | 雍正 | 乾隆 | 嘉庆 | 道光 | 咸丰 | 同治 | 光绪 | 宣统 |
| 绌 | | | | | | 出 | | 绌 | 绌 | |

清代手写文献中既有俗字,又有古今字、异体字、通假字、讹误字等,整理与研究者应该将这些不同的文字现象区别开来,而不是混为一谈。不过,有时这些文字现象难以准确区别。

## 一、区别俗字与古今字

古今字是指同一个词在古书中先后所使用的不同的字。古字与今字相对,合称古今字。古今字强调文字出现的时代不同,多采用增加形旁、改换形旁的方法,也有换用其他字形的情况。古今字产生的原因是对文字记录语言精确化的要求,是汉字不断发展的结果。

---

① (春秋战国)荀况:《荀子》,清乾隆抱经堂丛书本,卷三。

② (清)龚自珍:《定盦全集》,清光绪二十三年万本书堂刻本,《文集补编》卷二。

③ (清)蒲松龄:《聊斋志异》,清铸雪斋抄本,卷九。

④ 章炳麟:《訄书》,清光绪三十年(1904)重订本,《明农四十》。

⑤ 《汉语大字典》第一版,成都,四川辞书出版社;武汉,湖北辞书出版社,1990,第3387页。《汉语大字典》第二版,成都,四川辞书出版社;武汉,崇文书局,2010,第3610页。

⑥ 《中文大辞典》,台北,中国文化研究所,1968,第11044页。

⑦ 罗竹风:《汉语大词典》,上海,汉语大词典出版社,1986—1993,第4卷第1381页。

王叔岷《史记斠证》：季历娶太任。

案《御览》八四引太作大，又引《诗含神雾》《汉书人表》《金楼子·兴王篇》皆作大任。《御览》一三五引此作大妊，又引《河图著命》作太妊，《潜夫论·五德志篇》同。当以大任为正。①

按：王叔岷指出异文，是；但说"当以大任为正"则非。

我们认为"太""大"同字，二字形近音同。

从文字学的角度看，"大"为正面站立的人形，"太"也是正面站立的人形。现代儿童游戏，还摆"大"字，或者"太"字。不过，"太"字因不雅，故多不为人所言。

《论语·雍也》："居简而行简，无乃大简乎？"②清代江沅《说文释例》指出："古只作'大'，不作'太'，亦不作'泰'。《易》之'大极'，《春秋》之'大子''大上'，《尚书》之'大誓''大王王季'，《史》《汉》之'大上皇''大后'，后人皆读为'太'，或径改本书，作'太'及'泰'。"③

从音韵学角度看，二字同音。《诗·鄘风·蝃蝀》："乃如之人也，怀昏姻也，大无信也，不知命也。"④陆德明《释文》："大音泰。"⑤据此，"大"本读音同"太"。

从文献学角度看，秦汉魏晋时期文献多见二字同义的情况，后世读者不了解这种情况，则容易误解误判。仅以《三国志》为例，说明如下：

《三国志》卷四十六裴注引《江表传》："祖遣太子射船军五千人助勋。"⑥周寿昌《证遗》指出："祖尚为刘表属，并未僭号，子安能称太子。疑是长子之讹。"⑦周氏误解了"太子"，因为实际上，"太子"即"大子"，黄祖的太子并不是皇太子，而是大子。不仅仅是周氏误解，卢弼《集解》也存在误解的情况：

《三国志》卷三卢弼《集解》：各本"大"均作"太"，误。胡三省曰：嫡子之出为宗子，庶子之出为支子。支，歧出也。⑧

---

① 王叔岷：《史记斠证》，北京，中华书局，2007，第 118 页。
② （三国）何晏集解、（宋）邢昺疏：《论语注疏》，清嘉庆二十年（1815）南昌府学重刊宋本十三经注疏本，卷六。（清）阮元：《十三经注疏》，北京，中华书局，1982，第 2477 页。
③ （清）江沅撰：《说文释例》，清代光绪十六年（1890）刻本，第 17 页。
④ （汉）毛亨传、（汉）郑玄笺、（唐）孔颖达疏：《毛诗注疏》，清嘉庆二十年（1815）南昌府学重刊宋本十三经注疏本，卷三。（清）阮元：《十三经注疏》，北京，中华书局，1982，第 2477 页。
⑤ （唐）陆德明：《经典释文》，上海，上海古籍出版社，2012，第 47 页。
⑥ （西晋）陈寿：《三国志》，北京，中华书局，1959，第 1096 页。
⑦ （清）周寿昌：《三国志注证遗》，北京，中华书局，1985，第 64 页。
⑧ 卢弼：《三国志集解》，北京，中华书局，1982，第 110 页。

《三国志》卷十九裴注引《世语》曰:"太子患之。"卢弼《集解》:"嗣尚未定,不得称'太子',当为'世子'之误。下文云'世子从之',可证。胡玉缙曰:《礼记·曲礼》:'不敢与世子同名。'郑注:'世',或为'太'。桓九年《春秋经》:'曹伯使世子射姑来朝。'孔《疏》:诸经称'世子及卫世叔申',《经》作'世子',《传》皆为'大'。然则古者'世'之与'大'字义通也。据此,则此处'太'字似不误。"①又"引领情内伤。大谷何寥廓。"卢弼《集解》:"李善注:'太谷在洛阳西南。'刘履曰:'此指东路所行之山谷,善注非。'《东京赋》注引洛阳注云:'大谷,洛城南五十里,旧名通谷。'李注多'西'字。"②

从方言学角度看,二字音同义同。现代汉语方言仍然这样说,如四川方言说"这个东西好太哟""太得很""西瓜很太"等,很多地方志记载为空格,不知道写什么字。实际上,"好太"就是好大,"太得很"就是大得很,"很太"就是很大。

有学者认为,俗字既可以是古字,也可以是后起字或者今字。不过,我们主张俗字与古今字应该划分界限,两者的关注点不一样。古今字强调文字所处时代的先后,俗字强调文字的浅俗。清代手写文献中使用了一些古字,容易误认为是俗字。如:

《阙云开分家书》:"三房仝养畊(耕)作。"(《石仓契约》第四辑第八册下茶铺·阙氏,道光二十五年二月八日)③

按:"畊"不是"耕"的俗字,而是古字,将"耕"的形旁"耒"变成"田",变成"畊",书写方便,意思好记。《玉篇·田部》:"畊,古文耕字。"④《汉语大字典·田部》收录,例证列举《燕子春秋·内篇谏下二》、明刘昺《满江红》。⑤

清代手写文献中也有不少古字,与当时的文字有差异,这种情况是中国的崇古情结造成的。

## 【仝】

(1)《曾明阳等杜卖田地、基址、林园文契》:"立杜卖田地、基址、林园文契人曾明阳仝(同)子开楞、开桂、开周。"(《龙泉驿文书》6-1-014,

① 卢弼:《三国志集解》,北京,中华书局,1982,第482页。
② 卢弼:《三国志集解》,北京,中华书局,1982,第486页。
③ 曹树基、潘星辉、阙龙兴编:《石仓契约》第四辑第八册,杭州,浙江大学出版社,2015,第33页。
④ (南朝梁)顾野王:《大广益会玉篇》,上海,商务印书馆,1936,第42页。
⑤ 《汉语大字典》第二版,成都,四川辞书出版社;武汉,崇文书局,2010,第2710页。

乾隆五十六年九月）①

（2）《为计开杨玉桐具告李茂林等拐配民媳凶辱案内人等事》："据葛蒲氏、葛老七仝（同）供。"（《南部档案》23-238-1，宣统二年七月十二日）

（3）《为本县城区乡镇所有乙级选民事》："孔继荣，二十八，仝全，十；马文平，三十六，仝全，十；马思信，二○，仝全，到。"（《南部档案》23-246-1，宣统三年）

（4）《为吴树成等具告杨永钊拖欠铺房佃资蓦卖铺房事》："据职员吴树东、武生游鸣盛、会首李巽臣、李维俸仝（同）供。"（《南部档案》23-251-1，宣统三年六月十八日）

按："仝"很容易误判断为"同"的俗字。实际上，"仝"不是"同"的俗字，而是古字。"仝"，《说文解字》未见收录。《广韵·东韵》说："仝，同古文，出道书。"②明代梅膺祚《字汇·人部》："仝，古同字。从人从工，与全字异。仝音全，从人。"③明代陈士元《古俗字略》卷一《东韵》就指出"仝"是"同"的古字。④《汉语大词典》例证仅仅举唐代卢仝《与马异结交诗》："昨日仝不仝，异自异，是谓大仝而小异。"⑤由此可见，清代手写文献虽然多记录口语表达，但是仍然与传世文献类似，都有崇古情怀。

【徧】

《为设立尸棺掩骼局事饬南部县》："未必遽能徧（遍）及。"（《南部档案》14-81-2，光绪二十四年十二月十九日）⑥

按："徧"是"遍"的古字。《说文》已见"徧"字，"徧"是"遍"的古字。《说文·彳部》说："徧，帀也。从彳扁声。"⑦朱骏声《说文通训定声》："徧，字亦作遍。"⑧《玉篇·彳部》说："徧，周帀也。"⑨《广韵·线韵》："徧，周也。《说文》：'帀也。'方见切。遍，俗。"⑩《广韵》认为"徧"是正字，"遍"是俗字。明代张自烈《正字通·辵部》："遍同徧。"⑪《正字通》则

---

① 胡开全主编：《成都龙泉驿百年契约文书》，成都，巴蜀书社，2012，第12页。
② （宋）陈彭年等：《宋本广韵》，北京，中国书店，1982，第23页。
③ （明）梅膺祚：《字汇》，明代万历四十三年（1615）刻本，《丑集》第12页。
④ （明）陈士元：《古俗字略》，［日］杉本つとむ：《异体字研究资料集成》二期八卷，东京，雄山阁，1973，第15页。
⑤ 罗竹风：《汉语大词典》，上海，汉语大词典出版社，1986—1993，第1卷第1117页。
⑥ 本件档案《清代南部县衙档案目录》（第1554页）误录为"光绪十四年"，漏写"二"字。
⑦ （东汉）许慎：《说文解字》，北京，中华书局，1963，第43页。
⑧ （清）朱骏声：《说文通训定声》，上海，世界书局，1936，第760页。
⑨ （南朝梁）顾野王：《大广益会玉篇》，上海，商务印书馆，1936，第227页。
⑩ （宋）陈彭年等：《宋本广韵》，北京，中国书店，1982，第412页。
⑪ （明）张自烈：《正字通》，清代康熙十年（1671）刻本，《酉集下》第54页。

把两字看作异体字。清朝毕沅《经典文字辨证书·彳部》："徧正，遍别。"①《经典文字辨证书》也认为"徧"是正字，"遍"是别字，当然这个别字可以理解为别俗字，理解为异体字，理解为错别字。《康熙字典·彳部》收录"徧"字，解释说："《广韵》：比荐切。《集韵》《韵会》《正韵》卑见切，并编去声。《说文》'帀也。'《广韵》：'周也。'《书·舜典》：'徧于羣神。'《诗·小雅》：'羣黎百姓，徧为尔德。'《左传·庄二十年》：'乐及徧舞。'疏：'言乐之所有，舞悉周徧也。'又《广韵》俗作遍。《魏志·贾逵传注》：'逵最好《春秋左传》，自课诵之，月常一遍。'"②

传世文献多见"徧"字，如《书·舜典》："望于山川，徧于羣神。"③《淮南子·主术》："则天下徧为儒墨矣。"④《庄子·天下》："选则不徧，教则不止。"成玄英疏："若欲拣选，必不周遍。"⑤《汉书·贾谊传》："若其它背理而伤道者，难徧以疏举。"⑥《三国志·魏志·王肃传》"明帝时大司农弘农董遇等"裴松之注引三国魏鱼豢《魏略》："读书百徧而义自见。"⑦晋代陆机《辩亡论上》："祸基京畿，毒徧宇内。"⑧北魏贾思勰《齐民要术·种谷楮》："种三十亩者，岁斫十亩，三年一徧。"⑨唐代杜甫《秦州杂诗》之五："浮云连阵没，秋草徧山长。"⑩唐代李白《僧伽歌》："问言诵呪几千徧，口道恒河沙复沙。"⑪宋代毛滂《蝶恋花·春夜不寐》词："更起绕庭行百徧，无人祇有栖莺见。"⑫《续资治通鉴·元成宗大德六年》："朱清、张瑄，父子致位显要，宗戚皆累大官，田园馆舍徧天下。"⑬清代蒲松龄《聊斋志异·促织》："一切异状，徧试之，无出其右者。"⑭姚锡光《东方兵事纪略·海军篇》："徧船皆火，炮械俱尽。"⑮

---

① （清）毕沅：《经典文字辨证书》，上海，商务印书馆，1937，第7页。
② （清）张玉书等：《康熙字典》，北京，中华书局，1958，第369页。
③ （汉）孔安国传、（唐）孔颖达疏：《尚书注疏》，清嘉庆二十年（1815）南昌府学重刊宋本十三经注疏本，卷三。（清）阮元：《十三经注疏》，北京，中华书局，1982，第126页。
④ （汉）刘安撰、（汉）许慎注：《淮南鸿烈解》，四部丛刊景抄北宋本，卷九。
⑤ （晋）郭象注、（唐）成玄英疏：《南华真经注疏》，古逸丛书景宋本，卷十。《庄子》，上海，上海古籍出版社，1989，第167页。
⑥ （汉）班固：《汉书》，北京，中华书局，1962，第2230页。
⑦ （晋）陈寿：《三国志》，北京，中华书局，1959，第420页。
⑧ （晋）陆机：《陆士衡文集》，清嘉庆宛委别藏本，卷十《议论碑》。
⑨ （北魏）贾思勰：《齐民要术》，四部丛刊景明抄本，卷五。
⑩ （唐）杜甫撰、（宋）蔡梦弼注：《杜工部草堂诗笺》，古逸丛书覆宋麻沙本，卷十五。
⑪ （唐）李白：《李太白集》，宋刻本，卷七。
⑫ （清）沈辰垣：《御选历代诗余》，清文渊阁四库全书本，卷三十九，第21页。
⑬ （清）毕沅：《续资治通鉴》，清嘉庆六年（1801）递刻本，卷一九四。
⑭ （清）蒲松龄：《聊斋志异》，清铸雪斋抄本，卷四。
⑮ （清）姚锡光：《东方兵事纪略》，清光绪二十三年（1897）刻本，卷四。

我们说"徧"是"遍"的古字，还有文献为证，如《诗·邶风·北门》："我入自外，室人交徧谪我。"陆德明释文："徧，古遍字。"

辞书也把"徧"判断是"遍"的古字。《汉语大字典·彳部》收录"徧"字，解释说：同"遍"。《说文·彳部》："徧，帀也。"朱骏声《通训定声》："徧，字亦作遍。"《玉篇·彳部》："徧，周帀也。"《广韵·线韵》："徧，周也。"《诗·邶风·北门》："我入自外，室人交徧谪我。"陆德明《释文》："徧，古遍字。"①

由此可见，"遍"是"徧"的今字，并不是俗字。"遍"字至迟宋代已经出现。赵春兰说：遍，《辽藏·妙法莲花经》："遍覆三千"，徧的俗字。由于意符彳与辶意近，讹变为遍。彳，依《说文》，"小步也"。辶，依《说文》，"乍行乍止也，从彳，从止"。《广韵》去声《线韵》："徧，俗作遍"；《集韵》去声《霰韵》："徧，或从辶"，作"遍"。②

【弎】

(1)《为发给各地军用火药铅子火绳等物登记事》："火绳弎（式）拾把。"(《南部档案》3-11-1，嘉庆二年十月四日)

(2)《阮国江杜卖田地房屋阴阳基址定约》："下房右边砂手卖主葬有兄坟嫂坟一连弎（式）棺。"(《龙泉驿文书》6-1-048，道光十一年五月十五日)③

(3)《阙云开分家书》："又横屋弎（式）间。"(《石仓契约》第四辑第八册下荼铺·阙氏，道光二十五年二月八日)④

(4)《为认缴学堂常年经费事》："共壹百弎拾千文。"(《南部档案》18-1251-1，光绪三十四年八月十五日)

按："弎"不是"二"的大写俗字，而是"二"字的古文。方孝坤《徽州文书俗字研究》将其作为俗字收录，指出元代、清代和民国时期徽州文书均有该字。⑤ 现在仍然使用。《康熙字典·弋部》："《说文》：古文二字。"⑥

《说文·二部》："二，地之数也，从耦一。弎，古文二。"⑦清代顾蔼

① 《汉语大字典》第二版，成都，四川辞书出版社；武汉，崇文书局，2010，第898页。
② 赵春兰：《应县木塔辽代秘藏妙法莲花经俗字研究》，上海师范大学硕士学位论文，2006，第11页。该论文整理《妙法莲花经》中俗字458个。
③ 胡开全主编：《成都龙泉驿百年契约文书》，成都，巴蜀书社，2012，第146页。
④ 曹树基、潘星辉、阙龙兴编：《石仓契约》第四辑第八册，杭州，浙江大学出版社，2015，第26页。
⑤ 方孝坤：《徽州文书俗字研究》，北京，人民出版社，2012，第234页。
⑥ (清)张玉书等：《康熙字典》，北京，中华书局，1958，第355页。
⑦ (东汉)许慎：《说文解字》，北京，中华书局，1963，第285页。

吉《隶辨·至韵》收录，例证引《梁休碑》[1]，南朝梁顾野王《玉篇》[2]，辽代僧人释行均《龙龛手镜》[3]，明代梅膺祚《字汇》[4]，明代张自烈《正字通》[5]等也均收，将"弍"判断为古文。

《汉语大字典·弋部》解释"弍"说：弍同"二"。《说文·二部》："弍"，"二"的古文。[6]

《中文大辞典》解释"弍"说：二之古文。《说文》：二，弍，古文二。[7]据此，"弍"当是"二"的古文。

| 今字 | 古字 | | | | | | | | | |
|---|---|---|---|---|---|---|---|---|---|---|
| | 顺治 | 康熙 | 雍正 | 乾隆 | 嘉庆 | 道光 | 咸丰 | 同治 | 光绪 | 宣统 |
| 弍 | | | | | 弍 | | | | 弍 | |

本件档案中同时出现两种写法，包括"弍"和"贰"。"贰"也不是"二"的俗字，而是"二"的大写。

《汉语大字典·贝部》解释"贰"说：数词。"二"的大写。《广雅·释诂四》："贰，二也。"宋洪迈《容斋五笔》卷九："古书及汉人用字，如一之与壹，二之与贰，三之与叁，其义皆同。"《易·系辞下》："因贰以济民行。"孔颖达疏："贰，二也。"唐白居易《论行营状》："况其军一月之费，计实钱贰拾柒捌万贯。"[8]

《汉语大词典》解释"贰"说：数词。"二"的大写。《易·系辞下》："因贰以济民行，以明失得之报。"孔颖达疏："贰，二也。谓吉凶二理。"《孟子·滕文公上》："从许子之道，则市贾不贰，国中无伪。"赵岐注："可使市无二贾。"宋韩元吉《荐张竑周坰状》："贰人者，皆可任监司或繁剧郡守。"清周亮工《书影》卷二："谢在杭云：'今文书中一字至十字，皆用同音画多者，以防作伪。其中壹、贰，音义俱同。'"[9]

---

[1] （清）顾蔼吉：《隶辨》，北京，北京市中国书店，1982，第494页。

[2] （宋）陈彭年等：《重修玉篇》，清文渊阁四库全书本，卷一。

[3] （辽）释行均：《龙龛手鉴》，四部丛刊续编景宋本，卷三第57页。

[4] （明）梅膺祚：《字汇》，明代万历四十三年(1615)刻本，《寅集》第69页。

[5] （明）张自烈：《正字通》，清代康熙十年(1671)刻本，《寅集下》第33页。

[6] 《汉语大字典》第一版，成都，四川辞书出版社；武汉，湖北辞书出版社，1990，第558页。《汉语大字典》第二版，成都，四川辞书出版社；武汉，崇文书局，2010，第604页。

[7] 《中文大辞典》，台北，中国文化研究所，1968，第4873页。

[8] 《汉语大字典》第一版，成都，四川辞书出版社；武汉，湖北辞书出版社，1990，第3630页。《汉语大字典》第二版，成都，四川辞书出版社；武汉，崇文书局，2010，第3869页。

[9] 罗竹风《汉语大词典》，上海，汉语大词典出版社，1992年，第10卷134页。

据此，"贰"字并非"二"的俗字，而是大写字。

| 数字 | 大写字 | | | | | | | | | |
|---|---|---|---|---|---|---|---|---|---|---|
| | 顺治 | 康熙 | 雍正 | 乾隆 | 嘉庆 | 道光 | 咸丰 | 同治 | 光绪 | 宣统 |
| 二 | | 貳 | | | 貳 | | | | | |

## 二、区别俗字与异体字

异体字是读音和意义完全相同而外形不同可以通用的字。绝大多数是因为造字法的不同而产生的。异体字是在任何语句之中都可以相互替换的，因为它们的意义完全相同，如"剙"是"前"的异体字，它是因为不同地区的人用不同的造字法造了同一个字。异体字可以分为狭义异体字和广义异体字，狭义异体字必须音义全同，广义异体字只要部分音义相同就可以。《张和则所下婚帖》："推选嫁娵吉日。"（《太行山文书》，光绪三年九月十八日）①"娵"在本文书中是"娶"的异构字，但两字不是异体字。"娵"读 jū，意思有美女、少女等，与"娶"意思并不同。异体字与俗字并不相等，异体字一定是针对两字之间而言，俗字则不一定针对两字，尤其是部分新造俗字。很多汉字的异体字属于俗字，但也有不少汉字的异体字不属于俗字。

异体字是音义相同但形体不同的字，异体字与俗字有交叉，但并不相等。如"裣"为"襟"之异体。《说文·衣部》："裣，交衽也。"②《广韵·侵韵》："襟，袍襦前衽。裣，上同。"③辽代僧人释行均《龙龛手鉴·衣部》："襟、裣，音金。袍襦之衽也；亦衣带也。"④金代韩孝彦《四声篇海·衣部》："襟，音裣，义同。"明代章黼《重订直音篇》："襟，音今。交襟衽衣领。裣，同上。"清代邵瑛《群经正字》："裣，今经典作襟，亦作衿。《说文》无襟字，正字当作裣。"传世文献多见，南朝梁沈约《春咏》："裣中万行泪，故是一相思。"⑤清代段玉裁《续修富顺县志序》（乾隆丁酉年六月）："县带洛而裣江，山气佳秀。"⑥清代王闿运《湘潭县志序》："吴分四县，二郡合从，唐并宋割，皇监元明，裣湘带涟。"⑦"金""禁"同音，

---

① 康香阁主编：《太行山文书精萃》，北京，文物出版社，2017，第 3 页。
② （东汉）许慎：《说文解字》，北京，中华书局，1963，第 170 页。
③ （宋）陈彭年等：《宋本广韵》，北京，中国书店，1982，第 220 页。
④ （辽）释行均：《龙龛手鉴》，四部丛刊续编景宋本，卷一第 35 页。
⑤ （明）佚名：《六朝诗集》，明嘉靖刻本，《梁沈约集·乐府雅乐歌·三朝雅乐歌》。
⑥ （清）段玉裁撰：《经韵楼集》，清嘉庆十九年（1814）刻本，卷九。
⑦ （清）王闿运：《湘潭县志》，清光绪十五年（1889）刻本，卷十二。

"襟""袊"声符同音互换，故"袊"同"襟"，为"襟"的异体字。

王叔岷《史记斠证》：道乃进。

案《治要》引乃作廼，古写本作迺。迺，廼之俗变，廼，古乃字。下文诸侯乃字，古写本亦多作迺。①

按：王叔岷说"迺，廼之俗变，廼，古乃字"，近是。

清代邢澍《金石文字辨异》上声十《贿》："廼，唐房彦谦碑：廼为铭曰。案：乃作廼。""迺，汉周憬功勋铭：迺命良史。案：迺当从乚，乚，古文乃也，碑变从辶，非是。今俗相承，又变作乃矣。"②

我们认为"廼""迺""乃"三字同义同音异形，应该属于异体字。文献中有"迺"与"乃"同的异文，如《汉书·司马迁传》："今已亏形，为埽除之隶，在阘茸之中，迺欲印首信眉，论列是非，不亦轻朝廷，羞当世之士邪？"一本作"乃"。③ 方孝坤《徽州文书俗字研究》说，明代"迺"是"乃"的俗字。④

### （一）是异体字，不是俗字

清代手写文献中有的汉字容易判断为俗字，但仔细推敲，它们仅仅是异体字，而不是俗字。

### 【橙】

《为札饬救护月食事饬巡检等》："预备桌橙（凳）、香炉、蜡台、毡子、垫席等项。"（《南部档案》17-921-2，光绪三十二年五月十九日）

按："橙"字是"凳"字的异体字，不是俗字。《广韵·嶝韵》说："床凳。出《字林》。"《集韵·隥韵》说："凳，或从木。"⑤ 根据《集韵》，"橙"是"凳"的或体即异体字。"凳"字本来从几，后世因为凳子多用木头制造，所以改从木旁。元朝李文仲《字鉴·嶝韵》没有认识到这点，说"凳，或作橙，非。橙，宅耕切，橘属。"⑥《汉语大词典》收录"橙"字，解释说：同"凳"。凳子。没有靠背的有足坐具。《晋书·王献之传》："魏时陵云殿榜未题，而匠者误钉之，不可下，乃使韦仲将悬橙书之。"宋洪迈《夷坚丙志·饼店道人》："有风折大木，居民析为二橙，正临门侧，以待过者。"

① 王叔岷：《史记斠证》，北京，中华书局，2007，第 80 页。
② （清）邢澍：《金石文字辨异》，上海，上海古籍出版社，1996，第 438～439 页。
③ （汉）班固：《汉书》，清乾隆武英殿刻本，卷六十二。（汉）班固：《汉书》，北京，中华书局，1962，第 2728 页。武英殿本作"迺"，中华书局本作"乃"。
④ 方孝坤：《徽州文书俗字研究》，北京，人民出版社，2012，第 180 页。
⑤ （宋）丁度等：《集韵》，述古堂影宋本，上海，上海古籍出版社，1985，第 610 页。
⑥ （元）李文仲：《字鉴》，清文渊阁四库全书本，卷四《去声》。

清顾炎武《天下郡国利病书·云南五》："橙人无几橙，席地而坐。"①

| 正字 | 异体字 | | | | | | | | | |
|---|---|---|---|---|---|---|---|---|---|---|
| | 顺治 | 康熙 | 雍正 | 乾隆 | 嘉庆 | 道光 | 咸丰 | 同治 | 光绪 | 宣统 |
| 凳 | | | | | | | | | 橙 | |

【裸】

(1)《为领取失落搭连等事》："内装马褂一件、裸（裹）脚一双、韈子一双、鞋一双、手帕二条。"（《南部档案》2-62-7，乾隆五十四年八月二日）

(2)《曹秀峰交娲媓圣母社物品交单》："白蓝裸（裹）脚二副。"（《太行山文书》，光绪九年一月十五日）②

按："裸"与"裹"构件相同，是"裹"的异体字，但不是"裹"的俗字。异体字往往变包围结构为左右结构，导致该字无法认识或者被误解③。同时，"裸"字与"裸露"的"裸"同形。辽代僧人释行均《龙龛手镜·衣部》收有"裹"字，说："裹祼，二俗。裹，正，古火反，苞也，缠也。"④"裸"字当由"裹"字改变结构演变而来，或者是"祼"删减下面的部件"衣"演变而来。

又写作"裹"，如：

《为阆中差役杨贵遗失银文案事》："裹（裹）脚一双。"（《南部档案》2-62-5，乾隆五十四年八月二日）

按："裹"是"裹"的俗字，上写"果"，下写"火"，似是"衣"的讹误。

【赶】

《为设立尸棺掩骼局事饬南部县》："应请旨饬南北洋大臣会商各省赶紧于丝麻茶三者集股立设公司得价则卖。"（《南部档案》14-81-2，光绪二十四年十二月十九日）⑤

按："赶"不是"趕"的俗字，而是异体字。《康熙字典·走部》："（趕）《正字通》：同赶。《字汇》：追也。"⑥

---

① 罗竹风：《汉语大词典》，上海，汉语大词典出版社，1986—1993，第4卷1320页。

② 康香阁主编：《太行山文书精萃》，北京，文物出版社，2017，第118页。

③ 类似的，如"珙"字本写左右结构，异体字"弄"写成上下结构，上面写"王"，下面写"共"，导致无法认识。

④ （辽）释行均：《龙龛手鉴》，四部丛刊续编景宋本，卷一第36页。（辽）释行均：《龙龛手镜》，高丽本，北京，中华书局，1985，第104页。

⑤ 本件档案《清代南部县衙档案目录》（第1554页）误录为"光绪十四年"，漏写"二"字。

⑥ （清）张玉书等：《康熙字典》，北京，中华书局，1958，第1217页。

"赶"本指兽类翘尾奔跑。《说文·走部》："赶，举尾走也。"①桂馥《说文解字义证》："'举尾走也'者，《通俗文》：'举尾走曰赶。'《类篇》：'赶，马走。'《广韵》：'赶，兽举尾走。'"②明代张自烈《正字通》也收录，古览切。③

《简化字溯源》指出："'赶'最早见于元抄本《京本通俗小说》。1932年《国音常用字汇》和 1935 年《简体字表》收入了'赶'字。"④

【熰】

(1)《陈允周等合同》："业凭中邻赖懋一、苏邦兴、谢佳献眼同烧熰（毁）。"（《龙泉驿文书》6-1-029，嘉庆十三年三月三十日）⑤

(2)《为牒请核夺彭秦氏等以纵奸透毁抬送究办等情喊首彭何氏等事致县衙》："本年十二月十三日据积下乡徐家沟孀妇彭秦氏，抱告子彭元先、侄彭修鼎等以纵奸透熰、抬送究办等情喊首彭何氏、王廷全等一案。"（《南部档案》10-56-1，光绪十三年十二月二十一日）

按："熰"不是"毁"的俗字，而是"毁"的异体字，同"毁"，意思是"焚毁""毁坏"。"熰"字在"毁"字基础上增加火字旁。形旁"火"标明毁坏方式或者原因，原有形旁"殳"表义不明显，导致增加新的形旁。原有声旁变成"毁"，表音更准确。唐代张参《五经文字·火部》收录，说："音毁。"⑥明代章黼《重订直音篇》收录，解释说："熰，音毁，火也，火焚坏也。"明清文献多见"熰"字此义，如明代归有光《宁封君八十寿序》："尝为大第，熰于火。"⑦清代魏源《〈书古微〉例言下》："而江陵告变，图板皆熰于兵燹。"⑧清代佚名《游蜀疏稿》："接仗数次，踏熰贼营三十余座。"⑨

"毁"才是"毁"的俗字，如：

(1)《为差役查勘韩尚玩具告韩仕炜等纠众砍伐毁霸情形并唤案内人等赴县候讯事》："有无被韩仕炜等纠众砍伐毁（毁）霸各情事。"（《南部档

① （东汉）许慎：《说文解字》，北京，中华书局，1963，第 38 页。
② （清）桂馥：《说文解字义证》，北京，中华书局，1987，第 573 页。
③ （明）张自烈：《正字通》，清代康熙十年(1671)刻本，《酉集中》第 51 页。
④ 张书岩、王铁昆、李青梅、安宁编著：《简化字溯源》，北京，语文出版社，1997，第 57 页。
⑤ 胡开全主编：《成都龙泉驿百年契约文书》，成都，巴蜀书社，2012，第 417 页。
⑥ 中华汉语工具书书库编辑委员会：《中华汉语工具书库》第十二册，合肥，安徽教育出版社，2002，第 60 页。
⑦ （明）归有光：《新刻震川先生全集》，四部丛刊景清康熙本，卷十三。
⑧ （清）魏源：《古微堂集》，清宣统元年国学扶轮社铅印本，《外集》卷一。
⑨ （清）王先谦：《东华续录》，清光绪刻本，《咸丰八十四》。国家图书馆分馆编：《清代边疆史料抄稿本汇编》31，北京，线装书局，2003，第 16 页。

案》14-71-3，光绪二十四年七月十三日）

（2）《为计开李严氏具告李朝彦等乘搕毁伐案内人等候讯事》："挖毁（毁）买明业内红苕十余背。"（《南部档案》14-75-6，光绪二十四年十一月十七日）

（3）《为具告敬应堂等毁茔作地久粮不拨事》："将民业内造葬祖坟一所挖毁（毁）。"（《南部档案》14-85-1，光绪二十四年四月七日）

按："毁"是"毁"的俗字，改变笔画，两断横变成两竖，书写起来极为便捷。

| 正字 | 异体字 | | | | | | | | | |
|---|---|---|---|---|---|---|---|---|---|---|
| | 顺治 | 康熙 | 雍正 | 乾隆 | 嘉庆 | 道光 | 嘉庆 | 同治 | 光绪 | 宣统 |
| 毁 | | | | | | 毁毁<br>毁毁 | | | 毁<br>毁毁 | 毁 |

【粮】

（1）《君锡卖田契》："将自己受分渔粮（糧）田贰亩伍分四止开合出笔绝卖与兄敷言名下管业耕种。"（《湖北天门熊氏契约文书》1-001，康熙十年九月二十日）①

（2）《断骨出卖山契·吴文思卖与侄应象》："其税粮（糧）听至本户。"（《清至民国婺源县村落契约文书》秋口镇鸿源吴家126，康熙十八年十二月十八日）

（3）《刘启地粮开单》："今开与本族堂弟刘彻地粮（糧）捌升。"（《太行山文书》，康熙三十年三月十三日）②

（4）《刘明奇杜卖田地文契》："原载条粮（糧）陆钱肆分五厘。"（《龙泉驿文书》6-1-011，乾隆贰拾柒年拾壹月贰拾肆日）③

（5）《黄以安立杜断卖粮田赤契》："其税听从收纳过户输纳边粮（糧）。"（《徽州文书》0010，嘉庆元年三月）④

（6）《为移知正红旗蒙古都统巴□□病故应付护枢回京事饬南部县》："沿途日支口粮（糧）八合三勺。"（《南部档案》3-10-1，嘉庆二年八月十

---

① 张建明主编：《湖北天门熊氏契约文书》，武汉，湖北人民出版社，2014，第3页。图版序号为6。

② 康香阁主编：《太行山文书精萃》，北京，文物出版社，2017，第45页。

③ 胡开全主编：《成都龙泉驿百年契约文书》，成都，巴蜀书社，2012，第4页。《钟友琦杜卖水田文契》（《龙泉驿文书》6-1-117，乾隆三十五年九月二十三日）则同时出现"粮""糧"两种写法。

④ 刘伯山编著：《徽州文书》第一辑第2册，桂林，广西师范大学出版社，2005，第13页。

三日）①

（7）《为旨谕严禁军营逢迎积习事饬南部县》："粮（糧）饷不足。"（《南部档案》14-22-1，光绪二十四年七月十七日）

（8）《为设立尸棺掩骼局事饬南部县》："凡钱粮（糧）折色余平之人只知肥己。"（《南部档案》14-81-2，光绪二十四年十二月十九日）②

按："粮"是"糧"的异体字，不是俗字。《康熙字典·米部》："《广韵》《集韵》：吕张切。《正韵》：龙张切，音良。同糧。张衡《思玄赋》：屑瑶蕊以为粮。"③

| 正字 | 异体字 | | | | | | | | | |
|---|---|---|---|---|---|---|---|---|---|---|
| | 顺治 | 康熙 | 雍正 | 乾隆 | 嘉庆 | 道光 | 咸丰 | 同治 | 光绪 | 宣统 |
| 粮 | | 粮 | 粮 | 粮 | 粮 | 粮 | 粮 | 粮 | 粮糧 | 粮 |

南北朝梁代顾野王《玉篇·米部》："糧，力置切，食用米曰糧。粮，同上。"④唐代颜元孙《干禄字书》："粮糧，并上通，下正。"⑤宋代娄机《汉隶字源·阳韵》："糧，亦作粮。"清代邢澍《金石文字辨异·阳韵》："粮，《汉鲁相韩勑造礼器碑》：'食粮亼于沙邱。'《诗·公刘》：'乃裹糇糧。'《释文》云：'本亦作粮。'是粮糧本一字也。"⑥

"粮"字改用简便的声旁"良"字替换了繁难的"量"字，被今天的国家通行文字定为规范汉字。苏芃《敦煌单疏写本〈春秋正义〉残卷录文及校勘记》：粮，注疏本作"糧"，单疏本作"粮"。《干禄字书》："粮糧：上通，下正。"《正名要录》"右字形虽别，音义是同。古而典者居上，今而要者居下"之类里，"糧"即是"古而典者"，"粮"是"今而要者"。由此可知，"粮"是唐朝时的通用字，而"糧"是规范字。⑦ 实际上，该字出现较早，如南北朝梁代顾野王《玉篇·米部》："糧，谷也。粮，同上。"⑧《墨子·鲁问》："攻其邻家，杀其人民，取其狗豕食粮衣裘。"毕沅校："粮，糧字俗写。"⑨

---

① 从本件档案可以看到清代嘉庆时期等级待遇的差异。

② 本件档案《清代南部县衙档案目录》（第 1554 页）误录为"光绪十四年"，漏写"二"字。

③ （清）张玉书等：《康熙字典》，北京，中华书局，1958，第 909 页。

④ （宋）陈彭年等：《重修玉篇》，清文渊阁四库全书本，卷十五。

⑤ 中华汉语工具书书库编辑委员会：《中华汉语工具书书库》第十二册，合肥，安徽教育出版社，2002，第 589 页。

⑥ （清）邢澍：《金石文字辨异》，上海，上海古籍出版社，1996，第 272 页。

⑦ 苏芃：《敦煌单疏写本〈春秋正义〉残卷录文及校勘记》，《敦煌学研究》2006 年第 2 期。

⑧ （宋）陈彭年等：《重修玉篇》，清文渊阁四库全书本，卷十五。

⑨ （清）孙怡让：《墨子间诂》，清光绪三十三年（1907）刻本，卷十三。

《简化字溯源》指出："在先秦古籍中已使用'粮'字，如《墨子·鲁问》：'攻其邻家，杀其人民，取其狗豕食粮衣裘。'东汉永寿二年（公元156年）的《韩勑碑》和光和六年（公元183年）的《白石神君碑》都有'粮'字。南朝字书《玉篇》收入了'粮'字。"①

"粮"字有个俗字，写成"𥼚"，右边写成"卜"，已经符号化。

（1）《新平典山地文契李天春三弟兄将祖遗山地出典与莫迫》："随地𥼚（粮）银折色银乙钱归与典主上纳地价纹银柒两柒钱整。"（《云南省博物馆藏契约文书》社土 228-23，乾隆二十二年二月八日）②

（2）《阙开德立送户票》："推入本都本庄琉璃会立户入册办𥼚（粮）。"（《石仓契约》第二辑第五册上茶铺·阙氏，乾隆叁拾陆年十一月廿二日）③

（3）《凌嘉德立承佃山约》："秋𥼚（粮）三年内迭交租典钱叁百文以十月内交清。"（《徽州文书》1227，咸丰四年十二月十八日）④

【畧】

《为京师专设矿务铁路总局统辖开矿筑路事宜事饬南部县衙》："此铁路之大畧（略）也。"（《南部档案》14-46-1，光绪二十四年九月二十四日）

按："畧"是"略"的异体字，左右结构写成上下结构。这种写法与俗字无关，不能判断为俗字。方孝坤《徽州文书俗字研究》将其作为俗字收录，指出明清徽州文书均有该字。⑤ 南北朝梁代顾野王《玉篇·田部》："略，力灼切。用功少曰畧。"⑥金代韩孝彦《四声篇海·田部》："畧，与略同。"明代焦竑《俗书刊误·药韵》："略，俗作畧，非。"⑦明代梅膺祚《字汇·田部》："略，欧阳氏曰：作畧，非。"⑧明代张自烈《正字通·田部》："略、畧，同。"⑨当代沈富进《汇音宝鉴·姜下入声》："略，简畧，

① 张书岩、王铁昆、李青梅、安宁编著：《简化字溯源》，北京，语文出版社，1997，第68页。
② 吴晓亮、徐政芸主编：《云南省博物馆馆藏契约文书整理与汇编》第四卷，北京，人民出版社，2012，第49页。
③ 曹树基、潘星辉、阙龙兴编：《石仓契约》第二辑第五册，杭州，浙江大学出版社，2012，第3页。
④ 刘伯山编著：《徽州文书》第一辑第9册，桂林，广西师范大学出版社，2005，第22页。
⑤ 方孝坤：《徽州文书俗字研究》，北京，人民出版社，2012，第220页。
⑥ （宋）陈彭年等：《重修玉篇》，清文渊阁四库全书本，卷二。
⑦ （明）焦竑：《俗书刊误》，清文渊阁四库全书本。
⑧ （明）梅膺祚：《字汇》，明代万历四十三年（1615）刻本，《午集》第28页。
⑨ （明）张自烈：《正字通》，清代康熙十年（1671）刻本，《午集上》第62页。

忽曐，经曐，大曐。曐，同上字。"①

【旇】

《为旨谕严禁军营逢迎积习事饬南部县》："如中外旇营废弛已久。"（《南部档案》14-22-1，光绪二十四年七月十七日）

按："旇"是古代画有两龙并在竿头悬铃的旗，不是"旗"的俗字，而是"旗"的异体字。方孝坤《徽州文书俗字研究》将其作为俗字收录，指出民国时期徽州文书有该字。②《尔雅·释天》解释说："旄首曰旇，有铃曰旂。"郭璞注："县铃于竿头，画蛟龙于旒。"③《释名·释兵》："交龙为旂。旂，倚也。画作两龙相依倚也。通以赤色为之，无文采。诸侯所建也。"④传世文献中多见"旇"字，如《诗·周颂·载见》："龙旂阳阳，和铃央央。"⑤《诗·大雅·韩奕》："王锡韩侯，淑旂绥章。"毛传："交龙为旂。"⑥《周礼·春官·司常》："交龙为旂……诸侯建旂。"⑦《孟子·万章下》："敢问招虞人何以？曰：以皮冠，庶人以旃，士以旂，大夫以旌。"赵岐注："旇，旌有铃者。"⑧《汉书·韦贤传》："黼衣朱绂，四牡龙旂。"⑨《三国志·魏志·荀攸传》："衢子祈，字伯旗。"卢弼《集解》引赵一清曰："祈，当作'旇'。晋有乐安孙旇，亦字伯旗，可证。"⑩

【悞】

（1）《仵作舒弟道赴左堂衙门习学失踪牒文》："诚恐两悞（误）。"（《冕宁档案》，乾隆三年七月二十二日）

（2）《周陈氏母子向邹裘格借粮借字》："彼日面议利息本利壹供九斗壹小升不悞（误）。"（《道真契约文书》002-D003194，道光二十六年六月七日）⑪

（3）《骆芳来向邹裘格借粮借字》："其有包谷无悞（误）。"（《道真契约文书》018-D000421，道光乙巳年三月二十六日）⑫

---

① 沈富进：《汇音宝鉴》，文艺学社，1954。

② 方孝坤：《徽州文书俗字研究》，北京，人民出版社，2012，第253页。

③ （晋）郭璞注、（宋）邢昺疏：《尔雅疏》，清嘉庆二十年（1815）南昌府学重刊宋本十三经注疏本，卷六。

④ （汉）刘熙：《释名》，四部丛刊景明翻宋书棚本，卷七。

⑤ （汉）毛亨传、（汉）郑玄笺、（唐）陆德明音义：《毛诗》，四部丛刊景宋本，卷十九。

⑥ （汉）毛亨传、（汉）郑玄笺、（唐）陆德明音义：《毛诗》，四部丛刊景宋本，卷十八。

⑦ （汉）郑玄注、（唐）陆德明音义：《周礼》，四部丛刊明翻宋岳氏本，卷六。

⑧ （汉）赵岐：《孟子》，四部丛刊景宋大字本，卷十。

⑨ （汉）班固：《汉书》，北京，中华书局，1962，第3101页。

⑩ 卢弼：《三国志集解》，北京，中华书局，1982，第315页。

⑪ 汪文学编校：《道真契约文书汇编》，北京，中央编译出版社，2014，第6页。

⑫ 汪文学编校：《道真契约文书汇编》，北京，中央编译出版社，2014，第27页。

（4）《为南部县城议事会议事》："若议员以字句为有错悮（误）时。"（《南部档案》23-247-1，宣统三年一月二十日）①

按："悮"是"误"的异体字，而不是俗字，改变形旁"言"为"忄"。错误有语言方面，也有心理方面等，改换形旁只不过是民众对错误认识的文字反映。《广韵·暮韵》："误，谬误，五故切。悮，上同。"元代周伯琦《六书正讹·遇韵》："别作悮，非。"②明代梅膺祚《字汇·心部》："悮，与误同。"③明代张自烈《正字通·心部》："悮，同误。扬子陈平之无悮。《荀子》误于辞说义通。故增韵并为一。《韵会》：'悮，欺也，惑也。'"④《康熙字典·心部》收录，解释说："悮，《广韵》《集韵》《韵会》《正韵》并五故切，与误同。《说文》谬也。"⑤《中文大辞典·心部》《汉语大字典·心部》均将"悮"字判断为"误"字的异体字。

| 正字 | 异体字 | | | | | | | | | |
|---|---|---|---|---|---|---|---|---|---|---|
| | 顺治 | 康熙 | 雍正 | 乾隆 | 嘉庆 | 道光 | 咸丰 | 同治 | 光绪 | 宣统 |
| 误 | | | | | | 悮 | | 误 | | 悮 |

**【撽】**

清代手写文献中出现"撽""挢"等字，说"必到市过升斗出入惟挢……"。又省作"挢"，如：

（1）《骆芳来向邹裘格借粮借字》："十月内亢甘还明挢足。"（《道真契约文书》018-D000421，道光二十五年三月二十六日）⑥

（2）《为赵天斌具告邓仕春挟仇叠害藉端诬搕事》："抗不挢租"。（《南部档案》21-859-3，宣统二年）

该字，辞书未见收录，实际上该字是"撽"字的省写，如"撽"（《南部档案》17-296-6，光绪三十一年正月二十八日），而"撽"则是"撽"字的异体字。《集韵·㦱韵》："撽，剂也。一曰平量。或从焉。"⑦《中国歌谣资料·农民歌谣·高利贷》："撽出是小克，撽进是大克，封建地主，大利

① 本件档案中的"声请"并不同于"申请"。
② （元）周伯琦编注、（明）胡正言订篆：《六书正讹》，古香阁藏版，元至正十一年（1351），卷四第11页。
③ （明）梅膺祚：《字汇》，明代万历四十三年（1615）刻本，《卯集》第11页。
④ （明）张自烈：《正字通》，清代康熙十年（1671）刻本，《卯集上》第26页。
⑤ （清）张玉书等：《康熙字典》，北京，中华书局，1958，第388页。
⑥ 汪文学编校：《道真契约文书汇编》，北京，中央编译出版社，2014，第27页。
⑦ （宋）丁度等：《集韵》，清文渊阁四库全书本，卷七。

剥削。"①

【闖】

(1)《为据实禀明宾兴局收支情形恳提核算革追另委事》："讵前任张主安内,突有监生宋鼎铭闖(钻)充宾兴首士,霸当数年。"(《南部档案》15-1004-1,光绪二十八年十月一日)

(2)《为李范氏具告李文星等欺朴偷窃朋逆事》："小的人孤,见他们凶恶畏怕,闖(钻)入柜下躲避。"(《南部档案》16-727-6,光绪三十年六月二十日)

按:"闖"字不是"钻"的俗字,而是"钻"的异体字,同"钻"字,用"身入门中"来会意钻的意思。本档案卷内这个字还有用例,阅读时可见。如"鼎铭虽善闖(钻)营,难施伎俩。"紧接着的下文写到"钻营"时不再写"闖",而直接写"钻"字。清代吴任臣《字汇补·身部》:"闖,隐入也。今官牒多用此字。"②清代雍正年修《陕西通志·方志》解释说:"闖,钻同。身入门中也。"③清代道光年修《辰溪县志·方言》:"隐身曰闖。"④清代刘献廷《广阳杂记》:"衡山水月林主僧静音馈余闖林茶一包……闖,则安切,音钻平声,衡人俗字也。此茶出石罅中。"⑤刘献廷仅仅注音,并未释义,而且说是衡人俗字。实际上该字的意义就是"钻","闖林茶"似即指"钻林茶","闖"也并不限于衡山俗字,而是通用异体字,只不过因为相对冷僻,属于怪字,容易误认为是地方独创俗字。上举各例,均能够证明该字并非地方俗字,而是通行汉字。《蜀籁》《中华字海·门部》均收录该字。《中华字海·门部》说:"音钻,同钻。"⑥唐枢《蜀籁》卷四:"耗子闖牛角,越闖越紧。"⑦现代汉语方言仍然保留,如四川方言说:"不要闖死巷巷,闖不出来"。另外,"闖"字可以简化为"门"加"身"。

**(二)是异体字,也是俗字**

清代手写文献俗字中许多也是异体字,两者音义全同,只有字形有差异,有的差异还很小。

孔仲温说:"实则所谓异体字,即今人所谓俗字者也。……厘分为相

---

① 《汉语大字典》第二版,成都,四川辞书出版社;武汉,崇文书局,2010,第2056页。
② (清)吴任臣:《字汇补》,清康熙五年(1666)刻本,《酉集》第29页。
③ 引自《汉语大字典》第二版,成都,四川辞书出版社;武汉,崇文书局,2010,第4377页。
④ 引自《汉语大字典》第二版,成都,四川辞书出版社;武汉,崇文书局,2010,第4377页。
⑤ (清)刘献廷:《广阳杂记》,清同治四年钞本,卷二。
⑥ 冷玉龙等主编:《中华字海》,北京,中华书局·中国友谊出版公司,1994,第1559页。
⑦ 清代范寅《越谚》卷中:"闖背贼,夜盗先伏门壁后者。""闖"非钻义,而是躲藏的意义,音[ie],参周志锋:《〈越谚〉与俗字词选释》,《中国语文》2011年第5期。

对性、民间性、浅近性、时代性四类。……细分五类：曰简省、曰增繁、曰递换、曰讹变、曰复生。……趋简为俗字衍化主流，增递乃俗字音义强化，形音义之相近则俗字孳乳之依凭，古文字为俗字形成之始源，汉隶为俗字发展之关键，假借亦俗字生成之缘由，语言变迁为俗字声符异动之缘由，错杂乃俗字衍生之关系。"①俗字与异体字是交叉关系，但不能够画等号。

【㲰】

(1)《为问讯张文孝具告方恒泰等开设㲰房耗费民食案内人等事》："这周正荣与马万顺们在安佛寺开设㲰房。"(《南部档案》5-34-3，咸丰二年七月六日)

(2)《为具恳取保方照事》："开设㲰房，擅炒稻谷。"(《南部档案》5-34-6，咸丰二年七月十三日)

按："㲰"字是"菢"的异体字，也是"菢"的俗字。明代张自烈《正字通·毛部》认为是俗字，说："㲰，俗菢字。"②辽代僧人释行均《龙龛手镜·毛部》则认为是异体字，说："㲰，《经音义》作菢，蒲报反，鸟伏卵也。"③其实都不错，该字既是异体字，也是俗字。明代梅膺祚《字汇·毛部》："㲰，鸟孵卵。"④《中华字海》收录，解释说："同'菢'，孵化。见《字汇》。"⑤

【黄】

(1)《黄以安立杜断卖粮田赤契》："立杜断卖粮田契人黄(黄)以安今为无银支用。"(《徽州文书》0010，嘉庆元年三月)⑥

(2)《为发给各地军用火药铅子火绳等物登记事》："给发茂州营司厅黄(黄)凤铅子壹千颗。"(《南部档案》3-11-1，嘉庆二年十月四日)

(3)《广南当熟地文约那凹寨王布贵将自有地当与侬老太爷》："左至黄(黄)姓地为界。"(《云南省博物馆藏契约文书》社土 663-3，咸丰六年四月十七日)⑦

① 孔仲温：《玉篇俗字研究》，台北，台湾学生书局，2000，第 3 页。
② (明)张自烈：《正字通》，清代康熙十年(1671)刻本，《辰集下》第 40 页。
③ (辽)释行均：《龙龛手鉴》，四部丛刊续编景宋本，卷一第 47 页。(辽)释行均：《龙龛手镜》，高丽本，北京，中华书局，1985，第 136 页。
④ (明)梅膺祚：《字汇》，明代万历四十三年(1615)刻本，《辰集》第 81 页。
⑤ 冷玉龙等主编：《中华字海》，北京，中华书局、中国友谊出版公司，1994，第 862 页。
⑥ 刘伯山编著：《徽州文书》第一辑 2 册，桂林，广西师范大学出版社，2005，第 13 页。
⑦ 吴晓亮、徐政芸主编：《云南省博物馆馆藏契约文书整理与汇编》第六卷，北京，人民出版社，2012，第 37 页。

按："黄"是"黄"的俗字，也是异体字，与今天的简化字一样。区别在前者上面写"卝"，后者写"廿"加一横。元朝李文仲《字鉴·唐韵》[1]，明代郭一经《字学三正》均解释说："俗作黄。"[2]明代章黼《重订直音篇·黄部》、当代潘重规《敦煌俗字谱·黄部》均收录，皆判断为俗字。宋代娄机《汉隶字源·唐韵》收录，例证引《成阳灵台碑》。

【囬】

(1)《为雍容具告冯帝金拜师学射悭吝不出谢礼忘情背义事》："俱经囬（回）籍。"（《南部档案》1-6-1，雍正十年十二月）

(2)《彭泽胜等立断卖山场地土杉木约》："亲手收囬（回）应用。"（《清水江文书》8-1-1-023，道光三年六月二十八日）

(3)《刘元胡将业地出当与龚仕应当字》："钱到土囬（回）。"（《道真契约文书》013-D000419，道光二十一年十月二十日）[3]

按："囬"是"回"的俗字。唐代颜元孙《干禄字书》："囬、回。并上俗，下正，诸字有从回者并准此。"[4]明代郭一经《字学三正·体制上·俗书加画者》："囬俗作囬。"[5]明代张自烈《正字通·口部》："囬，旧注古面字，俗作囬字非。按面本作靣，篆作圙，古文作圙，无作囬者，囬俗囬字，非古面字也。"[6]鲁迅在《孔乙己》一文中说"回"字有四种写法，以显示孔乙己的知识渊博。中学教材却只根据《康熙字典》注释出三种，实际上，"回"字的写法并不仅局限于四种，《汉语大字典》收录"回"字的写法就在十种以上，如"囬""囬""鮖""圙""咢""回""咢""回""咢"等写法。[7]

还有的字，难以断定到底是异体字，还是俗字，例如：

【栢】

《为具告杨永泰等薱伐伤冢逆辱行凶叩勘唤究事》："不知何时薱伐祖母坟头大栢（柏）树三根。"（《南部档案》14-74-1，光绪二十四年九月二十日）

---

① （元）李文仲：《字鉴》，清文渊阁四库全书本，卷二《平声下》。
② （明）郭一经：《字学三正》，清文渊阁四库全书本。
③ 汪文学编校：《道真契约文书汇编》，北京，中央编译出版社，2014，第20页。
④ 中华汉语工具书库编辑委员会：《中华汉语工具书库》第十二册，合肥，安徽教育出版社，2002，第588页。
⑤ （明）郭一经：《字学三正》，清文渊阁四库全书本。
⑥ （明）张自烈：《正字通》，清代康熙十年（1671）刻本，《丑集上》第98页。
⑦ 《汉语大字典》第二版，成都，四川辞书出版社；武汉，崇文书局，2010，第767、770、114、772页。

按：“栢”是“柏”的俗字，还是“柏”的异体字，这一点存在争议。

唐代颜元孙《干禄字书》认为“栢”是“柏”的俗字。①　明代张自烈《正字通》判断“栢”是“柏”之俗字。《正字通》：“栢，俗柏字。”②见《史记·高祖本纪》的“栢人”，《史记·孝武本纪》的“栢寝”，《本草·木部上品》的“栢实”。《康熙字典·木部》：“栢，俗柏字。”③《中国大百科全书·语言文字》也认为是俗字，“正体”条举例有该字，说：“柏俗作栢。”④方孝坤《徽州文书俗字研究》将其作为俗字收录，指出明代徽州文书有该俗字。⑤

唐代张参《五经文字·木部》也说：“柏，经典相承，亦作‘栢’。”⑥宋代王洙、司马光《类篇·木部》则认为是异体字，说：“栢”，同“柏”。⑦“栢”字汉代已经出现，宋代娄机《汉隶字源·陌韵》收录，见《孟郁修尧庙碑》。魏晋时期也用使用，如《世说新语·言语》：“蒲柳之姿，望秋而落；松栢之质，凌霜犹茂。”⑧唐代文献中也有使用，如唐代黄滔《祭陈侍御》：“俱蟠使下之栢，俱擅乙中之二。”⑨敦煌吐鲁番文献也见到该俗字，如陆娟娟《吐鲁番出土文书俗字研究》指出：“吐鲁番文书中从‘白’的字常更换声符为‘百’，如‘柏’作‘栢’，‘伯’作‘佰’等。”⑩《广韵》中“栢”与“百”同音，均是“博陌切”，帮母，而“柏”字的声符“白”为“傍陌切”，并母，该“白”为“百”，表音更准确。“柏”从白声，“栢”从百声，“白”“百”古音同，“柏”写作“栢”，实际上就是改变了同音的声旁；“白”“百”形近易混。徽州文书也见到该俗字，根据方孝坤《字表》，该字明代有使用。⑪　清代县志也有使用，《南部县志》卷二十六《杂类志·祥异》：“元年陈仲弼舍侧古栢生花，形似莲。”⑫清末民初仍然使用该俗字，例如易培基《三国志补

①　中华汉语工具书书库编辑委员会：《中华汉语工具书书库》第十二册，合肥，安徽教育出版社，2002，第591页。
②　(明)张自烈：《正字通》，清代康熙十年(1671)刻本，《辰集中》第39页。
③　(清)张玉书等：《康熙字典》，北京，中华书局，1958，第523页。
④　《中国大百科全书》，北京，中国大百科全书出版社，1988，第375页。
⑤　方孝坤：《徽州文书俗字研究》，北京，人民出版社，2012，第207页。
⑥　中华汉语工具书书库编辑委员会：《中华汉语工具书书库》第十二册，合肥，安徽教育出版社，2002，第10页。(唐)张参：《五经文字》，[日]杉本つとむ：《异体字研究资料集成》一期别卷一，东京，雄山阁，1973，第58页。
⑦　(宋)司马光：《类篇》，清文渊阁四库全书本，卷十七。
⑧　(南北朝)刘义庆：《世说新语》，四部丛刊景明袁氏嘉趣堂本，卷上。
⑨　(唐)黄滔：《唐黄御史集》，四部丛刊景明本，卷六。
⑩　陆娟娟：《吐鲁番出土文书俗字研究》，新疆师范大学硕士学位论文，2005，第17页。
⑪　方孝坤：《徽州文书俗字研究》，北京，人民出版社，2012，第207页。
⑫　(清)王瑞庆、李澍修；徐畅达、李咸若纂：《南部县志》，清代道光二十九年(1849)刻本，卷二十六第2页。

注》："绍熙本栢亦作栢，栢宋本作柏。"①

《为计开雷朝具告雷普越分图葬案内人证候讯事》："干证：邓永成、犹朝万、王占栢(百)。"(《南部档案》2-66-7，乾隆四十六年九月二十八日)

按："栢"可能是"百"的加旁俗字，也可能是"柏"的俗字，因为是人名，无法断定，只能存疑。

### 三、区别俗字与通假字

通假字是音同而形体、意义不同的字。通假字不用其义、不论形体，只用其音，用来记录同音或者音近的字。通假字与俗字、古今字均不同。俗字可以从形体上加以分析，意义比较明显，通假字不能够分析字形，无法看出其意义。古今字一般都有形体和意义上的联系，而通假字只有音上的联系，没有意义上的联系。

通假字是用音同或者音近记录另一个本有其字的字。清代手写文献中也有一些通假字，但是数量并不多。常见通假字有"刑"(形)、"仓"(苍)等。

吴钢认为："用当时通常使用情况作标准来衡量，有的字虽然音同或音近，但各有明确含义，已为公认而分别使用，仍有个别人相互混用，不能视为通假。"②

张涌泉认为：大部分音同或音近通用字不包括在俗字的范围内，而如果是出于书写习惯或为了达到简化字形的目的而使用音同通用字，则可以看作是俗字。③ 我们认为，通假字仅仅是临时的同音替代，并非固定使用。当通假字被后世约定俗成并流行使用时，该字已经转变为俗字，甚至可能成为正字，而不是以前的通假字，通假只能是这类俗字形成的原因之一。

有人甚至认为，偶尔使用或者小范围使用的同音替代字，虽然既没有在文献里广泛使用，也没有在传世字书里出现，仍然应该属于俗字。我们主张，对这类同音字不应该归入俗字，而只能归入同音字或者记音字。因为它们不具有通俗流行的特点，只是临时的用字现象。

我们不把音同通假字包括在俗字的范围内，因为通假字是由于字音

① 易培基：《三国志补注》，台北，艺文印书馆，1955，第 640 页。
② 吴钢：《唐碑字辨》，吴钢辑、吴大敏编：《唐碑俗字录》，西安，三秦出版社，2004，第 20 页。
③ 张涌泉：《汉语俗字研究》，长沙，岳麓书社，1995，第 8 页。张涌泉：《汉语俗字研究》，北京，商务印书馆，2000，第 8 页。

的关系而通假的，尽管确实有简化字形的作用，但是在字形上没有什么关系。俗字应该在正字字形的基础上，改造正字的字形，变换偏旁，或者简省变化笔画，或者全新创造。

【寔】

(1)《刘元瑞等掉换田地房屋林园基址文约》："寔（实）属平允。"（《龙泉驿文书》6-1-041，道光七年十一月二十八日）①

(2)《为铁路开矿省分应行增设学堂事饬南部县》："着南北洋大臣、沿江沿海各将军、督抚一体寔（实）力筹办。"（《南部档案》14-47-1，光绪二十四年九月二十一日）

按："寔"不是"实"的俗字，而是通假字。方孝坤《徽州文书俗字研究》将其作为俗字收录，指出明清徽州文书均有该字。②

《汉语大词典》把"寔"判断为异体字，解释说：同"实"。《诗·召南·小星》："肃肃宵征，夙夜在公，寔命不同。"朱熹集传："寔与实同。"③

《汉语大字典·宀部》把"寔"判断为通假字，解释说：通"实"。《正字通·宀部》："寔，与实通。"清朱骏声《说文通训定声·解部》："寔，叚借为实。"④《礼记·坊记》："寔受其福。"孔颖达疏："寔，实也。"唐李白《为吴王谢责》："驽拙有素，天寔知之。"清袁枚《随园诗话补遗》卷五："皆眼前寔事。"⑤

我们认同《汉语大字典》的解释，认为"寔"属于通假字。

| 正字 | 借字 | | | | | | | | | |
| --- | --- | --- | --- | --- | --- | --- | --- | --- | --- | --- |
| | 顺治 | 康熙 | 雍正 | 乾隆 | 嘉庆 | 道光 | 咸丰 | 同治 | 光绪 | 宣统 |
| 实 | | | 寔實寔 | | | 寔 | | | 寔实 | |

【数】

《为王蒲氏具告丈夫王洪模虐待侮辱事》："虽知王玉堂住居万年垭，离小的路隔三十里，数不认识。"（《南部档案》23-236-1，宣统二年二月十八日）

---

① 胡开全主编：《成都龙泉驿百年契约文书》，成都，巴蜀书社，2012，第418页。

② 方孝坤：《徽州文书俗字研究》，北京，人民出版社，2012，第255页。

③ 罗竹风：《汉语大词典》，上海，汉语大词典出版社，1989年，第3卷第1572页。

④ （清）朱骏声：《说文通训定声》，上海，世界书局，1936，第454页。

⑤ 《汉语大字典》第一版，成都，四川辞书出版社；武汉，湖北辞书出版社，1990，第943页。《汉语大字典》第二版，成都，四川辞书出版社；武汉，崇文书局，2010，第1011页。

按:"数"字标点既可以上属,又可以下属。下属似乎更好,可以理解为"素"的记音字或者通假字。《三国志·魏志·荀彧传》卢弼《集解》:"数,宋本、元本作'素'。"①《三国志·魏志·明帝纪》裴注引《世语》曰:"帝与朝士素不接。"卢弼《集解》:毛本"素"作"数",误。弼按:上文注引《魏书》云"每朝宴会同,与侍中近臣并列帷幄",此言"与朝士素不接",似两说相歧。然细按之,"与近臣并列"在魏武时,黄初以后则"与朝士不相接"矣。②

## 【熟】

《为周赞元具告马万盛等恃财横恶拆房毁地事》:"熟(孰)料他藉挟讼之仇。"(《南部档案》23-33-2,宣统元年六月九日)

按:"熟"是"孰"的通假字,两者只有声音上的联系,而没有意义上的联系。"熟"字也可以理解为"孰"的加旁误字。《三国志·魏志·韩暨传》:"每一孰石。"卢弼《集解》:"宋本'孰'作'熟'。"③

## 【乙】

(1)《孙天秀同长男孙万祥等弟兄四人卖场卖死契》:"如有户族人等争端,秀乙(一)面承当。"(《太行山文书》,康熙四十五年二月二十三日)④

(2)《汪子富卖明水田文契》:"将父留明水田乙(一)块、地乙(一)块。"(《吉昌契约文书》wzc-38,乾隆四十九年六月十五日)⑤

(3)《姜九唐、姜福绞立断卖园地》:"自愿将到皆求翁菌地乙(一)团出卖与姜映翔、飞,侄老宏名下承买。"(《清水江文书》2-12-1-001,乾隆五十四年十一月十五日)

(4)《为自愿出当土地与马彤林事》:"宅下基地〻(一)段。"(《南部档案》4-189-2,道光二十年)

(5)《刘开虎出当房屋土地与龚仕友当约》:"故立当约乙(一)昏为据。"(《道真契约文书》004-D000423,道光十一年十一月十八日)⑥

按:"一"字不写大写,也不写常见的字形,而是写成俗字"〻",该字是"乙"字变形,"乙"是"一"的通假字。清代手写文献多见,如道光十年十二月的《南部档案》出现有"灶官田〻(一)坵""芥字七日六十〻(一)

①　卢弼:《三国志集解》,北京,中华书局,1982,第308页。
②　卢弼:《三国志集解》,北京,中华书局,1982,第105页。
③　卢弼:《三国志集解》,北京,中华书局,1982,第572页。
④　康香阁主编:《太行山文书精萃》,北京,文物出版社,2017,第53页。
⑤　孙兆霞等编:《吉昌契约文书汇编》,北京,社会科学文献出版社,2010,第143页。
⑥　汪文学编校:《道真契约书汇编》,北京,中央编译出版社,2014,第8页。

号 ⿺ (一)亩"等。方孝坤《徽州文书俗字研究》将其列为俗字，曾良《明清小说俗字研究》也认为是同音假借俗字①，我们认为欠妥。"一"字还有一种写法由大写演变而来，容易误认为成"韦"字。如《里书姚玉福征收田赋账目》："收刘淳良 𡗗(一)斗叁升九合捌勺。"(《太行山文书》，康熙五十二年五月二日)②

| 正字 | 借字 | | | | | | | | | |
|------|------|------|------|------|------|------|------|------|------|------|
| | 顺治 | 康熙 | 雍正 | 乾隆 | 嘉庆 | 道光 | 咸丰 | 同治 | 光绪 | 宣统 |
| 一 | | 乙 | | 乙 | 乙 | ⿺ | | 乙 | | |

同音字与通假字应该区别开来，因为两者不同，通假字是约定俗成的，同音字只是同音而已。

【后】

(1)《刘泽茂买卖宅地退约》："恐后无凭，立约存照。"(《太行山文书》，顺治十一年三月四日)③

(2)《刘元瑞等掉换田地房屋林园基址文约》："其界北至宅后下河边直上至东角岭顶高排田熟土。"(《龙泉驿文书》6-1-041，道光七年十一月二十八日)④

(3)《为具供民具告王兴贵私煮大麦酒事》："过后任松寿、蓝天义们向王兴贵角口。"(《南部档案》4-68-5，道光二十年五月十八日)

按："后"不是"後"的俗字，而是同音字。两字在古籍整理时容易混淆。清代手写文献多见"后"与"後"混淆。方孝坤《徽州文书俗字研究》收录，指出明代徽州文书有该字。⑤ 不过，我们不认为该字是俗字。张涌泉《汉语俗字丛考·前言》："由于造字者造字角度的差异或字形演变的关系，俗字常常会发生跟另一个音义不同的汉字同形的现象，这种形同而音义不同(有时读音相似或相同)的字，一般称为同形字。由于同形字外形完全相同，具有很大'欺骗性'，因而在阅读古籍或校理古籍或校理古籍时极易因之产生误解。所以对具有'导读'作用的大型字典来说，注意搜集、辨别同形字实在是一项非常紧要的工作。"⑥

① 　曾良：《明清小说俗字研究》，北京，商务印书馆，2017，第 43 页。
② 　康香阁主编：《太行山文书精萃》，北京，文物出版社，2017，第 102 页。
③ 　康香阁主编：《太行山文书精萃》，北京，文物出版社，2017，第 52 页。
④ 　胡开全主编：《成都龙泉驿百年契约文书》，成都，巴蜀书社，2012，第 418 页。
⑤ 　方孝坤：《徽州文书俗字研究》，北京，人民出版社，2012，第 205 页。
⑥ 　张涌泉：《汉语俗字丛考》，北京，中华书局，2000，《前言》第 3 页。

| 正字 | 借字 | | | | | | | | | |
|---|---|---|---|---|---|---|---|---|---|---|
| | 顺治 | 康熙 | 雍正 | 乾隆 | 嘉庆 | 道光 | 咸丰 | 同治 | 光绪 | 宣统 |
| 后 | | | 后 | | 後后 | 后 | | | 後 | |

## 四、区别俗字与讹误字

讹误字即错别字，包括错字和别字。错字本来连字都不是，但是崇古情节的影响，使其成为汉字，并被收入辞书。别字虽然是字，但是影响交际，容易导致误解。

讹误字是形体错误的字，包括形误字和音误字。形体相近和声音相近都很容易混同，如"丬""氵"，"厂""广"，"卩""阝"，"才""木""方"，"千""于"，"木""禾"，"艹""竹"，"日""目"，"礻""衤"，"找""我"等，从而造成讹误字。讹误字误写成了形体或者声音相近的另一个字，无法用字形来分析意义，必须改正后方能够正确释读文句。

俗字与讹误字之间有交叉关系。有的俗字由讹误字形成。有个别的俗字仅仅是写手个人习惯，原来可能是讹误字，书写者只追求书写简便，并不一定能够准确、规范，但是并未对交际造成较大的误解。

《康熙字典・艹部》解释说："莵，《字汇补》：'音未详。'《博雅》：'莵，笑也。'"①其实，"莵"是"莞"的形近讹误，读 wǎn，另外也读 guǎn。《字汇补》《康熙字典》有所失察。

《三国志・吴志・孙坚传》："三十六万一旦俱发。"②《后汉书・皇甫嵩传》："遂置三十六方。"方犹将军号也。大方万余人，小方六七千。各立渠帅。据此，则三十六自非言其人数，不当作万。《灵帝纪》亦云："其部师有三十六万。"此与《吴志》皆讹字也。其字与"方"形近，此遂误"方"为"万"。《贾诩传》注引《九州春秋》："屠三十六万方夷黄巾之师。"则又因传写之误而衍"万"字。《魏文帝纪》注引《魏书・少府》："谢奂方潜。"南监本作"万潜"。《水经注・汝水》注"万城"或作"方城"。"方"与"万"致误之由，均与此同也。③李龙官曰："'万'宜作'方'，想当时传写误'方'作'万'。因正'萬'为'万'。《魏志・贾诩传》注"屠三十六万方"，则文多一'万'字也。"按：《后汉书》亦作"三十六万"，章怀注引《续汉志》曰"三十六万余人"，则"万"字似不必改。杨耀坤校订："误方作万"，殿本《吴志》之

---

① （清）张玉书等：《康熙字典》，北京，中华书局，1958，第1042页。
② （晋）陈寿：《三国志》，北京，中华书局，1959，第1024页。
③ 孙绍桢：《三国志质疑》，长沙，岳麓书社，1994，第978页。

《考证》作"误方为万"。①

　　因音同造成的讹误字也不少，但这类讹误字如果被后人沿袭，就可能变成通假字。两者的区别在于使用的范围，使用范围宽，世代沿用，就属于通假字；使用范围窄，偶尔使用，就属于讹误字。当代拼音输入法流行，我们时常能够见到音误的讹误字，如电视上时常出现错误的字幕。甚至故意用讹误字，达到哗众取宠的目的，吸引受众的注意力，从而获取经济利益和社会效益。如某些厂家故意把"默默无闻"写成"默默无蚊"，把"雨过天晴"写成"雨过添情"等。这些做法误导受众，尤其是学生，危害汉语和汉字的规范和纯洁。

　　有学者将讹误字视作俗字，称讹误俗字。他们认为，讹误俗字不是书写者无意误写，而是写字者有意造成，或者习惯造成，属于约定俗成的文字现象，具有经常性。而一般的讹误字是无意误写，带有偶然性。我们认为讹误俗字与讹误字虽然都是因为形近或者音近而导致产生的，但是讹误字与俗字仍然有明确的界限，不能够混淆。讹误字并不是合格的汉字，更不要说是俗字还是正字。如果讹误字被后世接受，成为经常使用的汉字，具有通俗易懂的特点，带有约定俗成的味道，就不应该再是讹误字，而是俗字，甚至成为正字。讹误最多仅是该类俗字形成的原因。

　　张涌泉《俗字里的学问》也指出："不过，俗字和我们平常说的'误字'是有区别的。误字包括形误字和音误字，是指因形近或音近而误读误书的字，古人亦统称为'别字'。"②

　　讹误字是由于形近或者音近导致书写时出现的，历来的统治阶级和正统文人总是对俗字存在各种偏见，认为它们是"讹火"。俗字中也有讹误产生的，但两者毕竟不同。俗字往往与别字杂糅。有人认为，讹误字中的错字别字都是字，都曾经在社会或者文本中出现过，既然不是规范的正字，就应该是俗字。这种观点是建立在汉字仅仅有正字和俗字构成的基础上，这与汉字的实际情况不符。汉字除了正字和俗字外，还包括讹误字、避讳字等，正字和俗字并不是非此即彼的关系。

　　杨正业说："民间俗字，辞典编纂家、文献注疏家多视为错讹或随意杜撰，重视不够。"③

① 梁章钜：《三国志旁证》，福州，福建人民出版社，2000，第659、682页。
② 张涌泉：《俗字里的学问》，北京，语文出版社，2000，第4页。
③ 杨正业：《汉语大字典难字考》，成都，四川辞书出版社，2004，第335页。

讹误字包括音同讹误字与形近讹误字。

**(一)音同讹误字**

音同讹误字是因为二字声音相同或相近导致讹误的，如"背"写成"贝"，"并"写成"丙"，"锭"写成"定"，"廿"写成"念"，"借"写成"揭"，"涂"写成"途"，"原"写成"源"，"仲"写成"中"，等等。

**【挂】**

《为阆中差役杨贵遗失银文案事》："马挂（褂）一件。"（《南部档案》2-62-5，乾隆五十四年八月二日）

按："挂"当是"褂"的讹误字，两字形音皆近，容易讹误。

又写作"**袑**"，如：

《为领取失落搭连等事》："内装马**袑**（褂）一件、裹脚一双、韈子一双、鞋一双、手帕二条。"（《南部档案》2-62-7，乾隆五十四年八月二日）

按："**袑**"是"褂"的讹误俗字，两字形音皆近，形旁"礻"换作"衤"，少写一点，不如原来的表义准确，反映民众书写并不纠缠于一点一画的细微差别。衣字旁与示字旁在俗字中也往往不分。

**【厚】**

《贾成梁租李芳春地字据》："恐厚无凭，立字为证。计开二十七年秋厚交地。"（《太行山文书》，嘉庆二十二年二月二十二日）①

按："厚"字，明显应该是"后"字。两字同音导致书写讹误。

**【名】**

《邓廷于出卖地土与邓登高文契》："领名（明）无欠。"（《南部档案》9-153-1-D621，光绪十一年）

按："名"是"明"的讹误字，两者只有声音上的联系，而没有意义和形体上的联系。有意思的是，清代手写文献也有反过来，将"名"写成"明"的。如：

(1)《姜官桥断卖山场契》："父子明（名）下名（各）占乙股。"（《清水江文书》1-1-2-017，嘉庆十六年三月十四日）

(2)《邹炳才等卖明田地园子文契》："愿将祖父于留之业出卖与邹壹秀明（名）下为业。"（《吉昌契约文书》tyg-10，光绪十五年十月三十日）②

按：吉昌契约文书中"于"是"遗"的同音讹误字，反映了西南官话语

① 康香阁主编：《太行山文书精萃》，北京，文物出版社，2017，第83页。
② 孙兆霞等编：《吉昌契约文书汇编》，北京，社会科学文献出版社，2010，第106页。

音。"留"字、"秀"字都未按照规范汉字正确书写。

【认】

(1)《为易添龙、李正兰二人入住太厚沟西坪寺可耕种不得侵占事》："认(任)意耕犁。"(《南部档案》1-1-1，顺治十三年二月二十日)

(2)《邹炳才等卖明田地园子文契》："认(任)谁堂兄邹壹季子孙永远管业。"(《吉昌契约文书》tyg-10，光绪十五年十月三十日)①

按："认"是"任"的讹误字，两者只有声音的联系，而没有字形和意义的联系。在吉昌契约文书中，还将"任"写成"恁"，增加偏旁"心"，如：

(1)《刘开虎出当房屋土地与龚仕友当约》："恁(任)随龚姓砍伐。"(《道真契约文书》004-D000423，道光十一年十一月十八日)②

(2)《罗士元卖明水田文契》："恁(任)随石□□□永远管业。"(《吉昌契约文书》tma-11，光绪十五年十月三十日)③

按：例(2)文书有残缺，据上下文和残缺字形，缺字应该是两个，就是买水田者石于德的名字。该句即当作"恁(任)随石□[于]□[德]永远管业"，整理者并未补充，比较严谨。

【时】

《钟琳士杜卖水田文契》："此时二家情愿。"(《龙泉驿文书》6-1-116，乾隆三十六年十月十六日)④

按："时"字，原卷略有残缺，但仔细辨别，可以看出写的是"是"字，并非"时"字。两字同音导致录入讹误。

【孙】

《邓廷于出卖地土与邓登高文契》："自卖以后，以(已)孙(生)未孙(生)人等。"(《南部档案》9-153-1-D621，光绪十一年)

按："孙"是"生"的讹误字，方言中两字同音，两者只有声音上的联系，而没有意义和形体上的联系。

【仪】

《邓廷于出卖地土与邓登高文契》："凭中外仪(议)粮，各载粮二。"(《南部档案》9-153-1-D621，光绪十一年)

---

① 孙兆霞等编：《吉昌契约文书汇编》，北京，社会科学文献出版社，2010，第106页。录文误将"认"录成"忍"，两字形近音同，"认"字的声旁是"忍"。
② 汪文学编校：《道真契约文书汇编》，北京，中央编译出版社，2014，第8页。
③ 孙兆霞等编：《吉昌契约文书汇编》，北京，社会科学文献出版社，2010，第103页。
④ 胡开全主编：《成都龙泉驿百年契约文书》，成都，巴蜀书社，2012，第8页。

按："仪"是"议"的讹误字，两者只有声音上的联系，而没有意义和形体上的联系。

【易】

《邓廷于出卖地土与邓登高文契》："并无易（异）言称说。"（《南部档案》9-153-1-D621，光绪十一年）

按："易"是"异"的讹误字，两者只有声音上的联系，而没有意义和形体上的联系。

【止】

《邓廷于出卖地土与邓登高文契》："四至边界止（指）名（明）。"（《南部档案》9-153-1-D621，光绪十一年）

按："止"是"指"的讹误字，两者只有声音上的联系，而没有意义和形体上的联系。

【趾】

《刘明奇杜卖田地文契》："四趾（至）分明。"（《龙泉驿文书》6-1-011，乾隆贰拾柒年拾壹月贰拾肆日）①

按："趾"是"至"的讹误字，两者只有声音上的联系，而没有意义和形体上的联系。类似的，清代手写文献也有，将"至"写成"字"，两字在西南官话中同音，如《邹炳才等卖明田地园子文契》："四字（至）分明。"（《吉昌契约文书》tyg-10，光绪十五年十月三十日）②说明民众书写时记住的是音，而不是形，这也符合语言用音表义的规律，字形在其次。方音对文书的影响也可以看到。

(二)形近讹误字

形近讹误字是形体相近导致的，特别容易混同，如"冫""氵"，"厂""广"，"卩""阝"，"扌""木""方"，"千""于"，"木""禾"，"艹""竹"，"日""目"，"衤""礻"，"找""我"等。

【抄】

《为札饬救护月食事饬巡检等》："计开成都月食十七分五十九抄

---

① 胡开全主编：《成都龙泉驿百年契约文书》，成都，巴蜀书社，2012，第4页。《龙泉驿文书》6-1-022"至"原卷写成"址"，直接录成"至"，与此类似。契约文书根据惯例和固定格式，一般都会写明"四至"，有的地方写明"四抵"，目的是说明买卖土地的范围，避免今后产生纠纷。

② 孙兆霞等编：《吉昌契约文书汇编》，北京，社会科学文献出版社，2010，第106页。

（秒），初亏。"（《南部档案》17-921-2，光绪三十二年五月十九日）①

按："抄"字明显是"秒"字的讹误字，"禾"与"扌"手写多混淆。

【乘】

《为雍容具告冯帝金拜师学射悭吝不出谢礼忘情背义事》："忘情背义，有乘（乖）名教。"（《南部档案》1-6-1，雍正十年十二月）

按："乘"字不通，当是"乖"字的形近讹误，意思是"违背"。

【间】

《为严催赶造光绪二十三年四季分监散兵响印结事饬南部县》："正札催间（问）。"（《南部档案》14-27-1，光绪二十三年九月三日）

按："间"不是"间"字，而是"问"的讹误，增加一横。两字形近导致讹误，属于形误的讹误字。

【𬀩】

(1)《彭泽久、范德兴立合同字》："彭泽久、范德兴二人得买陶德才之木乙团坐落土名眼格𬀩（仰）同修理为业。"（《清水江文书》8-1-1-013，乾隆四十四年十二月三十日）

(2)《为差唤雷朝具告雷普越分图葬案内证赴县候讯事》："为此票𬀩（仰）本役前往。"（《南部档案》2-66-5，乾隆四十六年九月二十八日）

按："𬀩"是"仰"的讹误字，声旁"印"改作"邛"，形近导致讹误。

| 正字 | 讹误字 | | | | | | | | | |
|------|------|------|------|------|------|------|------|------|------|------|
| | 顺治 | 康熙 | 雍正 | 乾隆 | 嘉庆 | 道光 | 咸丰 | 同治 | 光绪 | 宣统 |
| 仰 | | | 𬀩 | 𬀩 | | 𬀩仰 | 𬀩 | | | |

【印】

(1)《为接护照料英国女教士古兰英游历事致南部县》："印（印）收回销备查，须至移者。"（《南部档案》16-453-10，光绪二十九年一月二十日）②

---

① 本件档案详细记载了成都月食的详细过程。档案中"戎"字是"戌"字的讹误字，两字仅仅相差一点，极容易写错。

② 《南部档案》16-453-10 最后一句中的"送"字小写，写在"移"字右下与"英"字右上，明显是写者漏写后补写，没有使用添加符号，直接小写补写。其余的档案可以证明漏写"送"字。另外，著录时，档案上红色和蓝色印章著录的目录号、卷号都一样，但有两个不同的件号，一个是 19 号，一个是 10 号。经过核对，10 号正确。因为 19 号《清代南部县衙档案目录》（第 2081 页）录为"易心传"，但正文中却是"古兰英"，二者不是一个人，而是两个人。根据目录著录，件号当是 10 号，方才与正文一致。

(2)《为接护照料英国女教士古兰英游历事致阆中县》："印（印）收回销备查，须至移者。"（《南部档案》16-453-12，光绪二十九年二月二十三日）①

(3)《为接护照料英国教士易心传游历事致南部县》："印（印）收回销俻查，须至移者。"（《南部档案》16-453-15，光绪二十九年二月三日）②

按："印"当是"印"的形近讹误字。

又写成"印"，右边偏旁发生变化。如：

《陈允周等合同》："税印（印）两契被陈允周知觉。""查明定贵先印（印）一张。"（《龙泉驿文书》6-1-029，嘉庆十三年三月三十日）③

| 正字 | 讹误字 | | | | | | | | | |
|---|---|---|---|---|---|---|---|---|---|---|
| | 顺治 | 康熙 | 雍正 | 乾隆 | 嘉庆 | 道光 | 咸丰 | 同治 | 光绪 | 宣统 |
| 印 | | | 印 | | | 印印印 | | | | |

## 【越】

(1)《为赵光鼎所遗失甫塆瑶阶屋后坡与侄子均依二分均分埋石定界管业事》："如有越（越）界坎代者。"（《南部档案》2-63-1，乾隆二十六年一月二十四日）④

(2)《为兄弟分关事》："彼此不得越（越）界相浸。"（《南部档案》2-66-2，雍正八年九月二十四日）

(3)《为差役勘唤刘俊才具告王文渊等估放朋凶案内人证候讯事》："里有无被王文渊等越（越）界侵占。"（《南部档案》14-17-2，光绪二十五年五月二十九日）

按："越"是"越"的形近误字，不是俗字，"戉"误写成"成"字。

---

① 《南部档案》16-453-12 正文出现的是"韦兰英"，著录为"古兰英"，我们疑欠妥，虽然当是音译造成的，但是著录时根据正文似乎更准确。《南部档案》16-453-13 即著录为"韦兰英"。

② 《南部档案》16-453-15 中"等""外"漏写，后均用添加符号进行补写。相邻的档案《南部档案》16-453-16 著录为"一月十六日"，但档案正文为"正月二十六日"，疑漏写"二"字造成。

③ 胡开全主编：《成都龙泉驿百年契约文书》，成都，巴蜀书社，2012，第417页。

④ 本件档案的时间与目录收录的档案前后相差较远。

| 正字 | 讹误字 | | | | | | | | | |
|---|---|---|---|---|---|---|---|---|---|---|
| | 顺治 | 康熙 | 雍正 | 乾隆 | 嘉庆 | 道光 | 咸丰 | 同治 | 光绪 | 宣统 |
| 越 | | | 越 | 越 | | 越 | | | 越 | |

## 【祖】

《为赵光鼎所遗失甫塝瑶阶屋后坡与侄子均依二分均分埋石定界管业事》："立字祖(祖)业人赵广鼎遗业一段坐落于赵甫乡。"（《南部档案》2-63-1，乾隆二十六年一月二十四日）

按："祖"字多写一点，属于讹误字。"礻""衤"两个形旁在手写汉字中往往不分。

| 正字 | 讹误字 | | | | | | | | | |
|---|---|---|---|---|---|---|---|---|---|---|
| | 顺治 | 康熙 | 雍正 | 乾隆 | 嘉庆 | 道光 | 咸丰 | 同治 | 光绪 | 宣统 |
| 祖 | | | | | | | | | 祖 | |

## 【族】

(1)《孙天秀同长男孙万祥等弟兄四人卖场卖死契》："如有户族(族)人等争端，秀乙(一)面承当。"（《太行山文书》，康熙四十五年二月二十三日）[1]

(2)《郑光锦等杜卖田地房屋林园竹木阴阳基址定约》："先尽族(族)邻，无人承买。"（《龙泉驿文书》6-1-054，道光二十九年八月二十八日）[2]

(3)《易顺昌等卖水田房屋林园基址树竹花果灌县契格》："凭族(族)踏明界限。"（《都江堰档案》1-5，光绪二十五年十二月二十五日）[3]

按："族"是"族"的俗字，"矢"写成"失"，两者形近讹误。《字汇补·方部》《汇音宝鉴·公下入声》收录该俗字。

又写作"族"，如：

(1)《为具告杨永泰等蓦伐伤冢逆辱行凶叩勘唤究事》："幸杨永钦力救，未遭毒手，投族(族)邀理，畏恶不管难甘，欺生灭死，奔叩勘唤法究伏乞。"（《南部档案》14-74-1，光绪二十四年九月二十日）

(2)《姜柳祜断卖田并合约》："日后不得房族(族)外人异言。"（清水

---

① 康香阁主编：《太行山文书精萃》，北京，文物出版社，2017，第53页。
② 胡开全主编：《成都龙泉驿百年契约文书》，成都，巴蜀书社，2012，第164页。
③ 《都江堰：百年档案记忆》编委会编：《都江堰：百年档案记忆》，北京，中国档案出版社，2010，第21页。该契约文书没有写十二月，月份没有用常见的数字加月，而是写为"全月"，据苟德仪：《清代〈南部县档案〉中"虫月"等名称考释》（载《历史档案》2008年第2期）一文考证，"全月"即腊月，也就是十二月。

江文书 1-3-4-001，乾隆十九年十一月十二日）

方孝坤《徽州文书俗字研究》收录，指出清代徽州文书有该俗字。[①]民国时期抄写仍然这样写，沿用不断，如 1946 年印刷的《李氏宗谱首卷首集》："窃思中国民**族**（族）有历史可考论，民智发达，民权增加，莫汉**族**（族）若，吾**族**（族）为汉**族**（族）·分子，官于虞，史丁周，卿丁秦，太学生于汉，固数典不能忘者。"[②]该字出现在民间手抄的家谱族谱中，当是代代相传，但是该族谱也有写正体"族"字，两者使用比例差不多。

【夢】

《宣统元年七月初七日原差李和等为禀提到叶大炎等事禀》："提到被呈民人叶大炎、郭**夢**（梦）程、郭**夢**（梦）后。"（《龙泉档案》10898：5，宣统元年七月七日）[③]

按："夢"是"夢"的讹误俗字。《说文·夕部》："夢，不明也。从夕，瞢省声。"（东汉）许慎：《说文解字》，北京，中华书局，1963，第 142 页。《碑别字新编》十四画引《唐画赞碑阴》作"夢"。明代梅膺祚《字汇·夕部》："梦，蒙弄切，音孟。神交为梦。……夢，同上。"[④]明代张自烈《正字通·夕部》："夢，俗梦字。"[⑤]《康熙字典·夕部》《中文大辞典·夕部》《汉语大字典·夕部》并云："夢，俗梦字。"[⑥]方孝坤《徽州文书俗字研究》收录，指出清代徽州文书有该俗字。[⑦] 按："梦"字本是"艹"头，作"宀"是俗写讹字。

也有的字并不是讹误字，但容易误认为是讹误字，例如：

【叫】

（1）《为阆中差役杨贵在南部县遗失银文案人证事》："要叫（叫）小的送往保宁。"（《南部档案》2-62-2，乾隆五十四年七月二十七日）

（2）《为具禀李刚扬嫌贫唆女藏匿并唆众滋事事》："益加得意更敢在

① 方孝坤：《徽州文书俗字研究》，北京，人民出版社，2012，第 223 页。
② 《李氏宗谱首卷首集》，民间李家族谱抄本，1946。
③ 包伟明主编：《龙泉司法档案选编》第一辑《晚清时期》，北京，中华书局，2012，第 325 页。
④ （明）梅膺祚：《字汇》，明代万历四十三年（1615）刻本，《丑集》第 58 页。
⑤ （明）张自烈：《正字通》，清代康熙十年（1671）刻本，《丑集下》第 9 页。
⑥ （清）张玉书等：《康熙字典》，北京，中华书局，1958，第 247 页。《中文大辞典》，台北，中国文化研究所，1968，第 3234 页。《汉语大字典》第二版，成都，四川辞书出版社；武汉，崇文书局，2010，第 929 页。
⑦ 方孝坤：《徽州文书俗字研究》，北京，人民出版社，2012，第 249 页。

家登门叫（叫）骂。"（《南部档案》7-97-1，光绪元年六月十六日）

（3）《为吴树成等具告杨永钊拖欠铺房佃资蓦卖铺房事》："总要叫（叫）小把房子培修完全。"（《南部档案》23-251-1，宣统三年六月十八日）①

按："叫"是"叫"的俗字，容易误认为"斗"。

李荣批评《宋元以来俗字谱》判断"错字'叫'是正楷，'叫'反而是俗字。"②

【兂】

（1）《周天才为因仇拦殴栽奸勒搪事》："情唐文魁卖柴与民父周顺伦，无钱兂（允）买。"（《冕宁档案》328-44，光绪四年五月二十七日）③

（2）《为奏川北道整治吏治等事饬南部县》："发端自兂（允）。"（《南部档案》18-10-1，光绪三十三年八月十七日）

（3）《为向题轩具告杨初林勒搪不买盐井事》："小的请中，向求我买不兂（允）。"（《南部档案》23-255-1，宣统元年十一月二十一日）

按："兂"是"允"的俗字，字形有所变化，少写一点，而且下面"儿"字的一撇也出头。《说文·儿部》："兂，信也。从儿已声。"④《中国书法大字典·儿部》引《玉真公主受道记》《刁遵墓志》等允字作"兂"，皆厶与儿连笔所致。明代焦竑《俗书刊误》卷二说："允，俗作兂，非。"⑤当代潘重规《敦煌俗字谱·儿部》允亦作"兂"（秘4.039.右7）。

"兂"与"久"形近，容易误判为该字的讹误字。"久"为"久"的俗字，笔画有所变化。首笔和次笔合并成一笔，就是撇折，虽然改变了笔画，但是书写因此变得快捷。《为具告王天发等谋勒霸买毁林拆房事》："久（久）耕发富老约抗援。"（《南部档案》14-76-1，光绪二十四年十月十五日）

按：久，《说文·久部》作"久"⑥，唐代玄度《新加九经字样》、元朝李文仲《字鉴》⑦、明代梅膺祚《字汇》将"久"判断为"久"的俗字⑧，方孝

① 本件档案正文中出现的"吴树东"，《目录》（3255页）中录作"吴树成"，当有误，当录作"吴树东"，而不是"吴树成"。可能是受到下面出现的"游鸣盛"中的"盛"字上半部的影响，造成误录。
② 李荣：《文字问题》，北京，商务印书馆，1987，第7页。
③ 李艳君：《从冕宁县档案看清代民事诉讼制度》，昆明，云南大学出版社，2009，第51页。
④ （东汉）许慎：《说文解字》，北京，中华书局，1963，第176页。
⑤ （明）焦竑：《俗书刊误》，清文渊阁四库全书本。
⑥ （东汉）许慎：《说文解字》，北京，中华书局，1963，第114页。
⑦ （元）李文仲：《字鉴》，清文渊阁四库全书本，卷四《去声》。
⑧ （明）梅膺祚：《字汇》，明代万历四十三年（1615）刻本，《子集》第8页。

坤《徽州文书俗字研究》收录，明清徽州文书均有该俗字。① 南北朝梁代顾野王《玉篇》②，宋代丁度等《集韵》③，金代韩孝彦《四声篇海》等，均收录"仫"字。"仫"是由"久"字笔势讹误而成，可以称为讹误俗字，或者讹误字，明代张自烈《正字通》谓"仫"为"久字之讹"。④

　　但是，我们也应该注意到。在审读清代手写文献时，我们应该尽量注意将俗字和讹误字区别开来。同讹误字相比，俗字特点是已进入了当时的社会流通行列。而讹误字是个人发生的经常性或偶然性的汉字书写错误。在辑录俗字过程中，具体区分俗字和讹误字的办法是：如果一个正字以外的字形见于清代手写文献，在一定的语境中出现频率较高，即可视为俗字；如果只是偶然出现，则看作书写者个人的讹误字。不过，我们也要注意频率不能够完全作为判断的依据。因为频率包括不同文献的频率和同一文献的频率。晁瑞就提出"对于频率标准我们要有清醒的认识"⑤。

## 五、区别俗字与同义字

　　同义字是意思相同的两个汉字。由于意思相同，与俗字相似，因此我们容易误把同义字认为俗字。

【讵】

　　(1)《词稿簿之二五》："詎（讵）料祸生意外。"(《清水江文书》10-1-1-025，道光十三年七月□日)

　　(2)《为敬绍虞霸吞凶抗案内传唤差役事》："詎（讵）伊昂然不耳。"(《南部档案》14-36-1，光绪二十四年三月二十二日)⑥

　　按："詎"并不是"岂"的俗字，虽然两字的意思相同。

　　"讵"表示反诘、反问，相当于"岂""难道"，与"巨""距""钜""渠""遽"等通。清代王引之《经传释词·五》："讵，《广韵》曰：'讵，岂也。'字或作距，或作钜，或作渠，或作遽。"⑦杨树达《词诠》卷四："讵，反诘

①　方孝坤：《徽州文书俗字研究》，北京，人民出版社，2012，第181页。
②　(宋)陈彭年等：《重修玉篇》，清文渊阁四库全书本，卷十。
③　(宋)丁度等：《集韵》，述古堂影宋本，上海，上海古籍出版社，1985，第431页。
④　(明)张自烈：《正字通》，清代康熙十年(1671)刻本，《子集上》第26页。
⑤　晁瑞：《〈醒世姻缘传〉方言词历史演变研究》，北京，中国社会科学出版社，2014，第12页。
⑥　本件档案电子缩微光盘漏拍一到二行，导致档案无法阅读。
⑦　(清)王引之：《经传释词》，北京，中华书局，1956，第122页。

副词。"①相当于"怎么""难道"。《说文·言部》："讵，犹岂也。从言巨声。"②《广韵·语韵》："讵，岂也。"③传世文献中多见"讵"字此义，如《庄子·齐物论》："虽然，尝试言之。庸讵知吾所谓知之非不知邪？庸讵知吾所谓不知之非知邪？"④晋代陶潜《读〈山海经〉》之十："徒设在昔心，良辰讵可待？"⑤南朝陈阴铿《渡青草湖》："滔滔不可测，一苇讵能航？"⑥《新唐书·突厥上》："卜不吉，神讵无知乎？我自决之。"⑦清代魏源《默觚下·治篇十五》："伊、吕讵愚于夏、殷而知于汤、武？"⑧清代陈康祺《郎潜纪闻》卷五："汪蛟门比部懋麟，尝诵东坡'春江水暖鸭先知'句，西河在座，怫然曰：'鹅讵后知耶？'"⑨由于"讵"相当于"岂"，因此容易误认为是其俗字。

| 正字 | 同义字 | | | | | | | | | |
|---|---|---|---|---|---|---|---|---|---|---|
| | 顺治 | 康熙 | 雍正 | 乾隆 | 嘉庆 | 道光 | 咸丰 | 同治 | 光绪 | 宣统 |
| 岂 | | | | | | | | | 讵 | |

整理研究者应该把这些字与俗字区别开来，但实际上要严格区分难度太大，因此不少人采用模糊的方法，回避这个问题。

## 六、区别俗字与方言记音字

区别俗字与方言记音字，可以帮助补充方志、家谱、旅游资源开发等记载方言俗字的文字资源。清水江文书中，"撇坡"说"丿坡"，即坡度不大的斜坡，将"撇"写成"丿乚"，即"丿"，王宗勋将"丿"录成"乀"。⑩《刘元瑞等掉换田地房屋林园基址文约》："今四房人等意欲掉换成就方圆。""概行与蒸尝掉换。"（《龙泉驿文书》6-1-041，道光七年十一月二十八日）⑪"掉"即"调"，在西南官话中与"挑"同音。本件录文中间都写成"掉"，唯独开头写成"调"。不少地方车道写"允许掉头"，有人误认为写

---

① 杨树达：《词诠》，北京，中华书局，1954，第 154 页。
② (东汉)许慎：《说文解字》，北京，中华书局，1963，第 57 页。
③ (宋)陈彭年等：《宋本广韵》，北京，中国书店，1982，第 258 页。
④ 《庄子》，四部丛刊景明世德堂刊本，卷一。
⑤ (晋)陶潜撰、(宋)李公焕笺：《笺注陶渊明集》，四部丛刊景宋巾箱本，卷四。
⑥ (唐)欧阳询等：《艺文类聚》，清文渊阁四库全书本，卷九《水部》下。
⑦ (宋)欧阳修等：《新唐书》，清乾隆武英殿刻本，卷二百一十五上列传第一百四十上。
⑧ (清)魏源：《古微堂集》，清宣统元年国学扶轮社本，《内集》卷二《默觚》下。
⑨ (清)陈康祺：《郎潜纪闻》，清光绪刻本，卷十二。
⑩ 王宗勋考释：《加池四合院文书考释》，贵阳，贵州民族出版社，2015，卷一第 12 页。
⑪ 胡开全主编：《成都龙泉驿百年契约文书》，成都，巴蜀社书，2012，第 418 页。

错了，建议写成"调"。

【拌】

《为陶天佑跌岩拌伤身死事》："自行失足跌岩拌伤左脚外踝。"（《南部档案》6-162-5，同治十三年四月二十八日）

按："拌"是方言俗字，意思是"摔""跌"，与前文的"跌"同义。"拌伤"就是"摔伤""跌伤"的意思。《现代汉语词典》未收该字此义，说明该字未成为通用词。《汉语方言大词典》收录，解释为"摔"，说明西南官话使用。① "拌"字此义可能由"用力摔"引申而来，本指"用力摔东西"，扩大到人，形容受到较大力而摔或跌。② 西汉扬雄《方言》说该字意思是"挥弃物"。辞书对此多有记载，如：《汉语大字典·手部》：舍弃；不顾惜。《方言》卷十："楚人凡挥弃物，谓之拌。"《广雅·释诂一》："拌，弃也。"王念孙《疏证》："拌之言播弃也……播与拌古声相近。《士虞礼》：'尸饭播余于筐。'古文播为半，半即古拌字，谓弃余饭于筐也。"唐温庭筠《春日偶作》诗："夜闻猛雨拌花尽，寒恋重衾觉梦多。"《警世通言·吕大郎还金完骨肉》："欲要争嚷，心下想到：'今日生辰好日，况且东西去了，也讨不转来，干拌去涎沫。'"清高绍陈《永清庚申记署》："余挺而走险，拌死得至双营。"③不过，《汉语大字典》把"挥弃"和"舍弃"两个意思不同的词收录在一起，容易引起误解。这些例证中，用力挥弃的有《春日偶作》《永清庚申记署》，而《警世通言·吕大郎还金完骨肉》中的意思是舍弃。而"不顾惜"义没有例证。最好是分列义项，便于使用。相比之下，《中文大辞典》处理就相对较好。《中文大辞典》："弃也。"《方言》十："楚凡挥弃物，谓之拌。"《广雅·释诂一》："拌，弃也。"④

其他传世文献也多见该俗字。《方言》卷十："拌，弃也。楚凡挥弃物谓之拌。"⑤楚语中"挥弃物"即用力扔东西。《广雅·释诂》："拌，弃也。"王念孙《疏证》："拌之言播弃也。《吴语》云'播弃黎老'是也。'播'与'拌'古声相近。《士虞礼》：'尸饭，播余于筐。'古文'播'为'半'，'半'即古

---

① 许宝华、［日］宫田一郎主编：《汉语方言大词典》，北京，中华书局，1999，第3282页。

② 也有人认为："拌"当摔跤讲，往往指摔（砸）东西，而一般不用于人摔跤。例句"自行失足跌岩拌伤左脚外踝"，"拌"当为"绊"之借字。此说法也有一定道理。

③ 《汉语大字典》第一版，成都，四川辞书出版社；武汉，湖北辞书出版社，1990，第1858页。《汉语大字典》第二版，成都，四川辞书出版社；武汉，崇文书局，2010，第1965页。

④ 《中文大辞典》，台北，中国文化研究所，1968，第5688页。

⑤ （汉）扬雄：《輶轩使者绝代语释别国方言》，北京，商务印书馆，丛书集成初编本，第203页。

'抃'字，谓弃余饭于筐也。"①《汉语大词典》解释为："舍弃；豁出。《方言》第十：'抃，弃也。楚凡挥弃物谓之抃。'宋吴潜《满江红·怀李安》词：'邂逅聊抃花底醉，迟留莫管城头角。'"②按：吴潜词中"抃"为"豁出"的意思，与"挥弃物"没有关系。实际上，仔细阅读后可以知道，《汉语大词典》是把两个相关但并不同的意义放在一起进行解释，一个是"舍弃"，例证为《方言》；一个是"豁出"，例证是吴潜词。《汉语大词典》引《方言》后直接举吴潜词例容易让人误解或混淆"抃"的意思。

《广韵·桓韵》："抃，弃也。俗作拚。"③"拚"字，《汉语大字典·手部》收录，列举唐杜甫《将赴成都草堂途中有作先寄严郑公五首》、宋赵抃《寒食郊园即事》，可参阅。④《赖松泰立退河絷字》："任凭余土尧前去承洗出拚(拚)。"(《石仓契约》第三辑第六册下包·邱氏，乾隆十四年五月二十一日)⑤石仓契约的整理者录为拚，是"拼"的异体字。冕宁档案也有该写法，如《周天才为因仇拦殴栽奸勒拚事》："伊复持刀拚(拼)命。"(《冕宁档案》328-44，光绪四年五月二十七日)⑥

【场】

(1)《阙敏侯分家书》："一坐落老炉场下大坵田壹横大小柒坵。"(《石仓契约》第四辑第八册下茶铺·阙氏，乾隆四十年十一月二十九日)⑦

(2)《为具告蒲永连等昌充乡约迭拚银钱未遂殴民致伤私押不释事》："八月二十七见民赶场归家。"(《南部档案》8-379-1，光绪七年八月三十日)

(3)《为河差具禀彭显超运米违禁出关事》："人住老观场。"(《南部档案》23-41-2，宣统元年十一月七日)

(4)《为计开杨玉桐具告李茂林等拐配民媳凶辱案内人等事》："投鸣场保李茂林、莫与伦拢来。"(《南部档案》23-238-1，宣统二年七月十二日)

按："场"是方言俗字，意思是"市场""市集"。南部方言现在仍然使用"场"字此义，有的乡镇是一、四、七当场，有的乡镇是二、五、八当场，有的则是三、六、九当场。"当场"即今天是集市的日子，农村不同

① (清)王念孙：《广雅疏证》，上海，上海古籍出版社，1983，第39页。

② 罗竹风：《汉语大词典》，上海，汉语大词典出版社，1986—1993，第6卷502页。

③ (宋)陈彭年等：《宋本广韵》，北京，中国书店，1982，第127页。

④ 《汉语大字典》第二版，成都，四川辞书出版社；武汉，崇文书局，2010，第1965页。

⑤ 曹树基、潘星辉、阙龙兴编：《石仓契约》第三辑第六册，杭州，浙江大学出版社，2014，第3页。

⑥ 李艳君：《从冕宁县档案看清代民事诉讼制度》，昆明，云南大学出版社，2009，第51页。

⑦ 曹树基、潘星辉、阙龙兴编：《石仓契约》第四辑第八册，杭州，浙江大学出版社，2015，第8页。

地方当场的日子不一样，但大多一般间隔两天左右，民众利用集市进行各种贸易，周边的人都会携带货物前来，多以街道、公路为交易地方，甚至阻断交通。而不当场的日子称为"闲场天"。《汉语大字典·土部》：集；市集。如：赶场；三天一场。清刘献廷《广阳杂记》卷二："后世市谓之墟……蜀谓之场。"①《汉语大字典》仅仅收有清刘献廷《广阳杂记》一个孤证，实际上，文献中还有很多例证，可以补充。

明代李实《蜀语》："村市曰场。入市交易曰赶场，三、六、九为期，辰集午散，犹河北之谓集，岭南之谓墟，中原之谓务。"②其他文献也多见"场"字此义。如清代刘省三《跻春台》卷一《卖泥丸》："凡佣工赶场，必要出告返面，勿使母亲悬望。"又卷二《捉南风》："那日赶场吃醉了，见卖锄棍的便宜，遂买一根。"又卷三《南山井》："那一日赶场归路过南岭，比时间正行走天色黄昏。"③《汉语大词典》例证为沈从文《山鬼》五和何士光《将进酒》二，时代较晚。

【刁】

《为韩尚玩具告韩仕炜等纠众砍伐毁霸事》："偏听他妻诳言刁蠹。"（《南部档案》14-71-8，光绪二十四年八月二十五日）

按："刁"是方言俗字，意思是挑拨、怂恿。辞书未见收录。"刁蠹"即挑拨、怂恿的意思。

【喝】

《为具告谢锡奎等酗酒辱骂踢打民兄致重伤事》："伊等喝同罗贵喜抓扭民兄按地偏体泥糊。"（《南部档案》8-380-1，光绪七年八月三十日）

按："喝"是记音字，意思是"伙"。"喝同"即一起的意思。

【旋】

《为移关饬差将史杨氏传唤到案事致蓬州》："旋据杨正奎、史存清等先后呈恳提讯前来。"（《南部档案》16-201-4，光绪二十九年三月五日）

按："旋"即"现"，意思是"不久""立刻"。周志锋《明清小说俗字俗语研究》说："'旋'有现、临时、即刻义。"④《史记·扁鹊仓公列传》："臣意诊脉，曰：'内寒，月事不下也。'即窜以药，旋下，病已。"⑤《后汉书·

---

① 《汉语大字典》第一版，成都，四川辞书出版社；武汉，湖北辞书出版社，1990，第462页。《汉语大字典》第二版，成都，四川辞书出版社；武汉，崇文书局，2010，第496页。
② （清）李实：《蜀语校注》，成都，巴蜀书社，1990，第85页。
③ （清）刘省三：《跻春台》，上海，上海古籍出版社，2004，第236、285、798页。
④ 周志锋：《明清小说俗字俗语研究》，北京，中国社会科学出版社，2006，第265页。
⑤ （汉）司马迁：《史记》，北京，中华书局，1959，第2804页。

董卓传》："卓既杀琼、珌，旋亦悔之。"①宋代晏几道《武陵春》词："年年岁岁登高节，欢事旋成空。"②明末清初西周生《醒世姻缘传》第三三回："既是请先生，还得旋盖书房哩。"③梁启超《噶苏士传》第八节："肘下之毒蛇方去，心中之鬼蜮旋生。"④

## 【么】

(1)《张盛书借地葬坟约》："情因么男身故。"(《龙泉驿文书》6-1-088，道光二十八年腊月十日)⑤

(2)《为具告梁廷玉等勒赎不成捏词乱伦诬告事》："不幸么儿去年八月病故。"(《南部档案》7-100-1，光绪元年八月十五日)

(3)《为计开在押李么娃等案内人等事》："被告：李么娃、张福。"(《南部档案》23-237-1，宣统二年七月五日)

按："么"是"幺"的俗字，意思是"小"。"么"有"小"义，现在人仍然有这样取名的。《康熙字典·丿部》："《韵会》：俗幺字。"⑥《广雅·释诂》二："么，小也。"⑦如班彪《王命论》："又况么么不及数子，而欲阖干天位者也。"⑧郭璞《山海经图赞·大荒东经·靖人》："焦峣极么，靖人又小，四体取具，眉目财了。"⑨"么""小"对文同义。《列子·汤问》："江浦之间生么虫。"注："么，细也。"⑩唐代韩愈《寄崔二十六立之》诗："乃令千里鲸，么么微鯼斯。"⑪

①　(南北朝)范晔：《后汉书》，北京，中华书局，1965，第2327页。
②　(宋)晏几道：《小山词》，明崇祯刻宋名家词本，第64页。
③　(清)西周生：《醒世姻缘传》，西安，太白文艺出版社，1995，第460页。
④　梁任公：《饮冰室文集全编》第2版，上海，新民书局，1933，卷十四《传记·噶苏士传》第八节第18页。
⑤　胡开全主编：《成都龙泉驿百年契约文书》，成都，巴蜀书社，2012，第231页。
⑥　(清)张玉书等：《康熙字典》，北京，中华书局，1958，第82页。
⑦　(魏)张揖：《广雅》，北京，中华书局，1985，第20页。
⑧　(唐)欧阳询等：《艺文类聚》，清文渊阁四库全书本，卷十《符命部》。
⑨　(晋)郭璞著、张宗祥校录：《足本山海经图赞》，上海，古典文学出版社，1958，第45页。
⑩　(唐)卢重元：《列子注》，清嘉庆八年秦恩复石研斋刻本，卷五第4页。
⑪　(唐)韩愈：《昌黎先生文集》，宋蜀本，卷五第12页。

# 第二章　清代手写文献俗字的类型

俗字的类型历来分歧较大，不同学者往往有不同的分类结果。

张涌泉《汉语俗字研究》将俗字划分为十三类：一、增加意符，二、省略意符，三、改换意符，四、改换声符，五、类化，六、简省，七、增繁，八、音近更代，九、变换结构，十、异形借用，十一、书写变易，十二、全体创造，十三、合文。①

黄征《敦煌俗字典·前言》将俗字分为十类：类化俗字、简化俗字、繁化俗字、位移俗字、隶变俗字、楷化俗字、新造六书俗字、混用俗字、准俗字等。②

欧昌俊、李海霞《六朝唐五代石刻俗字研究》将俗字分为八类：增减和改换笔画，增减和改造部件及部件移位，增减和改造形旁，减省和改变声旁，草书楷化，字形同化，同音代替，全新创造。③

方孝坤《徽州文书俗字研究》将俗字划分为十三类：简化、繁化、变换、类化、书写变易、草书楷化、借音、借形、古字隶定、正字蜕变、全体创造、合文、综合等。④

曾良《俗字及古籍通例研究》将俗字分为十二类⑤，曾良《明清小说俗字研究》将俗字分为十类⑥，郝茂《论唐代敦煌写本中的俗字》将俗字分为八类⑦，杜爱英《敦煌遗书中俗体字的诸种类型》将俗字分为十二类⑧。

---

① 张涌泉：《汉语俗字研究》，北京，商务印书馆，2010，第44～121页。
② 黄征：《敦煌俗字典》，上海，上海教育出版社，2005，《前言》第20～33页。
③ 欧昌俊、李海霞：《六朝唐五代石刻俗字研究》，成都，巴蜀书社，2004，第64～201页。
④ 方孝坤：《徽州文书俗字研究》，北京，人民出版社，2012，第54页。
⑤ 曾良：《俗字及古籍通例研究》，南昌，百花洲文艺出版社，2006，第7～34页。
⑥ 曾良：《明清小说俗字研究》，北京，商务印书馆，2017，第41～61页。
⑦ 郝茂：《论唐代敦煌写本中的俗字》，《新疆师范大学学报》1996年第1期。
⑧ 杜爱英：《敦煌遗书中俗体字的诸种类型》，《敦煌研究》1992年第3期。

这样分类，数量过多，不便于掌握和使用。事实上，俗字分类可以不考虑到这么细，而是归入一个大类，再根据需要细化到小类。俗字分类中还存在互相包含、标准不统一等问题，分类少有严格的标准，缺少严格的界定，让人难以把握，不同学者对同一个俗字归属不一就说明这个问题。我们应该注意，俗字分类的标准不同，得出的类别自然不同。分类的目的不是为分类而分类，而是服务于判断和识读。

根据俗字的简单化和复杂化，我们可以将俗字分为简化俗字和繁化俗字，凡是简化、减少笔画、偏旁和部件的俗字就是简化俗字，凡是增加笔画、偏旁和部件的俗字就是繁化俗字。但是这种分类过粗，并不利于判断和识读俗字。

我们根据搜集、记录、整理到的清代手写文献中俗字的情况，按照结构（包括笔画、偏旁、整字的增减、移位及改变）等对俗字进行分类，说明俗字丰富多彩的类型，共计分三类，包括笔画变化俗字、偏旁变化俗字、整字变化俗字。①

## 第一节　笔画变化俗字

笔画变化俗字包括笔画增加俗字、笔画减少俗字、笔画位移俗字和笔画改变俗字四类。笔画是指构成汉字的线条形状。与构件不同，笔画同字的音义并没有直接的联系，它只是指从落笔到提笔过程中写出的点或线。点、横、竖、撇、捺这五种基本笔画及其变形在具体正字中是不容混淆的。我们以点、横、竖（包括提）、撇、折（包括捺、横折、竖折等）为五种笔画来概括清代手写文献俗字笔画的变化情况。为说明问题，方便查阅和理解，列笔画变化俗字一览表如下：

---

① 需要说明的是，俗字的归类有时是模棱两可的。正俗字同时流通于社会，俗字分类也是立足于在同正字的共时比较，即根据所辑录的俗字与正字在字形上的差异归纳其类型，往往是根据该俗字在字形上的某一主要特点为其归类。分类容易不严谨，主要问题是类与类之间界限不容易明确，会出现明显的交叉现象。部件和偏旁之间有交叉关系，导致有些俗字归类难定，如笔画变化俗字和部件变化俗字就有交叉。如**益**，可以归为"笔画增加俗字"，然而亦可以认为偏旁"皿"被替换为"血"，将其归为"偏旁改换俗字"一类。"笔画增加俗字"中的"**閒**""**迚**"，也存在类似的问题。

笔画变化俗字一览

| 与正字的差异 | | 俗字 | | | |
|---|---|---|---|---|---|
| | | 笔画增加俗字 | 笔画减少俗字 | 笔画位移俗字 | 笔画改变俗字 |
| 改变单笔 | 改变一点 | 步扒优单互 禮澡染閏社 沈歇行押 迎紙 | 罷房瓜流遺 厱冤茶 | 輔省王決 | 凡名 |
| | 改变一横 | 丁顿砸 | 祺 | | 典佔正 |
| | 改变一竖 | | 曹草漢再遭 | | 近廷庭徐造 |
| | 改变一提 | 抓 | | | |
| | 改变一撇 | 俸裹益 | 念容媚葳悲 | | 飛告升 |
| | 改变一折 | 外 | | | 范片支 |
| 改变复笔 | | 迎叁 | 兴凫树哭 | | 與會鍛稽久 舉焦豢遮久贊 |

## 一、笔画增加俗字

笔画增加俗字又称增笔繁化俗字，是由于增加了字中某个部件的一至数个笔画而形成的俗字。[①] 增加笔画的俗字，有的是书写习惯导致，有的是受到形近字的影响，有的是为了区别，也可能与字形的整体协调有关。因为古人书写时往往讲究字形的平稳方正，使汉字看上去平衡美观，增加笔画就能够达到均衡发展。人们在书写汉字时，往往会对字形略加调整改变，在原有汉字上增加一点或者一画，这是再正常不过的。如范祥雍《洛阳伽蓝记校注》认为《三国志·蜀志·先主传》裴注引《世语》以及《世说新语·德行篇》注引《伯乐相马经》中"的卢"的"的"字是"旳"字的俗字，两字差异就在笔画的增加[②]。这类俗字与讹误字的区别就在是否被民众广泛使用。

①　黄征：《敦煌俗字典·前言》，上海，上海教育出版社，2005，第 24 页。

②　范祥雍：《洛阳伽蓝记校注》，上海，古典文学出版社，1958，第 35 页。

**笔画增加俗字一览**

| 正字 | 俗字 | | | | | |
|---|---|---|---|---|---|---|
| | 多写单笔俗字 | | | | | 多写复笔俗字 |
| | 多写一点 | 多写一横 | 多写一提 | 多写一撇 | 多写一折 | |
| 边 | | | | | | 边 |
| 步 | 步 | | | | | |
| 抄 | 秋 | | | | | |
| 仇 | 仉 | | | | | |
| 单 | 单 | | | | | |
| 丁 | | | 亍 | | | |
| 顿 | | 顿 | | | | |
| 俸 | | | | 俸 | | |
| 奎 | | | | | | 奎 |
| 礼 | 禮 | | | | | |
| 茂 | | | | | | 茂 |
| 染 | 浓染 | | | | | |
| 闰 | 閏 | | | | | |
| 社 | 社 | | | | | |
| 沈 | 沈 | | | | | |
| 驮 | 馱 | | | | | |
| 外 | | | | | 外 | |
| 畏 | | | | 畏 | | |
| 行 | 行 | | | | | |
| 押 | 押 | | | | | |
| 益 | | | | 益 | | |
| 砸 | | 砸 | | | | |
| 丈 | 犬 | | | | | |
| 纸 | 纸 | | | | | |
| 抓 | | | 抓 | | | |

### (一)多写一画俗字

清代手写文献俗字比正字多写一画,包括多写一点、多写一撇、多写一横、多写一折、多写一提等,可能是受到毛笔书写带笔的影响,或者是为了与形近字进行区别。

#### 1. 多写一点俗字

清代手写文献俗字常常在书写最后一笔时加点,极可能是受到毛笔书写时容易带笔的影响,而世代沿袭,成为俗字。也有一些俗字在中间的笔画中加点,则是受到相关构件类似写法的影响,而这些构件中,加点也往往处在末笔。如"筆""石""土""丈"等,均在末笔加点,写成"筆""石""圡""犬"等,导致无法识读。

**【仇】**

(1)《为陶天佑跌岩拌伤身死事》:"并无仇(仇)隙。"(《南部档案》6-162-5,同治十三年四月二十八日)

(2)《周天才为因仇拦殴栽奸勒搕事》:"为因仇(仇)拦殴栽奸勒搕事。"(《冕宁档案》328-44,光绪四年五月二十七日)①

按:"仇"是"仇"的俗字,多写一点。右边的"九"在横折弯钩上增加一点。这种写法可能是受到"凡"字书写的影响,该字很容易误读为"凡"字的加旁俗字。辽代僧人释行均《龙龛手镜·人部》:"仇,俗。仇,正。音求,雠也,又姓。"②秦公《碑别字新编》收录"仇",引《魏崔勰造象》;《偏类碑别字·人部》也收录,引《唐王孝瑜并夫人孙氏墓志》。方孝坤《徽州文书俗字研究》收录,指出清代徽州文书有该俗字。③

**【禮】**

(1)《王朝顺、王朝发兄弟立卖场字》:"问到本寨王通禮(礼)名下永买为业。"(《清水江文书》6-20-1-001,乾隆二十六年六月十九日)

(2)《为李文泽具告韩朝芳将儿媳私行嫌卖事》:"吉忠议取财禮(礼)书约接人。"(《南部档案》23-245-2,宣统二年六月四日)

按:"禮"是"礼"的俗字,多写一点,"礻"字写成"衤",两个形旁十分相近。明代正字通《正字通·示部》"禮"下曰:"《同文举要·豊部》:'禮同禮,从衣,齐明盛服以行禮也。'按改示从衣,俗传讹也,宜删。"④

---

① 李艳君:《从冕宁县档案看清代民事诉讼制度》,昆明,云南大学出版社,2009,第51页。

② (辽)释行均:《龙龛手鉴》,四部丛刊续编景宋本,卷一第8页。(辽)释行均:《龙龛手镜》,高丽本,北京,中华书局,1985,第23页。

③ 方孝坤:《徽州文书俗字研究》,北京,人民出版社,2012,第185页。

④ (明)张自烈:《正字通》,清代康熙十年(1671)刻本,《午集下》第41页。

秦公、刘大新《广碑别字》收录"禮",引《唐玄武丞相仁方墓志》。这种写法也可以看作是讹误俗字。讹误俗字与讹误字的区别在于出现和使用的频率,如果这种写法仅仅偶然出现,就应该归入讹误字;如果这种写法频繁使用,就应该归入讹误俗字。

## 【染】

《为具禀经书许三升欺霸吞抗恳辞免祸事》:"乘书染(染)病。"(《南部档案》14-1-1,光绪二十四年六月十八日)

按:"染"是"染"的俗字,多写一点,"九"字变成"丸"字,这种写法碑帖、书法多见。"染"字,清代邢澍《金石文字辨异·炎韵》收录,引《唐窦宪碑》。"染"字这种俗写,《祖堂集》中也有,参张美兰《祖堂集校注》附《祖堂集俗字》。① 又写"染","九"字也多写一点变成"丸"字,但左上角少写一点,"氵"变成"冫"。秦公《碑别字新编》收录,例证引《魏陆绍墓志》。《中华字海·木部》也收录。《中华字海·木部》判断为"染"的讹误字,解释说:"'染'的讹字。字见魏《陆绍墓志》。"②清代李肇亨《梦余集》"可使片尘不染。""染"就写作"染"。③ 清代手写文献多见,例如《为具诉谢大海素行不法藉搕唆诬事》:"小的们与谢大海并无粘染(染)。"(《南部档案》14-56-1,光绪二十四年九月七日)"九"字不加点也有,但左上角少写一点,"氵"变成"冫"。罗振玉《偏类碑别字·木部》收录,例证引《隋明云腾墓志》。《中华字海·木部》收录,解释说:"同'染'。字见隋《明云腾墓志》。"④

## 【閏】

《为送札将自军兴起安设各站折报马匹全数裁撤事》:"本年閏(闰)六月初四接奉宪台于六月初十日辰时签发公文一角。"(《南部档案》3-33-3,嘉庆十年七月十六日)

按:"闰"字中"王"字多写一点,写作俗字"閏",属于末笔增加。罗振玉《偏类碑别字·门部》收录,例证引《元龙兴寺长明灯钱记》。《广韵·稕韵》:"閏,闰余也。《易曰》:五岁再閏。……"⑤辽代僧人释行均《龙

① 张美兰:《祖堂集校注》,北京,商务印书馆,2009,第539页。
② 冷玉龙等主编:《中华字海》,北京,中华书局、中国友谊出版公司,1994,第746页。
③ 北京师范大学图书馆编:《北京师范大学图书馆藏稀见清人别集丛刊》第1册,桂林,广西师范大学出版社,2008,第6页。
④ 冷玉龙等主编:《中华字海》,北京,中华书局、中国友谊出版公司,1994,第742页。
⑤ (宋)陈彭年等:《宋本广韵》,北京,中国书店,1982,第395页。

龛手镜·门部》将"閏"判断为正字，说："閏，正，如顺反，散余也。"①后来"閏"由正字变成俗字，元朝李文仲《字鉴·稕韵》"闰"下说："儒顺反，《说文》余分之月，从王在门中。俗从金玉字，误。"②明代梅膺祚《字汇·门部》："俗从玉字，误。"③明代郭一经《字学三正·体制上·俗书加画者》说："闰，俗作'閏'。"④明代焦竑《俗书刊误·震韵》："闰，俗从玉，非。"⑤清代铁珊《增广字学举隅》也认为这种写法属于讹误字，当予以改正⑥。这真是造化弄人，汉字也不断演变。这种写法当是受到"王"字俗写成"玉"的影响。由此可见，部件发生变化，相应的文字也会跟其发生相同的变化，体现了语言文字的系统性。类似的，如：

《为张润之具控夫头敬洪顺私吞夫价事》："雇请散夫张潤（润）之等多人抬运轿乘。"（《南部档案》23-9-3，宣统元年十二月十七日）

按："潤"是"润"的俗字，多写一点，"王"字写成了"玉"字，也属于末笔增加笔画。这种写法与上面的"閏"多写一点完全一样，都是受到"王"字俗写成"玉"的影响。《广韵·稕韵》、金代韩孝彦《四声篇海·水部》、当代沈富进《汇音宝鉴·君下去声》均收录该俗字。

"潤"是"润"的俗字，"润"又是"闰"的增旁字，如：

（1）《叶朝阳杜卖水田堰塘底埂道水分等项定约》："限至秋收潤（闰）七月初旬交出。"（《龙泉驿文书》6-1-051，道光二十三年五月十二日）⑦

（2）《杨秀辉立断卖田字》："同治七年潤（闰）四月十三日立。"（《清水江文书》7-1-1-002，同治七年闰四月十三日）

## 【沈】

《为王蒲氏具告丈夫王洪模虐待侮辱事》："说娶沈（沈）氏为妾。"（《南部档案》23-236-1，宣统二年二月十八日）

按："沈"是"沈"的俗字，右边多写一点，属于末笔增加笔画。这种写法应该受书法习惯影响，便于接着书写下一个字。清代铁珊《增广字学

① （辽）释行均：《龙龛手鉴》，四部丛刊续编景宋本，卷一第32页。（辽）释行均：《龙龛手镜》，高丽本，北京，中华书局，1985，第94页。
② （元）李文仲：《字鉴》，清文渊阁四库全书本，卷四《去声》。
③ （明）梅膺祚：《字汇》，明代万历四十三年（1615）刻本，《戌集》第22页。
④ （明）郭一经：《字学三正》，清文渊阁四库全书本。
⑤ （明）焦竑：《俗书刊误》，清文渊阁四库全书本。
⑥ （清）铁珊：《增广字学举隅》，清文渊阁四库全书本，卷二。中华汉语工具书库编辑委员会：《中华汉语工具书库》第十二册，合肥，安徽教育出版社，2002，第509页。
⑦ 胡开全主编：《成都龙泉驿百年契约文书》，成都，巴蜀书社，2012，第152页。

举隅·正讹》收录"沈"①，方孝坤《徽州文书俗字研究》收录，指出明代徽州文书有该俗字。② 该俗字与"沈"只有最后一点的位置差异。

【馱】

《为移知正红旗蒙古都统巴□□病故应付护柩回京事饬南部县》："按五名各给馱（驮）马二匹以资馱（驮）行李之用。"（《南部档案》3-10-1，嘉庆二年八月十三日）

按："馱"是"驮"的俗字，多写一点，属于末笔增加。这种写法是受"大"写成"犬"的影响，但增加的一点位于"大"字的右侧，而不是右上角。"馱"未见辞书收录。不过，"駄"字被辞书收录。"駄"字与"馱"字仅仅只有最后一点位置的差异。南北朝梁代顾野王《玉篇·马部》收录"駄"，解释说："徒贺切，马负兒。"③唐代颜元孙《干禄字书》："駄驮，上俗，下正。"④《广韵·箇韵》："负駄，唐佐切。"⑤宋代丁度等《集韵·戈韵》："駄，马负物。"⑥明代焦竑《俗书刊误·歌韵》也收录⑦。元朝李文仲《字鉴》卷四《去声》三十八《箇韵》："俗从犬，作馱，误。"⑧明代郭一经《字学三正·体制上·俗书加画者》："驮，俗作駄。"⑨明代梅膺祚《字汇·马部》："今俗作駄。"⑩明代张自烈《正字通·马部》："俗从犬，非。"⑪《汉语大字典·马部》也收录。⑫

【犬】

（1）《唐君佐卖田赤契》："计犬（丈）壹亩四分。"（《湖北天门熊氏契约文书》1-020，乾隆六十年四月十日）⑬

（2）《谭问月卖田契》："计犬（丈）四亩三分五厘。"（《湖北天门熊氏契

---

① （清）铁珊：《增广字学举隅》，清文渊阁四库全书本，卷二。中华汉语工具书书库编辑委员会：《中华汉语工具书书库》第十二册，合肥，安徽教育出版社，2002，第501页。

② 方孝坤：《徽州文书俗字研究》，北京，人民出版社，2012，第193页。

③ （宋）陈彭年等：《重修玉篇》，清文渊阁四库全书本，卷二十三。

④ 中华汉语工具书书库编辑委员会：《中华汉语工具书书库》第十二册，合肥，安徽教育出版社，2002，第591页。

⑤ （宋）陈彭年等：《宋本广韵》，北京，中国书店，1982，第419页。

⑥ （宋）丁度等：《集韵》，述古堂影宋本，上海，上海古籍出版社，1985，第419页。

⑦ （明）焦竑：《俗书刊误》，清文渊阁四库全书本。

⑧ （元）李文仲：《字鉴》，清文渊阁四库全书本，卷四《去声》。

⑨ （明）郭一经：《字学三正》，清文渊阁四库全书本。

⑩ （明）梅膺祚：《字汇》，明代万历四十三年（1615）刻本，《亥集》第2页。

⑪ （明）张自烈：《正字通》，清代康熙十年（1671）刻本，《亥集上》第4页。

⑫ 《汉语大字典》第二版，成都，四川辞书出版社；武汉，崇文书局，2010，第4834页。

⑬ 张建明主编：《湖北天门熊氏契约文书》，武汉，湖北人民出版社，2014，第12页。图版序号为12。

约文书》附-019，道光二十二年四月四日）①

按："犬"是"丈"的俗字，多写一点。《正字通·一部》："丈，俗加点作犬。"②《汉语大字典·一部》《中华字海·一部》收录③，均没有列举文献例证，可参阅。

2. 多写一横俗字

清代手写文献俗字中也有一些增加一横，往往在笔画书写开始就增加，更多是为了区别，容易与其他汉字构成同形字，造成误解。

【丁】

《为奉上谕金川逃兵案承缉官兵从宽处理事饬南部县》："乃绿营兵丁（丁），金川军营溃逃数目甚多。"（《南部档案》2-34-14，乾隆五十年二月二十三日）

按："丁"字写作俗字"丁"，上面多写一横。这种写法与表示街道的"丁"构成同形字，容易导致误读。现代人在书写"街"时常常书写最右边的部分，以图快捷省事，甚至有的地方"丁"字还出现在地名街道上。

【顿】

《为整顿通省驿站并议复核办本府公文如何设站分递事饬南部县》："总督部堂鹿批本司汇详整顿（顿）通省驿铺委员会办各厅州县站口并添设健步改递文报各情形一案。"（《南部档案》13-8-1，光绪二十二年三月十二日）

按："顿"是"顿"的俗字，左边多写一横。这种写法应该是受书写习惯影响。毛笔书写容易连写，导致笔画增加。"顿"字又写作"頋"，上面仍然多写一横，竖钩变成一竖，并不出头。如《鲜思竹为具告邓永树等套当田业霸撇借钱事》："殊伊等获钱退业，頋（顿）昧天良。"（《南部档案》21-616-2，宣统二年二月二十九日）

【砸】

《为计开杨宗福擅用私钱案内人证事》："当堂砸（砸）毁。"（《南部档案》23-57-1，宣统元年六月二十三日）

按："砸"是"砸"的俗字，右边多写一横。把"巾"写成"帀"，声旁中还有声旁，读音准确，便于记忆。

---

① 张建明主编：《湖北天门熊氏契约文书》，武汉，湖北人民出版社，2014，第862页。图版序号为96。

② （明）张自烈：《正字通》，清代康熙十年（1671）刻本，《子集上》第4页。

③ 《汉语大字典》第二版，成都，四川辞书出版社；武汉，崇文书局，2010，第14页。冷玉龙等主编：《中华字海》，北京，中华书局、中国友谊出版公司，1994，第2页。

3. 多写一提俗字

清代手写文献俗字还有多写一提的，应是受到毛笔书写带笔的影响，类似的应用较多。

## 【抓】

(1)《为具告谢锡奎等酗酒辱骂踢打民兄致重伤事》："伊等喝同罗贵喜**抓**(抓)扭民兄按地徧体泥糊。"(《南部档案》8-380-1，光绪七年八月三十日)

(2)《为具禀王双林等寻衅造谣聚众朋凶殴辱事》："多人截途围拦**抓**(抓)生发辫。"(《南部档案》14-13-1，光绪二十四年三月四日)

(3)《为具告杨永泰等莠伐伤冢逆辱行凶叩勘唤究事》："**抓**(抓)氏发髻。"(《南部档案》14-74-1，光绪二十四年九月二十日)

按："**抓**"是"抓"的俗字，多写一提。"爪"字在书写一竖时提笔导致增加一提，并被沿用。宋代丁度等《集韵·爻韵》收录，解释说："《博雅》，搔也。"[1]明代章黼《重订直音篇·手部》收录，解释说："陟交切，**抓**掐庠。"

4. 多写一撇俗字

清代手写文献俗字受其他汉字构件的影响，书写时多写一撇，说明人们书写时会受到相关部件的干扰，追求文字的相同相似，便于记忆和书写，符合语言文字的经济实用原则。不过，这种情况没有多写一点多。

## 【畏】

《为奉上谕金川逃兵案承缉官兵从宽处理事饬南部县》："竟至**畏**(畏)急脱逃。"(《南部档案》2-34-14，乾隆五十年二月二十三日)

按："畏"字写作俗字"**畏**"，增加一撇。宋代娄机《汉隶字源·未韵》收录"**畏**"，例证引《北军中侯郭仲奇碑》。清代顾蔼吉《隶辨·未韵》收录"**畏**"，解释说："费凤别碑：'又**畏**此之罪'。按：即畏字。郭仲奇碑：'莫不**畏**悼。'畏亦作**畏**。"[2]清代邢澍《金石文字辨异·未韵》同。这种写法受到"衣"字的影响。当然这种写法看作是讹误字也未尝不可，现代人写这字还容易误写，属于常见错别字。不过，我们也应该看到，这种写法违背文字使用规律，不便于记忆，容易错写，还不如把下面的构件改成"衣"字，便于书写，也便于记忆。

---

① (宋)丁度等：《集韵》，述古堂影宋本，上海，上海古籍出版社，1985，第188页。

② (清)顾蔼吉：《隶辨》，北京，北京市中国书店，1982，第506页。

## 【益】

《为计开杨宗福擅用私钱案内人证事》："小的汪平益（益）在河坝场大石岩居住。"（《南部档案》23-57-1，宣统元年六月二十三日）

按："益"是"益"的俗字，多写一撇。该俗字也可以看成是改变偏旁俗字，下部由"皿"变成"血"。"益"当是"益"的演变，而且书写更方便。唐代颜元孙《干禄字书》判断"益"是"益"的俗字，说："益、益，并上俗，下正。"①明代章黼《重订直音篇·皿部》："益，伊昔切，增也；益，俗。"两字的正俗关系刚好颠倒。"益"字见秦公、刘大新《广碑别字·皿部》、罗振玉《偏类碑别字·皿部》均引《唐李扶墓志》，潘重规《敦煌俗字谱·皿部》并同。碑铭增一冗笔作"益"，当是俗写讹误。"血"与"皿"形近，俗写容易混淆。同时，上面本来是"氺"，由于文字讹变，无法看出意义，于是民众把下面的"皿"字改写成"血"，表示血液流出。而血流出为常见形象，便于理解和记忆。

5. 多写一折俗字

清代手写文献俗字中还有多写一折的，不过，这种俗字极少。我们怀疑其原因可能是增加一折书写起来并不方便。

## 【外】

(1)《康熙二十七年僧定旺典房契》："其银当日交足，外（外）无欠少。立字之后，如有外（外）人争兢（竞）"（《大觉寺文书》QW-038，康熙二十七年十一月八日）

(2)《姜九唐、姜福绞立断卖园地》："日后不得外（外）争论。"（《清水江文书》2-12-1-001，乾隆五十四年十一月十五日）

(3)《为移知正红旗蒙古都统巴□□病故应付护枢回京事饬南部县》："外（外）官参将道员知府同知以上。"（《南部档案》3-10-1，嘉庆二年八月十三日）

按："外"是"外"的俗字，多写一折。宋代娄机《汉隶字源·泰韵》收录该俗字，例证引《成阳灵台碑》。这种写法应该是受书写习惯影响，也可能受到"又"字的影响。

---

① 中华汉语工具书书库编辑委员会：《中华汉语工具书书库》第十二册，合肥，安徽教育出版社，2002，第 591 页。

#### (二)多写两画以上俗字

清代手写文献俗字除了上面增加单笔外,还有增加复笔的。有的俗字多写两笔甚至更多的,有的是多写两点,有的是多写一点一撇的。

### 【边】

(1)《为赵光鼎所遗失甫塆瑶阶屋后坡与侄子均依二分均分埋石定界管业事》:"生人等二家不得乱浸**边**(边)界。"(《南部档案》2-63-1,乾隆二十六年一月二十四日)

(2)《为阆中差役杨贵在南部县遗失银文案人证事》:"小的在炉井沟路**边**(边)佣工。"(《南部档案》2-62-2,乾隆五十四年七月二十七日)

(3)《胡汪氏卖明科田文契》:"坐落仡佬井下**边**(边)。"(《吉昌契约文书》sls-17,嘉庆三年二月九日)①

(4)《陈仁瑛等合兄弟文约》:"系仁珑新菜畜(园)墙**边**(边)老沟。"(《龙泉驿文书》6-1-107,嘉庆十二年十一月二日)②

按:"**边**"是"边"的俗字,容易误判。刘复《宋元以来俗字谱·辵部》收录,见《岭南逸事》,写作"边"或者"迆"。这种写法已经与今天的简化字十分接近。明清小说也有该俗字,周志锋《明清小说俗字俗语研究》说:"同'边(邊)'。"例证举《唐三藏西游释厄传》《醒梦骈言》第九回和《北魏奇史闺孝烈传》第一回。并言《简化字源》可以帮助我们了解它的简化轨迹。③

"**边**"是"边"的俗字,在"边"字的基础上增加两点,与现代规范汉字很是接近。有意思的是,该俗字在简体俗字的基础上增加两点,里面写成"辦"的简体俗字"办"。

《简化字源》指出:"'边'最早出现在元抄本《京本通俗小说》和元刊本《古今杂剧三十种》等书中。1932年《国音常用字汇》和1935年《简体字表》收入了'边'字。"④

又写作"邉",写法接近"邉",是"边"的减省。把"自"写成"白",把

---

①　孙兆霞等编:《吉昌契约文书汇编》,北京,社会科学文献出版社,2010,第7页。

②　胡开全主编:《成都龙泉驿百年契约文书》,成都,巴蜀书社,2012,第414页。

③　周志锋:《明清小说俗字俗语研究》,北京,中国社会科学出版社,2006,第67～68页。

④　张书岩、王铁昆、李青梅、安宁编著:《简化字源》,北京,语文出版社,1997,第49页。

"方"字写成"口"。如:

(1)《租地基约·吴天明租到文一公》:"土名古寺下邉(边)基地壹局。"(《清至民国婺源县村落契约文书》秋口镇鸿源吴家 23,乾隆三年二月十九日)

(2)《刘明奇杜卖田地文契》:"西至韩姓塘邉(边)田坎为界。"(《龙泉驿文书》6-1-011,乾隆贰拾柒年拾壹月贰拾肆日)①

(3)《阙敏侯分家书》:"一坐落门首对门溪墈邉(边)田叁坵。"(《石仓契约》第四辑第八册下茶铺·阙氏,乾隆四十年十一月二十九日)②

(4)《为移知正红旗蒙古都统巴□□病故应付护枢回京事饬南部县》:"支其近邉(边)。"(《南部档案》3-10-1,嘉庆二年八月十三日)

(5)《高平县张兴、张永成、张东成卖地永远死契文字》:"西至坟邉(边)界石。"(《太行山文书》,嘉庆十二年四月十八日)③

(6)《宣统二年二月二十八日刑书王克昌为奉谕钉界禀复事禀》:"断令该处山场应从车坳南邉(边)第一山顶随岗分界。"(《龙泉档案》2416:4-5,宣统二年二月二十八日)

## 【叁】

《为计开雷朝具告雷普越分图葬案内人证候讯事》:"干证雷茂**叁**(奎)祖、雷天贵。"(《南部档案》2-66-7,乾隆四十六年九月二十八日)

按:"叁"是"奎"的俗字,多写一点一撇。我们怀疑这种写法当是受到"登"字头的影响。辽代僧人释行均《龙龛手镜·圭部》收录,解释说"正,苦圭反,星名。"④

## 二、笔画减少俗字

笔画减少俗字又称省笔简化俗字,是由于抽减、省略了字中某一部件的一至数个笔画而形成的俗字。⑤

---

① 胡开全主编:《成都龙泉驿百年契约文书》,成都,巴蜀书社,2012,第 4 页。
② 曹树基、潘星辉、阙龙兴编:《石仓契约》第四辑第八册,杭州,浙江大学出版社,2015,第 8 页。
③ 康香阁主编:《太行山文书精萃》,北京,文物出版社,2017,第 55 页。
④ (辽)释行均:《龙龛手鉴》,四部丛刊续编景宋本,卷三第 5 页。(辽)释行均:《龙龛手镜》,高丽本,北京,中华书局,1985,第 202 页。
⑤ 黄征:《敦煌俗字典·前言》,上海,上海教育出版社,2005,第 22 页。

**笔画减少俗字一览**

| 正字 | 俗字 | | | | |
|---|---|---|---|---|---|
| | 少写单笔俗字 | | | | 少写复笔俗字 |
| | 少写一点俗字 | 少写一横俗字 | 少写一竖俗字 | 少写一撇俗字 | |
| 坝 | | 埧 | | | |
| 曹 | | | 曺 | | |
| 宠 | 寵 | | | | |
| 鼎 | | | | | 鼎 |
| 房 | 房 | | | | |
| 革 | | | 草 | | |
| 瓜 | 瓜 | | | | |
| 汉 | | | 漢 | | |
| 流 | 流 | | | | |
| 念 | | | | 念 | |
| 凭 | | | | | 凭 |
| 柴 | 柒 | | | | |
| 遣 | 遣 | | | | |
| 审 | | | | 審 | |
| 婶 | | | | 媎 | |
| 树 | | | | | 树 |
| 岁 | | | | 歲 | |
| 厅 | 厤 | | | | |
| 突 | | | | | 突 |
| 悉 | | | | 悲 | |
| 冤 | 冤 | | | | |
| 再 | | | 丹 | | |
| 遭 | | | 遭 | | |

## （一）少写一画俗字

这种情况，与避讳少写一画不同。如"臤"本为"殷"的避讳字。《说文•肙部》："臤，作乐之盛称殷，从肙从殳。《易》曰：殷荐之上帝。"[1]

---

① （东汉）许慎：《说文解字》，北京，中华书局，1963，第170页。

《广韵·欣韵》："殷，众也，正也，大也，中也。《说文》从月殳。作乐之盛称殷，亦姓，武王克纣，子孙分散，以殷为氏，出陈郡。"①以上出现的"殷"字，宋代都写成"𣪠"，原因就是避讳。殷为宋太祖父亲赵弘殷之名，宋人避讳缺末笔，写作𣪠，故逐渐成为"殷"的俗字。易培基《三国志补注》指出："殷，绍兴本作𣪠。"②

1. 少写一点俗字

清代手写文献俗字多少写一点，少写原因多是由于两个形旁相近容易混淆，民众并不严格区分这些细微差别，因为还可以借助上下文准确表达，大多数时候并不会影响表达，如"宠""柒"少写一点等。

【𥨥】

(1)《潘正葵、潘智发叔侄二人断卖栽手字》："地名冉皆𥨥（宠）。"（《清水江文书》1-1-1-058，咸丰九年六月十八日）

(2)《为具告邓文星等替嫌殴威糟逐事》："故纵伊子𥨥（宠）妾欺嫡。"（《南部档案》11-456-1，光绪十八年四月十八日）

按："𥨥"是"宠"的俗字，少写一点。"宀"字写成"冖"字。俗写时，"宀"与"冖"不分，经常混淆。当代沈富进《汇音宝鉴·恭韵》收录，解释说："恳也，爱也，尊荣也。"③

【房】

《为兄弟分关事》："房（房）屋一并属咸益。"（《南部档案》2-66-2，雍正八年九月二十四日）④

按："房"是"房"的俗字，少写最上面一点。形旁"户"变成"尸"，两个形旁形近，说明民众关注的是声旁，而不是形旁。

【柒】

(1)《熊朝佐卖田契》："三面言议得受时值价银柒（柒）两整。"（《湖北天门熊氏契约文书》1-007，雍正五年十月［十八］日）⑤

(2)《阙敏侯分家书》："一坐落老炉场下大坵田壹横大小柒（柒）坵。"

---

① （宋）陈彭年等：《宋本广韵》，北京，中国书店，1982，第112页。

② 易培基：《三国志补注》，台北，艺文印书馆，1955，第25页。

③ 沈富进：《汇音宝鉴》，文艺学社，1954。

④ 本件档案在乾隆时期排列，反映档案目录编号未能够严格按照朝代时间排列。

⑤ 张建明主编：《湖北天门熊氏契约文书》，武汉，湖北人民出版社，2014，第4页。图版序号为8。本件契约的日前的数字只能看到"八"字，"十"字比较模糊。天门契约的整理者没有录入日，可能就是这种考虑。"两"字后还有一个"伍"字。但有删改符号，故不录入。

(《石仓契约》第四辑第八册下茶铺·阙氏，乾隆四十年十一月二十九日)①

(3)《谭问月卖田契》："载粮玖升五合**茶**(柒)勺。"(《湖北天门熊氏契约文书》附-019，道光二十二年四月四日)②

按："**茶**"是"柒"的俗字，少写一点，徽州文书、大觉寺文书也见到该俗字，根据方孝坤《字表》，该俗字明代有使用。③《重订直音篇》卷四《木部》："音七，同。"《中华字海·木部》收录，可参阅。④

【**遣**】

《为咨送遣撤第五起军功乡勇到籍妥为安排事饬南部县》："**遣**(遣)撤南部县乡勇一名。"(《南部档案》3-34-1，嘉庆十年三月四日)

按："**遣**"是"遣"的俗字，少写一点。走之底由"辵"字演变而来，是保留两点，还是一点，还是一点都不保留，并不影响该字的正常使用。这种写法也可以看作是草书造成的。

2. 少写一横俗字

清代手写文献俗字有的少写一横，可能是为书写简便，前提是不导致混淆，不影响语言文字的交际沟通。

【**埧**】

(1)《为廖维纪出卖田地给杨应廷》："立写永远出卖**埧**(坝)地文约人廖维纪。"(《南部档案》2-64-1，乾隆三十九年十月二十二日)

(2)《苏邦琦等杜卖田地房屋林园阴阳基址定约》："晒**埧**(坝)坑溏。"(《龙泉驿文书》6-1-055，道光二十年二月二十二日)⑤

按："**埧**"是"坝"的俗字，是正字"坝"的变形，右边写成"且"加"八"，与"貝"十分接近。声旁由"贝"变成"具"，但又少写一横。该字右边"贝"与整个字的读音相同，相当于声旁；左边"土"说明与土有关，相当于形旁。整个字构成新的形声字，便于书写和记忆使用。

又写作"坝"，如：

(1)《为领得被窃水牯牛一只事》："一只卖与富井坝江自清。"(《南部

---

① 曹树基、潘星辉、阙龙兴编：《石仓契约》第四辑第八册，杭州，浙江大学出版社，2015，第8页。

② 张建明主编：《湖北天门熊氏契约文书》，武汉，湖北人民出版社，2014，第862页。图版序号为96。

③ 方孝坤：《徽州文书俗字研究》，北京，人民出版社，2012，第207页。

④ 冷玉龙等主编：《中华字海》，北京，中华书局、中国友谊出版公司，1994，第742页。

⑤ 胡开全主编：《成都龙泉驿百年契约文书》，成都，巴蜀书社，2012，第150页。

档案》1-13-2，雍正十二年八月十五日)

(2)《张宗仁杜卖田地文契》："院坝菜地。"(《龙泉驿文书》6-1-022，嘉庆十二年二月十九日)①

(3)《为杨正奎具告杨元寿等刁拐生妻事》："去年三月间就被杨元寿拐到蓬州中坝。"(《南部档案》16-201-2，光绪二十九年三月一日)②

按："坝"属于简体俗字。属于方言俗字。"坝"字在清代手写文献中有三种写法："坝""垻""壩"，其中"垻"是正字，"坝"与"壩"是俗字，表音准确的是俗字"壩"。三种写法的意思都是指平原，平地。"自家院坝"即自己的平地院子，"晒坝"即晒东西的平地。"坝"读 bá，也有读成 bà 的。

"壩"字是"垻"的俗字。明代张自烈《正字通》："壩，俗垻字。"③指坝子、平地。南北朝梁代顾野王《玉篇·土部》："壩，必驾切。蜀人谓平川曰壩。"④《广韵·祃韵》："壩，蜀人谓平川为壩。"⑤辽代僧人释行均《龙龛手镜·土部》："壩，必嫁反，蜀人谓平川为平壩。"⑥由此可见，《广韵》《龙龛手镜》均是沿用《玉篇》的解释。清代阮元《西台》："登台万丈引苍岩，远见层坡近平壩。"原注(一说阮福注)："滇人呼岭路皆曰坡，凡平土皆呼曰壩子。"⑦据此，云南人也用，云南方言与四川方言同属西南方言，存在相同用字，也是可以理解的。清代曾琬《鸡头关》："烧荒熊出壩，树密虎窥人。"⑧"壩"也指水坝。宋代丁度等《集韵·祃韵》："壩，堰也。"⑨明代梅膺祚《字汇·土部》："壩，障水堰也。"⑩《康熙字典·土部》："《集韵》：'必驾切，音霸。堰也。'"⑪清代手写文献常见，如《四川提督郑文焕关于在灌县白沙添兵严加稽查的奏折》："每年瓦寺杂谷金川所属番民佣工下壩皆可由小路至白沙。""其佣工下壩者仍听照常行走。"(《都江堰档

---

① 胡开全主编：《成都龙泉驿百年契约文书》，成都，巴蜀书社，2012，第20页。
② 有意思的是"坝"字右边不写成"霸"，而写"霸"字。最有意思的是档案写自己的名讳或者相关称谓时用小写，而且只占正常字的一半左右，这与家谱、族谱写法一样。另外，档案写到人名时，往往在姓名的右边画一竖线，与刻本在左边画一竖线相反。
③ (明)张自烈：《正字通》，清代康熙十年(1671)刻本，《丑集中》第50页。
④ (宋)陈彭年等：《重修玉篇》，清文渊阁四库全书本，卷二。
⑤ (宋)陈彭年：《广韵》，清文渊阁四库全书本，卷四。
⑥ (辽)释行均：《龙龛手鉴》，四部丛刊续编景宋本，卷二第24页。(辽)释行均：《龙龛手镜》，高丽本，北京，中华书局，1985，第251页。
⑦ (清)阮元：《揅经室集》，四部丛刊景清道光本，《续集》卷八。
⑧ (清)沈德潜：《清诗别裁集》，清乾隆二十五年教忠堂刻本，卷五。
⑨ (宋)丁度等：《集韵》，述古堂影宋本，上海，上海古籍出版社，1985，第592页。
⑩ (明)梅膺祚：《字汇》，明代万历四十三年(1615)刻本，《丑集》第53～54页。
⑪ (清)张玉书等：《康熙字典》，北京，中华书局，1958，第242页。

案》0-1，乾隆五年闰六月二十二日）①

　　明代李实《蜀语》："平原曰坝。〇坝，从贝，音霸。与从具不同，从具，水堤也。"《校注》："《广韵·去·祃》：'坝，蜀人谓平川为坝。必驾切。'按：'坝'一作'坝'，如四川西部平地或平原，称作'川西坝子'。"②

　　《蜀方言》卷上："地平而宽曰坝。"纪国泰《疏证补》说："'坝'是个地地道道的蜀方言词语。'谓平川曰坝'，是就其大者而言之；'地平而宽曰坝'，是就其小者而言之。今蜀人尚以'坝'兼指二者。"③

　　从以上引述可以看出，"坝"字属于蜀方言词，从魏晋开始，一直沿用到今。同为西南官话的湖北话也说"坝"，反映了湖北方言与南部方言的关系，如黄侃《蕲春语》："吾乡谓地之平迤者，曰坝。"④湖南人也说。杨树达《长沙方言考》："《广益玉篇·土部》云：坝，必驾切，蜀人谓平川曰坝。《广韵》四十祃亦云然。按今长沙乡间多言坝。"⑤如《资治通鉴》卷二二六《唐纪·代宗大历十四年》："东川出兵，自江油趋白坝，与山南兵合击吐蕃、南诏，破之。"胡三省注："蜀人谓平川为坝。"⑥《四川方言词语考释》引《资治通鉴》时，误把"南诏"引作"南昭"⑦。

　　"坝"在明代是正字。明代张自烈《正字通》："坝，俗作坝。"⑧《康熙字典·土部》："《集韵》博盖切，音贝。障水堰也。今人谓堰埭曰坝。又《广韵》《集韵》并必驾切，音霸。蜀人谓平川曰坝。黄庭坚诗：'君家冰茄白银色，殊胜坝里紫彭亨。'一作灞礴。"⑨"坝"是多音字，音"贝"和"霸"，南部档案读后者，俗故写成"坝"字。

　　南北朝梁代顾野王《玉篇·土部》："坝，蜀人谓平川曰坝。"⑩《广韵》："坝，蜀人谓平川为坝。"⑪宋代丁度等《集韵》："坝，平川谓之

①　《都江堰：百年档案记忆》编委会编：《都江堰：百年档案记忆》，北京，中国档案出版社，2010，第 13 页。
②　（清）李实：《蜀语校注》，成都，巴蜀书社，1990，第 8 页。
③　纪国泰：《〈蜀方言〉疏证补》，成都，巴蜀书社，2007，第 84 页。
④　黄侃：《蕲春语》，《黄侃论学杂著》，上海，上海古籍出版社，1980，第 428 页。
⑤　杨树达：《长沙方言考》，《积微居小学金石论丛》，北京，科学出版社，1955，第 158 页。
⑥　（明）严衍：《资治通鉴补》，清光绪二年盛氏思补楼活字印本，卷二百二十六《唐纪》四十二。
⑦　蒋宗福：《四川方言词语考释》，成都，巴蜀书社，2002，第 7 页。
⑧　（明）张自烈：《正字通》，清代康熙十年（1671）刻本，《丑集中》第 15 页。
⑨　（清）张玉书等：《康熙字典》，北京，中华书局，1958，第 229 页。
⑩　（宋）陈彭年等：《重修玉篇》，清文渊阁四库全书本，卷二。
⑪　（宋）陈彭年：《广韵》，清文渊阁四库全书本，卷四。

坝。"①传世文献多见，如宋代黄庭坚《谢杨履道送银茄四首》诗之三(有人引作之二)："君家水茄白银色，殊胜坝里紫彭亨。"②《资治通鉴·唐代宗大历十四年》："东川出兵，自江油趋白坝。与山南兵合击吐蕃、南诏，破之。"③

3. 少写一竖俗字

清代手写文献俗字往往少写一竖，尤其是两竖减省为一竖更多，容易导致误解。

【草】

《为杨茂林顶补户房典吏张文明事》："至吴光清卷查系奉大宪草(革)黜拟徒之犯。"(《南部档案》12-371-2，光绪二十一年九月十九日)

按："草"字是"革"的俗字，中间的"中"字少写一竖。整个字上面写"廿"，中间写"口"，下面写"十"，比原来的写法好记，便于书写。但本件档案后面"革"字又写有这一竖。辽代僧人释行均《龙龛手镜·革部》④、当代潘重规《敦煌俗字谱·革部》均收录"草"，这个字上面把"廿"写成"艹"字。方孝坤《徽州文书俗字研究》收录，指出清代徽州文书有该俗字。⑤ 清代手写文献中又写作"葦"，上面写成"土"字，而不是"廿"字。例如：《为胆敢擅入门房探问案件答责革退事》："将其责惩葦(革)黜。"(《南部档案》23-8-2，宣统元年九月十八日)

【漢】

《为禀明张元清等撤毁金鞍铺办公铺房改作站房出佃事》："待命左光漢(汉)退还铺房。"(《南部档案》13-16-1，光绪二十二年六月九日)

按："漢"是"汉"的俗字，右边中间的"中"字没有写中间一竖。右边上面写"艹"，中间写"口"，下面写成"天"，便于书写和记忆。秦公《碑别字新编》收录，例证引《隋张景略墓志》。

【冄】

《为严催赶造光绪二十三年四季分监散兵响印结事饬南部县》："姑冄

① (宋)丁度等：《集韵》，述古堂影宋本，上海，上海古籍出版社，1985，第518页。
② (宋)黄庭坚撰、(宋)任渊注：《山谷内集诗注》，清文渊阁四库全书本，《内集》卷十三。"水茄"《康熙字典》引作"冰茄"，当作"水"字，"水"与"冰"形近导致讹误。中国基本古籍库、《全宋诗》、祝穆《事文类聚》后集卷二十二均作"水"字，不误。
③ (明)严衍：《资治通鉴补》，清光绪二年盛氏思补楼活字印本，卷二百二十六《唐纪》四十二。
④ (辽)释行均：《龙龛手镜》，高丽本，北京，中华书局，1985，第446页。
⑤ 方孝坤：《徽州文书俗字研究》，北京，人民出版社，2012，第206页。

（再）札催一次。"（《南部档案》14-27-1，光绪二十三年九月三日）

按："冉"是"再"的俗字，少写中间一竖。刘复《宋元以来俗字谱》收录，例证引《列女传》《古今杂剧》《三国志平话》《太平乐府》《娇红记》《白袍记》。《中华字海》也收录该俗字①。无独有偶，徽州文书也有同样写法，方孝坤《徽州文书俗字研究》指出："'再'省去中间之竖。隋《宋睦墓志》收有此字，《直音篇》收'冉'、《宋元以来俗字谱》有：'冉'字、《字海》收'冉'字，皆同源而来。徽州文书曰：'……～批并无老契执押又照（花。）'（A·3·9）"②

4. 少写一撇俗字

清代手写文献俗字中也有一些少写一撇，多出现在字的书写中间，与书写不便有关。

【候】

（1）《四川总督策楞请求为李冰庙奇功显应赏赐匾额的奏折》："当夏秋水发之候（候）。"（《都江堰档案》0-2，乾隆十五年二月二十八日）③

（2）《紫阳司法档案》："候（候）奥（唤）究，清单（单）各摽（据）随堂呈验。"（《紫阳档案》，同治四年三月二十三日）

按："候"是"候"的俗字，"候"字常常省去"失"字的一撇，也就是将"失"字写成"夫"，书写起来更流畅。

【块】

（1）《程国珍卖明水田文契》："情愿将祖父遗下科田贰㘞（块）。"（《吉昌契约文书》wzc-23，乾隆二年一月二十二日）④

（2）《阙敏侯分家书》："一门首三叔田面上竹园山壹塊（块）。"（《石仓契约》第四辑第八册下茶铺·阙氏，乾隆四十年十一月二十九日）⑤

（3）《钟琳士杜卖水田文契》："愿将己名下水田大小肆塊（块）。"（《龙泉驿文书》6-1-116，乾隆三十六年十月十六日）⑥

---

① 冷玉龙等主编：《中华字海》，北京，中华书局、中国友谊出版公司，1994，第3页。

② 方孝坤：《徽州文书俗字研究》，北京，人民出版社，2012，第57页。该书指出，元明徽州文书也有该俗字（见第189页）。

③ 《都江堰：百年档案记忆》编委会编：《都江堰：百年档案记忆》，北京，中国档案出版社，2010，第15页。

④ 孙兆霞等编：《吉昌契约文书汇编》，北京，社会科学文献出版社，2010，第2页。

⑤ 曹树基、潘星辉、阙龙兴编：《石仓契约》第四辑第八册，杭州，浙江大学出版社，2015，第9页。

⑥ 胡开全主编：《成都龙泉驿百年契约文书》，成都，巴蜀书社，2012，第8页。

按："塎"是"块"的俗字，"块"的繁体写成"塊"，右边的"鬼"字少写一撇。《干禄字书》："塎由，并正，多行上字，唯弔书作由。"①《广韵·队韵》："塊，土塊，苦对切。"②类似的，"魁"是"鬼"的俗字。考宋代娄机《汉隶字源》上声《尾韵》引《高朕修周公礼殿记》作"魁"，明代梅膺祚《字汇》卷首《古今通用》、明代张自烈《正字通》卷首《古今通用》皆云："鬼，古；魁，今。"③清代顾蔼吉《隶辨》卷六《偏旁》："魁，鬼，《说文》作鬼，从人象鬼头，从厶，隶变如上。"④

**【念】**

(1)《为奉札计发誊黄六道事饬巡检捕厅》："念（念）切绍庭萃聚。"（《南部档案》5-166-1，咸丰三年九月二十二日）

(2)《大中寨退赎碑序》："念（念）切嫌其久居。"（《南部档案》14-42-4，光绪二十四年十一月十五日）

按："念"是"念"的俗字，上面不写"今"字，中间写成"二"，可以看成"今"字的一点变成一横，下面横折变成一横，少写一撇。南北朝梁代顾野王《玉篇·心部》收录，解释说："奴玷切，思也。"⑤秦公《广碑别字》："念，魏元愔墓志。"清代顾蔼吉《隶辨·桥韵》也收录，例证引《史晨奏铭》"臣伏念孔子"，并解释说："《说文》作念，上从今，碑省作今，今俗因之。"又引《韩勑碑》"念圣历世"。⑥ 由此可见，该字汉魏就已经出现。宋代丁度《集韵·桥韵》："念、念。奴店切。《说文》：'常思也。'又姓，古作念。"⑦宋代王洙、司马光《类篇·心部》⑧、金代韩孝彦《四声篇海·心部》同。元朝李文仲《字鉴·桥韵》："念，奴玷切，《说文》常思也。从心今声。俗作念。"⑨元代周伯琦《六书正讹·桥韵》："念，奴玷切，常

---

① 中华汉语工具书书库编辑委员会：《中华汉语工具书书库》第十二册，合肥，安徽教育出版社，2002，第588页。（唐）颜元孙：《干禄字书》，［日］杉本つとむ：《异体字研究资料集成》二期八卷，东京，雄山阁，1973，第40页。

② （宋）陈彭年等：《宋本广韵》，北京，中国书店，1982，第389页。

③ （明）梅膺祚：《字汇》，明代万历四十三年（1615）刻本，卷首《古今通用》。（明）张自烈：《正字通》，清代康熙十年（1671）刻本，卷首《古今通用》。

④ （清）顾蔼吉：《隶辨》，北京，北京市中国书店，1982，第905页。

⑤ （宋）陈彭年等：《重修玉篇》，清文渊阁四库全书本，卷八。

⑥ （清）顾蔼吉：《隶辨》，北京，北京市中国书店，1982，第632～633页。

⑦ （宋）丁度等：《集韵》，述古堂影宋本，上海，上海古籍出版社，1985，第628页。

⑧ （宋）司马光：《类篇》，清文渊阁四库全书本，卷三十。

⑨ （元）李文仲：《字鉴》，清文渊阁四库全书本，卷四《去声》。

思也。从心今声。俗作念，非。"①明代梅膺祚《字汇》引《六书正讹》同。②
明代焦竑《俗书刊误·艳韵》："念，俗作念，非。"③清代方成珪《集韵考
正·栝韵》："案念系俗作，当以念为隶，念为古。"这些均将其判断为俗
误字，进行批判。方孝坤《徽州文书俗字研究》收录，指出明代徽州文书
有该俗字。④

【审】

(1)《鲜思竹为具告邓永树等套当田业霸撇借钱事》："将伊等清明会
全业书立当约交民服审(审)呈。"(《南部档案》21-616-2，宣统二年二月
二十九日)

(2)《为向题轩具告杨初林勒揩不买盐井事》："下的今沐审(审)讯。"
(《南部档案》23-255-1，宣统元年十一月二十一日)

(3)《宣统元年七月初七日原差李和等为禀提到叶大炎等事禀》："示
审(审)之处，出自宪裁。"(《龙泉司法档案选编》10898：5，宣统元年七月
七日)⑤

按："审"是"审"的俗字，少写一撇。下面不写"番"，中间写成"米"
字，反映了民众对"米"字作为构件的欢迎。该俗字很容易看成上面是
"穴"，中间是"木"，下面是"田"字，成为疑难俗字，无法理解。《说文》
未见，清代顾蔼吉《隶辨》上声《寝韵》引《史晨奏铭》："道审可行。"⑥《说
文》"审"字中间写"采"，古文"采"作"米"，与"粟米"之"米"相类，碑从古
文。元朝李文仲《字鉴》上声《寝韵》："审，式荏切，《说文》作案、悉也。
从宀从采，音辨，与寮案字不同，篆文作审，俗中从米粟字作
审，误。"⑦

【媠】

(1)《胡永清卖明水田文契》："凭中出卖与堂媠(婶)汪田氏名下管
业。"(《吉昌契约文书》tma-17，道光十三年二月十三日)⑧

① (元)周伯琦编注、(明)胡正言订篆：《六书正讹》，古香阁藏版，元至正十一年(1351)，卷四第 48 页。
② (明)梅膺祚：《字汇》，明代万历四十三年(1615)刻本，《卯集》第 4 页。
③ (明)焦竑：《俗书刊误》，清文渊阁四库全书本。
④ 方孝坤：《徽州文书俗字研究》，北京，人民出版社，2012，第 199 页。
⑤ 包伟民：《龙泉司法档案选编》第一辑《晚清时期》，北京，中华书局，2012，第 325 页。
⑥ (清)顾蔼吉：《隶辨》，北京，北京市中国书店，1982，第 466 页。
⑦ (元)李文仲：《字鉴》，清文渊阁四库全书本，卷三《上声》。
⑧ 孙兆霞等编：《吉昌契约文书汇编》，北京，社会科学文献出版社，2010，第 10 页。

（2）《蔡良英等杜卖水田文契》："**嫦**（婶）母蔡门饶氏。"（《龙泉驿文书》6-1-120，嘉庆三年十一月）①

（3）《为具告杨永泰等蓦伐伤冢逆辱行凶叩勘唤究事》："不思氏系**嫦**（婶）母。"（《南部档案》14-74-1，光绪二十四年九月二十日）

按："**嫦**"是"婶"的俗字。右边写法同"审"字，少写一撇。我们在清代手写文献中看到，类似的"番"字作为构件都改成用"米"字，这样书写起来方便，也便于民众记忆，应该为今后文字改革吸取。

【悉】

（1）《为招募本署承发房典吏事》："为此示仰合房经书等知悉（悉）。"（《南部档案》13-1-1，光绪二十七年三月十九日）

（2）《为查明光绪二十二年九月份接递限行公文日期时刻有无挪移事饬南部县》："据报已悉（悉）。"（《南部档案》13-26-1，光绪二十二年十一月二十三日）②

按："悉"是"悉"的俗字，少写一撇，与前面提到的"番"字构件改用"米"字相同，反映"米"字构件的生命力。而且，"悉"字上面从"米"，相当于声旁，与整个字的读音韵母相同；下面从"心"，与记忆有关，相当于形旁。整个字构成新的形声字，极方便书写和记忆使用。唐代颜元孙《干禄字书》："悉、悉、悉。上俗，中通，下正。"③说明该字在唐代属于通行字，而不是俗字。辽代僧人释行均《龙龛手镜·心部》："悉、悉、悉。三俗。悉，正。息七反，委也，皆也。《说文》从采也。"④清代顾蔼吉《隶辨·质韵》："悉，《帝尧碑》：'将悉臻矣。'按：《说文》悉从采，碑变从米。"⑤宋辽时期已经变成俗字了。明代梅膺祚《字汇·心部》、明代张自烈《正字通·心部》均收录，都解释说："悉，同悉。"⑥均将"悉"判断为"悉"的异体字。方孝坤《徽州文书俗字研究》收录，指出清代徽州文书有该俗字。⑦

---

①　胡开全主编：《成都龙泉驿百年契约文书》，成都，巴蜀书社，2012，第16页。

②　"送文件多有漏"这几个字左边残缺，不知是原件这样，还是缩微光盘造成的问题；不过，勉强可以辨认为这几个字。

③　中华汉语工具书书库编辑委员会：《中华汉语工具书书库》第十二册，合肥，安徽教育出版社，2002，第591页。

④　（辽）释行均：《龙龛手鉴》，四部丛刊续编景宋本，卷一第24页。（辽）释行均：《龙龛手镜》，高丽本，北京，中华书局，1985，第69页。

⑤　（清）顾蔼吉：《隶辨》，北京，北京市中国书店，1982，第667页。

⑥　（明）梅膺祚：《字汇》，明代万历四十三年（1615）刻本，《卯集》第8页。（明）张自烈：《正字通》，清代康熙十年（1671）刻本，《卯集上》第19页。

⑦　方孝坤：《徽州文书俗字研究》，北京，人民出版社，2012，第225页。

### (二)少写两画以上俗字

清代手写文献俗字也有减省复笔的，目的只有一个，使文字简便易行，书写快捷。有的少写两画，有的甚至少写两画以上。

【鼎】

《为赵光鼎所遗失甫埫瑶阶屋后坡与侄子均依二分均分埋石定界管业事》："立字祖业人赵广鼎（鼎）遗业一段坐落于赵甫乡。"（《南部档案》2-63-1，乾隆二十六年一月二十四日）

按："鼎"是"鼎"的俗字，上面少写一横，把"目"字写成"日"字；下面也少写，左边少写一横和一撇，右边少写横折。

【流】

《为吴树成等具告杨永钊拖欠铺房佃资蓦卖铺房事》："因昔年先祖凑积流（流）资于道光九年。"（《南部档案》23-251-1，宣统三年六月十八日）①

按："流"是"流"的俗字，少写两点。少写两点是由少写一点演变而来的。

唐代颜元孙《干禄字书》说："流流，上俗，下正。"②唐代张参《五经文字·厶部》说："流，作流讹。"③清代铁珊《增广字学举隅·正讹》说："流，流非。承作流。"④刘复《宋元以来俗字谱·水部》收录，例证引《岭南逸事》。

又写作"流"，只少写右边上边一点，如：

(1)《孙天秀同长男孙万祥等弟兄四人卖场卖死契》："水流（流）行道，依旧往来。"（《太行山文书》，康熙四十五年二月二十三日）⑤

(2)曹寅《密奏》："水流（流）宝城之外。"（康熙四十七年伍月贰拾伍日）

(3)《李桃周明仁古堰用水纠纷合约》："诚恐塞流（流）下堰之水。"（《道真契约文书》001-D014190，乾隆二十三年五月九日）⑥

---

① 从本件档案，我们能够发现，档案目录并无严格排序，只是遵照朝代为序，各朝代内的档案并未严格按照某种顺序进行排列，这对档案的使用和研究都带来了负面的影响。

② 中华汉语工具书书库编辑委员会：《中华汉语工具书书库》第十二册，合肥，安徽教育出版社，2002，第589页。

③ 中华汉语工具书书库编辑委员会：《中华汉语工具书书库》第十二册，合肥，安徽教育出版社，2002，第59页。

④ (清)铁珊《增广字学举隅》，清文渊阁四库全书本，卷二。中华汉语工具书书库编辑委员会：《中华汉语工具书书库》第十二册，合肥，安徽教育出版社，2002，第501页。

⑤ 康香阁主编：《太行山文书精萃》，北京，文物出版社，2017，第53页。

⑥ 汪文学编校：《道真契约文书汇编》，北京，中央编译出版社，2014，第6页。

（4）《为设立尸棺掩骼局事饬南部县》："尸 流（流）有浮沉之感。"（《南部档案》14-82-1，光绪二十四年十二月十九日）①

按："流"字这种俗写，唐代《新译华严经音义私记》也有，如"流 流：上正（经第八卷）"。《祖堂集》中也有该俗字，参张美兰《祖堂集校注》附《祖堂集俗字》。② 辽代僧人释行均《龙龛手镜》，高丽本载智光序："九 流（流）竞骛，若百谷之朝宗。"③ 由此可见民众并不严格区分汉字，对汉字之间的细微差异并不在乎，多一笔少一笔并不影响使用和阅读，因为还有上下文可以约束。

【凭】

（1）《仵作舒弟道赴左堂衙门习学失踪牒文》："无凭（凭）教习。"（《冕宁档案》，乾隆三年七月二十二日）

（2）《阙敏侯分家书》："今将产业等项凭（凭）阉坐拈。"（《石仓契约》第四辑第八册下茶铺·阙氏，乾隆四十年十一月二十九日）④

（3）《刘元瑞等掉换田地房屋林园基址文约》："恐口无凭（凭），立调约四张，各执为据。"（《龙泉驿文书》6-1-041，道光七年十一月二十八日）⑤

（4）《周陈氏母子向邹裘格借粮借字》："立出借字为凭（凭）。"（《道真契约文书》002-D003194，道光二十六年六月七日）⑥

（5）《为差役速唤刘兴杰具禀刘刚扬嫌贫唆女藏匿滋事案内人证候讯事》："以凭（凭）审讯。"（《南部档案》7-97-2，光绪元年六月二十一日）

按："凭"是"凭"的俗字，少写四点底，即"灬"。明代章黼《重订直音篇·几部》收录。由于减少部分不是整个字的偏旁，故归入笔画减少俗字，而不归入偏旁减少俗字。

又写成"憑"等，如：

（1）《宣统二年八月廿八日卓文浩为控制周高立等抗断不缴差玩不提事呈状附 1 副状》："契据何足憑（凭）。"（《龙泉司法档案选编》13527：39，

---

① 本件档案《清代南部县衙档案目录》（第 1554 页）误录为"光绪十四年"，漏写"二"字。
② 张美兰：《祖堂集校注》，北京，商务印书馆，2009，第 536 页。
③ （辽）释行均：《龙龛手镜》，高丽本，北京，中华书局，1985，第 2 页。
④ 曹树基、潘星辉、阙龙兴编：《石仓契约》第四辑第八册，杭州，浙江大学出版社，2015，第 7 页。
⑤ 胡开全主编：《成都龙泉驿百年契约文书》，成都，巴蜀书社，2012，第 418 页。
⑥ 汪文学编校：《道真契约文书汇编》，北京，中央编译出版社，2014，第 3 页。

宣统二年八月）①

（2）《陈尧徵杜出卖田地文契》："比日憑（凭）中众议，时值价银陆百壹拾两整，呈色玖柒，并原业主以及亲族人等画字一并包在价内。"（《龙泉驿文书》6-1-010，乾隆拾玖年七月十八日）②

按：南北朝梁代顾野王《玉篇·心部》收录，解释说："憑，皮明切，投托也。"③元朝李文仲《字鉴·蒸韵》："凭，皮冰切，依也。古作冯，俗作憑。"④已经明确把该字判断为俗字。明代梅膺祚《字汇·心部》："憑，与凭同。又楚人名满曰憑。《离骚》：'憑不厌乎求索。'"⑤《字汇》将其判断为异体字。明代张自烈《正字通·心部》："憑，俗凭字。"⑥《正字通》则将其判断为俗字。明代章黼《重订直音篇·心部》："憑，音平，依也，托也，厚也。凭，同上。"《重订直音篇》将"憑"判断为"凭"的异体字。由此可见，俗字和异体字的区分并非易事。

又写成"凴"，如：

《宣统元年十二月初九日谢汉定立退契抄件粘呈》："恐口难凴（凭），立退契为据。"（《龙泉司法档案选编》8583∶18，宣统元年十二月九日）⑦

按："凴"字，见辽代僧人释行均《龙龛手镜·几部》⑧、明代章黼《重订直音篇》卷七《几部》、今人冷玉龙等《中华字海·几部》⑨等。《龙龛手镜·几部》将其列为正字。

又写成"凭"，反映民众对笔画繁多的简化需要，如：

《姜服龙、姜合龙、姜四龙断卖山场杉木约》："恐口难凭（凭）。"（《清水江文书》1-1-2-038，道光十七年十二月二十日）

按："凭"字在该件文书中出现了两次，与其他写法相比，笔画简省，但无法通过字形来表义，而是通过上下文来表达意思。尽管如此，还是能够证明民众对文字简省的迫切需要，在不影响交际的前提下尽量简省笔画，以便快捷表达自己的意思。有意思的是，文书落款时间的"十

---

① 包伟民：《龙泉司法档案选编》第一辑《晚清时期》，北京，中华书局，2012，第444页。
② 胡开全主编：《成都龙泉驿百年契约文书》，成都，巴蜀书社，2012，第2页。
③ （宋）陈彭年等：《重修玉篇》，清文渊阁四库全书本，卷八。
④ （元）李文仲：《字鉴》，清文渊阁四库全书本，卷二《平声下》。
⑤ （明）梅膺祚：《字汇》，明代万历四十三年（1615）刻本，《卯集》第23页。
⑥ （明）张自烈：《正字通》，清代康熙十年（1671）刻本，《卯集上》第53页。
⑦ 包伟民：《龙泉司法档案选编》第一辑《晚清时期》，北京，中华书局，2012，第310页。
⑧ （辽）释行均：《龙龛手鉴》，四部丛刊续编景宋本，卷二第65页。（辽）释行均：《龙龛手镜》，高丽本，北京，中华书局，1985，第333页。
⑨ 冷玉龙等主编：《中华字海》，北京，中华书局、中国友谊出版公司，1994，第123页。

二月"的"十二"写成"卡",明显是"十"与"二"的合文字。

根据我们的翻阅和部分调查,"凭"字在清代手写文献的书写形式较多,几乎每朝都有,有变化,也有传承,具体如下表所示。

| 正字 | 俗字 | | | | | | | | | |
|---|---|---|---|---|---|---|---|---|---|---|
| | 顺治 | 康熙 | 雍正 | 乾隆 | 嘉庆 | 道光 | 咸丰 | 同治 | 光绪 | 宣统 |
| 凭 | 憑事 | 凭 | 凭凭 凭凭 | 憑凭 | | 憑凭 凭凭 凭 | 凭 | | 凭 | |

【梺】

(1)《孙天秀同长男孙万祥等弟兄四人卖场卖死契》:"梺(树)木大小根条在内。"(《太行山文书》,康熙四十五年二月二十三日)[1]

(2)《康熙四十五年僧人海山立典祖业契》:"今将自置祖业甜樱桃、香椿、杂果梺(树)株。"(《大觉寺文书》QW-040,康熙四十五年七月十五日)

(3)曹寅《密奏》:"臣已会同李煦公折陈请再江宁洪武陵冢上西北角梧桐梺(树)下陷(陷)蹋一窟。"(康熙肆十七年伍月贰拾伍日)

(4)《阙敏侯分家书》:"并及棕梺(树)、桃梺(树)、梨梺(树)。"(《石仓契约》第四辑第八册下茶铺·阙氏,乾隆四十年十一月二十九日)[2]

(5)《为具告蒲子琼等藉买田地旁搕霸伐行凶事》:"为此票仰该书前徃,查勘蒲仕元买业内柏梺(树)。"(《南部档案》14-58-1,光绪二十四年一月二十日)

(6)《为差役查勘韩尚玩具告韩仕炜等纠众砍伐毁霸情形并唤案内人等赴县候讯事》:"并伊住房及宅后私茔柏梺(树)。"(《南部档案》14-71-3,光绪二十四年七月十三日)

(7)《光绪二十六年二月廿一日李学韩领状》:"蒙恩讯结断令周强高、王发荣共赔缴梺(树)价洋四十元。"(《龙泉司法档案》17159:7,光绪二十六年二月二十一日)

按:"梺"是"树"的俗字,中间少写"十"字,一横一竖。整个字左边写"木",中间写"豆",右边写"寸",书写便利,构成新的形声字。中间"豆"表音,左边"木"和右边"寸"(手)表义。刘复《宋元以来俗字谱·木

---

部》收录，例证引《通俗小说》等。《中文大辞典·木部》："樹，树之俗字。"①将其判断为俗字。《汉语大字典·木部》："樹，同树。"②将其判断为异体字。启功《书法字汇》收录，例证引《南朝宋爨龙颜碑》《明沈藻三希堂法帖》。清代戴震《经雅》："麈，似鹿而大皮樹（树），似驴而斑文。"③

【哭】

（1）《为何杰一具禀吴泽昭搕索财物事》："哭（突）出张氏房族多人。"（《南部档案》13-975-1，光绪二十三年五月十三日）

（2）《为胆敢擅入门房探问案件笞责革退事》："哭（突）来一妇人。"（《南部档案》23-8-2，宣统元年九月十八日）

按："哭"是"突"的俗字，上面少写一点，"穴"字变成"宀"字加"八"字；下面也少写一点，"犬"字变成"大"字。清代县志也有使用，道光《南部县志》卷二十五《杂类志·余闻》："哭（突）起，脓溃如注。"④清代铁珊《增广字学举隅·正讹》收录类似俗字"突"，上面少写一点，下面仍然写成"犬"字。⑤

## 三、笔画位移俗字

笔画位移俗字是由于笔画移动位置而形成的俗字。它包括笔画位置上移俗字和笔画位置下移俗字两类。

**笔画位移俗字一览**

| 正字 | 俗字 | |
|---|---|---|
| | 笔画位置上移俗字 | 笔画位置下移俗字 |
| 辅 | | 輔 |
| 省 | | 省 |
| 玉 | 玉 | |
| 状 | | 状 |

### （一）笔画位置上移俗字

清代手写文献俗字中位置上移的不多，原因是笔画位置上移后，会

---

① 《中文大辞典》，台北，中国文化研究所，1968，第7351页。

② 《汉语大字典》第二版，成都，四川辞书出版社；武汉，崇文书局，2010，第1354页。

③ （清）戴震等：《小学稿本七种》上，北京，中华全国图书馆文献缩微复制中心，1997，第6页。

④ （清）王瑞庆、李澍修；徐畅达、李咸若纂：《南部县志》，清代道光二十九年（1849）刻本，卷二十五，第122页。

⑤ （清）铁珊：《增广字学举隅》，清文渊阁四库全书本，卷二。中华汉语工具书库编辑委员会：《中华汉语工具书库》第十二册，合肥，安徽教育出版社，2002，第514页。

导致毛笔书写不方便。

## 【玊】

（1）《为计开雷朝具告雷普越分图葬案内人证候讯事》："禀复：雷登云、李思育、熊**玊**（玉）祥。"（《南部档案》2-66-7，乾隆四十六年九月二十八日）

（2）《为邓鑫元具告罗玉俸换卖期银催讨不给事》："今有灶户罗**玊**（玉）俸期银一百两。"（《南部档案》23-256-2，宣统元年十二月四日）

（3）《为王蒲氏具告丈夫王洪模虐待侮辱事》："是王**玊**（玉）堂之妻蒲氏。"（《南部档案》23-236-1，宣统二年二月十八日）

按："玊"是"玉"的俗字。点的位置上移，与"王"的加点俗字形成同形字。清代顾蔼吉《隶辨》入声《烛韵》："**玊**，白石神君碑：'牺牲**玊**帛'，按：《玉篇》：'**玊**玉工也。'"又引"华山庙碑：'**玊**帛之赞。'"①清代邢澍《金石文字辨异·沃韵》："汉西岳华山庙碑：'**玊**帛之赞'。案：**玊**即玉。"②李建廷《楼兰残纸文书俗字研究》指出：汉代隶书《华山庙碑》、魏晋南北朝碑刻《元融墓志》、楼兰残纸文书均有此写法。③ 由此可见，这种写法历史悠久，并非清人自创，也不是书手随意乱写的。"**玊**"是"玉"的俗字，也是"王"字的加点俗字。同样的写法却代表不同的字，容易引起混淆，导致释读错误，这也是这种写法被淘汰的原因。《三国志·魏志·东平灵王徽传》："东平灵王徽，奉叔公朗陵哀侯玉后。"卢弼《集解》："玉，各本皆作'王'。官本《考证》云：王，一本作'玉'。"赵一清曰："'王'字衍。孙志祖曰：王，当作'玉'，朗陵哀侯名，传写误耳。"④"玉"本来写法与"王"字写法相似，"王"字三横一样长，距离平分，分别代表天地人，《说文解字》说："一贯三为王。"⑤"玉"字三横也一样长，但距离不平分，中间一横靠近上面一横，但是书写难以准确区别，于是，民众采取在"玉"字上增加一点的方法进行区别，现在位置固定在中下两横之间，是选择战国文字以来较多的写法，淘汰其他写法的结果。而至于为什么增加点画，怎么增加点画，在哪个位置增加点画，具有一定的随意性，后世选择之后，方才成为约定俗成，被民众确定下来，由使用者进行选择，而不是政府随意加以干涉，遵守文字发展的规律。

---

① （清）顾蔼吉：《隶辨》，北京，北京市中国书店，1982，第655页。
② （清）邢澍：《金石文字辨异》，上海，上海古籍出版社，1996，第805页。
③ 李建廷：《楼兰残纸文书俗字研究》，华东师范大学硕士学位论文，2008，第38页。
④ 卢弼：《三国志集解》，北京，中华书局，1982，第503页。
⑤ （东汉）许慎：《说文解字》，北京，中华书局，1963，第9页。

**（二）笔画位置下移俗字**

清代手写文献俗字中更多的是笔画位置下移的，位置下移，毛笔书写起来才方便，书写才能更加快捷。

**【輔】**

（1）《为具供民具告王兴贵私煮大麦酒事》："据王**輔**（辅）元、张元发全供。"（《南部档案》4-68-5，道光二十年五月十八日）

（2）《巴县承管九门房厢捕役册》："储奇党散乡约：董元**輔**（辅）。"（《巴县档案》，清朝晚期）

按："**輔**"是"辅"的俗字，点的位置下移。

**【狀】**

（1）《冯奇仁为卖明雕拐事》："告**狀**（状）人生冯奇仁为卖明雕拐事。"（《冕宁档案》2-33，雍正十二年三月六日）①

（2）《为领取失落搭连等事》："领**狀**（状）是实。"（《南部档案》2-62-7，乾隆五十四年八月二日）

按："**狀**"是"状"的俗字。右边点的位置不同，位置下移。

## 四、笔画改换俗字

笔画改换俗字是由于笔画改变而形成的俗字。如果改换笔画，就同样会形成俗字。它包括笔画穿通、笔画不出头、笔画变成另外笔画等情况。如《为密札查拿打教匪徒余化龙等以安民教事饬南部县》："据川东张道于四月十九日电称，初四日据巴县唐（唐）令禀初一盘获王春山，搜获余化龙名片。"（《南部档案》17-816-2，光绪三十二年五月十一日）"**唐**"字中间一竖没有穿通，写成"丑"字。

根据笔画改变多少，又可以分成改变一画俗字和改变两画以上俗字。下面根据笔画改变多少，列笔画改换俗字一览表。

---

① 李艳君：《从冕宁县档案看清代民事诉讼制度》，昆明，云南大学出版社，2009，第48页。

**笔画改换俗字一览**

| 正字 | 俗字 | | | | | |
|---|---|---|---|---|---|---|
| | 改换单笔俗字 | | | | | 改换复笔俗字 |
| | 改换一点 | 改换一横 | 改换一竖 | 改换一撇 | 改换一折 | |
| 典 | | 典 | | | | |
| 凡 | 凡 | | | | | |
| 范 | | | | | 范 | |
| 飞 | | | | 飛 | | |
| 告 | | | | 告 | | |
| 唤 | | | | | | 喚 |
| 会 | | | | | | 會 |
| 毁 | | | | | | 毀 |
| 稽 | | | | | | 稽 |
| 近 | | | 近 | | | |
| 久 | | | | | | 久 |
| 举 | | | | | | 舉 |
| 廉 | | | | | | 廉 |
| 蒙 | | | | | | 蒙 |
| 名 | 名 | | | | | |
| 片 | | | | | 片 | |
| 升 | | | | 升 | | |
| 廷 | | | 廷 | | | |
| 庭 | | | 庭 | | | |
| 徐 | | | 徐 | | | |
| 迅 | | | | | | 迅 |
| 允 | | | | | | 允 |
| 造 | | | 造 | | | |
| 占 | | 佔 | | | | |
| 正 | | 正 | | | | |
| 质 | | | | | | 質 |
| 支 | | | | 支 | | |

**(一)改变换一画俗字**

清代手写文献俗字中改换一画占据绝大多数,包括改换一点俗字、改换一横俗字、改换一竖俗字、改换一撇俗字和改换一折俗字等情况。

1. 改换一点俗字

正字中本来写作一点的,清代手写文献俗字多改换成一横,也有一点穿通的情况,以便书写。

**【凡】**

《为设立尸棺掩骼局事饬南部县》:"凡(凡)钱粮折色余平之人只知肥己。"(《南部档案》14-81-2,光绪二十四年十二月十九日)①

按:"凡"是"凡"的俗字,一点写成一横。明代章黼《重订直音篇·二部》、当代王梦鸥《汉简文字类编·几部》均收录。清代县志也有使用该俗字的用例,如道光《南部县志》卷二十五《杂类·余闻》:"凡(凡)逸诗别调,璂语谰言;弸中彪外之伦,弄月吟风之士,其为传记所未登,才艺所可取者,汇成一编,以备观览。"②也有反过来的,如"讯"字右边的"卂"一横变一点,写成"凡"。《宣统三年六月廿二日知县周琛为饬催吴荣昌等事票》:"本县传訊(讯)未到。"(《龙泉档案》1042:59-60)

**【名】**

(1)《君锡卖田契》:"将自己受分渔粮田贰亩伍分四止开合出笔绝卖与兄敷言名(名)下管业耕种。"(《湖北天门熊氏契约文书》1-001,康熙十年九月二十日)③

(2)《阙敏侯分家书》:"乾隆五拾四年正月十六日,面算父故除服,学信名(名)下用出铜钱拾叁仟文,其钱日后弟边有当出息归还学信兄边。"(《石仓契约》第四辑第八册下茶铺·阙氏,乾隆四十年十一月二十九日)④

(3)《为差唤雷朝具告雷普越分图葬案内证赴县候讯事》:"速唤雷普并票内后开有名(名)人证。"(《南部档案》2-66-5,乾隆四十六年九月二十八日)

---

① 本件档案《清代南部县衙档案目录》(第 1554 页)误录为"光绪十四年",漏写"二"字。

② (清)王瑞庆、李澍修;徐畅达、李咸若纂:《南部县志》,清代道光二十九年(1849)刻本,卷二十五第 1 页。

③ 张建明主编:《湖北天门熊氏契约文书》,武汉,湖北人民出版社,2014,第 3 页。图版序号为 6。

④ 曹树基、潘星辉、阙龙兴编:《石仓契约》第四辑第八册,杭州,浙江大学出版社,2015,第 12 页。

（4）《黄以安立杜断卖粮田赤契》："凭中出典与江**名**（名）下为业。"（《徽州文书》0010，嘉庆元年三月）①

（5）《彭泽胜等立断卖山场地土杉木约》："卖与姚玉坤弟兄**名**（名）下承买为业。"（《清水江文书》8-1-1-023，道光三年六月二十八日）

按："**名**"是"名"的俗字，一点穿通，差点就变成"各"字，一不小心，就可能误认为"各"字。石仓契约的整理者就将"名"录成"各"。从上下文来看，也应该是"名下"，而不是"各下"，因为付钱的只有一人，不能够说"各下"。

2. 改换一横俗字

清代手写文献俗字中书写一横时，不出头，还有的把一横写成一点或者一撇等。

【**典**】

（1）《高平县陈燕典当土地典地文字》："故立**典**（典）契文字为证。"（《太行山文书》，嘉庆九年十一月十六日）②

（2）《金振远立杜断典田约》："自情愿将修置**典**（典）首田壹处土名石坪，计租叁拾砠改作荳租柒砠拾觔正。"（《徽州文书》0016，道光七年三十二月）③

（3）《为奉札计发誊黄六道事饬巡检捕厅》："朕惟**典**（典）崇假庙晋承。"（《南部档案》5-166-1，咸丰三年九月二十二日）

（4）《凌嘉德立承佃山约》："秋粮三年内迭交租**典**（典）钱叁百文以十月内交清。"（《徽州文书》1227，咸丰四年十二月十八日）④

（5）《为设立尸棺掩骼局事饬南部县》："陆续**典**（典）当街房田业。"（《南部档案》14-82-1，光绪二十四年十二月十九日）

按："**典**"是"典"的俗字，一横不出头，捧书的手就不见了。"**典**"字，《说文》未见，《说文·丌部》收"典"字，说："五帝之书也，从册在丌上，尊阁之也。庄都说：'典，大册也。'"⑤唐代颜元孙《干禄字书》说：

① 刘伯山编著：《徽州文书》第一辑 2，桂林，广西师范大学出版社，2005，第 13 页。
② 康香阁主编：《太行山文书精萃》，北京，文物出版社，2017，第 66 页。
③ 刘伯山编著：《徽州文书》第一辑 2，桂林，广西师范大学出版社，2005，第 19 页。
④ 刘伯山编著：《徽州文书》第一辑 9，桂林，广西师范大学出版社，2005，第 22 页。
⑤ （东汉）许慎：《说文解字》，北京，中华书局，1963，第 99 页。

"典，上俗，下正。"①"典"字见秦公《碑别字新编》八画引《隋寇遵考墓志》和《干禄字书》上声。民国时期仍见使用，如易培基《三国志补注》："仅言二子没而不及典（典）韦死事。"②

【佔】

（1）《桂锦培卖明科田文契》："并无越佔（占）冒认等弊。"（《吉昌契约文书》sls-7，光绪十四年九月十八日）③

（2）《为周赞元具告马万盛等恃财横恶拆房毁地事》："甫断他把侵佔（占）碾磹地基还原。"（《南部档案》23-33-2，宣统元年六月九日）

按："佔"是"占"的俗字，右上角的一横写成一撇。

【正】

《为具告敬应堂等毁茔作地久粮不拨事》："更于今春暗纵伊子敬泽俊泽正（正）及伊佃户罗天基。"（《南部档案》14-85-1，光绪二十四年四月七日）

按："正"是"正"的俗字，把中间的一横写成一点。

3. 改换一竖俗字

清代手写文献俗字书写一竖时，常常把一竖改写成其他笔画，如竖折等，还有的把本未穿通的一竖写成穿通的一竖。

【近】

《为具诉谢大海素行不法藉搪唆诬事》："谢大海与武生近（近）邻亲谊。"（《南部档案》14-56-1，光绪二十四年九月七日）

按："近"是"近"的俗字，笔画有变化，由一竖变成竖折。

【徐】

《为计开在押李么娃等案内人等事》："原：王耀、王政、席明、徐（徐）吉，差：杜彪。"（《南部档案》23-237-1，宣统二年七月五日）

按："徐"是"徐"的俗字，右边的"余"字中间竖钩的一竖穿通"二"字出头，上面不变，写成"人"，中间变成"二"，下面变成"小"。"徐"字这种俗写，《祖堂集》中也有，参张美兰《祖堂集校注》附《祖堂集俗字》。④宋代丁度等《集韵·鱼韵》也收录，解释说："徐，祥余切，《说文》：'安

① 中华汉语工具书书库编辑委员会：《中华汉语工具书书库》第十二册，合肥，安徽教育出版社，2002，第590页。
② 易培基：《三国志补注》，台北，艺文印书馆，1955，第27页。
③ 孙兆霞等编：《吉昌契约文书汇编》，北京，社会科学文献出版社，2010，第45页。本文书为卖者亲笔书写，不是常见代书者依口代书或直接代书，并盖有官印税费等，属于红契。
④ 张美兰：《祖堂集校注》，北京，商务印书馆，2009，第544页。

行也。'"①明代章黼《重订直音篇·彳部》:"**徐**,祥于切,安行也。徐,同上。"清代顾蔼吉《隶辨·鱼韵》:"**徐**,韩勑两侧题名鲁**徐**伯贤。"②类似写法自古都有,唐代颜真卿《麻姑山仙坛记》:"经去十**徐**(余)季忽还,语家言:'七月七日王君当来。'"③"余"字右边"余"字的一竖也穿通。类似的"除""余"等字也这样写。

【**賓**】

《为邓鑫元具告罗玉倖换卖期银催讨不给事》:"暮白并未到堂**賓**(质)对。"(《南部档案》23-256-2,宣统元年十二月四日)

按:"**賓**"是"质"的俗字,"斤"字最后一竖写成竖折。

4. 改换一撇俗字

清代手写文献俗字把一撇改写成一点,但这种情况不是很多。

【**乘**】

(1)《为严催赶造光绪二十三年四季分监散兵响印结事饬南部县》:"**乘**(飞)速火速。"(《南部档案》14-27-1,光绪二十三年九月三日)

(2)《为严催赶造光绪二十三年四季分监散兵响印结事饬南部县》:"合巫**乘**(飞)催。"(《南部档案》14-27-3,光绪二十四年十二月十二日)

按:"**乘**"是"飞"的俗字。其中"升"的一撇改写成一点,这与"升"字俗写完全相同。明代郭一经《字学三正·体制上·俗书点画相等者》收录,说:"飞,俗作**乘**。"④当代沈富进《汇音宝鉴·规上平声》收录,说:"**乘**,飞翔、飞舞。"⑤

【**告**】

(1)《词稿簿之一》:"嫁祸、灭族**告**(告)上状、雪耻、报仇。"(《清水江文书》10-1-1-001,道光十三年七月□日)

(2)《为差役查勘韩尚玩具告韩仕炜等纠众砍伐毁霸情形并唤案内人等赴县候讯事》:"具**告**(告)韩仕炜等一案。"(《南部档案》14-71-3,光绪二十四年七月十三日)

按:"**告**"是"告"的俗字,一撇写法不同,写得如同撇折。清代顾蔼

① (宋)丁度等:《集韵》,述古堂影宋本,上海,上海古籍出版社,1985,第313页。
② (清)顾蔼吉:《隶辨》,北京,北京市中国书店,1982,第75页。
③ 《中国十大书法家集·颜真卿》,北京,北京工艺美术出版社,2006,第80~86页。
④ (明)郭一经:《字学三正》,清文渊阁四库全书本。
⑤ 沈富进:《汇音宝鉴》,文艺学社,1954。

吉《隶辨·偏旁》收录，解释说："吉，告，《说文》作嵒，从口，从牛。隶省如上。"①

## 【卅】

(1)《桂锦培卖明科田文契》："随田科米仓卅(升)共壹斗贰卅(升)捌合捌勺加增在内。"(《吉昌契约文书》sls-7，光绪十四年九月十八日)②

(2)《为夏冬班刑吏刘仕和接充已故刑吏事》："例应许三卅(升)顶补。"(《南部档案》14-1-5，光绪二十四年七月二十二日)

按："卅"是"升"的俗字，首笔一撇写成一点。清代铁珊《增广字学举隅·正讹》③、当代潘重规《敦煌俗字谱·十部》均收录。"卅"又是"斗"字的俗字。这种写法极容易与"斗"字混淆，导致误读，并不符合文字发展演变的方向和规律，后世规范汉字不采用也在情理之中。

该字又写作"朴"，一点加在末笔，首笔一撇未写。

《唐君佐卖田赤契》："载粮叁朴(升)二合式勺。"(《湖北天门熊氏契约文书》1-020，乾隆六十年四月十日)④

5. 改换一折俗字

清代手写文献俗字中改变一折为其他笔画，是改变笔画俗字中情况最复杂的。

## 【片】

《为捐资加添丰英碧山快役一名方免贻误文报事呈保宁府》："不准片(片)刻迟延。"(《南部档案》13-3-2，光绪二十二年二月五日)

按："片"是"片"的俗字，最后一笔发生变化，由横折变成横折弯钩。当代沈富进《汇音字鉴·坚上去声》："片，析开木片，又片段也。"

"片"字又写作俗字"片"，字形底部略有差异，变成一横加竖弯钩。如：

(1)《为新授潼川知府吴保龄等各赴新任事饬南部县》："此札计粘抄片(片)稿一纸等。"(《南部档案》18-9-1，光绪三十三年六月二十三日)

---

① (清)顾蔼吉：《隶辨》，北京，北京市中国书店，1982，第801页。

② 孙兆霞等编：《吉昌契约文书汇编》，北京，社会科学文献出版社，2010，第45页。

③ (清)铁珊：《增广字学举隅》，清文渊阁四库全书本，卷二。中华汉语工具书书库编辑委员会：《中华汉语工具书书库》第十二册，合肥，安徽教育出版社，2002，第500页。

④ 张建明主编：《湖北天门熊氏契约文书》，武汉，湖北人民出版社，2014，第12页。图版序号为12。

（2）《为护理总督部堂赵尔丰具奏新潼川知府吴保龄等各赴新任事饬南部县》："理合附**片**（片）具陈伏。"（《南部档案》18-9-2，光绪三十三年八月八日）①

按：方孝坤《徽州文书俗字研究》收录，指出清代徽州文书均有该俗字。②

【支】

（1）《李桃周明仁古堰用水纠纷合约》："再不得**支**（支）节心奢。"（《道真契约文书》001-D014190，乾隆二十三年五月九日）③

（2）《为移知正红旗蒙古都统巴□□病故应付护柩回京事饬南部县》："**支**（支）其近边。"（《南部档案》3-10-1，嘉庆二年八月十三日）

按："**支**"是"支"的俗字，很容易误当作"交"。该俗字上面类似"士"或者"六"，下面写成"×"字。方孝坤《徽州文书俗字研究》收录，指出清代徽州文书有该俗字。④

**（二）改换两画以上俗字**

清代手写文献俗字除了改换单笔之外，也有改换复笔的情况。其中，有改变两笔的，也有改变两画以上的。辽代僧人释行均《龙龛手镜·心部》："恢，今；怏，正，苦回反，大也。"⑤"恢"即"恢"字。金代韩孝彦《四声篇海·心部》："恢怏，二，苦回切。大也。"易培基《三国志补注》："'温恢'绍兴本作'温恢'。"⑥

【唤】

《为差唤雷朝具告雷普越分图葬案内证赴县候讯事》："合行差**唤**（唤）。"（《南部档案》2-66-5，乾隆四十六年九月二十八日）

按："**唤**"是"唤"的俗字，中间笔画发生了改变。原来的"八"字变成横折。

---

① 本档案《清代南部县衙档案目录》记载为"光绪三十三年六月九日保宁府衙抄奏"。档案记载是"光绪三十三年八月八日"。在这件吏房档案中，同样是"新"字，先后写作正字和俗字"**新**"。

② 方孝坤：《徽州文书俗字研究》，北京，人民出版社，2012，第186页。

③ 汪文学编校：《道真契约文书汇编》，北京，中央编译出版社，2014，第3页。汪书录文多一"即"字，当系"节"字下部"即"字的衍文。

④ 方孝坤：《徽州文书俗字研究》，北京，人民出版社，2012，第182页。

⑤ （辽）释行均：《龙龛手鉴》，四部丛刊续编影宋本，卷一第18页。（辽）释行均：《龙龛手镜》，高丽本，北京，中华书局，1985，第52页。

⑥ 易培基：《三国志补注》，台北，艺文印书馆，1955，《目录》第4页。

## 【會】

《为所属公文仍由剑州、苍溪等处添设腰站健步接递事饬南部县》："仍由该府将委员**會**（会）同各州县筹办情形分禀院司查核。"（《南部档案》13-5-1，光绪二十二年二月二十六日）

按："**會**"是"会"的俗字，中间的两点变成一横。上面是"人"字，中间写成"由"字，下面不变，仍然写成"日"，书写大大简化。元朝李文仲《字鉴·泰韵》："俗从由从日，作**會**，误。"①元代周伯琦《六书正讹·泰韵》同。② 明代焦竑《俗书刊误·队韵》："俗作**會**，非。"③明代郭一经《字学三正·体制上·俗书简画者》："会，俗作**會**。"④均将"**會**"判断为俗字。明代梅膺祚《字汇》、明代张自烈《正字通》在"会"字下均解释说："俗从**冒**，误。"⑤明代章黼《重订直音篇·人部》收录，判断为俗字。清代顾蔼吉《隶辨·泰韵》："**會**，孔宙碑：'**會**鹿鸣于乐崩。'"⑥清代铁珊《增广字学举隅·正讹》也收录⑦。

## 【稽】

《为严催赶造光绪二十三年四季分监散兵饷印结事饬南部县》："致**稽**（稽）通案。"（《南部档案》14-27-1，光绪二十三年九月三日）

按："**稽**"是"稽"的俗字，"匕"笔画写法不同，写成了"上"字，与常见的"旨"字俗写如出一辙。明代焦竑《俗书刊误·齐韵》："**稽**，从禾，不从末，俗作**稽**，非。"⑧明代郭一经《字学三正·体制上·俗书简画者》："**稽**，俗作**稽**。"⑨明代张自烈《正字通·禾部》、《中文大辞典·禾部》收录类似俗字，变左右结构为上下结构，将"旨"字写在下面。

① （元）李文仲：《字鉴》，清文渊阁四库全书本，卷四《去声》。
② （元）周伯琦编注、（明）胡正言订篆：《六书正讹》，古香阁藏版，元至正十一年（1351），卷四第 17 页。
③ （明）焦竑：《俗书刊误》，清文渊阁四库全书本。
④ （明）郭一经：《字学三正》，清文渊阁四库全书本。
⑤ （明）梅膺祚：《字汇》，明代万历四十三年（1615）刻本，《辰集》第 16 页。（明）张自烈：《正字通》，清代康熙十年（1671）刻本，《辰集上》第 36～37 页。
⑥ （清）顾蔼吉：《隶辨》，北京，北京市中国书店，1982，第 543 页。
⑦ （清）铁珊《增广字学举隅》，清文渊阁四库全书本，卷二。中华汉语工具书书库编辑委员会：《中华汉语工具书书库》第十二册，合肥，安徽教育出版社，2002，第 508 页。
⑧ （明）焦竑：《俗书刊误》，清文渊阁四库全书本。
⑨ （明）郭一经：《字学三正》，清文渊阁四库全书本。

**【舉】**

《为南部县城议事会议事》："舉（举）手认可。"（《南部档案》23-247-1，宣统三年一月二十日）

按："舉"是"举"的俗字，上面写法不同，似少写一横；下面多写一撇，与前面讲到的"俸"字俗写类似。宋代丁度等《集韵·御韵》："举，称引也，礼其任舉有如此者。"①刘复《宋元以来俗字谱·臼部》收录类似俗字，例证引《太平乐府》。

**【㢘】**

《为通饬所有随从仆役介准收受门包及规礼事饬南部县》："以期同励㢘（廉）隅。"（《南部档案》18-8-1，光绪三十三年七月七日）

按："㢘"是"廉"的俗字，字形有点变形，上面漏写一点一横，下面写成"灬"。"廉"字这种俗写，《祖堂集》中也有，参张美兰《祖堂集校注》附《祖堂集俗字》。② 宋代娄机《汉隶字源·盐韵》收录，例证引《益州太守高颐阙二》。"㢘"字当由"廉"演变而来。"廉"字，清代顾蔼吉《隶辨·盐韵》收录，说："孙叔敖碑：'廉吏而可为而不可为。'"③马向欣《六朝别字记新编·吊比干文》《中华字海·广部》④均收录。

## 第二节　偏旁变化俗字

汉字独体字并无偏旁可言，合体字多为形声字，分偏旁，多左偏右旁，包括形旁和声旁，都是构件。偏旁与部首并不一样，部首是字典术语，是"一部之首"之简称，用于统帅一部，与偏旁中的形旁接近。部件也与偏旁不同，强调汉字的构成部分。部件不一定是偏旁。偏旁变化俗字包括四类：偏旁增加俗字、偏旁减少俗字、偏旁位移俗字和偏旁改换俗字。

---

① （宋）丁度等：《集韵》，述古堂影宋本，上海，上海古籍出版社，1985，第328页。
② 张美兰：《祖堂集校注》，北京，商务印书馆，2009，第536页。
③ （清）顾蔼吉：《隶辨》，北京，北京市中国书店，1982，第315页。
④ 冷玉龙等主编：《中华字海》，北京，中华书局、中国友谊出版公司，1994，第525页。

**偏旁变化俗字一览**

| 与正字的差异 | 俗字 | | | |
| --- | --- | --- | --- | --- |
| | 偏旁增加俗字 | 偏旁减少俗字 | 偏旁位移俗字 | 偏旁改换俗字 |
| 增加形旁 | 〔手写俗字〕 | | | |
| 减少形旁 | | 〔手写俗字〕 | | |
| 改换形旁 | | | | 〔手写俗字〕 |
| 改换声旁 | | | | 〔手写俗字〕 |
| 形旁位移 | | | 〔手写俗字〕 | |
| 声旁位移 | | | 〔手写俗字〕 | |

## 一、偏旁增加俗字

　　偏旁增加俗字是增加声旁或形旁而产生的俗字。这样做，可以通过增加偏旁而突出表意或者突出表音。为正字累增偏旁往往是为了加强字形的表义特征，所增偏旁都具有鲜明的意义资讯，从而增强了文字区别字义的性能，弥补了汉字字形的意义资讯淡化的缺陷。但也有纯属简单繁化的情况，并不符合文字改革的方向。

　　清代手写文献多见增加形旁的俗字，如"串"写成俗字"鉮"，"果"写成俗字"菒"，我们尚未见到增加声旁的俗字。似乎，我们可以这样认为，增加形旁是清代俗字产生的主要途径之一。民众根据字义增加形旁，使其表义更准确，提高文字的区别性，帮助交流思想。虽然这些字大多数本来不需要增加形旁，但是人们为了增加区别性而添加形旁，或者为了保持文字的平衡和美观而添加形旁。其中的小部分被后世接受。由此可见，形声字的形旁处于次要地位，声旁处于核心地位，决定字的读音和意义，用不用形旁，用什么形旁影响并不大。

## 【箸】

《为计开李严氏具告李朝彦等乘揩毁伐案内人等候讯事》："挖毁买明业内红苕十余箸（背）。"（《南部档案》14-75-6，光绪二十四年十一月十七日）

按："箸"是"背"的俗字，属于加旁俗字，增加了新的形旁，因为背篼用竹子编成，民众增加竹字头使其表义准确。原有形旁"肉"由于隶变后写成"月"，表义不明显，导致该俗字增加新的形旁，造成床上迭床、屋上架屋的现象。原有声旁"北"变成"背"，表音更准确。清代传世文献也有使用该俗字，周志锋《明清小说俗字俗语研究》："清刘省三《跻春台·贞集·香莲配》：'（香远）于是把乞婆的沙锅、箸篼一并背回，对母说明。'（1084 页）下文：'其人答曰："我是远方来的，妈得重病，我去捡药，转来就不见了。若被虎吃，又无血迹，连箸篼也不见，老妈妈可曾看见么？"'（1085 页）按：'箸篼'即'背篼'。'背'字涉'篼'字类化而增竹字头。"①

## 【鉘】

（1）《戴亨荣立字亲收文约》："今来收到李树山名下押租铜钱伍拾鉘（串）整。"（《龙泉驿文书》6-1-148，乾隆五十年十一月十日）②

（2）《刘开相出当房屋田地与龚仕友当约》："彼即凭中面议当价铜钱捌鉘鉘文整。"（《道真契约文书》005-D003189，道光十一年□月七日）③

按："鉘"是"串"的俗字，属于加旁俗字，增加了新的形旁，因为铜钱用串计算，受到铜钱的影响，民众增加金字旁使其表义准确。实际上，"鉘"也是"鑛"的俗字。《龙龛手镜·金部》："鍨、鉘，二俗。鑛，正，古猛反。金银铜鐵璞也。"④《汉语大字典》："鉘，同'鑛'。《龙龛手鑑·金部》：'鉘'，'鑛'的俗字。"⑤正因为如此，汪书才注释说："'鉘'，疑作'仟'。"实际上，该字是"串"的加旁俗字。

①　周志锋：《明清小说俗字俗语研究》，北京，中国社会科学出版社，2006，第 38 页。
②　胡开全主编：《成都龙泉驿百年契约文书》，成都，巴蜀书社，2012，第 315 页。"鉘"字直接录入为正字"串"字。
③　汪文学编校：《道真契约文书汇编》，北京，中央编译出版社，2014，第 10 页。
④　（辽）释行均：《龙龛手鉴》，四部丛刊续编景宋本，卷一第 6 页。（辽）释行均：《龙龛手镜》，高丽本，北京，中华书局，1985，第 14 页。
⑤　《汉语大字典》第二版，成都，四川辞书出版社；武汉，崇文书局，2010，第 4531 页。

【菓】

(1)《康熙七年僧人佛果立复卖园地契》:"立复卖园地僧人佛果,有自置杂菓(果)园壹段八亩。"(《大觉寺文书》QW-037,康熙七年三月二日)

(2)《刘氏等杜卖田地、林园、竹木、基址文约》:"浮沉砖石、梁树楼枕、窗格门板、门柱门脚、山林竹木、花菓(果)草山旱土。"(《龙泉驿文书》6-1-012,乾隆五十年十一月十日)①

(3)《易顺昌等卖水田房屋林园基址树竹花果灌县契格》:"杂树花菓(果)竹草寸丝不提。"(《都江堰档案》1-5,光绪二十五年十二月二十五日)②

按:"菓"是"果"的俗字,属于加旁俗字,增加了新的形旁"艹",表义准确。《广韵》:古火切,同"果"。③ 意思是果实。《汉书·叔孙通传》:"古者有春尝菓。"④北周庾信《咏画屏风》之二一:"春杯犹杂泛,细菓尚连枝。"⑤这种情况与"园"字增加形旁"艹"变成"蔄"字十分类似。清代手写文献多见,如:

(1)《刘氏等杜卖田地、林园、竹木、基址文约》:"立杜卖田地、林蔄(园)、竹木、基址文约人刘氏、同侄刘嘉禄、男嘉耀。"(《龙泉驿文书》6-1-012,乾隆五十年十一月十日)⑥

(2)《刘元瑞等掉换田地房屋林园基址文约》:"立调换田地房屋林蔄(园)基址文约人刘元瑞、元广、元辅、元常。"(《龙泉驿文书》6-1-041,道光七年十一月二十八日)⑦

(3)《董任端等买卖土地文约》:"沟内沟外林蔄(园)竹木。"(《都江堰档案》1-4,同治十二年七月二日)⑧

按:这种增加形旁不改变字义的情况,在佛经音义中也多见。郑贤章就指出"韭""恶""奠""敷"等字增加草头意思不变的情况,可以参阅⑨。

---

① 胡开全主编:《成都龙泉驿百年契约文书》,成都,巴蜀书社,2012,第8页。"楼"字误录入为"楼"字,二字形近导致讹误。后面的《李氏杜卖田地文契》就录成"楼枕",不误。

② 《都江堰:百年档案记忆》编委会编:《都江堰:百年档案记忆》,北京,中国档案出版社,2010,第21页。

③ (宋)陈彭年等:《宋本广韵》,北京,中国书店,1982,第305页。

④ (汉)班固:《汉书》,北京,中华书局,1962,第2131页。

⑤ (南北朝)庾信撰:《庾子山集》,四部丛刊景明屠隆本,卷五第11页。

⑥ 胡开全主编:《成都龙泉驿百年契约文书》,成都,巴蜀书社,2012,第8页。

⑦ 胡开全主编:《成都龙泉驿百年契约文书》,成都,巴蜀书社,2012,第418页。

⑧ 《都江堰:百年档案记忆》编委会编:《都江堰:百年档案记忆》,北京,中国档案出版社,2010,第21页。

⑨ 郑贤章:《〈新集藏经音义随函录〉研究》,长沙,湖南师范大学出版社,2007,第362~365页。

## 【晰】

《为申复在籍候选教职官人员分别有无事故俗造清册事呈藩宪》："分晰（析）造具清册。"（《南部档案》20-4-1，宣统元年一月二十六日）

按："晰"是"析"的加旁俗字，即"晰"字，当然该字也可能是误加旁。由于原有形旁"斤"表义已经不明显，所以增加"日"作为形旁，声旁用"析"，表音更准确。增加形旁"日"写法接近"耳"字。

### 二、偏旁减少俗字

偏旁减少俗字是减少声旁或形旁而产生的俗字。清代手写文献多见省略形旁的，能够省略说明形旁的作用并不大，不影响民众思想的交流。只要不造成与另外的汉字同形，引起混淆，这种造字方式还是可以接受的。但是如果省略形旁后造成与其他汉字同形，导致误解，就不可取了，后世往往加以淘汰。张涌泉《俗字里的学问》说："增加构件主要是为了明确字义，省略构件则是为了方便书写。"①

## 【刍】

《为奉旨查明阵亡伤亡病故员弁兵丁等核明照章恤赏银两并恳附祀四川省昭宗祠事饬南部县衙》："**刍**（饬）有筹饷局司道枝核明。"（《南部档案》14-30-1，光绪二十四年闰三月二十日）

按："**刍**"是"饬"的俗字，减少了形旁"食"。清代同时期的传世文献也有使用该俗字的情况，周志锋《明清小说俗字俗语研究》指出："清无名氏《万年清奇才新传》第二十三回：'卿可**刍**令地方官建立烈女祠，四时祭祀，以慰贞魂。'（732 页）下文：'他见了朕的圣旨，自然**刍**尔赴任。'（734页）按：'**刍**'即'饬'（饬）之省旁俗字。"②"饬"字南部档案中还写作"**劦**"，右上角写成"又"，不写"亇"。无独有偶，浙江龙泉司法档案中的清代档案中也有同样的写法，如《宣统二年八月廿八日卓文浩为控制周高立等抗断不缴差玩不提事呈状附 1 副状》："于六七两月，呈催**劦**（饬）提押追。"（《龙泉司法档案选编》13527：39，宣统二年八月）③方孝坤《徽州文书俗字研究》也收录，指出清代徽州文书有该俗字。④

---

①　张涌泉：《俗字里的学问》，北京，语文出版社，2000，第 22 页。
②　周志锋：《明清小说俗字俗语研究》，北京，中国社会科学出版社，2006，第 9 页。
③　包伟民：《龙泉司法档案选编》第一辑《晚清时期》，北京，中华书局，2012，第 444 页。
④　方孝坤：《徽州文书俗字研究》，北京，人民出版社，2012，第 233 页。

## 三、偏旁位移俗字

清代手写文献俗字有不少仅仅是偏旁发生位移，造成无法理解。这种俗字也属于异体字。如"桃"字本是左右结构，但俗字往往写成上下结构。"節"字本是上下结构，但俗字往往写成左右结构，变成"鄣"。类似的还有"案"写成"桉"，方孝坤《徽州文书俗字研究》收录，指出清代徽州文书有该俗字。①

### （一）形旁位移俗字
【黜】

(1)《为杨茂林顶补户房典吏张文明事》："至吴光清卷查系奉大宪革黜（黜）拟徒之犯。"（《南部档案》12-371-2，光绪二十一年九月十九日）

(2)《为胆敢擅入门房探问案件笞责革退事》："将其责惩革黜（黜）。"（《南部档案》23-8-2，宣统元年九月十八日）

按："黜"是"黜"的俗字，结构发生变化，从左右结构改变成上下结构。南北朝梁代顾野王《玉篇·黑部》②、《广韵·术韵》③、宋代丁度等《集韵·术韵》④均收录该俗字。明代章黼《重订直音篇·黑部》："黜，音出，贬斥。黜，同上。"明代焦竑《俗书刊误·质韵》："黜，俗作黜，非。"⑤

【蒲】

(1)《涉县玉二里三甲满市口第一户张万才里甲页》："涉县玉二里三甲蒲（满）市口第一户张万才年三十五岁。"（《太行山文书》，嘉庆二十年七月七日）⑥

(2)《为申报设济善堂延医施诊济药并设义地尸棺掩骼事呈保宁府》："去年因县中义地均已葬蒲（满）。"（《南部档案》14-82-2，光绪二十四年一月二十九日）

按："蒲"是"满"的俗字，结构发生变化，左右结构写成上下结构，与"蒲"字相似，容易误认。太行山文书里的"玉"字似当作"五"，两字草写形近，究竟何字，存疑待考。

①　方孝坤：《徽州文书俗字研究》，北京，人民出版社，2012，第219页。
②　(宋)陈彭年等：《重修玉篇》，清文渊阁四库全书本，卷二十一。
③　(宋)陈彭年等：《宋本广韵》，北京，中国书店，1982，第474页。
④　(宋)丁度等：《集韵》，述古堂影宋本，上海，上海古籍出版社，1985，第471页。
⑤　(明)焦竑：《俗书刊误》，清文渊阁四库全书本。
⑥　康香阁主编：《太行山文书精萃》，北京，文物出版社，2017，第103页。

### (二)声旁位移俗字

### 【黕】

《为恳准质讯方正干具告徐应荣等纠拈凶毁事》:"民等合族均难缄**黕**(默)。"(《南部档案》14-66-11,光绪二十四年闰三月一日)

按:"黕"是"默"的俗字,结构发生变化,从左右结构改变成上下结构。宋代娄机《汉隶字源·德韵》收录"黕"。宋代王洙、司马光《类篇·犬部》:"黕,密北切,《说文》犬暂逐人也。"①明代焦竑《俗书刊误·陌韵》:"默,俗作**黕**,非。"②清代县志也有使用该俗字,如道光《南部县志》卷二十二《人物志·方技》:"远近有疾疢者,呼其名,**黕**(默)视即愈。"③民国时期抄写仍然这样写,沿用不断,如 1946 年印刷的《李氏宗谱首卷首集》:"岂意海禁开放以还,西方蔑视家庭之个人主义,逐渐东侵,导致以礼教道德为中心之家族制度,几随时势之潮流,潜移而**黕**(默)化焉,流风善政至此湮灭,斯不亦大可惜哉。"④该字出现在民间手抄的家谱族谱中,当是代代相传。

### 四、偏旁改换俗字

偏旁改换俗字即换旁俗字,是由于改变声旁或形旁而产生的俗字。⑤在传统"六书"理论中,会意字由两个或两个以上的意符组成,形声字由形旁和声旁构成。清代手写文献俗字的一部分就是通过改换正字中的形旁或声旁而形成的。位移是古代汉字不规范的一种表现,从最初的甲骨文、金文、铭文,到明清时期的坊刻图书,都存在位移俗字。与拼音文字的单向序列拼合不同,汉字结构模式有多种选择。同样的偏旁而选择了不同的结构模式,也是俗字形成的途径之一。

换旁俗字是换用另外的形旁、声旁或组字成分来表达原词(或语素)的读音、义类或意义成分的。清代手写文献中即出现有从心的协字。明代何良俊《四友斋丛说》卷三十六:"《说文》凡心之属皆从心,独博与协字从十。今世人写博、协皆从心,是不知六书之故也。"⑥五代丘光庭《兼明书》卷五:"协,《字样》从十。明曰:协字训和宜从心也,且协音嫌牒反。

① (宋)司马光:《类篇》,清文渊阁四库全书本,卷二十七。
② (明)焦竑:《俗书刊误》,清文渊阁四库全书本。
③ (清)王瑞庆、李澍修;徐畅达、李咸若纂:《南部县志》,清代道光二十九年(1849)刻本,卷二十二第 2 页。
④ 《李氏宗谱首卷首集》,民间李家族谱抄本,1946。
⑤ 参黄征:《敦煌俗字典·前言》,上海,上海教育出版社,2005,第 25 页。
⑥ (明)何良俊:《四友斋丛说》,北京,中华书局,1959,第 335 页。

心边著劦，与口边著十，皆是谐声，何得协字更从十乎？"①张涌泉《汉语俗字研究》引五代丘光庭作宋邱光庭。②

这类俗字之所以会将汉字的甲偏旁写成了乙偏旁，是因为原初汉字是以形义统一为其主要制符原则的，随着形声字的增长，表义或表音是声旁的基本功能。但隶变后的汉字偏旁是看不出"随体诘诎"的写实曲线的，人们在学习、使用汉字时，常会按照个人的理解和习惯改造正字，汉字的许多偏旁于是似是而非，张冠李戴。

整字改换俗字都是将正字的甲偏旁写作乙偏旁，但并不是按照义类或声类作部件调整，只是外形相近的部件混用，使整字变得不可分析。

黄征指出，换旁俗字包括换旁简化俗字和换旁繁化俗字。换旁简化俗字是由于改变声旁或形旁而产生的笔画减少了的俗字。③ 换旁繁化俗字是由于改变声旁或形旁同时使声旁或形旁变得更加繁化的俗字。增加字形的繁度有时被用来作为提高表意能度的手段。

换旁俗字分成改换形旁俗字和改换声旁俗字两类。

### (一)改换形旁俗字

改换形旁俗字是改变形旁的俗字。改变形旁在清代手写文献中多见，多是形近而改变。由于形体相近，俗字往往换用，不加区别。例如，"阝"与"卩"，"礻"与"衤"，"禾"与"木"，"木"与"扌"，"忄"与"十"，"忄"与"巾"，"忄"与"讠"，"忄"与"女"，"亻"与"彳"，"牜"与"爿"，"穴"与"宀"，"心"与"灬"，"艹"与"竹"等。

"徿"为"胤"的俗字。《四声篇海·彳部》："徿，羊刃切，继也。"《汉语大字典》："徿，同胤。《改并四声篇海·彳部》引《川篇》：'徿，继也。'按：《尔雅·释诂》作'胤，继也。'"④按"胤"字俗字写作"徿"者，是因为"徿"与"胤"形近，"亻""彳"相混。凡从"亻"旁者，多演变为"彳"，则"胤"变作"徿"。

## 【部】

《为咨送遣撤第五起军功乡勇到籍妥为安排事饬南部县》："遣撤南**部**(部)县乡勇一名。"(《南部档案》3-34-1，嘉庆十年三月四日)

按："**部**"是"部"的俗字，右边写单耳刀，不写双耳刀。说明俗写两

---

① (五代)丘光庭：《兼明书》，四库全书本，卷五第86页。

② 张涌泉：《汉语俗字研究》，北京，商务印书馆，2010，第54页。

③ 黄征：《敦煌俗字典·前言》，上海，上海教育出版社，2005，第23页。

④ 《汉语大字典》第二版，成都，四川辞书出版社；武汉，崇文书局，2010，第893页。

个形旁区别不大。清代县志也有使用该俗字，道光《南部县志》卷二十三《人物志·流寓》："裴迪为南部(部)令，工诗。"①类似的本件档案中出现的"卿"字也是这样，它是"乡"的俗字，双耳刀也写成单耳刀，说明两者在民间区别不大。

【䇶】

(1)《为差役查勘韩尚玩具告韩仕炜等纠众砍伐毁霸情形并唤案内人等赴县候讯事》："为此票仰该书前往，查勘韩尚玩业内䇶(慈)竹。"(《南部档案》14-71-3，光绪二十四年七月十三日)

(2)《为韩尚玩具告韩仕炜等纠众砍伐毁霸事》："他又把䇶(慈)竹出卖。"(《南部档案》14-71-8，光绪二十四年八月二十五日)

(3)《为计开李严氏具告李朝彦等乘搕毁伐案内人等候讯事》："并伐䇶(慈)竹数百根以及树株柴薪殆尽。"(《南部档案》14-75-6，光绪二十四年十一月十七日)

按："䇶"是"慈"的俗字，下面的形旁换旁，把心字底换成竹字头，写在上面，位置也发生变化。因为慈竹与竹子有关，不与心有关。这样，既便于记忆，又便于书写。

【茅】

《四川提督郑文焕关于在灌县白沙添兵严加稽查的奏折》："茅(第)自威州而下汶川县对山，是为瓦寺住牧之地。"(《都江堰档案》0-1，乾隆五年闰六月二十二日)②

按："茅"是"第"的俗字，形旁"⺮"变成"艹"，两个形旁俗写的写法相近。

【磙】

《张宗仁杜卖田地文契》："礌石轮、磙(滚)碾杆、压石俱全。"(《龙泉驿文书》6-1-117，嘉庆十二年二月十九日)③

按："磙"是"滚"的换旁俗字，受到下字"碾"的影响而类化，改变形旁"水"为"石"。

---

① (清)王瑞庆、李澍修；徐畅达、李咸若纂：《南部县志》，清代道光二十九年(1849)刻本，卷二十三第2页。

② 《都江堰：百年档案记忆》编委会编：《都江堰：百年档案记忆》，北京，中国档案出版社，2010，第13页。

③ 胡开全主编：《成都龙泉驿百年契约文书》，成都，巴蜀书社，2012，第20页。下文"砝码"原卷写成"法码"也与之相似。

【迪】

《为马荣具告万德安等私吞钱文估牵牛只事》："因他们该欠张迪（迪）德银四元。"（《南部档案》23-29-2，宣统元年一月十三日）

按："迪"是"迪"的俗字，原有形旁走之底变成了建字底，还不如原有形旁简单。清代毕沅《经典文字辨证书·辵部》："迪，正；迪俗。"清代铁珊《增广字学举隅·正伪》："迪，迪非。音狄，进也，至也，启迪开导也。"①《汉语大字典·辵部》也收录。

【祭】

（1）《为刊刻刷印大清通礼各属应担工本银事饬南部县》："本朝会典持冠婚丧祭（祭）一切仪制斟酌损益。"（《南部档案》4-206-4，道光元年八月九日）

（2）《何沛珍等借空地安葬父母文约》："只得祭（祭）扫。"（《龙泉驿文书》6-1-095，道光二十九年十一月八日）②

按："祭"是"祭"的俗字，下面当是声旁，没有变化；上面当是形旁，写法发生改变，与原字写法不同。"祭"本来从"肉"从"又"从"示"，属于会意字。我们怀疑该俗字可能是受到"登"字头影响。唐代颜元孙《干禄字书》："祭俗，祭正。"③明代郭一经《字学三正·体制上·俗书简画者》："祭，俗作祭。"④明代梅膺祚《字汇·示部》"祭"字下解释说："从肉从又，右手也。俗从祭，非。"⑤明代张自烈《正字通·示部》："毛氏曰：当从祭，俗从祭，非。"⑥明代焦竑《俗书刊误·霁韵》："祭，手捧肉以献神也，作祭，非。"⑦均将其判断为俗字。唐代张参《五经文字·示部》："祭，从月，从又，作祭，讹。"⑧元朝李文仲《字鉴》引《五经文字》同，均将其判断为讹误字。⑨ 刘复《宋元以来俗字谱·示部》收录，例证引《通俗小说》《古今杂剧》《岭南逸事》。辽代僧人释行均《龙龛手镜》、金代韩孝彦

---

① （清）铁珊：《增广字学举隅》，清文渊阁四库全书本，卷二。中华汉语工具书书库编辑委员会：《中华汉语工具书书库》第十二册，合肥，安徽教育出版社，2002，第516页。

② 胡开全主编：《成都龙泉驿百年契约文书》，成都，巴蜀书社，2012，第232页。

③ 中华汉语工具书书库编辑委员会：《中华汉语工具书书库》第十二册，合肥，安徽教育出版社，2002，第590页。

④ （明）郭一经：《字学三正》，清文渊阁四库全书本。

⑤ （明）梅膺祚：《字汇》，明代万历四十三年(1615)刻本，《午集》第86页。

⑥ （明）张自烈：《正字通》，清代康熙十年(1671)刻本，《午集下》第86页。

⑦ （明）焦竑：《俗书刊误》，清文渊阁四库全书本。

⑧ 中华汉语工具书书库编辑委员会：《中华汉语工具书书库》第十二册，合肥，安徽教育出版社，2002，第41页。

⑨ （元）李文仲：《字鉴》，清文渊阁四库全书本，卷四《去声》。

《四声篇海》、当代潘重规《敦煌俗字谱》也收录。

## 【煎】

《为邓鑫元具告罗玉俸换卖期银催讨不给事》："玉俸将井出佃李暮白煎(煎)烧。"(《南部档案》23-256-2，宣统元年十二月四日)

按："煎"是"煎"的俗字，把四点底写成"火"。实际上，四点底又称四点火，本来就是由"火"字变化而来。

当代潘重规《敦煌俗字谱·火部》收录"煎"，《佛教难字字典·火部》均判断"煎"是"煎"的俗字。金代韩孝彦《四声篇海·火部》收录，解释说："煎、煎，子连切，火干也，火去汁也。"明代章黼《重订直音篇·火部》："煎，音笺，熬煎；煎，同上。"均判断煎、煎是异体字。"煎"字这种俗写，《祖堂集》中也有，参张美兰《祖堂集校注》附《祖堂集俗字》。① 方孝坤《徽州文书俗字研究》收录，指出清代徽州文书有该俗字。② 清代县志也有使用，道光《南部县志》卷二十五《杂类志·余闻》："煎(煎)茶频汲井，赌酒复开樽。"③

## 【楷】

《为续修会典查明古昔陵寝先贤祠墓事饬南部县》："永作楷(楷)模。"(《南部档案》7-104-1，同治十三年十一月二十九日)

按："楷"是"楷"的俗字，左边"木"写成"禾"，两者多混淆。敦煌文献、陕西神德寺塔出土文献、碑刻文献等多见两旁混用的情况。

## 【看】

《为查勘田程氏具告王定一等霸伐串搕情形并唤案内人等赴县候讯事》："不依监生们拢彼看(看)明不虚。"(《南部档案》14-70-3，光绪二十四年六月二十五日)

按："看"是"看"的俗字，形旁发生变化，由"手"变成"⺈"，字形发生变化，意思并不发生任何变化。唐代颜元孙《干禄字书》："看看，上俗下正。"④元代周伯琦《六书正讹·寒韵》："看，晞也。从手翳目而望

---

① 张美兰：《祖堂集校注》，北京，商务印书馆，2009，第534页。
② 方孝坤：《徽州文书俗字研究》，北京，人民出版社，2012，第248页。
③ (清)王瑞庆、李澍修；徐畅达、李咸若纂：《南部县志》，清代道光二十九年(1849)刻本，卷二十五第27页。
④ 中华汉语工具书书库编辑委员会：《中华汉语工具书书库》第十二册，合肥，安徽教育出版社，2002，第588页。

也，会意，又云声，俗作肴，非。"①明代焦竑《俗书刊误·寒韵》："看，从手从目，俗作肴，非。"②明代梅膺祚《字汇·目部》："《说文》从手下目，徐氏曰：以手翳目而望也。俗作肴，非。"③明代张自烈《正字通·目部》："《说文》从手下目，徐曰：以手翳目而望也。……俗作肴，并非。"④当代潘重规《敦煌俗字谱·目部》也收录，均将其判断为俗字。方孝坤《徽州文书俗字研究》收录，指出民国徽州文书有该俗字。⑤唐代玄度《新加九经字样·目部》："看，晞也。凡物见不审则手遮日（笔者按：当是目字形误）看之，故从手下目，作肴者，讹。"清代铁珊《增广字学举隅·正讹》："看，肴非。"⑥将其判断为讹误字。当代沈富进《汇音宝鉴·干韵》："看，视也；肴，仝上字。"⑦将其判断为异体字。

## 【郎】

（1）《阙云开分家书》："郎（即）大慰先人之望也。"（《石仓契约》第四辑第八册下茶铺·阙氏，道光二十五年二月八日）⑧

（2）《为通报日食时刻并救护事饬南部县》："郎（即）便遵照。"（《南部档案》10-888-2，光绪十六年四月五日）⑨

按："郎"是"即"的俗字，右边写成双耳刀。方孝坤《徽州文书俗字研究》收录，指出元明清徽州文书均有该俗字。⑩这种情况多次的出现，反映民间单耳刀与双耳刀不分，说明汉字简化尽量取消形近字和形近偏旁的干扰，提高表达的效率。

## 【铺】

《为阆中差役杨贵遗失银文案事》："小的骂铺（铺）司是实。"（《南部档案》2-62-6，乾隆五十四年八月二日）

按："铺"即"铺"的草写，是"铺"的俗字，改变形旁"金"为"舍"，

---

① （元）周伯琦编注、（明）胡正言订纂：《六书正讹》，古香阁藏版，元至正十一年（1351），卷一第33页。

② （明）焦竑：《俗书刊误》，清文渊阁四库全书本。

③ （明）梅膺祚：《字汇》，明代万历四十三年（1615）刻本，《午集》第56页。

④ （明）张自烈：《正字通》，清代康熙十年（1671）刻本，《午集中》第56页。

⑤ 方孝坤：《徽州文书俗字研究》，北京，人民出版社，2012，第205页。

⑥ （清）铁珊：《增广字学举隅》，清文渊阁四库全书本，卷二。中华汉语工具书书库编辑委员会：《中华汉语工具书书库》第十二册，合肥，安徽教育出版社，2002，第496页。

⑦ 沈富进《汇音宝鉴》，文艺学社，1954年。

⑧ 曹树基、潘星辉、阙龙兴编：《石仓契约》第四辑第八册，杭州，浙江大学出版社，2015，第26页。

⑨ 本件档案描写日食，可以研究天文。

⑩ 方孝坤：《徽州文书俗字研究》，北京，人民出版社，2012，第194页。

因为"铺"与住宿、宿舍等有关，所以用"舍"而不用"金"。刘复《宋元以来俗字谱》收录"舗"，明代张自烈《正字通·金部》："铺，俗作舗。"①《康熙字典·金部》"铺"下引《正字通》说："俗作舗。"②均将其判断为俗字。方孝坤《徽州文书俗字研究》收录，指出明代徽州文书有该俗字。③ 当代沈富进《汇音宝鉴·沽上平声》："铺，全舗字。"④《中华字海·人部》说："舗，同铺。"⑤将其判断为异体字。清代铁珊《增广字学举隅·正伪》："铺，舗非。"⑥认为"舗"写法错误。

## 【効】

《为京外官员遇有丁忧请饬回籍守制事饬南部县》："诚以犬马効（效）力。"（《南部档案》14-5-2，光绪二十四年十一月二十八日）

按："効"是"效"的俗字，形旁"攴"变成"力"，表义更加明显。《说文解字》只有"效"，未见"効"，《说文·攴部》："效，象也。从攴交声。胡教切。"⑦《广韵·效韵》："效，具也，学也，象也。又效力，效验也。胡教切。"辞书最早见于南北朝梁代顾野王《玉篇》，《玉篇·力部》："効，胡孝切，俗效字。"⑧《玉篇》明确指出"効"是"效"的俗字。唐代碑刻墓志中已经出现，例如："宿殿门而展効。（杜昭烈墓志）"⑨"效"字这种俗写，《祖堂集》中也有，参张美兰《祖堂集校注》附《祖堂集俗字》。⑩ 明代梅膺祚《字汇》判断为"效"的异体字，《字汇·力部》："効，与效同，効验也，功効也。"⑪方孝坤《徽州文书俗字研究》收录，指出明清徽州文书均有该俗字。⑫ 民国时期仍见使用，易培基《三国志补注》："効，绍兴本作'效'。"⑬

## 【巡】

（1）《为奉大宪札委回本任事致阆中等县》："为此札捕厅、巡（巡）

① （明）张自烈：《正字通》，清代康熙十年（1671）刻本，《戌集上》第23页。
② （清）张玉书等：《康熙字典》，北京，中华书局，1958，第1308页。
③ 方孝坤：《徽州文书俗字研究》，北京，人民出版社，2012，第258页。
④ 沈富进：《汇音宝鉴》，文艺学社，1954。
⑤ 冷玉龙等主编：《中华字海》，北京，中华书局、中国友谊出版公司，1994，第108页。
⑥ （清）铁珊：《增广字学举隅》，清文渊阁四库全书本，卷二。中华汉语工具书书库编辑委员会：《中华汉语工具书书库》第十二册，合肥，安徽教育出版社，2002，第494页。
⑦ （东汉）许慎：《说文解字》，北京，中华书局，1963，第67页。
⑧ （宋）陈彭年等：《重修玉篇》，清文渊阁四库全书本，卷七。
⑨ 吴钢辑、吴大敏编：《唐碑俗字录》，西安，三秦出版社，2004，第17页。
⑩ 张美兰：《祖堂集校注》，北京，商务印书馆，2009，第544页。
⑪ （明）梅膺祚：《字汇》，明代万历四十三年（1615）刻本，《子集》第70页。
⑫ 方孝坤：《徽州文书俗字研究》，北京，人民出版社，2012，第219页。
⑬ 易培基：《三国志补注》，台北，艺文印书馆，1955，第25页。

检。"(《南部档案》12-3-2，光绪二十年十二月九日)

(2)《为邓鑫元具告罗玉俸换卖期银催讨不给事》："小的是盐局巡（巡）丁。"(《南部档案》23-256-2，宣统元年十二月四日)

按："巡"是"巡"的俗字，走之底换成建字底，还不如原来写法简洁。元代李文仲《字鉴·谆韵》："巡，俗作巡。"①明代梅膺祚《字汇·巜部》："从辵，俗从廴，非。"②清代毕沅《经典文字辩证书·辵部》："巡，正；巡，俗。"均将其判断为俗字。秦公、刘大新《广碑别字》："巡，魏元昭墓志。"清代吴任臣《字汇补·寅集拾遗》："巡，巡字之伪，《礼·祭义》天子巡狩，诸侯狩于竟。"③将其判断为讹误字。

## 【郧】

《为禀垦签饬严子等违规抗缴学欵事》："具禀北路店子垭学董郧（勋）文臣、保正赵天明为违抗学欵禀恳签饬事。"(《南部档案》18-564-1，光绪三十三年五月五日)

按："郧"是"勋"的俗字，改变形旁"力"，变成双耳刀。声旁也改变，并被现代汉字接受。改变后，该俗字的表义模糊，不如原来写法表义准确。"郧"当由"勋"演变而来。"勋"字，南北朝梁代顾野王《玉篇·力部》："勋，古文。"④宋代丁度等《集韵·文韵》："勋，古作勋。"⑤清代顾蔼吉《隶辨·文韵》也收录，例证引《尹宙碑》。⑥辽代僧人释行均《龙龛手镜·力部》："勋，古文，音勋。"⑦明代梅膺祚《字汇·力部》："勋，古勋字。"⑧明代张自烈《正字通·力部》："勋，别作勋，非。"⑨

也有受下字类化改变形旁的，如：

## 【炤】

《钟友琦杜卖水田文契》："特写卖约付与新罗氏永远执炤（照）。"

---

① （元）李文仲：《字鉴》，清文渊阁四库全书本，卷一《平声上》。
② （明）梅膺祚：《字汇》，明代万历四十三年(1615)刻本，《寅集》第43～44页。
③ （清）吴任臣：《字汇补》，清代康熙五年(1666)刻本，《寅集拾遗》第70页。
④ （宋）陈彭年等：《重修玉篇》，清文渊阁四库全书本，卷七。
⑤ （宋）丁度等：《集韵》，述古堂影宋本，上海，上海古籍出版社，1985，第131页。
⑥ （清）顾蔼吉：《隶辨》，北京，北京市中国书店，1982，第140页。
⑦ （辽）释行均：《龙龛手鉴》，四部丛刊续编景宋本，卷三第56页。（辽）释行均：《龙龛手镜》，高丽本，北京，中华书局，1985，第517页。
⑧ （明）梅膺祚：《字汇》，明代万历四十三年(1615)刻本，《子集》第71页。
⑨ （明）张自烈：《正字通》，清代康熙十年(1671)刻本，《子集下》第74页。

(《龙泉驿文书》6-1-117，乾隆三十五年九月二十三日）①

按："慜"是"照"的俗字，形旁的"火"字改变成"心"字。

**(二)改换声旁俗字**

改变声旁目的是为了表音准确，或者书写方便。改变声旁在清代手写文献中少见，多是声近而改变。由于声音相近，俗字往往换用，不加区别。如"北"与"比"，"舀"与"臽"，"咼"与"呙"，"徵"与"征"，"放"与"方"等，"讲"写成"講"。

**【骨】**

(1)《为陶天佑跌岩拌伤身死事》："邀同陶顺把陶天佑骨(背)到小的家中。"(《南部档案》6-162-5，同治十三年四月二十八日）

(2)《周天才为因仇拦殴栽奸勒拐事》："头颅、膀骨(背)、手足受伤可验。"(《冕宁档案》328-44，光绪四年五月二十七日）②

按："骨"是"背"的俗字，上面声旁写作"比"，而不是"北"，表音不够准确，反而不如正字表音准确，可能是声旁形近讹误造成的，也可能是为了书写方便。字形相同，不过意思不同，一是后背，属于名词；一是背负，属于动词。秦公、刘大新《广碑别字》："骨，清石城会盟碑。"明代章黼《重订直音篇·肉部》："背，邦妹切，背脊，又音佩。骨，同上。"《佛教难字字典·肉部》也收录。

**【軰】**

(1)《四川提督郑文焕关于在灌县白沙添兵严加稽查的奏折》："臣思此軰(辈)犬羊之性，譬诸豺虎。"(《都江堰档案》0-1，乾隆五年闰六月二十二日）③

(2)《阙敏侯分家书》："子姪軰(辈)长大成人。"(《石仓契约》第四辑第八册下茶铺·阙氏，嘉庆二十五年三月二十九日）④

按："軰"是"辈"的俗字，声旁"非"变成"北"，两个声旁的变化受重唇音、轻唇音的语音演变影响。第二件，石仓契约的整理者漏录"軰"字。张涌泉的俗字相关论著言之甚详，可参阅。

---

① 胡开全主编：《成都龙泉驿百年契约文书》，成都，巴蜀书社，2012，第 6 页。

② 李艳君：《从冕宁县档案看清代民事诉讼制度》，昆明，云南大学出版社，2009，第 51 页。

③ 《都江堰：百年档案记忆》编委会编：《都江堰：百年档案记忆》，北京，中国档案出版社，2010，第 13 页。

④ 曹树基、潘星辉、阙龙兴编：《石仓契约》第四辑第八册，杭州，浙江大学出版社，2015，第 18 页。

【捧】

《为旨谕严禁军营逢迎积习事饬南部县》："是不捧（操）而捧（操）。"（《南部档案》14-22-1，光绪二十四年七月十七日）

按："捧"是"操"的俗字，右边声旁改变。秦公《碑别字新编》、秦公、刘大新《广碑别字》均收录，例证均引《魏秦洪墓志》。唐代颜元孙《干禄字书》："捧操，上俗，下正。"①均将其判断为俗字。又写作"慷"，将形旁改变为竖心旁。如《为具告杨永泰等蓦伐伤冢逆辱行凶叩勘唤究事》："氏见慷（操）。"（《南部档案》14-74-1，光绪二十四年九月二十日）

【惩】

《为胆敢擅入门房探问案件笞责革退事》："将其责惩（懲）革黜。"（《南部档案》23-8-2，宣统元年九月十八日）

按："惩"是"懲"的简体俗字。上面声旁不写"徵"，而写简体俗字"征"。声旁用"征"只能表音的韵母，声母接近，但比"徵"字单纯，只有一个读音，避免"徵"字多音带来的误读。

【蹈】

《杨家宾等立字拨爨文约》："踩蹈（蹈）界均匀趾分作两股耕种。"（《龙泉驿文书》6-1-158，光绪二十六年闰八月十日）②

按："蹈"是"蹈"的俗字，右边声旁发生改变，右边下部的构件写法不同，写成"旧"，与原有构件"臼"字形相近。《正字通·足部》"蹈"字条指出："俗作蹈、蹈，并非。"③《龙泉驿文书》整理者根据常见"踩踏"一词，将该字录成"踏"字。其实"蹈"字也有践踏、踏看的意思，不需改成"踏"字。两字字形并不相近。

【做】

《为奏川北道整治吏治等事饬南部县》："可全做（仿）外国者！"（《南部档案》18-10-1，光绪三十三年八月十七日）

按："做"是"仿"的俗字，声旁"方"改变成"放"，表音较准确。该俗字也可以看作增加一个反文旁。南北朝梁代顾野王《玉篇·人部》："做，甫罔切，做学也。"④《广韵·养韵》："做，学也。"⑤宋代丁度等《集韵·养

---

① 中华汉语工具书书库编辑委员会：《中华汉语工具书书库》第十二册，合肥，安徽教育出版社，2002，第591页。

② 胡开全主编：《成都龙泉驿百年契约文书》，成都，巴蜀书社，2012，第368页。

③ （明）张自烈：《正字通》，清代康熙十年（1671）刻本，《酉集中》第78页。

④ （宋）陈彭年等：《重修玉篇》，清文渊阁四库全书本，卷三。

⑤ （宋）陈彭年等：《宋本广韵》，北京，中国书店，1982，第313页。

韵》："放做方俩，效也。或从人，亦作方俩。"①辽代僧人释行均《龙龛手镜·人部》："做，方罔反，做学也。"②明代张自烈《正字通·人部》："做，妃罔切，音纺。效也，依也。通作仿。"③方孝坤《徽州文书俗字研究》收录，指出元代徽州文书有该俗字。④

【过】

(1)《租地基约·吴天明租到文一公》："如过（过）期不买。"（《清至民国婺源县村落契约文书》秋口镇鸿源吴家 23，乾隆三年二月十九日）

(2)《黄以安立杜断卖粮田赤契》："其税听从收纳过（过）户输纳边粮。"（《徽州文书》0010，嘉庆元年三月）⑤

(3)《陈仁瑛等合兄弟文约》："系仁瑛田内过（过）水。"（《龙泉驿文书》6-1-107，嘉庆十二年十一月二日）⑥

(4)《郭承义、郭绍义卖地永远死契文字》："同中言明受过（过）𢮥银柒拾伍两。"（《太行山文书》，道光十二年十二月）⑦

(5)《为杨茂林顶补户房典吏张文明事》："亦属身有过（过）犯。"（《南部档案》12-371-2，光绪二十一年九月十九日）⑧

按："过"是"过"的俗字，声旁"咼"改用"呙"字，淡新档案也有此写法。刘复《宋元以来俗字谱·辵部》收录，例证引《目连记》。清代铁珊《增广字学举隅·正讹》："过過，均非。"⑨方孝坤《徽州文书俗字研究》收录，指出清代徽州文书有该俗字。⑩ 清代手写文献中又写得与"品"字接近。如《为阆中差役杨贵遗失银文案事》："小的呕气不品（过）。"（《南部档案》2-62-6，乾隆五十四年八月二日）

【践】

《为各厅州县巡警卫生事项事》："因他屡往糟践（践）。"（《南部档案》

①　（宋）丁度等：《集韵》，述古堂影宋本，上海，上海古籍出版社，1985，第416页。
②　（辽）释行均：《龙龛手鉴》，四部丛刊续编景宋本，卷一第 11 页。（辽）释行均：《龙龛手镜》，高丽本，北京，中华书局，1985，第 30 页。
③　（明）张自烈：《正字通》，清代康熙十年(1671)刻本，《子集中》第 48 页。
④　方孝坤：《徽州文书俗字研究》，北京，人民出版社，2012，第 190 页。
⑤　刘伯山编著：《徽州文书》第一辑 2，桂林，广西师范大学出版社，2005，第 13 页。
⑥　胡开全主编：《成都龙泉驿百年契约文书》，成都，巴蜀书社，2012，第 414 页。
⑦　康香阁主编：《太行山文书精萃》，北京，文物出版社，2017，第 56 页。
⑧　"身有过（过）犯"原写"格外体恤"，但用圆圈涂去，在右边写"身有过（过）犯"。
⑨　（清）铁珊：《增广字学举隅》，清文渊阁四库全书本，卷二。中华汉语工具书书库编辑委员会：《中华汉语工具书书库》第十二册，合肥，安徽教育出版社，2002，第498页。
⑩　方孝坤：《徽州文书俗字研究》，北京，人民出版社，2012，第 225 页。

23-26-2，宣统元年）①

按："践"是"践"的俗字，右边的声旁发生变化，写得接近"戈"，仅仅多一撇，两点集中点在右侧。该俗字也可以看出"戈"字笔画连在一起。

【疆】

《为奉旨查明阵亡伤亡病故员弁兵丁等核明照章恤赏银两并恳附祀四川省昭宗祠事饬南部县衙》："效命**疆**（疆）场。"（《南部档案》14-30-1，光绪二十四年闰三月二十日）

按："**疆**"是"疆"的俗字。右边声旁发生变化，由"三"字夹两个"田"字变化而写成两个"里"，虽然丧失表音功能，但书写较简便。

【开】

（1）《杨胜刚、杨胜金、侄杨秀辉立分关田》："凭中**开**（开）列于左。"（《清水江文书》7-1-1-001，同治四年十二月一日）

（2）《为查酌公文由剑州设站转递抑由小川北设站转递事饬南部县》："饬一律设妥定期**开**（开）办。"（《南部档案》13-6-1，光绪二十二年二月九日）

按："**开**"是"开"的俗字，改变声旁"开"为"井"，表音反而不准确。当然，该俗字也可能是受到毛笔书写的影响而导致两画出头的。清代顾蔼吉《隶辨·哈韵》收录，例证引《郙阁颂》。② 启功《历代书法字汇·门部》也收录，例证引汉《张迁碑》《曹全碑》、北魏杨大眼《造像记》、郑道昭《郑文公下碑》、唐虞世南《孔子庙堂碑》。

【留】

《为续修会典查明古昔陵寝先贤祠墓事饬南部县》："正气长**留**（留）。"（《南部档案》7-104-1，同治十三年十一月二十九日）

按："**留**"是"留"的俗字，声旁"卯"字发生改变，写得如同"晋"字上面。方孝坤《徽州文书俗字研究》收录，指出元代和清代徽州文书均有该俗字。③ 清代县志也有使用该俗字，如道光《南部县志》卷二十三《人物志·流寓》："名士勾**留**（留），几难侨寓。"④

---

① 本件档案当是宣统时期的，但具体的时间需要核查推断。
② （清）顾蔼吉：《隶辨》，北京，北京市中国书店，1982，第112页。
③ 方孝坤：《徽州文书俗字研究》，北京，人民出版社，2012，第216页。
④ （清）王瑞庆、李澍修；徐畅达、李咸若纂：《南部县志》，清代道光二十九年（1849）刻本，卷二十三第1页。

## 【錄】

《为奉上谕广兴机器制造开办农工商总局并饬各省概设分局振拓庶物应用机器事饬南部县》："应传付江南等司抄錄(录)。"(《南部档案》14-51-1,光绪二十四年十月二十九日)

按:"錄"是"录"的俗字,右边的声旁发生变化,上面写成"⺲",下面写成"求"。

## 【祿】

《为差役查勘冯明禄具告袁廷益谋改截葬情形事》："据宣化乡八甲民冯明祿(禄)以谋改截葬等情。"(《南部档案》14-59-2,光绪二十四年二月十日)

按:"祿"是"禄"的俗字,右边的声旁发生变化,上面写成"⺲",下面写成"求",与前面所言"录"字的变化完全一样,说明俗字的变化往往具有系统性。

## 【跑】

《为禀被告王定一等阻唤纠凶恳添钟子年到案事》："畏敢强唤,跑(跑)脱。"(《南部档案》14-70-5,光绪二十四年八月二日)

按:"跑"是"跑"的俗字,右边的声旁类似"色",仅仅少写中间一竖。而在敦煌文献、陕西神德寺塔出土文献、碑刻文献中,"色""包"两字常常混淆。辽代僧人释行均《龙龛手镜·足部》："跑,俗;跑,正。"[1]金代韩孝彦《四声篇海·足部》："跑,音雹,秦人谓蹴也。"明代章黼《重订直音篇·足部》："跑,音雹,蹴也,又音庖。跑,同上。"当代潘重规《敦煌俗字谱·足部》也收录。

## 【陷】

《为奉旨查明阵亡伤亡病故员弁兵丁等核明照章恤赏银两并恳附祀四川省昭宗祠事饬南部县衙》："或陷(陷)阵推锋。"(《南部档案》14-30-1,光绪二十四年闰三月二十日)

按:"陷"是"陷"的俗字,不是"蹈"字,声旁发生变化,右边上部的构件写法不同,写成"⺲"。《龙龛手镜·阜部》："陷",同"陷"。[2]《孝经·谏争》："父有争子,则身不陷于不义。"阮元《校勘记》："岳本、监

---

① (辽)释行均:《龙龛手鉴》,四部丛刊续编景宋本,卷三第 41 页。(辽)释行均:《龙龛手镜》,高丽本,北京,中华书局,1985,第 467 页。

② (辽)释行均:《龙龛手鉴》,四部丛刊续编景宋本,卷二第 47 页。(辽)释行均:《龙龛手镜》,高丽本,北京,中华书局,1985,第 297 页。

本、毛本作'陷'是也。"①参见《汉语大字典·阜部》②。

## 第三节　整字变化俗字

整字变化俗字包括符号代替俗字、草书楷化俗字、新创俗字、合文俗字。符号代替俗字、草书楷化俗字偏重书体变异。新创俗字、合文俗字偏重结构类型变异。

**整字变化俗字一览**

| 与正字的差异 | 俗字 | | | |
| --- | --- | --- | --- | --- |
| | 符号代替俗字 | 草书楷化俗字 | 新创俗字 | 合文俗字 |
| 撒 | | | 撒 | |
| 督 | | | 督 | |
| 二十 | | | | 廿 |
| 机 | 机 | | | |
| 轿 | | | 轿 | |
| 紧 | | | 紧 | |
| 九六 | | | | 旭 |
| 就 | | | 就 | |
| 宽 | | | 宽 | |
| 罟 | | | 罟 | |
| 卖 | | 卖 | | |
| 蓬 | | | 蓬 | |
| 参 | | 参 | | |
| 叁 | | | 叁 | |
| 丧 | | | 丧 | |
| 擅 | | | 擅 | |

① （唐）玄宗注、（宋）邢昺疏：《孝经注疏》，清嘉庆二十年（1815）南昌府学重刊宋本十三经注疏本，卷七。
② 《汉语大字典》第二版，成都，四川辞书出版社；武汉，崇文书局，2010，第4467页。

续表

| 与正字的差异 | 俗字 | | | |
|---|---|---|---|---|
| | 符号代替俗字 | 草书楷化俗字 | 新创俗字 | 合文俗字 |
| 乘 | | | 乘 | |
| 属 | | | 属 | |
| 庶 | | | 庻 | |
| 算 | | | 筭 | |
| 锁 | | | 鎖 | |
| 添 | | | 添 | |
| 挖 | | | 挖 | |
| 违 | | | 違 | |
| 宪 | | | 憲 | |
| 盐 | | | 盬 | |
| 炎 | 炗 | | | |
| 邀 | | | 邀 | |
| 业 | | | 業 | |
| 誉 | | | 譽 | |

## 一、符号代替俗字

符号代替俗字是用符号代替的俗字。"幾"用"几"代替。"米""厶""又""丷""文"等都是常见用来代替的符号。

### 【枛】

(1)《为奉上谕广兴机器制造开办农工商总局并饬各省概设分局振拓庶物应用机器事饬南部县》："应用各项枛(机)器。"(《南部档案》14-51-1,光绪二十四年十月二十九日)

(2)《为李严氏具告李朝彦乘搕毁伐案内人等事》："他藉此生枛(机)妄骗小的们砍伐他买明业内树竹挖毁红苕。"(《南部档案》14-75-7,光绪二十四年十一月十七日)

(3)《为奉转员外官员丁忧请饬回籍守制事饬南部县》："吏部咨准军枛(机)处片交本日御史。"(《南部档案》14-5-1,光绪三十四年十一月二十八日)

按："枛"是"機"的俗字,右边有符号"几"代替了"幾"。并增加部件"八"的俗字,当然,这种俗字也可能是误加部件。这种俗字既有简化,又有繁化。

【烮】

《宣统元年七月初七日原差李和等为禀提到叶大炎等事禀》："提到被呈民人叶大烮（炎）。"（《龙泉档案》10898：5，宣统元年七月七日）①

按："烮"，《说文》未见，刘复《宋元以來俗字譜·火部》收录，见《金瓶梅》，《汉语大字典·火部》也收录②。该字下本是"火"字，被重文符号代替，又讹误成"又"字。

## 二、草书楷化俗字

草书楷化俗字是因草书讹变而产生的俗字，如"叅""卖"等。

【叅】

(1)《词稿簿之一九》："彼时蚁疑信相叅（参）。"（《清水江文书》10-1-1-019，道光十三年七月□日）

(2)《为严催赶造光绪二十三年四季分监散兵响印结事饬南部县》："即将迟延职名开单详叅（参）不贷。"（《南部档案》14-27-1，光绪二十三年九月三日）

按："叅"是"参"的俗字。该俗字是由"叅"草书楷化而来，上面写"厶"，不写"厽"，减少两个部件，符合语言文字的经济实用原则。刘复《宋元以来俗字谱》收录，例证引《东牕记》。清代县志也有使用该俗字，如道光《南部县志》卷二十四《杂类志·事纪》："私者百官，宏乘佛輿，以五采裹青石，诳百姓云：'天与巳玉印。'李连遣叅（参）军李奉伯，破获之。"③

【卖】

《为卖水牛三只与王荣亮事》："所卖（卖）是实。"（《南部档案》2-61-3，乾隆十三年九月十五日）④

按："卖"是"卖"的俗字，下面完全变形，不容易辨认，应该是受到

---

① 包伟民：《龙泉司法档案选编》第一辑《晚清时期》，北京，中华书局，2012，第325页。

② 《汉语大字典》第二版，成都，四川辞书出版社；武汉，崇文书局，2010，第2345页。

③ (清)王瑞庆、李澍修；徐畅达、李咸若纂：《南部县志》，清代道光二十九年(1849)刻本，卷二十四第3~4页。

④ 签名后出现的"丨"不是"十"字的俗字，而是画押。在刑房档案中，点名时往往在名字上画"丶"标明到庭，与之类似，见《南部档案》2-62-1。"刁朝宾"在上件档案中写作"刁朝宾"（《南部档案》2-61-2)可以通过两个档案之间进行比对，从而断定该字到底是何字。

"见""贝"简化成"儿"字的影响，受到草书的影响。有的俗字写得比较潦草，容易误认或影响阅读，如"窜"字，单看难以分辨，但看上下文以及档案惯例，可以推断该字当是"审"字，因为上文有"毋庸复"三字，而档案中"毋庸复审"是常见表述，而"审"字也与之草写相似，所以该俗字当是"审"字。类似的还有官吏批示中常出现比较潦草的"候""发"等字，单看无法辨别，连续阅读上下文，见多就能够识别出这些草写的俗字。不过，这些草写的汉字并不一定都属于俗字，而是属于草书，属于一种字体。俗字与草书并不能够画等号，两者不可混为一谈。

### 三、新创俗字

新创俗字是采用新的构造方式而形成的俗字。清代手写文献新创俗字有很多类型，足以反映汉字在使用过程中的变化规律。这些俗字也反映了人们对传统汉字造字方法的认同，俗字中多是形声和会意字，证明形声和会意的方法已经深入人心。不过，我们也发现，在新出现的俗字中，清代手写文献俗字也有不少创新，与同时期的其他文献中出现的俗字写法一样，极可能是当时的流行俗字。

【撒】

《为咨送遣撒第五起军功乡勇到籍妥为安排事饬南部县》："遣撒（撒）南部县乡勇一名。"（《南部档案》3-34-1，嘉庆十年三月四日）

按："撒"是"撒"的俗字。中间上面写"云"，下面写"日"，不写"月"，笔画相对简省。

【督】

《为缉拿因缺额蚀饷在逃补用都司杨智清事饬南部县》："川北道张札开准按察使司文移奉兼署总督（督）部堂恭札开准云贵督（督）部堂崧。"（《南部档案》14-12-1，光绪二十四年三月二日）

按："督"是"督"的俗字，上面"叔"字变形类似"女"加"士"，容易误判。这种写法与《集韵·沃韵》收录的"督"十分相近。清代不过是把右上角的部件"木"写成了"士"而已。

【轿】

《为张润之具控夫头敬洪顺私吞夫价事》："小的在省雇夫与人抬运扛挑轿（轿）乘。"（《南部档案》23-9-3，宣统元年十二月十七日）

按："轿"是"轿"的俗字，右下角发生改变，不写"同"，而写成"内"，与上面的"口"字构成"呙"。

【紧】

《为鱼户鲜思聪等发卖鲜鱼渔利事》："饬令小的们赶紧（紧）把鱼收买上纳。"（《南部档案》23-30-2，宣统元年一月二十八日）

按："紧"是"紧"的俗字，上面发生改变，右上角不写"又"，而写成"宀"下加一点，当是受到"监""鉴"等字的影响。类似的俗字，辞书均有收录，明代张自烈《正字通·糸部》："俗作紧，非。"①明代焦竑《俗书刊误·轸韵》："紧，俗作紧，非。"②参见《汉语大字典·糸部》③。秦公、刘大新《广碑别字》收录，例证引明登仕郎直隶两镇关巡检《孔彰墓志》。左上角写"目"，接近"目"。类似的俗字，辞书均有收录，南北朝梁代顾野王《玉篇·臤部》："紧，居忍切。"④金代韩孝彦《四声篇海·糸部》："紧，居忍切。緊紧也。"明代章黼《重订直音篇·糸部》："紧，俗。"

【就】

《为京师专设矿务铁路总局统辖开矿筑路事宜事饬南部县衙》："臣等先就（就）户部总理衙门调查档案。"（《南部档案》14-46-1，光绪二十四年九月二十四日）

按："就"是"就"的俗字，左下角的"小"字写成三点。刘复《宋元以来俗字谱》收录，例证引《岭南逸事》。《中华字海·尢部》也收录⑤。

【宽】

《为杨万福具保李洪顺送信误差事》："求宽（宽）限。"（《南部档案》23-10-4，宣统二年五月二十六日）

按："宽"是"宽"的俗字，中间发生改变，"艹"字头写成"十"字，下面还少写一点。清代徽州文书也有该俗字。唐代颜元孙《干禄字书》："宽宽，上俗下正。"⑥宋代娄机《汉隶字源·欢韵》收录，例证引《太尉杨震碑》。明代章黼《重订直音篇·宀部》："宽，枯官切，缓大也；宽，俗。"该俗字当由"宽"字少写一点演变而来。刘复《宋元以来俗字谱·宀

---

① （明）张自烈：《正字通》，清代康熙十年（1671）刻本，《未集中》第27页。
② （明）焦竑：《俗书刊误》，清文渊阁四库全书本。
③ 《汉语大字典》第二版，成都，四川辞书出版社；武汉，崇文书局，2010，第3650页。
④ （宋）陈彭年等：《重修玉篇》，清文渊阁四库全书本，卷二十九。
⑤ 冷玉龙等主编：《中华字海》，北京，中华书局、中国友谊出版公司，1994，第326页。
⑥ 中华汉语工具书书库编辑委员会：《中华汉语工具书书库》第十二册，合肥，安徽教育出版社，2002，第588页。

部》收录，例证引《列女传》。罗振玉《偏类碑别字·宀部》收录“寛”，例证引唐《段沙弥造象记》。《中华字海·宀部》也收录①。秦公、刘大新《广碑别字》也收录，例证引唐《段沙弥造象记》。当代沈富进《汇音宝鉴·观上平声》：“寛，俗上字。”②

**【詈】**

《为申详查役李绅等以违禁藐抗等情具禀吴建泰等事呈知县》：“反将役等百般詈(詈)骂。”(《南部档案》14-48-1，光绪二十四年十月十二日)

按：“詈”是“詈”的俗字，上面不写“罒”，而写成“门”加“人”，书写反而变复杂了。

**【逢】**

《为杨正奎具告杨元寿等刁拐生妻事》：“拐逃逢(蓬)州。”(《南部档案》16-201-3，光绪二十九年三月一日)

按：“逢”是“蓬”的俗字，里面发生改变，不写“丰”，而写得接近“牛”。“逢”字清代手写文献也这样写。方孝坤《徽州文书俗字研究》收录，指出明清徽州文书均有“逢”字的这种俗字的写法。③

**【叁】**

《为卖水牛三只与王荣亮事》：“今有水牛大小叁(叁)只。”(《南部档案》2-61-3，乾隆十三年九月十五日)

按：“叁”是“叁”的俗字，上面写三个“又”，写成“叒”，而不是写三个“厶”的“厽”。中间的部件“人”也删除了。

**【丧】**

《为李严氏具告李朝彦乘揢毁伐案内人等事》：“阻丧(丧)葬棺。”(《南部档案》14-75-7，光绪二十四年十一月十七日)

按：“丧”是“丧”的俗字，上面发生改变，不写“吅”，而写两个“乂”。

**【擅】**

《为胆敢擅入门房探问案件笞责革退事》：“胆敢擅(擅)入门房探问案件。”(《南部档案》23-8-2，宣统元年九月十八日)

按：“擅”是“擅”的俗字，右上角发生改变，不写“亠”，而写“𠂉”，

---

① 冷玉龙等主编：《中华字海》，北京，中华书局、中国友谊出版公司，1994，第621页。

② 沈富进：《汇音宝鉴》，文艺学社，1954。

③ 方孝坤：《徽州文书俗字研究》，北京，人民出版社，2012，第214页。

便于毛笔书写的连写。

【乘】

(1)《为具诉李朝贤勒揩诬抵氏子搕伐事》:"卢呈控乘(乘)子李朝禄剃伐已业树枝作柴生机。"(《南部档案》14-75-3,光绪二十四年十月二十九日)

(2)《为张润之具控夫头敬洪顺私吞夫价事》:"雇请散夫张润之等多人抬运轿乘(乘)。"(《南部档案》23-9-3,宣统元年十二月十七日)

按:"乘"是"乘"的俗字,中间发生改变,不写"北",而写"比",也可以把该字中的"比"看成"土"。至迟唐代已经出现该俗字,如颜真卿《麻姑山仙坛记》:"过到期日,方平乘(乘)羽车,驾五龙,各异色,旌旗导从,威仪赫弈,如大将也。"①"乘"字这种俗写,《祖堂集》中也有,参张美兰《祖堂集校注》附《祖堂集俗字》。② 文征明《万岁山》:"僭仗乘(乘)春观物化,寝园常岁荐樱桃。"③方孝坤《徽州文书俗字研究》收录,指出清代徽州文书有该俗字。④ 民国时期抄写仍然这样写,沿用不断,如1946年印刷的《李氏宗谱首卷首集》:"明藻再叙家乘(乘),首俾李氏子孙珍重道德谓之合时宜也,可谓之纯祖武也,可谓之垂乃后宪也,亦可时。"⑤

【庶】

《为奉上谕广兴机器制造开办农工商总局并饬各省概设分局振拓庶物应用机器事饬南部县》:"振拓庶(庶)物。"(《南部档案》14-51-1,光绪二十四年十月二十九日)

按:"庶"是"庶"的俗字,下面发生改变,由"灬"变成"从"。中间"廿"也变成"土"。元朝李文仲《字鉴·御韵》:"俗作庶。"⑥明代梅膺祚《字汇·从古》:"庶,俗作庶。"⑦明代张自烈《正字通·从古》同⑧。明代郭一经《字学三正·体制上·俗书点画相等者》:"庶,俗作庶。"⑨罗振玉

---

① 《中国十大书法家集·颜真卿》,北京,北京工艺美术出版社,2006,第80~86页。

② 张美兰:《祖堂集校注》,北京,商务印书馆,2009,第529页。

③ 《中国十大书法家集·文征明》,北京,北京工艺美术出版社,2006,第46页。

④ 方孝坤:《徽州文书俗字研究》,北京,人民出版社,2012,第217页。

⑤ 《李氏宗谱首卷首集》,民间李家族谱抄本,1946。

⑥ (元)李文仲:《字鉴》,清文渊阁四库全书本,卷四《去声》。

⑦ (明)梅膺祚:《字汇》,明代万历四十三年(1615)刻本,《寅集》第63页。

⑧ (明)张自烈:《正字通》,清代康熙十年(1671)刻本,《寅集下》第18页。

⑨ (明)郭一经:《字学三正》,清文渊阁四库全书本。

《偏类碑别字·广部》收录，例证引魏《雍州刺史王翊墓志》。

【属】

（1）《四川总督策楞请求为李冰庙奇功显应赏赐匾额的奏折》："成都一郡所属（属）内十一州县农田均资灌溉。"（《都江堰档案》0-2，乾隆十五年二月二十八日）①

（2）《刘元瑞等掉换田地房屋林园基址文约》："寔属（属）平允。"（《龙泉驿文书》6-1-041，道光七年十一月二十八日）②

（3）《为严催赶造光绪二十三年四季分监散兵响印结事饬南部县》："实属（属）玩延。"（《南部档案》14-27-1，光绪二十三年九月三日）

按："属"是"属"的俗字，下面发生改变，不写"水"加"蜀"，而写成"禹"。

【筭】

（1）《苏邦琦等杜卖田地房屋林园阴阳基址定约》："如数照筭（算）。"（《龙泉驿文书》6-1-055，道光二十年二月二十二日）③

（2）《王联富立字遗嘱分关合同文据》："凭众筭（算）明。"（《龙泉驿文书》6-1-156，光绪二十九年八月六日）④

按："筭"是"算"的俗字，下面发生改变，写"大"，不写"廾"。刘复《宋元以来俗字谱·竹部》收录，例证引《岭南逸事》。

【鎻】

《为计开在押李么娃等案内人等事》："系鎻（锁）押。"（《南部档案》23-237-1，宣统二年七月五日）

按："鎻"是"锁"的俗字，右上角发生变化，不写"小"，而写"灾"字的上面部件。南北朝梁代顾野王《玉篇·金部》："鎖，思果切，铁鎖也。鏁，俗。"⑤辽代僧人释行均《龙龛手镜·金部》："鏁，俗；鎖，正，苏果反，铁锁也。"⑥由此可见，该字在魏晋时期到宋辽时期还不是俗字。元代李文仲《字鉴·果韵》："锁，苏果切，《说文》：'门键也。从金貨声。'

---

①　《都江堰：百年档案记忆》编委会编：《都江堰：百年档案记忆》，北京，中国档案出版社，2010，第15页。

②　胡开全主编：《成都龙泉驿百年契约文书》，成都，巴蜀书社，2012，第418页。

③　胡开全主编：《成都龙泉驿百年契约文书》，成都，巴蜀书社，2012，第150页。

④　胡开全主编：《成都龙泉驿百年契约文书》，成都，巴蜀书社，2012，第369页。

⑤　（宋）陈彭年等：《重修玉篇》，清文渊阁四库全书本，卷十八。

⑥　（辽）释行均：《龙龛手镜》，高丽本，北京，中华书局，1985，第14页。

貟音同上，从小大之小，琐字与此同，俗作鎖、鏁。"①明代梅膺祚《字汇·金部》："锁，俗作鎖。"②明代张自烈《正字通·金部》："锁，苏果切。音琐。《说文》：'门键也。'……从小贝、篆作鎖，《六书故》篆作鎖，泥，俗作鎖，别作鏁。"③均将该字判断为俗字。

**【添】**

《为易添龙、李正兰二人入住太厚沟西坪寺可耕种不得侵占事》："请凭易添（添）龙、李正兰二人在内。"（《南部档案》1-1-1，顺治十三年二月二十日）

按："添"是"添"的俗字，右下角发生改变，不写"小"，而是写成"水"。

**【挖】**

(1)《为李严氏具告李朝彦乘挖毁伐案内人等事》："他藉此生机妄骗小的们砍伐他买明业内树竹挖（挖）毁红苕。"（《南部档案》14-75-7，光绪二十四年十一月十七日）

(2)《为具告王天发等谋勒霸买毁林拆房事》："复将新约挖（挖）补。"（《南部档案》14-76-1，光绪二十四年十月十五日）

(3)《为具告敬应堂等毁茔作地久粮不拨事》："将民业内造葬祖坟一所挖（挖）毁。"（《南部档案》14-85-1，光绪二十四年四月七日）

按："挖"是"挖"的俗字，右下角发生改变，不写"乙"，而写"匕"。方孝坤《徽州文书俗字研究》收录，指出明清时期徽州文书均有该俗字。④

**【违】**

(1)《为具供民具告罗成龙等欺吞积修宗祠钱文事》："如违（违）重究不贷。"（《南部档案》4-211-6，道光十三年十一月三日）

(2)《为差役速唤刘兴杰具禀刘刚扬嫌贫唆女藏匿滋事案内人证候讯事》："如违（违）重究不贷。"（《南部档案》7-97-2，光绪元年六月二十一日）

按："违"是"违"的俗字。里面下面换作"吊"。清代顾蔼吉《隶辨·微韵》："违，《平都相蒋君碑》：'武不违敌。'"⑤刘复《宋元以来俗字谱·辵

---

① （元）李文仲：《字鉴》，清文渊阁四库全书本，卷三《上声》。
② （明）梅膺祚：《字汇》，明代万历四十三年(1615)刻本，《戌集》第 13 页。
③ （明）张自烈：《正字通》，清代康熙十年(1671)刻本，《戌集上》第 37 页。
④ 方孝坤：《徽州文书俗字研究》，北京，人民出版社，2012，第 207 页。
⑤ （清）顾蔼吉：《隶辨》，北京，北京市中国书店，1982，第 67 页。

部》收录，例证引《列女传》《通俗小说》《古今杂剧》《三国志平话》《娇红记》《白袍记》《东牕记》《目连记》《金瓶梅》《岭南逸事》。方孝坤《徽州文书俗字研究》收录，指出元代和清代徽州文书均有该俗字。①

【憲】

《为计开实进武童应缴印红钱文事》："新督憲（宪）新功令。"（《南部档案》23-5-1，宣统元年三月十四日）

按："憲"是"宪"的俗字，中间部件发生改变，不写"丰"，而写"二"。唐代颜元孙《干禄字书》："憲宪，上俗，下正。"②"憲"由"憲"多写一点演变而来。宋代娄机《汉隶字源·愿韵》收录，例证引《孙叔敖碑》。元代周伯琦《六书正讹·愿韵恩韵恨韵》："别作憲，非。"③明代章黼《重订直音篇·心部》："憲，亦同上。"将其判断为异体字。清代顾蔼吉《隶辨·愿韵》："憲，夏承碑：'所在执憲。'按：《说文》宪从害省，诸碑害省作害，故宪亦作憲，碑复省作二。"④清代邢澍《金石文字辨异》同，详细说明了该字演变的原因。秦公、刘大新《广碑别字》收录，例证引魏《元悕墓志》。金代韩孝彦《四声篇海·心部》："憲，许建切。法度也，制禁也。"辽代僧人释行均《龙龛手镜·心部》："憲，通。"将其判断为通行字。

【盐】

（1）《为邓鑫元具告罗玉俸换卖期银催讨不给事》："小的是盐（盐）局巡丁。"（《南部档案》23-256-2，宣统元年十二月四日）

（2）《为曾占魁具告邹志高挪欠盐局公款银两事》："武生邹鹤鸣应该与他已故胞兄邹志高所欠盐（盐）局公欵银一百二十两。"（《南部档案》23-268-6，宣统三年三月十日）

按："盐"是"盐"的俗字，上面部件发生改变。《金石文字辨异·盐韵》收录，例证引唐《新造厨库记》。南北朝梁代顾野王《玉篇·盐部》：

---

①　方孝坤：《徽州文书俗字研究》，北京，人民出版社，2012，第232页。
②　中华汉语工具书书库编辑委员会：《中华汉语工具书书库》第十二册，合肥，安徽教育出版社，2002，第591页。
③　（元）周伯琦编注、（明）胡正言订篆：《六书正讹》，古香阁藏版，元至正十一年（1351），卷四第25～26页。
④　（清）顾蔼吉：《隶辨》，北京，北京市中国书店，1982，第567～568页。

"盐，俗。"①宋代丁度等《集韵·盐韵》："俗作盐，非是。"金代韩孝彦《四声篇海·盐部》："盐，同上，俗。"②元朝李文仲《字鉴》："俗作盐。"③元代周伯琦《六书正讹》同。④　明代梅膺祚《字汇·卤部》："俗作盐，非。"⑤明代焦竑《俗书刊误》同。⑥　清代顾蔼吉《隶辨·偏旁》："俗作塩盐，并非。"⑦《中文大辞典·土部》："盐，盐之俗字。《正字通》：盐，俗省作盐。"⑧方孝坤《徽州文书俗字研究》收录，指出明清徽州文书均有该俗字。⑨ 郑贤章《汉文佛典疑难俗字汇释与研究》指出："《偏旁碑别字·盐字》引《唐临河县尉张游艺墓志》：'盐'作'盐'。"⑩

【业】

（1）《为兄弟分关事》："以明各人照界管业（业）。"（《南部档案》2-66-2，雍正八年九月二十四日）

（2）《刘元瑞等掉换田地房屋林园基址文约》："倘异日起迁弃冢不要，尽归蒸尝管业（业）。"（《龙泉驿文书》6-1-041，道光七年十一月二十八日）⑪

（3）《为周赞元具告马万盛等恃财横恶拆房毁地事》："业（业）内有阔共碾磑房两间未卖。"（《南部档案》23-33-2，宣统元年六月九日）

按："业"是"业"的俗字，中间部件改变，可以看作"厶"加"未"。

【誉】

《为咨送遣撤第五起军功乡勇到籍妥为安排事饬南部县》："赵钟誉（誉）年三十二岁。"（《南部档案》3-34-1，嘉庆十年三月四日）

---

① （宋）陈彭年等：《重修玉篇》，清文渊阁四库全书本，卷十五。
② （金）韩孝彦：《四声篇海》，明代成化七年（1471）刻本，卷十四。
③ （元）李文仲：《字鉴》，清文渊阁四库全书本，卷二《平声下》。
④ （元）周伯琦编注、（明）胡正言订篆：《六书正讹》，古香阁藏版，元至正十一年（1351），卷二第 38 页。
⑤ （明）梅膺祚：《字汇》，明代万历四十三年（1615）刻本，《亥集》第 61 页。
⑥ （明）焦竑：《俗书刊误》，清文渊阁四库全书本。
⑦ （清）顾蔼吉：《隶辨》，北京，北京市中国书店，1982，第 932 页。
⑧ 《中文大辞典》，台北，中国文化研究所，1968，第 3080 页。
⑨ 方孝坤：《徽州文书俗字研究》，北京，人民出版社，2012，第 289 页。
⑩ 郑贤章：《汉文佛典疑难俗字汇释与研究》，成都，巴蜀书社，2016，第 297 页。
⑪ 胡开全主编：《成都龙泉驿百年契约文书》，成都，巴蜀书社，2012，第 418 页。杨按：录文中"异"字后误脱"日"字。

按："誉"是"誉"的俗字，上面部件改变，左上角写成两短竖，这与"与"字俗字写法一样。

## 四、合文俗字

合文俗字是把两字及两字以上的合写在一起的俗字。如"廿""卅""卌""册""卆"等。

### 【卆】

《为专案移交县中城门城垣坍塌修缮资费等情事致新任史》："折合卆钱一千一百钏……计移交城堤工费卆钱贰百陆拾叁钏叁百肆拾文。"（《南部档案》18-185-1，光绪三十三年十二月六日）

按：该字是"九六"的合文字。该字又写作"九乚"，"九乚"是两个苏码组成的数字，苏码"夊"即表示"九"。如《为申造宣统二年肉厘猪行佃资帮款罚项收支细数事》："一收锅铺岭本年猪行九乚钱贰拾九千五百文，一收锅铺岭本年猪行尾欠九乚钱贰拾壹千三百文。"（《南部档案》21-144-1，宣统二年）[1]

该字又写作"杠"。如《为计开申解筑堤劝捐银两事》："按市价杠合钱壹百壹拾肆千零式拾六文。"（《南部档案》18-892-4，光绪三十四年六月五日）

上海交通大学馆藏契约文书 01091206020002 九四书作卆，又上海交通大学馆藏契约文书 01100108060004 号，九五书作杦。此皆数字里套用苏州码构成的合成字。上海交通大学馆藏契约文书 01100108060016 号，九七书作杠，则是两个苏码组成的数字。

---

[1]　"九乚钱"与"足钱"相对，说明当是"不足钱"。《清代南部县衙档案目录》误把"肉厘"录成"内厘"，"肉"与"内"形近讹误。

# 第三章　清代手写文献俗字判断识读

　　要整理和研究清代手写文献，要完成清代手写文献俗字数据库，判断识读俗字就成为前提。计算机数据库和网络资源的快速发展给专家学者提供了巨大帮助，异体字网站和国学大师网、爱问共享、微信群、百度网盘等资源不少，但也影响了研究的深度。徐时仪指出："运用现代信息处理工具，建立大容量的汉语词汇语料库，从而在很短的时间内获取相关的语言资料，对有关词汇现象进行多方面的统计分析，这已成为学术研究的先进手段，但这一切必须建立在语料无误的基础上，且电脑毕竟不能代替人脑，还要有平时关注考察语言现象积累形成的鉴识能力。"①同一个字往往有几个甚至更多的俗字，影响清代手写文献的正确判断识读。清代手写文献中的俗字可以通过利用辞书、上下文和文字结构变化进行判断识读，从而消除文献阅读障碍。判断识读俗字可以与辞书等收录的俗字进行比较，从字书与佛经音义中寻找俗字字例；参照多件清代手写文献，以清代手写文献中同字和同期或之前写本同字为佐证；分析这些俗字偏旁及部件的增减改易，以偏旁形近兼意近混用通例为佐证，与文字通例进行比较，以俗字讹互通例推其讹变现象，以俗字书写等通例为佐证等。

　　俗字判断识读方法众多，不同学者方法不一样。

　　台湾学者蔡忠霖简单概括为分析（分析俗字的偏旁及构字部件之增损、改易，以求出其书写现象）、归纳（归纳出每个时期之书写风格、习惯，进而探究其俗字结构之特色）、比较（比较南北朝、初唐、五代各时期之俗字字形与结构的变易，试为敦煌汉文写卷俗字之演变寻找出脉络，并进一步推求其书写现象与类型）、佐证（校诸同时期字书及文献所载之俗字，以证明不同时期中俗字之间的联系，并藉而定其书写现象）等。②

---

① 徐时仪：《学海先飞：徐时仪学术论文集》，上海，上海辞书出版社，2017，第76页。
② 蔡忠霖：《敦煌汉文写卷俗字及其现象》，台北，文津出版社，2002，第15～17页。

张涌泉《汉语俗字研究》指出考辨俗字的方法有：一、偏旁分析；二、异文比勘；三、归纳模拟；四、字书佐证；五、审察文义。①

结合前人时贤的俗字研究方法，我们认为，判断识读清代手写文献俗字的方法具体包括利用辞书、利用上下文和利用文字结构变化等②。

## 第一节　利用辞书判断识读俗字

判断识读俗字可以利用辞书，我们可以根据古代的《说文解字》《玉篇》《干禄字书》《广韵》《集韵》《类篇》《龙龛手镜》《篇海》《康熙字典》《说文解字段注》和现代的《敦煌俗字典》《汉语大字典》《中文大辞典》《中华字海》等判断识读俗字。如《说文解字》收录俗字 175 个③，《说文解字段注》收录俗字 419 个④，南北朝梁代顾野王《玉篇》收录俗字 220 个，唐代颜元孙《干禄字书》收录俗字 332 个，宋代《广韵》收录俗字 361 个，宋代王洙、司马光《类篇》收录俗字 51 个。⑤ 这些辞书收录的俗字无疑在判断识读俗字时具有重要参考价值。

### 一、查找现代辞书

现代辞书对帮助俗字的判断识读有参考价值。

【菸】

《为计开杨宗福擅用私钱案内人证事》："到今春小的又去汉中买棉菸，归家把菸往顺庆金台场发(发)卖。每菸一勄卖毛钱多一百余文。"（《南部档案》23-57-1，宣统元年六月二十三日）

按："菸"字如果不知是何字，就无法考证，只好存疑待考。其实，"菸"即"烟"的俗字，《新华字典》即收其字。

#### （一）查找《敦煌俗字典》

黄征《敦煌俗字典》收录敦煌文献中的俗字，可以用来判断识读清代

---

① 张涌泉：《汉语俗字研究》，长沙，岳麓书社，1995，第 193～213 页。张涌泉：《汉语俗字研究》，北京，商务印书馆，2010，第 201～221 页。

② 当然，判断识读俗字的方法并不只这三种，还有请教专家学者、查阅俗字索引、查阅异体字网站等。

③ 据罗会同：《〈说文解字〉中俗体字的产生与发展》，《苏州大学学报》1996 年第 3 期。

④ 据刘洋：《〈说文段注〉俗字类型考略》，《殷都学刊》2000 年第 1 期。

⑤ 方孝坤：《徽州文书俗字研究》，北京，人民出版社，2012，第 30 页。该书还提及《龙龛手镜》《字汇》《正字通》《康熙字典》等字书收录有大量的俗字，但并未明确说明具体收录数量。

手写文献俗字。《敦煌俗字典》收录"贕",判断为"赜"的俗字①。该字又写作"赣",与之类似,见唐朝请郎行河南府河清县主簿左光胤墓志,秦公、刘大新《广碑别字》收录。

## 【霸】

(1)《为具告蒲子琼等藉买田地旁搕霸伐行凶事》:"有无被蒲子琼等率众霸(霸)砍。"(《南部档案》14-58-1,光绪二十四年一月二十日)

(2)《为具诉张廷杨䝉霸改揩事》:"复霸(霸)民上沟田地二次。"(《南部档案》14-77-2,光绪二十四年九月二十五日)

按:"霸"是"霸"的俗字,上面写成"西",下面的"革"字中间一竖未贯穿,成为"廿+口+十"。"霸"俗多讹作"霸"。明代梅膺祚《字汇·西部》收录"霸"字,列为正字,说:"霸,本从雨,俗从西。"②当代沈富进《汇音宝鉴》也将其列为正字。明代"霸"为正字,并非俗字。那究竟清代该字是正字还是俗字呢?

其实,该字明代以前就已经出现,如辽代僧人释行均《龙龛手镜·西部》已经收录该字。清代该字已经成为俗字,清代顾蔼吉《隶辨》去声四十《禡韵》:"今俗作霸,非是。"③清朝毕沅《经典文字辩证书》则将其归入《月部》。《韵会补》:"霸,俗从西作霸,非。"则将列作俗字。黄征《敦煌俗字典》收录该俗字,并解释说:霸霸 S.388《正名要录》:"右字形虽别,音义是同。古而典者居上,今而要者居下。"按:魏《赫连悦墓志》等已有后形,隋唐因之。④ 汉字中,"雨"字多写成"西"字,两者形近。类似的还有"恶"字,上面的"亚"字书写不便,多改写成"西"(如俄藏 ДX02826《唐开元某年卖与兴胡作人状》"亦不是恶人"、康熙四十六年七月十九日的冕宁档案《黄裳告为恳恩追价事》"前遭虎恶周接等黉"⑤),或者写成"恶",都是因为书写不便的缘故。笔画过多,不便书写,势必会遭到民众的唾弃,最终被淘汰。因此,我们在汉字改革时,应该注意到汉字书写的便利和理据的统一协调。书写的便利应该放在第一位,因为只有书写方便,才有存在的可能和优势。

又写作"霸"。《汉语大字典》《中文大辞典》均未收录该俗字。

---

① 黄征:《敦煌俗字典》,上海,上海教育出版社,2005,第537页。
② (明)梅膺祚:《字汇》,明代万历四十三年(1615)刻本,《申集》第101页。
③ (清)顾蔼吉:《隶辨》,北京,北京市中国书店,1982,第601页。
④ 黄征:《敦煌俗字典》,上海,上海教育出版社,2005,第8页。
⑤ 李艳君:《从冕宁县档案看清代民事诉讼制度》,昆明,云南大学出版社,2009,第47页。

**（二）查找《中文大辞典》《汉语大字典》《故训汇纂》等**

《中文大辞典》虽然以收词为主，但是也收录不少俗字，而其在俗字研究中的作用并不大被专家学者所注意。

《汉语大字典》第一版收录 54035 个汉字，第二版收录 65000 个汉字，编纂水平较高，其中收录有不少俗字，可以用来判断识读清代手写文献俗字。

张涌泉《汉语俗字研究》对 1990 年出版的《汉语大字典》评价甚高，指出："收录俗字之多，尤为历代字书之冠。在俗字辨析方面，该书在继承前人成果的基础上，汲取了今人的一些新成果，所以在反映俗字研究成果的总体水平上又有所提高。"①

并不是所有的俗字都能够在辞书中查到，如"旭"字就无法查阅，详见第六章。

## 二、查找古代辞书

**（一）查找《干禄字书》《正名要录》**

《干禄字书》为唐代武则天时代颜元孙所撰，收字 1599 个，大历九年（774）书家颜真卿写录此书，刻之于石，其传遂广，正体合《说文》占82.2%，俗体合《说文》仅占 0.8%，故作者在自序中所说的"所谓正者，并有凭据"是以《说文》为确定正字的根本；《五经文字》成书于唐代宗大历十一年（776），是张参受诏为考证儒家经典中的文字形体变化和音义而作的，全书收字 3235 个；《九经字样》为文宗开成二年（837）唐玄度所撰，收字 421 个，此书为《五经文字》的续作。《九经字样》在考定形体、注释音义，体例都与《五经文字》相同，只发现"席""于""笑""盖"四字与《五经文字》共收，其余都是《五经文字》一书所没有的，而且共收的四字两书同形。《干禄字书》等收录唐代俗字，可以用来判断识读清代手写文献俗字。

《正名要录》是敦煌文献中的一部字书，与《字宝》一样收录很多俗字，对清代手写文献俗字判断识读具有参考借鉴意义。

**【圡】**

（1）《刘泽茂买卖宅地退约》："圡（土）木相连。"（《太行山文书》，顺治十一年三月四日）②

（2）《孙天秀同长男孙万祥等弟兄四人卖场卖死契》："圡（土）木相

---

① 张涌泉：《汉语俗字研究》，北京，商务印书馆，2010，第 327 页。
② 康香阁主编：《太行山文书精萃》，北京，文物出版社，2017，第 52 页。

连。"(《太行山文书》,康熙四十五年二月二十三日)①

(3)《黄鞏中立卖草窖契书》:"自情愿将到圡(土)名坐落石燕岭草窖。"(《石仓契约》第一辑第五册下茶排·阙氏,乾隆十二年四月二十六日)②

(4)《山林断卖契》:"情将自己受分杉山二块圡(土)名引滚牛坡。"(《贵州苗族林业契约文书汇编》,乾隆十七年十二月六日)

(5)《刘明奇杜卖田地文契》:"寸圡(土)不留。"(《龙泉驿文书》6-1-011,乾隆贰拾柒年拾壹月贰拾肆日)③

(6)《为马万程出当铁匠湾官业一分与鳌峰书院耕种》:"立写出当地圡(土)文约人马万程情因赴京缺费。"(《南部档案》2-65-1,乾隆四十五年四月十六日)

(7)《蒋显宗断卖栽手杉木契》:"圡(土)名坐落中倍栽杉种栗。"(《清水江文书》2-1-3-067,道光十年四月三日)

按:"圡"是"土"的俗字,加点俗字。清代顾蔼吉《隶辨》卷六《偏旁》说:"土,从二从丨,亦作圡。士或作土,乃加点以别之。"④《汉语大字典》第二版解释说:"同'土'。《隶辨·衡方碑》:'圡家于平陆。'顾蔼吉注:'土本无点,诸碑士或作土,故加点以别之。'"⑤敦煌文献"土"多写作"圡",可能是为了和"士"相区分,也可能是书写时方便。方孝坤《徽州文书俗字研究》收录,并指出明清徽州文书均有该俗字。⑥《中华字海》收录"圡",解释说"圡,同'土',汉隶多见。"⑦明代梅膺祚《字汇》:"土,俗作圡。"⑧欧昌俊、李海霞《六朝唐五代石刻俗字研究》说:"土俗作圡。"⑨"土"字这种俗写"圡"字,《祖堂集》中也有,参张美兰《祖堂集校注》附《祖堂集俗字》。⑩

"土",敦煌文献作"圡"。"圡"同"土"。唐代颜元孙《干禄字书》:"圡

① 康香阁主编:《太行山文书精萃》,北京,文物出版社,2017,第53页。
② 曹树基、潘星辉、阙龙兴编:《石仓契约》第一辑第五册,杭州,浙江大学出版社,2011,第3页。
③ 胡开全主编:《成都龙泉驿百年契约文书》,成都,巴蜀书社,2012,第4页。
④ (清)顾蔼吉:《隶辨》,北京,北京市中国书店,1982,第945页。
⑤ 《汉语大字典》第二版,成都,四川辞书出版社;武汉,崇文局,2010,第448页。
⑥ 方孝坤:《徽州文书俗字研究》,北京,人民出版社,2012,第181页。
⑦ 冷玉龙等主编:《中华字海》,北京,中华书局、中国友谊出版公司,1994,第219页。
⑧ (明)梅膺祚:《字汇》,明代万历四十三年(1615)刻本,《丑集》第37~38页。
⑨ 欧昌俊、李海霞:《六朝唐五代石刻俗字研究》,成都,巴蜀书社,2004,第4页。如《北周诸菩萨且足无量云云佛经摩崖》:"佛圡俱来。"《唐赵君妻曲氏墓志》:"开圡命氏之源。"(见该书第23页引)
⑩ 张美兰:《祖堂集校注》,北京,商务印书馆,2009,第542页。

土：上通，下正。"①清代顾蔼吉《隶辨·衡方碑》："玊家于平陆。"顾蔼吉注："土本无点，诸碑士或作土，故加点以别之。"②敦煌文献"土"多作"玊"，亦当是为了和"士"相区分。李荣《文字问题》指出："有的可能是为了区别形近的字，如土字加点可能是为了跟士字区别。（参考王字无点，玉字有点。）"③

张涌泉《俗字里的学问》："'土'字与'士'字仅底下一横画长短稍异，为了把这两个字区别开来，俗书便给'土'字增点写作'玊'。《汉衡方碑》：'□□□玊，家于平陆。'清顾蔼吉《隶辨》卷三姥韵'玊'字下注云：'土本无点，诸碑士或作土，故加点以别之。'《干禄字书》：'玊土：上通下正。'"④由此可见，《隶辨》所引在"玊"字后当点断，张氏所引"《汉衡方碑》"似当作"汉《衡方碑》"。

陈五云等言："有些论俗字的文章，以为'土'字的俗字'玊'的出现，是由于为使右边得到平衡，从而显得美观。此说有理，但不完全。据我们的观察，'土'字除本身独立成字外，尚可作偏旁用，其作偏旁，有在左、在右、在上、在下四种。在这四种偏旁中，唯有在右之偏旁会有右边加点的写法。如"吐"字，其右旁往往加点。较之草书，便可知'土'字（包括偏旁）作'玊'系由草书而来，而草书作'玊'的主要原因，并非因其'取得平衡'之效，而是由汉字书写时的行款自上而下，为掉转笔锋而衍一'丶'以顺接下字。"⑤陈说是，我们认为，该俗字的出现，受汉字用毛笔书写的影响比较大。

赵春兰说：《辽藏·妙法莲花经》："过于东方千国玊。"《说文》土部："土，地之吐万物也。""玊"与"土"因形近常被混同使用，一是为与"士"相区别，二是由于笔势的影响，"土"便加点成玊。《干禄字书》："玊土：上通下正。"《隶释》老子铭："其玊地郁高壖敞。"⑥

与"土"字加点俗字"玊"类似的，还有下面几个俗字。

《为设立社学选授社师事》："复州县**社**(社)学之设。"（《南部档案》1-

---

① 中华汉语工具书书库编辑委员会：《中华汉语工具书书库》第十二册，合肥，安徽教育出版社，2002，第589页。

② （清）顾蔼吉：《隶辨》，北京，北京市中国书店，1982，第373页。

③ 李荣：《文字问题》，北京，商务印书馆，1987，第56页。

④ 张涌泉：《俗字里的学问》，北京，语文出版社，2000，第21页。

⑤ 陈五云、徐时仪、梁晓虹：《佛经音义与汉字研究》，南京，凤凰出版社，2010，第32～33页。书中引用张显成所言，汉简中即有加点的"土"字，但加点的作用主要是区别"土"字与"士"字。

⑥ 赵春兰：《应县木塔辽代秘藏妙法莲花经俗字研究》，上海师范大学硕士学位论文，2006，第32页。

5-1，雍正三年）

按："社"是"社"字的俗字，多写一点，右边的"土"字写成了"圡"，属于末笔增加。这与"土"字加点情况类似，应该是受到"土"字写成"圡"的影响。清代顾蔼吉《隶辨·马韵》："社，《张迁碑》：'非社稷之重。'社，《史晨奏铭》：'夫封圡为社。'社，《韩勑碑》：'颍川长社。'"①启功《历代书法字汇·示部》收录，引《唐欧阳询温彦博碑》社作社。方孝坤《徽州文书俗字研究》收录，指出明代徽州文书有该俗字。②南北朝梁代顾野王《玉篇·示部》收录"社"字，解释说："市者切，土地神主也。"③明代焦竑《俗书刊误·者韵》也收录，解释说："俗作社，非。"④与上述俗字只有最后一点位置的差异。

（1）《陈尧徵杜出卖田地文契》："立写社（杜）出卖田地文契人陈尧征同男。"（《龙泉驿文书》6-1-010，乾隆拾玖年七月十八日）⑤

（2）《刘明奇杜卖田地文契》："立社（杜）卖田地文契人刘明奇。"（《龙泉驿文书》6-1-011，乾隆贰拾柒年拾壹月贰拾肆日）⑥

（3）《吴王氏等立杜断典田约》："立此杜（杜）断典约存照。"（《徽州文书》0018，道光九年十二月）⑦

按："社"为"杜"的俗字。《说文·木部》："杜，甘棠也。从木、土声。"⑧《隶变》卷三上声十姥："汉《冯绲碑》：'□□大社。'"清代邢澍《金石文字辨异·上声·麌韵》："社、汉《冯绲碑》：'□□大社。'按社即杜字。"⑨凡土形多作圡。土可作圡，则杜可作社。

《宣统元年七月初七日原差李和等为禀提到叶大炎等事禀》："原呈民人郭王辉、郭梦壁（壁）、郭梦印、郭廷想。"（《龙泉司法档案选编》10898：5，宣统元年七月七日）⑩

按："壁"是"壁"的加点俗字，《说文》未见，南北朝梁代顾野王《玉

① （清）顾蔼吉：《隶辨》，北京，北京市中国书店，1982，第431页。
② 方孝坤：《徽州文书俗字研究》，北京，人民出版社，2012，第193页。
③ （宋）陈彭年等：《重修玉篇》，清文渊阁四库全书本，卷一。
④ （明）焦竑：《俗书刊误》，清文渊阁四库全书本。
⑤ 胡开全主编：《成都龙泉驿百年契约文书》，成都，巴蜀书社，2012，第2页。
⑥ 胡开全主编：《成都龙泉驿百年契约文书》，成都，巴蜀书社，2012，第4页。
⑦ 刘伯山编著：《徽州文书》第一辑第2册，桂林，广西师范大学出版社，2005，第21页。
⑧ （东汉）许慎：《说文解字》，北京，中华书局，1963，第114页。
⑨ （清）邢澍：《金石文字辨异》，上海，上海古籍出版社，1996，第423页。
⑩ 包伟明主编：《龙泉司法档案选编》第一辑《晚清时期》，北京，中华书局，2012，第325页。

篇·土部》收录①，宋代娄机《汉隶字源》入声《锡韵》引《仙人唐公房碑》《龙龛手镜·土部》《玉篇·土部》并增一"、"作"壁"。类似的，"基"字下面的"土"字也写成"圡"字。

也写作"圡"，如：

(1)《为马万程出当铁匠湾官业一分与鳌峰书院耕种》："立写出当地圡（土）文约人马万程情因赴京缺费。"（《南部档案》2-65-1，乾隆四十五年四月十六日）

(2)《蒋显宗断卖栽手杉木契》："山场乙所，坐落洛圡（土）名为乌格溪冉松农。"（《清水江文书》2-1-3-068，道光十一年一月二十三日）

按："圡"是"土"的俗字，加点俗字，与"圡"字相比，加的点位置上移。唐代颜元孙《干禄字书》、金代韩孝彦《四声篇海·土部》、清代吴任臣《字汇补·土部》均收录。《干禄字书》说："圡土，上通，下正。"②由此可见，"圡"字在唐代是通行字。《字汇补·土部》："土字从他鲁切，圡字从徒古切，分土圡作二字，非是。"③《汉语大字典》《中华字海》均未收录。

**(二)查找《一切经音义》《可洪音义》等佛经音义**

《一切经音义》主要有唐代的玄应和慧琳两种，其次还有五代可洪《新集藏经音义随函录》（简称为《可洪音义》），另外，还有辽代希麟《续一切经音义》、宋代处观《绍兴大藏经音》等。这些音义已经被学界重视并加以利用，也可以用之来判断识读清代手写文献俗字。

**【屮】**

《为京师专设矿务铁路总局统辖开矿筑路事宜事饬南部县衙》："屮（此）铁路之大暑也。"（《南部档案》14-46-1，光绪二十四年九月二十四日）

按："屮"是"此"的俗字，写法与"比"相近，容易混淆，导致误读。《说文》未见，不过，佛经音义已经见到这个俗字。如《可洪音义》："上乌盍反。屮云光。"④实际上，汉代已经出现该俗字，宋代娄机《汉隶字源·纸韵》收录该俗字，见汉代《张公神碑》。清代邢澍《金石文字辨异》上声

---

① (宋)陈彭年等：《重修玉篇》，清文渊阁四库全书本，卷二。
② 中华汉语工具书书库编辑委员会：《中华汉语工具书书库》第十二册，合肥，安徽教育出版社，2002，第589页。多误作《干禄字书》："圡土：上通，下正。""圡"字与"圡"字并不等同。
③ (清)吴任臣：《字汇补》，清代康熙五年(1666)刻本，《丑集》第12页。
④ 引自《高丽大藏经》，上海，上海古籍出版社，1986，第34册第661页。

《纸韵》收录该字，见汉《郙阁颂》"闻此为难"。① 方孝坤《徽州文书俗字研究》收录，指出清代徽州文书有该俗字。②

## 【攺】

《为向题轩具告杨初林勒揹不买盐井事》："因杨初林早买小的两约田土，均系攺（改）约投税。"（《南部档案》23-255-1，宣统元年四月一日）

按："攺"是"改"的俗字。佛经音义已经有这种用法，如《可洪音义》："大铠：苦攺（改）反。甲别名。"③"攺"字当是"殴"字演变而来，反文旁"攵"与"殳"旁本是关系密切的，可以替换。"攵"即"攴"，意思是用手拿东西击打。"殳"也是用手拿东西击打。"殴"字，辽代僧人释行均《龙龛手镜·殳部》《中华字海·殳部》收录④。"攺"字也可能是"殴"字演变而来，罗振玉《偏类碑别字·支部》收录"殴"，引《魏义桥石象碑》。

### （三）查找《龙龛手镜》记载

《龙龛手镜》收录了大量俗字，已经被学界熟知并加以利用，我们也可以利用其来进行清代手写文献俗字的判断识读。

当然除以上提到的字书外，韵书等其他工具书也可以查阅，如"总"字在清代手写文献中写法多样，有"总""揔""惣""緫"等，《广韵》："緫，聚束也，合也，皆也，众也。作孔切。揔，同上。惣，俗。"

又如隋朝颜愍楚（颜之推之次子）《俗书证误》说："美，从大，从火非。博、协，从十，从小非。倏，从攸从犬。从大非。陕，陕西，从入，从人非。夔（彝），从乡，从分非。谏，从柬，从东非。解，从刀牛，从羊非。纠、赳，从丩，从斗非。觅，从爪，从不非。辈，从非，从北非。敛，聚敛，从攵，从欠非。观，从茻，从雈非。丰，从二丰，从曲非。圣，从壬，从王非。万，数也，万非。纂，从目，从日非。佞，从女，从妄非（侫）。函，从承，从亟非。壶，从坴，从亚非。翰，从人从羽，从翁非。郁，俗作欎，非。赢，从口，从叩非。覃，从早，从早非。衅，从同从酉，从月从直非。吴，从呉，从天非。逸，从龟，从二兔非。览，从𠂤，从𠂆非。剑，从刀，从刃非。奈，奈何，从大，从木非。遥，从遥，从宀非。觊，音娶，窥觊，从虚非。寻，从口，从凡非。颖，从禾，

---

① 《郙阁颂》是东汉灵帝刘宏建宁五年（172）刻的一方摩崖石刻，是为纪念汉武都太守李翕重修甫阁栈道而书刻的，同《石门颂》《西狭颂》并称我国的"汉三颂"，各种金石学专著和杂记，各种书法专论或专著，多有著录，仅《隶辨》就录有128处之多。
② 方孝坤：《徽州文书俗字研究》，北京，人民出版社，2012，第187页。
③ 引自《高丽大藏经》第34册，上海，上海古籍出版社，1986，第661页。
④ 冷玉龙等主编：《中华字海》，北京，中华书局、中国友谊出版公司，1994，第936页。

从示非。缆，从缶，从乡非。宦，从宀，从穴非。继、断，从㡭，从㡭从迷非。助，从且，从目非。同，从口，从吕非。奇，异也，零也，从大，从立非。减，从冫，从氵非。雎，从且，从目非。陷，从臽，从舀非。步，从少，反止也，从少非。留，从丣，从卯非。朿，音次，木芒也，与束异。窃，从禼从采，从耦非。衡，从角从大，从鱼非。某，从甘从木，从廿从小非。虎，从虍，凡此类从之，从庀非。兔，从兔从丶，从免非。禀，从禾，从示非。习，从羽，凡此类从之，俗作習。恐，从卂，从凡非。熏，从㓁，从田非。勇，从用，从田非。尒，音迩，从人，从尔非。秘，从示，从禾非。奬，从犬，从大从丬非。疋，从口不合，从疋，凡疎、楚、胥等字从之。没，从几，从儿非。采，从爪从木，从米非。炙，从月，从夕非。朋，邪书从月，从月非。青，从丹，从月非。泛，音凡，从㔾，从巳非。凡范、笵等从之。怀，从亠从表，从十非。舌，从干，从千非。讹习诸字：戊，原音茂，今务。疋，原音梳、音雅，今匹。讵，原诳音，今讵骗，讹匡音。大，原音惰，今音泰，又下盖切。滆，县名，原霍虢切，今火。户，原音扈，今护。解，原音嫁，今介。部，原音剖，今簿。鬬，原从门从斲，今作鬪。咬，原音爻，今口齩之齩。听，原疑谨切，笑也，今讹作听。那，原平声，今那边去声。做，原直信切，今做，又租去声。歹，原音遏，今好歹。諕，原与吓同，音鎛，今諕吓误音。帮，今帮贴。这，今这厮、这等。着，原著，今着实。歪，今歪斜，外平声。勾，原句，今勾引，音钩，勾足、勾当，音遘。赔，今赔贩。揹，今勒揹。唆，今唆使，音梭。阄，原钩，今拈阄。哄，今欺哄。丢，今丢弃。拐，今拐带。瞎，今眼盲，音辖。趱，今催趱。躲，今躲避。怎，今怎生，音臻上声。拿，原拏，今拿捉。搼，今扯。软，今軟。兔，今兎。檐，今櫓。宂，今冗。樸，今檏。迴，今逈。盐，今塩。寻，今尋。衔，今啣。咸，今醎。神，今神。轨，今軌。携，今携。内，今內。菑，今葘。炯，今烱。吕，今吕。睿，今睿。”①其中不少写法在清代手写文献中常见，如“奇”字不从“大”，而从“立”。“禀”字不从“禾”，而从“示”。“恐”字不从“卂”，而从“凡”。“盐”写作“塩”等。②很多颜氏书中认为“非”的汉字却被后世传承使用，甚至成为今天的规范字，因此，我们对汉字应该多研究，多总结，多观察，让汉字保持一定

① (隋)颜愍楚：《俗书证误》，《续修四库全书·经部·小学类》，上海，上海古籍出版社，2002，第329～330页。

② “塩”字南北朝梁代顾野王《玉篇》《广韵》都收录，南部档案当是沿用传统。该俗字用“口”字代替“卤”字，方便书写。

时期的稳定，让汉字在竞争中生存，不要过分急于改革，从而真正实现汉字的稳步发展，更好地为民众服务，发挥汉字应有的作用。

又如明代陈士元《古俗字略·真韵》力珍切："鄰，近也。比也。𨛬、ㅿ、𨞪、𨜌、鄰，并古。邻，俗。"(第 39 页)①清代手写文献中多见"邻"字，该字是"鄰"的俗字。金代韩孝彦《四声篇海·阜部》引《余文》："邻，力珍切。近也。亲也。《说文》曰：'五家为邻'。"(706 下)②

**(四) 查找《碑别字新编》等**

秦公《碑别字新编》收录了大量的俗字，可以帮助清代手写文献俗字的判断识读。

**【升】**

(1)《刘启地粮开单》："今开与本族堂弟刘彻地粮捌升(升)。"(《太行山文书》，康熙三十年三月十三日)③

(2)《程国珍卖明水田文契》："随田科米仓升(升)原粮肆升(升)，连加增共仓升(升)柒升(升)柒合整。"(《吉昌契约文书》wzc-23，乾隆二年一月二十二日)④

(3)《为具告敬应堂等毁茔作地久粮不拨事》："尚余九甲创业丁粮三升(升)三合。"(《南部档案》14-85-1，光绪二十四年四月七日)

按："升"是"升"的俗字，多加一点，容易误认成其他汉字。方孝坤《徽州文书俗字研究》收录，指出明清徽州文书均有该俗字。⑤ 实际上，该俗字晋代已经出现。秦公《碑别字新编》指出："升，晋乐安光砖志。"⑥由此可见，清代手写文献俗字并非清代手写文献独创，而多沿袭传统。而且，清代手写文献中凡是部件中涉及该字都写成该俗字，说明这些俗字传承性特别强，并非哪个书手自创。

其他辞书也能够为我们提供俗字判断的资料。

**【粪】**

《王廷鳌为具恳买王朝选田土愿充入鳌峰书院恳状》："为此甘心过拨，以粪(冀)免患。"(《南部档案》2-68-1，乾隆五十六年四月二十六日)

---

① (明)陈士元：《古俗字略》，[日]杉本つとむ：《异体字研究资料集成》二期八卷，东京，雄山阁，1973，第 34 页。

② (金)韩孝彦：《四声篇海》，明刊本，第 312 页。

③ 康香阁主编：《太行山文书精萃》，北京，文物出版社，2017，第 45 页。

④ 孙兆霞等编：《吉昌契约文书汇编》，北京，社会科学文献出版社，2010，第 2 页。

⑤ 方孝坤：《徽州文书俗字研究》，北京，人民出版社，2012，第 183 页。

⑥ 秦公辑：《碑别字新编》，北京，文物出版社，1985，第 5 页。

按："**奠**"字为"冀"的俗字。《玉篇》收录该俗字。《玉篇·北部》："'奠'同'冀'。"①《九经字样》《广韵》《康熙字典》皆作"**冀**"②，俗字"丷"多与"八"相乱，书写更方便。《碑别字新编》中《魏曹真碑》作"**冀**"，《魏李宪墓志》作"**奠**"③，皆为"奠"之变体。《宋元以来俗字谱》中《列女传》《通俗小说》《三国志平话》也有该俗字④。

清代手写文献中还有用例，如：

《为具诉罗英品等为谋配生妻具控范思宗株连氏名在案事》："于今本月初一日将氏一地**粰**（稞）粮尽行抢割，希**奠**（冀）无食出嫁伍畏。"（《南部档案》3-69-2，嘉庆九年七月十五日）

按：传世文献多见"希冀"一词，郑贤章《汉文佛典疑难俗字汇释与研究》列举《三国志·魏志·臧洪传》和《净土资粮全集》卷四，可参阅⑤。

## 第二节　利用上下文等判断识读俗字

俗字的判断识读上往往容易包含着编纂者主观的看法，难免失误。没有文献用例，读者无法对俗字进行判断识读。因此，我们将清代手写文献原文尽量摘录，作为判断识读的辅证。在清代手写文献俗字的认定上，通过上下文等的帮助，能够为之增加一分可信度。本书的书证皆录自清代手写文献原卷。每一个俗字皆举出清代手写文献语句，作为证据。

清代手写文献中俗字的结构和笔画上，出现有各种复杂的写法。大多数俗字是举世公认而普遍流行的俗字，并不影响人们交流思想，对诉讼或者记录并未造成多大的危害，因为上下文对俗字有相当大的制约力。从清代手写文献俗字中，我们可以看到形声字中，形旁的作用大大弱化，声旁的重要性大大提升，声旁已经有符号化的趋势，声旁不仅仅表音，还能够表示意义。民众可以换用形旁，甚至减省形旁，而上下文语境为

---

①　（宋）陈彭年等：《重修玉篇》，清文渊阁四库全书本，卷十五。

②　中华汉语工具书书库编辑委员会：《中华汉语工具书书库》第十二册，合肥，安徽教育出版社，2002，第 109 页。（宋）陈彭年等：《宋本广韵》，北京，中国书店，1982，第353 页。（清）张玉书等：《康熙字典》，北京，中华书局，1958，第 128 页。

③　秦公辑：《碑别字新编》，北京，文物出版社，1985，第 344 页。

④　刘复、李家瑞：《宋元以来俗字谱》，北京，国立中央研究院历史语言研究所，1930，第 132 页。

⑤　郑贤章：《汉文佛典疑难俗字汇释与研究》，成都，巴蜀书社，2016，第 294 页。

这种书写提供了正确的理解基础。

## 一、检索上下文

于淑健认为"采用以俗治俗、方音印证、同义系联、典型语境归纳等不同方法,通过辨形、审音、明词、推例、探源等手段"①,其中"语境归纳"就是我们所言的检索上下文。

【瓜】

(1)《为具告蒲子琼等藉买田地旁搕霸伐行凶事》:"卖钱瓜(瓜)分各情事。"(《南部档案》14-58-1,光绪二十四年一月二十日)

(2)《王联富立字遗嘱分关合同文据》:"尔弟兄私人平派瓜(瓜)分所有。"(《龙泉驿文书》6-1-156,光绪二十九年八月六日)②

(3)《为具告邓永树等套当田业霸撇借钱事》:"瓜(瓜)分仍旧抗还。"(《南部档案》21-616-1,宣统二年二月二十九日)

按:"瓜"是"瓜"的俗字,少写一点,表面上容易误解成"爪"或者"抓",但是下文的"分"字制约其只能是"瓜",而不是其他汉字。清代顾蔼吉《隶辨·麻韵》收录,例证引《魏上尊号奏》:"同心之瓜。"③唐代颜元孙《干禄字书》收录,并判断为正字④。宋代《广韵》、宋代丁度等《集韵》、北宋沙门处观《精严新集大藏音》、金代韩孝彦《四声篇海》均作为正字收录。秦公、刘大新《广碑别字》收录,说:"瓜,唐国子生李鱼墓志。"方孝坤《徽州文书俗字研究》收录,指出元代徽州文书有该俗字。⑤

判断识读清代手写文献俗字时,我们可以综合采用对校、本校、他校、理校等,根据音形义判断,按照字形查明字义,按照上下文意判断。这样,内证和外证(或者旁证)结合,就能够尽可能的使考辨符合清代手写文献前后内容,言之成理,论之有据。

【處】

(1)《刘泽茂买卖宅地退约》:"今将原买到刘大纪宅地一處(處)。"(《太行山文书》,顺治十一年三月四日)⑥

---

① 于淑健:《敦煌佛典语词和俗字研究》,上海,上海古籍出版社,2012,第109页。
② 胡开全主编:《成都龙泉驿百年契约文书》,成都,巴蜀书社,2012,第369页。
③ (清)顾蔼吉:《隶辨》,北京,北京市中国书店,1982,第217页。
④ 中华汉语工具书书库编辑委员会:《中华汉语工具书书库》第十二册,合肥,安徽教育出版社,2002,第589页。
⑤ 方孝坤:《徽州文书俗字研究》,北京,人民出版社,2012,第185页。
⑥ 康香阁主编:《太行山文书精萃》,北京,文物出版社,2017,第52页。

（2）《陈尧徵杜出卖田地文契》："分与己分上山田地一**屬**（處）。"（《龙泉驿文书》6-1-010，乾隆拾玖年七月十八日）①

（3）《为计开学堂开支账目事》："培补房圈两**歲**（處），去钱二千四百文。"（《南部档案》17-315-58，光绪三十一年）

按："**屬**"为"處（处）"的俗字。《广韵·去声·御韵》："处，所也。昌据切。又音杵。**屬**，俗。"刘复《宋元以来俗字谱·虍部》引《古今杂剧》《太平乐府》《白袍记》《岭南逸事》作"**屬**"。按：清代顾蔼吉《隶辨·上声·语韵》引《韩勑碑阴》"处"作"**豦**"，《杨信碑》作"**霥**"，《灵台碑》作"**霥**"②，然则"处"之作"**屬**"盖为汉以来俗字。方孝坤《徽州文书俗字研究》收录，指出清代徽州文书有该俗字。③

有的俗字出现在人名中，这种情况最麻烦，无法利用上下文，也无法检索辞书，但可以比较其他卷中上下文出现的情况来比对推断。如"**巸**"（《南部档案》16-654-1 中的人名"郑咸**巸**"中出现），根据该人名又出现在《南部档案》16-517-3 中，清晰地写成"郑咸熙"，于是我们可以肯定该字当是"熙"字的俗字。但有意思的是，相邻的档案 16-517-4 又写成"郑咸**巸**"。

【**巳**】

《为廖维纪出卖田地给杨应廷》："愿将**巳**（己）业地一幅。"（《南部档案》2-64-1，乾隆三十九年十月二十二日）

按："**巳**"是"己"的俗字，不是"巳"字。因为两字形体十分接近，民间书写两字容易混淆，不过，读者完全可以根据上下文可以进行区别，并不影响文字使用和意思表达。清代县志也有使用，道光《南部县志》卷二十四《杂类志·事纪》："私者百官，宏乘佛舆，以五采裹青石，诳百姓云：'天与巳玉印。'李连遣参军李奉伯，破获之。"④

【**斡**】

《为整顿通省驿站并议复核办本府公文如何设站分递事饬南部县》："希即**斡**（转）饬所属各厅州县查照新章。"（《南部档案》13-8-1，光绪二十

---

① 胡开全主编：《成都龙泉驿百年契约文书》，成都，巴蜀书社，2012，第 2 页。

② （清）顾蔼吉：《隶辨》，北京，北京市中国书店，1982，第 362 页。

③ 方孝坤：《徽州文书俗字研究》，北京，人民出版社，2012，第 224 页。

④ （清）王瑞庆、李澍修；徐畅达、李咸若纂：《南部县志》，清代道光二十九年（1849）刻本，卷二十四第 3～4 页。

二年三月十二日）

按："**斬**"是"转"的俗字，右上角写成"又"字，后面的"周转"一词更能够证明该字是"转"的俗字。而"又"字很早就被民众拿来作为汉字的构件，十分方便，今天的规范汉字中也多见该构件，虽然丧失了汉字的理据性，分析和理解有所影响，但是书写方便了，便于应用，由此可见，汉字书写的便捷是第一位的，而理据等是第二位的。

### 二、利用传世相关文献

文献用例，分清代手写文献用例和传世文献用例两类。

清代手写文献反映清代时期的语言，注明了具体的时间，比一般的传世文献价值宝贵，不需要判断时期，不需要鉴别真伪，是最接近语言真实的材料，有利于从语言文字角度解读历史，还原历史的原貌。我们也可以从历史的角度去研究清代手写文献的语言文字，分析对比语言文字的历时发展。我们还可以从历时的角度去比较清代手写文献的俗字。这些都需要检索和搜寻文献用例来实现，用文献证据说话，而不是想当然地加以论述。

我们通过文献检索和对照法，比较同时期材料，追溯前期文献（包括敦煌文献、陕西神德寺塔出土文献、明代档案等），以现代文献（民国手写文献等）作为印证材料。我们还可以从别人研究论著中提到的文献例证发掘材料，减少比较的劳动量。

【蚁】

(1)《为领得被窃水牯牛一只事》："蚁于七月十八日具报在案。"（《南部档案》1-13-2，雍正十二年八月十五日）

(2)《词稿簿之一九》："蚁见玉坤之言。"（《清水江文书》10-1-1-019，道光十三年七月□日）

按："蚁"字与今天的规范汉字一样，意思是我的谦称。因为民众属于草民，与蚂蚁一样地位低下。而且，该字在书写时比其他字都不同，往往出现在一竖行的右半边，或者字号较小，显示自己的低下，与"皇""大老爷"等空抬表示尊崇刚好相反，反映了中国等级制度森严，连汉字都有三教九流，都有地位高下之分。

繁体字"蟻"清代手写文献也常见。例如《为具告雷普越分图葬事》："蟻控雷普越分图塋一案。"（《南部档案》2-66-1，乾隆四十六年九月十一日）

巴县档案也有写繁体字"蟻"，而少写该俗字。《乾隆三十一年七月王慎真杨肃云告状》："蟻等十户议明。"①

　　冕宁县档案也多见繁体字"蟻"，少见写简体俗字的，如"蟻以飞告冤良等为由。"(道光十六年)

### 三、借鉴参考比较相关论著

　　比较是研究清代手写文献俗字的重要方法之一。比较既包括纵向比较，又包括横向比较。完全独立研究所有的文献是不现实的，但借鉴已有成果，参考现有方法，则是提高研究效率的重要途径。如古文字考释的方法对清代手写文献俗字的辨认、分析、考释就十分有用。比较时将相关内容列表展示，使相关研究异同一目了然，有助于问题的分析和解决。

　　当然，借鉴参考比较都需要建立在坚实的调研基础上。俗字收录和整理研究的论著除前面提到的以外，还有唐代陆德明《经典释文》、颜师古《匡谬正俗》、张参《五经文字》，宋代张有《复古编》、孙奕《履斋示儿编》，明代陈士元《古俗字略》、杨慎《奇字韵》、梅膺祚《字汇》、张自烈《正字通》，清代李光地《榕村字画辨讹》，民国郑诗《古今正俗字诂》、黄侃《字正初编》等。

　　清代李光地《榕村字画辨讹》："爭作争非。"②清代手写文献中常常写作"争"字，并不是专家学者认为非，该汉字就会停止使用，而是在使用中发展，最后该字还成为今天的规范汉字。从此字我们可以看到，前人时贤的论断未必就一定正确，能够断定文字的生死。没有绝对的把握，轻易做出判断，容易导致出现武断的结论。近现代以来，一旦论及武则天时代出现的汉字，人们就认为这些汉字由武则天独创，在武则天之前是不可能出现的。事实并非如此，人们已经在汉魏的古文中找到这些汉字的身影，也就是武则天仅仅是将这些非常用字公之于众，最多只能算是这些汉字的传播者，而不是创造者。③ 知道这样的事实，我们就不可

---

① 四川大学历史系、四川省档案馆主编：《清代乾嘉道巴县档案选编》上，成都，四川大学出版社，1989，第1页。

② (清)李光地：《榕村字画辨讹》，清代道光九年(1829)刻本。

③ 参明代陈士元：《古俗字略·凡例》，[日]杉并つとむ编著：《异体字研究集成》第2期第8卷，日本熊山阁株式会社，第2页。该书多收俗字，如炉(29)、(来33)、(庄58)、与(82)、礼(84)、体(84)、万(123)、断(125)、乱(126)、办(126)、单(128)、属(150)、麦(164)、边(177)等。参看杨正业：《简论〈古俗字略〉——兼及〈汉语大字典〉疑难字》，《辞书研究》2003年第3期；何茂活：《从〈古俗字略〉看汉字简化的历史基础——兼论该书的辞书学价值》，《辞书研究》2012年3期。

能再根据这些汉字来推断其他结论了。

《南部档案》3-58-7出现的"器"是"器"的俗字，"器"字中间俗字写成"工"，王朝忠、王文学《常用汉字形义演释字典》已经收录该字形。①

清代手写文献俗字继承中古俗字，沿用敦煌俗字，还可以与域外汉字俗字进行比较，如今本《今昔物语集》保留的俗字。认读这些字当然首先可以利用学者的研究成果。日本学者做得很不错，如杉并つとむ编著的《异体字研究集成》仅第一期和第二期多达20册，难字大鉴编辑委员会所编《异体字解读字典》则更简便易于查询。

另外，我们还可以借助现代专家学者编辑的相关论著，如刘伯山《徽州文书》第二辑第八卷《门人姓名附录典故》中第三部分是字类，收录难字或有典故的字②，黄征、张崇依《浙藏敦煌文献校录整理》附录五《俗别字借音字古今字繁简字索引》③。我们应该注意，辑录、整理、分析清代手写文献俗字时，需要文史结合，古今贯通，从而正确描写、解读清代手写文献俗字。研究时，既注重从语言文字角度研究历史，又注意从历史视野研究语言文字，两者结合。

我们也需要清楚的认识到，清代手写文献的俗字难以辨认，常常无法断定，甚至无法认识。对于疑难俗字，我们也只能初步断定，还有待继续思考、辨析。

## 第三节　利用文字结构变化判断识读俗字

我们还可以利用文字结构变化来判断识读俗字。俗字的文字结构变化根据不同标准有不同结果，为方便掌握，我们认为俗字的文字结构变化包括简化、繁化、移位、改换四类，我们相应地可以利用增加、减少、还原和恢复等手段来判断识读这些俗字。就是说，对简化类俗字，可以通过增加来判断识读；对繁化类俗字，可以通过减少来判断识读；对移位类俗字，可以通过还原来判断识读；对改换类俗字，可以通过恢复原

①　王朝忠、王文学：《常用汉字形义演释字典》，成都，四川辞书出版社，1990，第409页。

②　刘伯山：《清代徽州塾师的束脩》，《安徽大学学报》编辑部：《徽学研究的理论与实践》，合肥，安徽人民出版社，2012，第269～270页。该文书收录于刘伯山编著：《徽州文书》第二辑8，桂林，广西师范大学出版社，2006，第26～92页。

③　黄征、张崇依：《浙藏敦煌文献校录整理》下，上海，上海教育出版社，2012，附录第27页。

样来判断识读。

虽然我们感觉繁化的比例要小于简化的比例，但没有准确数据统计结果之前，我们仍然应该多观察汉字繁化和简化情况。因为繁化的比例和简化的比例尚无准确统计，需要全部统计分析才能够得出结论，不能简单说繁化比例大，还是简化比例大。不过，繁化和简化是相互的，繁化增加区别的同时带来笔画的增多，势必又简化，过分简化和过多简化又会导致文字的相似性，从而影响交际，势必又寻求繁化。两者在变化中追求平衡，我们想这也可能是现行汉字笔画在七到十画之间较多的原因。简化的目的是为书写简便，提高书写效率，有利于交际；繁化的目的是为了区别，避免混淆。

## 一、利用增加来判断识读简化俗字

### （一）笔画减少俗字通过增加笔画进行判断识读

笔画减少俗字又称省笔简化俗字，对这类俗字，可以通过增加笔画进行判断识读。

【曺】

（1）《为差唤李德芳等铺户赴县讯明征收铺税以济急需事》："花罐子场头曺洪发、观音场场头韩廷爵、升钟寺保正罗天佑……"（《南部档案》14-33-1，光绪二十四年四月十二日）

（2）《为认缴学堂常年经费事》："其钱同劝学员李识韩、学董曺光第言明。"（《南部档案》18-1251-2，光绪三十四年五月二十四日）①

按："曺"是"曹"的俗字，上面中间少写一竖，两竖变成一竖。电视剧《三国演义》中曹操军队旗帜上就这样写，很容易误解是一个讹误字，实际上，该字并非错别字，而是俗写，是当时文字使用情况的反映。《武荣碑》："郡曺史主簿。"《孔稣碑》："大常祠曺掾。"清代顾蔼吉《隶辨》："《五经文字》云：曹，石经作曺。"②魏晋南北朝碑刻中的《妃冯季华墓志》和楼兰残纸文书都写作"曺"。Φ230《玄应音义》卷二《大般涅槃经》第十一卷"六博"："《说文》：局戏六箸十二棋也。古者乌曺作博。"曺 Φ367《玄应音义》卷六《妙法莲华经》第一卷"歌呗"："蒲芥反。梵言婆师，此言赞叹，或言呗匿，疑讹也。婆音蒲贺反。案《宣验记》云：'魏陈思王曺植曾登渔山，忽闻岩岫有诵经声，清婉遒亮，远谷流响，遂依拟其声而制梵呗，

---

① 在这件档案中，"杜姓"的"杜"与"社"字相似。数字时而大写，时而小写。不使用万，使用"拾三仟"。大部分内容都是印好的，填写部分文字。

② （清）顾蔼吉：《隶辨》，北京，北京市中国书店，1982，第 208 页。

至今传之.'是也。"①清代顾蔼吉《隶辨》平声《豪韵》收录"曹"字，引《汉武荣碑》，说明汉代已经开始使用该字。《隶辨》说："按《五经文字》云：'朁，石经作曹。'"②今考《五经文字·曰部》朁、曹、曹，注云："'上《说文》，中经典相承隶省，凡字从曹者皆放此，下石经。'"③唐代沿用魏晋，颜元孙《干禄字书》："选曺铨试。"《干禄字书·平声》收"曺"为"曹"之俗字。④ 明代张自烈《正字通·曰部》曹注云："从两东作朁，……隶作曹，俗作曺曹，非。"⑤当代潘重规《敦煌俗字谱·曰部》也收"曺"为"曹"的俗字。方孝坤《徽州文书俗字研究》收录，指出清代徽州文书有该俗字。⑥ 曺，民国时期仍见使用，如易培基《三国志补注》："《后汉书·曺（曹）腾传》曰：蜀郡太守因计吏赂遣于腾，益州刺史种暠于斜阄（关）谷阄（关）搜得其书，上奏太守并以劾腾""曺（曹）氏讳節"等⑦。"《太平御览》载《荆州先主传》曰：'周瑜领南郡，以庞士元名重，州里所信，乃逼为功曺（曹），任以大事，瑜垂拱而巳（已）。'先主乀（之）问（问），式（或）卲（即）此也。"⑧

"曹"字这种俗写"曺"字，《祖堂集》中也有，参张美兰《祖堂集校注》附《祖堂集俗字》。⑨

该字又是"胄"的俗字，容易误解，如张美兰《祖堂集校注》："师与韦曺相公相见后，问：'院中有多少人？'"（第 457 页）校注："韦曺，《宋高僧传》卷十二作：'韦胄'。今依《景德传灯录》卷十一作'韦宙'。又在《新唐书》卷一八七、《旧唐书》卷一九七均有韦宙传。"⑩

【蹭】

《为申详查役李绅等以违禁藐抗等情具禀吴建泰等事呈知县》："任意

---

① 引自陈五云、徐时仪、梁晓虹：《佛经音义与汉字研究》，南京，凤凰出版社，2010，第 99～100 页。

② （清）顾蔼吉：《隶辨》，北京，北京市中国书店，1982，第 208 页。

③ 中华汉语工具书书库编委会：《中华汉语工具书书库》第十二册，合肥，安徽教育出版社，2002，第 85 页。

④ 中华汉语工具书书库编辑委员会：《中华汉语工具书书库》第十二册，合肥，安徽教育出版社，2002，第 589 页。

⑤ （明）张自烈：《正字通》，清代康熙十年(1671)刻本，《辰集上》第 35 页。

⑥ 方孝坤：《徽州文书俗字研究》，北京，人民出版社，2012，第 227 页。

⑦ 易培基：《三国志补注》，台北，艺文印书馆，1955，第 25 页。

⑧ 易培基：《三国志补注》，台北，艺文印书馆，1955，第 602 页。

⑨ 张美兰：《祖堂集校注》，北京，商务印书馆，2009，第 528 页。

⑩ 张美兰：《祖堂集校注》，北京，商务印书馆，2009，第 468 页。

蹧(糟)耗有防民食至役陇彼理斥。"(《南部档案》14-48-1，光绪二十四年十月十二日)

按："蹧"是"蹧"的俗字，右边写法受"曺"字影响而来。"蹧"同"糟"。《汉语大词典》："蹧"同"糟"。①

又写作"蹭"，如：

(1)《为差役勘唤刘俊才具告王文渊等估放朋凶案内人证候讯事》："及纵人畜蹭(糟)践禾苗。"(《南部档案》14-17-2，光绪二十五年五月二十九日)

(2)《为具诉谢大海素行不法藉搕唆诬事》："迭纵人蓄蹭(糟)践粮苗。"(《南部档案》14-56-1，光绪二十四年九月七日)

按："蹭"是"蹧"的俗字，右边写法受"曺"字影响而来，右边是上中下结构，上面是宀，中间是田，下面是日。

《为各厅州县巡警卫生事项事》："因他屡徃蹭(糟)践。"(《南部档案》23-26-2，宣统元年)

按："蹭"是"蹧"的俗字，右边写法受上面的俗字影响而演变产生的，右边是上中下结构，上面是二，中间是田，下面是口。

## 【遭】

(1)《黄裳告为恳恩追价事》："前遭(遭)虎恶周接等黉。"(《冕宁档案》1-27，康熙四十六年七月十九日)②

(2)《为具诉李朝贤勒揩诬抵氏子搕伐事》："冤遭(遭)讼累。"(《南部档案》14-75-3，光绪二十四年十月二十九日)

(3)《为计开李严氏具告李朝彦等乘搕毁伐案内人等候讯事》："遭(遭)伊欺搕毁伐。"(《南部档案》14-75-6，光绪二十四年十一月十七日)

按："遭"是"遭"的俗字，少写一竖。宋代娄机《汉隶字源·豪韵》收录，例证引《史晨祠孔庙奏铭》。潘重规《郭煌俗字谱·辵部》也收录。这种写法与前面所言"曹"字写成"曺"如出一辙，说明俗字书写具有系统性，也是有潜在的规律可循的，并非杂乱无章的。

又写作"遭"，《宋元以来俗字谱·辵部》收录，例证引《岭南逸事》。《中国书法大字典·辵部》也收录。这种写法也是在上面俗字的基础上演变的，如：

---

①  罗竹风：《汉语大词典》，上海，汉语大词典出版社，1986—1993，第 10 卷第 538 页。
②  李艳君：《从冕宁县档案看清代民事诉讼制度》，昆明，云南大学出版社，2009，第47 页。

《为禀被王定一等阻唤纠凶恳添钟子年到案事》："未遭（遭）毒殴。"（《南部档案》14-70-5，光绪二十四年八月二日）

**（二）偏旁减少俗字通过增加偏旁进行判断识读**

偏旁减少俗字是减少声旁或形旁而产生的俗字。对这类俗字，可以通过增加声旁进行判断识读。

**【艮】**

（1）《方其照卖地契》："其艮当日一并收足。"（《田藏契约文书粹编》681，顺治七年一月）①

（2）《李登殿卖庄基地白契》："价艮五钱五分，共价银三两四钱五分。"（《首都博物馆藏清代契约文书》0001，康熙二十三年三月二十三日）②

（3）《嘉益等立议墨合同》："砌掘工艮（银）式两式钱正。"（《徽州文书》0002，乾隆十二年柒月念二日）③

（4）《为卖水牛三只与王荣亮事》："外批其牯牛作价艮柒两，子母牛作价艮（银）玖两正。"（《南部档案》2-61-3，乾隆十三年九月十五日）

（5）《山林断卖契》："议定价银足色纹艮（银）三两捌钱整。"（《贵州苗族林业契约文书汇编》，乾隆十七年十二月六日）

（6）《为将故兵刘国兴等所遗老亲支过月粮银两印结事致绥定协》："月米艮（银）两。"（《南部档案》3-44-2，嘉庆十六年六月廿三日）

按："艮"当是"银"字减旁俗字，并不是表示八卦之一的"艮"，但由于两者构成同形字，极容易导致误读误解，后世规范汉字并未接受采纳。下文即写"月米银两"，可以证明此"艮"当是"银"字减旁俗字。下文有"共折领月米艮六两六钱二分四厘，中间并无扶同揑冒等獘。""共米七石八斗，每斗折艮九分二厘，共折领月米艮七两一钱七分六厘，中间并无扶同揑冒等獘。"清代手写文献多见"艮"字用来表示"银"字的用例，前写"银"，后写"艮"。明显同字。张涌泉《汉语俗字研究》："形声字往往一形一声，形旁倘或省去，也会发生与另一字同形的情况。"④潘重规《宋元以来俗字谱·金部》收录，例证引《古今杂剧》等。方孝坤《徽州文书俗字研

① 田涛、[美]宋格文、郑秦主编：《田藏契约文书粹编》三，北京，中华书局，2001，第28页、第26页，该书契约与录文分列，独立编页，契约在第28页，录文在第26页。
② 首都博物馆：《首都博物馆藏清代契约文书》全八册，北京，国家图书馆出版社，2015，第1页。
③ 刘伯山编著：《徽州文书》第一辑1，桂林，广西师范大学出版社，2005，第4页。
④ 张涌泉：《汉语俗字研究》，北京，商务印书馆，2010，第49页。这种同时使用的同形字极容易引起误解，导致南部档案释读错误。

究》收录，指出明清徽州文书均有该俗字。①

明代太行山文书也有，如：

《平顺豆口里张廷相卖地死契》："自因缺少差艮使用。"(《太行山文书》，万历十六年十月十七日)②

周志锋《明清小说俗字俗语研究》说"艮"字同"银"，言之甚详，举明清小说文献例颇多，并言宋陈元靓《事林广记》续集卷八《绮谈市语·玉帛门》："银，白物，艮物。"此"艮"亦同"银"。"银"声旁作"艮"，古本白话小说用例极多。新加坡民间也曾把"银"简写作"艮"，参谢世涯《新中日简体字研究》52 页。③ 温振兴《清至民初影戏抄本俗字的类型及其特点》："'银'从金艮声，俗作'艮'。"④

又写作"**狠**"，如：

(1)《龙老包断卖杉木约》："当面议定价**狠**(银)八钱乙分。"(《清水江文书》2-4-1-004，道光二十三年三月二十二日)

(2)《为奉旨查明阵亡伤亡病故员弁兵丁等核明照章恤赏银两并恳附祀四川省昭宗祠事饬南部县衙》："照章分别给以恤赏**狠**(银)两。"(《南部档案》14-30-1，光绪二十四年闰三月二十日)

按："**狠**"是"银"的俗字，因为银印有文字，故改用"文"字作形旁，与原来"金"字形旁强调材质不同，也是对客观事物在文字上的主观反映。又草写成"**兆**"，如：

《姜绍吕立借字》："今借到叔爷姜映辉名下**兆**(银)拾别两正。"(《清水江文书》2-12-1-003，道光十四年十二月十九日)

**(三)整字减少俗字通过增加整字进行判断识读**

整字减少俗字，可以通过增加整字进行判断识读。

**【聽】**

《为申详查役李绅等以违禁藐抗等情具禀吴建泰等事呈知县》："乃伊等不惟刁藐抗**聽**(听)。"(《南部档案》14-48-1，光绪二十四年十月十二日)

按："**聽**"是"听"的俗字，在左上角增加了横折，右边写成"德"字的

---

① 方孝坤：《徽州文书俗字研究》，北京，人民出版社，2012，第 251 页。

② 康香阁主编：《太行山文书精萃》，北京，文物出版社，2017，第 48 页。

③ 周志锋：《明清小说俗字俗语研究》，北京，中国社会科学出版社，2006，第 60～61 页。

④ 温振兴：《清至民初影戏抄本俗字的类型及其特点》，中国语言学会第十六届年会论文，2012。

右边，中间在部件"心"上也少写一横。又写作"聽"，如：

(1)《租地基约·吴天明租到文一公》："一聽(听)别卖无异。"(《清至民国婺源县村落契约文书》秋口镇鸿源吴家 23，乾隆三年二月十九日)

(2)《为韩尚玩具告韩仕炜等纠众砍伐毁霸事》："偏聽(听)他妻诳言刁蠹。"(《南部档案》14-71-8，光绪二十四年八月二十五日)

(3)《为具告杨永泰等蓦伐伤冢逆辱行凶叩勘唤究事》："岂料泽国横恶抗聽(听)。"(《南部档案》14-74-1，光绪二十四年九月二十日)

"听"字左下角少写了部件"壬"，而在左上角增加了横折，右边写成"德"字的右边，中间在部件"心"上也少写一横。这种俗写，《祖堂集》中也有，参张美兰《祖堂集校注》附《祖堂集俗字》。[1] 清代铁珊《增广字学举隅·正讹》[2]、《中文大辞典·耳部》均收录。

## 二、利用减少来判断识读繁化俗字

### (一)笔画增加俗字通过减少笔画进行判断识读

对笔画增加俗字，我们可以通过减少笔画进行判断识读。笔画增加俗字又称增笔繁化俗字，包括增加一点、一横、一竖、一撇、一折等，知道这种情况后，识读可以减少这些笔画就能够实现了。

### 【抄】

(1)《词稿簿之二五》："渠又将逆书抄(抄)寄。"(《清水江文书》10-1-1-025，道光十三年七月□日)

(2)《为奉上谕广兴机器制造开办农工商总局并饬各省概设分局振拓庶物应用机器事饬南部县》："应传付江南等司抄(抄)录。"(《南部档案》14-51-1，光绪二十四年十月二十九日)

按："抄"是"抄"的俗字，多写一点。辽代僧人释行均《龙龛手镜·手部》："初交、初教二反。抄，掠夺，取也，与钞同。"[3]

### 【俸】

《为邓鑫元具告罗玉俸换卖期银催讨不给事》："今有灶户罗玉俸(俸)期银一百两。"(《南部档案》23-256-2，宣统元年十二月四日)

---

① 张美兰：《祖堂集校注》，北京，商务印书馆，2009，第 542 页。

② (清)铁珊：《增广字学举隅》，清文渊阁四库全书本，卷二。中华汉语工具书库编辑委员会：《中华汉语工具书库》第十二册，合肥，安徽教育出版社，2002，第500页。

③ (辽)释行均：《龙龛手镜》，高丽本，北京，中华书局，1985，第 207 页。

按："俸"是"俸"的俗字，多写一撇。我们以为这种写法当是受到"舛""舞"等字书写的影响。

【迎】

《为旨谕严禁军营逢迎积习事饬南部县》："逢迎（迎）上司于中饱。"（《南部档案》14-22-1，光绪二十四年七月十七日）

按："迎"是"迎"的俗字，多写一点。中间"卬"写成与"卯"形近，当受其形近影响。

**（二）偏旁增加俗字通过减少偏旁进行判断识读**

偏旁增加俗字，可以通过减少偏旁进行判断识读。

【謪】

（1）《为自愿出当土地与马彤林事》："情因需钱使用，无处设办，只得弟兄叔侄謪（商）议。"（《南部档案》4-189-2，道光二十年）

（2）《陈尧徵杜出卖田地文契》："今因无银应用，父子謪（商）议。"（《龙泉驿文书》6-1-010，乾隆拾玖年七月十八日）①

（3）《光绪二十五年十一月十六日魏发明、魏爱明卖田契》："母子謪（商）议。"（《天柱文书》GT-BDJ-014/GT-001-017，光绪二十五年十一月十六日）

按："商"字加形旁"言"，写作俗字"謪"，属于加旁俗字，可能受后面的"议"字的形旁的影响。明代梅膺祚《字汇·言部》收录，解释说："謪，尸羊切，与商同。度也。"②明代章黼《重订直音篇·言部》："謪，商同，度也。"将其判断为异体字。明代张自烈《正字通·言部》收录，将其判断为俗字，解释十分详尽，说："謪，俗商字。《正韵》十七《阳》：'謪，度也。'引《荀子》'謪德而定次'。与商同。《晁错传》'謪及赘婿、贾人'。从言，从商，与谪罚字不同，谪从商，音的。按：经史凡商度皆从商，荀古本《儒效篇》作'商'，加言者，俗增也。"③《中文大辞典·言部》也收录。方孝坤《徽州文书俗字研究》收录，指出明代徽州文书有该俗字。④ 商量需要使用语言，故民众增加"言"作为形旁；声旁变成"商"，表音准确。这种情况，与古今字中增加形旁的情形相似。敦煌文献中也多见这种加旁俗字。"謪"字与"谪"的繁体"謫"形近，误写成"谪"，如《刘

---

① 胡开全主编：《成都龙泉驿百年契约文书》，成都，巴蜀书社，2012，第2页。
② （明）梅膺祚：《字汇》，明代万历四十三年（1615）刻本，《酉集》第25页。
③ （明）张自烈：《正字通》，清代康熙十年（1671）刻本，《酉集上》第74页。
④ 方孝坤：《徽州文书俗字研究》，北京，人民出版社，2012，第224页。该书还有从"口"的俗字。

明奇杜卖田地文契》："父子谪（商）议。"(《龙泉驿文书》6-1-011，乾隆贰拾柒年拾壹月贰拾肆日)①

**(三)整字增加俗字通过减少整字进行判断识读**

整字增加俗字，可以通过减少整字进行判断识读。

**【帶】**

《为计开在押李么娃等案内人等事》："礼房计开帶（带）讯。"(《南部档案》23-237-1，宣统二年七月五日)

按："帶"是"带"的俗字。上面写两个"廿"，比原来写法更方便，更容易记忆。唐代颜元孙《干禄字书》："帶，带，上俗下正。"②秦公《碑别字新编》，秦公、刘大新《广碑别字》均收录，例证均引隋宫人《陈氏墓志》，《敦煌俗字谱·巾部》同，而《字鉴·泰韵》："带，俗作帶。"均将其判断为"带"的俗字。《古文四声韵·泰韵》引《古老子》作"帶"，上面就写作"卅"，由此可见，书写方便是俗字出现的重要原因。有意思的是，同样的"带"字，本件礼房档案写法不一，前写"帶"，后写"帶"。下卷档案(《南部档案》23-238-1)也出现该写法。

又写成"帶"，上面写"世"，比原来写法简明，便于记忆和书写。如：

(1)《为旨谕严禁军营逢迎积习事饬南部县》："近来防勇管帶（带）亦有如是也。"(《南部档案》14-22-1，光绪二十四年七月十七日)

(2)《为绅商军民有能创制器物便于民用者均准报送考验给照事饬南部县》："绕道至京帶（带）有福州人陈紫绥并其所制纱机器一具。"(《南部档案》14-45-1，光绪二十四年八月二十三日)

(3)《康熙七年僧人佛果立复卖园地契》："每年随帶（带）宛平县香火钱粮。"(《大觉寺文书》QW-037，康熙七年三月二日)

按：该字存在俗字和异体字、讹误字判断的差异。刘复《宋元以来俗字谱》收录，例证引《白袍记》。明代章黼《重订直音篇·巾部》："帶，亦同上。帶，俗。"明代焦竑《俗书刊误·泰韵》："带，俗作帶帶，并非。"③《汉语大字典·巾部》也收录，均将其判断为俗字。方孝坤《徽州文书俗字

---

① 胡开全主编：《成都龙泉驿百年契约文书》，成都，巴蜀书社，2012，第4页。该书上下两件文书，一件录成"谪"，一件录成"谪"，当统一。

② 中华汉语工具书书库编辑委员会：《中华汉语工具书书库》第十二册，合肥，安徽教育出版社，2002，第591页。

③ (明)焦竑：《俗书刊误》，清文渊阁四库全书本。

研究》收录，指出明清徽州文书均有该俗字。① 当代沈富进《汇音宝鉴·皆上去声》："蒂，全带。"②将其判断为异体字。清代铁珊《增广字学举隅·正伪》："带，蒂，帖；蒂带，均非。"③将其判断为讹误字。

### 三、利用还原位移来判断识读移位俗字

#### （一）笔画位移俗字通过还原笔画位置判断识读

笔画位移俗字的笔画位置发生变化后，稍微注意就能够识别，不容易误解。对这类俗字，可以通过还原笔画位置判断识读。

### 【省】

（1）《四川提督郑文焕关于在灌县白沙添兵严加稽查的奏折》："又实为省（省）会之阃阈也。"（《都江堰档案》0-1，乾隆五年闰六月二十二日）④

（2）《为移知正红旗蒙古都统巴□□病故应付护柩回京事饬南部县》："凡口外军营病故官员回省（省）城者、京官五品以上。"（《南部档案》3-10-1，嘉庆二年八月十三日）

（3）《为所属公文仍由剑州苍溪等处添设腰站健步接递事饬南部县》："上接省（省）城。"（《南部档案》13-5-1，光绪二十二年二月二十六日）

按："省"是"省"的俗字，写法稍微有差异，其中一点位置下移。秦公《碑别字新编》收录，例证引《魏于景墓志》。《中华字海·目部》也收录⑤。

#### （二）偏旁位移俗字通过还原偏旁位置判断识读

偏旁位移俗字，可以通过还原偏旁位置判断识读。如"裹"本来是包围结构，偏旁"衣"位移，变成左右结构，写成"裡"。

### 【裡】

（1）《为陶天佑跌岩拌伤身死事》："第二日陶天佑总说他心裡（里）塞胀。"（《南部档案》6-162-5，同治十三年四月二十八日）

（2）《龙文明等断卖栽手字》："地名省裡（里）。"（《清水江文书》1-1-1-071，光绪十八年三月十三日）

① 方孝坤：《徽州文书俗字研究》，北京，人民出版社，2012，第227页。
② 沈富进：《汇音宝鉴》，文艺学社，1954。
③ （清）铁珊：《增广字学举隅》，清文渊阁四库全书本，卷二。中华汉语工具书书库编辑委员会：《中华汉语工具书书库》第十二册，合肥，安徽教育出版社，2002，第508页。
④ 《都江堰：百年档案记忆》编委会编：《都江堰：百年档案记忆》，北京，中国档案出版社，2010，第13页。
⑤ 冷玉龙等主编：《中华字海》，北京，中华书局、中国友谊出版公司，1994，第1049页。

按："裡"是"里"的俗字，"里"字繁体写成"裏"，改变结构为左右结构。方孝坤《徽州文书俗字研究》收录，指出明代和民国时期徽州文书均有该俗字。①

**(三)整字结构位移俗字通过还原整字结构位置判断识读**

整字结构位移俗字，可以通过还原整字结构位置判断识读。

【護】

(1)《津海关道给发大法国古副领事游长城护照》："为此，照仰沿途地方官吏，照约保護(护)。"(《田藏契约文书粹编》925，光绪二十一年八月二日)②

(2)《为护送矿本银事移南部县衙》："拨役護(护)送前进。"(《南部档案》14-18-1，光绪二十四年五月一日)

(3)《为派兵役护送南江县申解银两过境事致南部县衙》："希即移营会派兵役護(护)送前进等因准此除照章護(护)解外拟合俗文移知。"(《南部档案》14-34-2，光绪二十四年八月九日)

按："護"是"护"的俗字，结构发生变化，左右结构变成上下结构。民国时期仍有这种写法。清代铁珊《增广字学举隅·正讹》："护，護，帖。"③当代沈富进《汇音宝鉴·沽下去声》："護，救也，助也。"④

【獲】

(1)《为领取失落搭连等事》："蒙恩追獲(获)。"(《南部档案》2-62-7，乾隆五十四年八月二日)

(2)《为敬绍虞霸吞凶抗案内传唤差役事》："等始将秤簿挐獲(获)携回。"(《南部档案》14-36-1，光绪二十四年三月二十二日)⑤

(3)《为秦川北道整治吏治等事饬南部县》："臧獲(获)就非！"(《南部档案》18-10-1，光绪三十三年八月十七日)

(4)《为具告邓永树等套当田业霸撒借钱事》："邓尔玉去獲(获)钱。"

① 方孝坤：《徽州文书俗字研究》，北京，人民出版社，2012，第246页。
② 田涛、［美］宋格文、郑秦主编：《田藏契约文书粹编》三，北京，中华书局，2001，第2页、第113页，契约在第2页，录文在第113页。
③ (清)铁珊：《增广字学举隅》，清文渊阁四库全书本，卷二。中华汉语工具书书库编辑委员会：《中华汉语工具书书库》第十二册，合肥，安徽教育出版社，2002，第508页。
④ 沈富进：《汇音宝鉴》，文艺学社，1954。
⑤ 本件档案电子缩微光盘漏拍一到二行，导致档案无法阅读。

（《南部档案》21-616-1，宣统二年二月二十九日）

　　按："獲"是"获"的俗字。左右结构变成上下结构。又进一步简化为"荻"，如《为密札查拿打教匪徒余化龙等以安民教事饬南部县》："初四日据巴县唐令禀初一盘荻（获）王春山，搜获余化龙名片。"（《南部档案》17-816-2，光绪三十二年五月十一日）

## 四、利用恢复字形来判断识读改换俗字

### （一）笔画改换俗字通过恢复笔画进行判断识读

笔画改换俗字，可以通过恢复笔画进行判断识读。

### 【廷】

　　(1)《为差役查勘冯明禄具告袁廷益谋改截葬情形事》："具告袁**廷**（廷）益等一案。"（《南部档案》14-59-2，光绪二十四年二月十日）

　　(2)《为具诉张廷杨巍霸改揹事》："至今五月串工张**廷**（廷）富、张翠然亲房张问之作中。"（《南部档案》14-77-2，光绪二十四年九月二十五日）

　　按："**廷**"是"廷"的俗字，"壬"字的一竖穿通，写法类似"手"字。唐代颜元孙《干禄字书》、元朝李文仲《字鉴·青韵》[①]、当代沈富进《汇音宝鉴·经下平声》均收录，《干禄字书》将其判断为通行字，说"**廷**廷，上通，下正。"[②]由此可见，民众对笔画并不会过分在意，只要不影响交际，书写便利是第一需要。类似的写法如：《为奉札计发誊黄六道事饬巡检捕厅》："念切绍**庭**（庭）萃聚。"（《南部档案》5-166-1，咸丰三年九月二十二日）按："**庭**"是"庭"的俗字，"壬"字一竖串通，这种写法与"廷"字俗写如出一辙，说明俗字也有很强的系统性，一变都变。金代韩孝彦《四声篇海·广部》收录，说："大丁切，堂阈。又掌阶前也，《周礼》扫门庭也。"[③]明代章黼《重订直音篇·广部》："庭，唐丁切，中庭堂阶前。庭，俗。"清代顾蔼吉《隶辨·青韵》："《郑固碑》：'贡计王庭。'"[④]当代沈富进《汇音宝鉴·经下平声》也收录，解释说："庭，文屏之内。"[⑤]

---

①　（元）李文仲：《字鉴》，清文渊阁四库全书本，卷二《平声下》。

②　中华汉语工具书书库编辑委员会：《中华汉语工具书书库》第十二册，合肥，安徽教育出版社，2002，第591页。

③　（金）韩孝彦：《四声篇海》，明代成化七年(1471)刻本，卷三。

④　（清）顾蔼吉：《隶辨》，北京，北京市中国书店，1982，第266页。

⑤　沈富进：《汇音宝鉴》，文艺学社，1954。

【迅】

(1)《为捐资加添丰英碧山快役一名方免贻误文报事呈保宁府》："以期迅(迅)速。"(《南部档案》13-3-2,光绪二十二年二月五日)

(2)《为四川总督饬三台盐亭南部阆中等县仿照小川北站设立步站事》："迅(迅)传下站。"(《南部档案》13-3-3,光绪二十二年二月十日)

按:"迅"不是"凡"的增旁俗字,并不是"凡"字增加了形旁"辶";而是"迅"字的俗字。其中的构件"十"字发生了变形,主要是受到"凡"字的影响。清代铁珊《增广字学举隅·正讹》收录,说:"迅,迅,非。音信,疾也。"①当代沈富进《汇音宝鉴·巾上去声》收录,解释说:"迅,疾也,速也。"②方孝坤《徽州文书俗字研究》收录,指出清代徽州文书有该俗字。③ 这种俗写容易误解和误读。另外一处误认为"凡"的可以通过此处进行纠正。

【造】

(1)《为严催赶造光绪二十三年四季分监散兵响印结事饬南部县》："迄今仍未造(造)送前来。"(《南部档案》14-27-1,光绪二十三年九月三日)

(2)《为严催赶造光绪二十三年四季分监散兵响印结事饬南部县》："由三百里飞札严催速造(造)事。"(《南部档案》14-27-3,光绪二十四年十二月十二日)

按:"造"是"造"的俗字,右边"告"字上面写成"牛",一竖穿通,书写便利,便于记忆,不容易误写。宋代《广韵·皓韵》、宋代丁度等《集韵·皓韵》、明代张自烈《正字通·辵部》均收录。类似的,"告"字写成"告",唐代玄度《新加九经字样·牛部》："告告,牛触人,角着木,所以告人。从牛从口。上,《说文》;下,隶省。"《广韵·号韵》、金代韩孝彦《四声篇海·口部》、明代梅膺祚《字汇·口部》、《正字通·口部》均收录。明代章黼《重订直音篇·告部》："告,居号切。启也,报也,语也,请告也。告,同上。"

**(二)偏旁改换俗字通过恢复偏旁进行判断识读**

偏旁改换俗字,可以通过恢复偏旁判断识读。对这类俗字,可以通过恢复形旁或者声旁判断识读。俗字中部首形近者多混,"木"与"才",

---

① (清)铁珊:《增广字学举隅》,清文渊阁四库全书本,卷二。中华汉语工具书书库编辑委员会:《中华汉语工具书书库》第十二册,合肥,安徽教育出版社,2002,第510页。

② 沈富进:《汇音宝鉴》,文艺学社,1954。

③ 方孝坤:《徽州文书俗字研究》,北京,人民出版社,2012,第188页。

"彳"与"亻","殳"与"攴","朵"与"禾"等。学界也常常用改换偏旁来识读俗字，或者简化偏旁来类推，这点也被简化字采用。《说文》段注：狁者，狁之俗省。①《字林》：狁，俗作狁。

## 【疎】

《为照常预备所有事宜并派役接投新任事》："勿得疎（疏）忽。"（《南部档案》18-1454-1，光绪三十三年十一月二十二日）

按："疎"是"疏"的俗字，声旁发生变化，改成"束"，比原有声旁表音更准确，便于记忆，书写起来也简便。明代张自烈《正字通·疋部》："疎，同疏。"②清代熊文登《字辨·体辨三》："疏疎，上列者为正。"

又写作"疏"，如：

《为奏川北道整治吏治等事饬南部县》："学科凌疏（疏）。"（《南部档案》18-10-1，光绪三十三年八月十七日）

按："疏"是"疏"的俗字，声旁发生改变，写成"腊"字的右边声旁，笔画很多，书写繁难，被淘汰也在情理之中。

## 【裡】

《为陶天佑跌岩拌伤身死事》："没有裡（理）会。"（《南部档案》6-162-5，同治十三年四月二十八日）

按："裡"是"理"的俗字，形旁发生改变，从"衤"，因为民众认为：理会属于内心活动，不应该从"玉"。甚至因为"玉"旁写成"王"，民众觉得从"王"不大好，认为不应该从"王"。方孝坤《徽州文书俗字研究》收录，指出清代徽州文书有该俗字。③ 同时，这个俗字也用来表示"里"，容易造成混淆。清代手写文献也用"里"来表示"理"的"修理"义，可见声旁在形声字中的重要性，而形旁并不重要。如《龙子昌卖栽手杉木契》："应凭买主修里（理）管业。"（《清水江文书》1-1-2-012，嘉庆十二年十一月二十日）

## 【讯】

（1）《为差役速唤刘兴杰具禀刘刚扬嫌贫唆女藏匿滋事案内人证候讯事》："以凭审讯（讯）。"（《南部档案》7-97-2，光绪元年六月二十一日）

（2）《为向题轩具告杨初林勒揩不买盐井事》："下的今沐审讯（讯）。"（《南部档案》23-255-1，宣统元年十一月二十一日）

按："讯"是"讯"的俗字，右边声旁改写"凡"。

---

①　（清）段玉裁：《说文解字注》，上海，上海古籍出版社，1981，第458页。

②　（明）张自烈：《正字通》，清代康熙十年(1671)刻本，《午集上》第70页。

③　方孝坤：《徽州文书俗字研究》，北京，人民出版社，2012，第224页。

**【㓜】**

（1）《邹德华领男尸文约》："情因男邹邑忠自㓜（幼）患疯症。"（《龙泉驿文书》6-1-106，咸丰元五年五月二日）①

（2）《为恳请给咨汪观中以便赴京会试事呈藩宪》："㓜（幼）习武经。"（《南部档案》14-14-2，光绪二十四年三月十四日）

（3）《为计开杨玉桐具告李茂林等拐配民媳凶辱案内人等事》："杨玉桐称说他的儿子杨大发㓜（幼）娶李正德的女儿李氏为妻。"（《南部档案》23-238-1，宣统二年七月十二日）

按："㓜"是"幼"的俗字。偏旁"力"换作"刀"，"刀"与整个字的读音更相近。这种情况也可以视作减少笔画而形成的俗字。"㓜"右边的一撇没有穿通。《字汇·幺部》："㓜，俗从刀，误。"②俗从刀就是"㓜"字。《改并四声篇海·幺部》："㓜，稚也，少也。"至迟唐代已经出现，唐代白居易《秦中吟十首·重赋》："㓜者形不蔽，老者体无温。"唐代碑刻墓志中也已出现，例如："㓜（幼）陶名教之乐。"（崔哲墓志）③"幼"字这种俗写，《祖堂集》中也有，参张美兰《祖堂集校注》附《祖堂集俗字》。④ 方孝坤《徽州文书俗字研究》收录，指出明清、民国时期徽州文书均有该俗字。⑤"刀"是俗字的常见部件，能够替代不少笔画多的部件，如"朗"为"朗"的俗字。易培基《三国志补注》："王朗，绍兴本作'王朗'。"⑥《说文·月部》云："明也，从月良声。"⑦"朗"字见清代吴任臣《字汇补·子部》："卢坦切，音朗，明也，《淮南子》：'耳听滔朗奇丽激抮之音。'又曰：'新而不朗，与剆字不同。'"⑧"朗"为"朗"的俗字，见《广韵·荡韵》，"朗"由"朗"字演变而来，由阙笔之"刂"讹为"刀"。

**【撥】**

（1）《为申送光绪二十二年五月份派赴阆中总局投领公文专差姓名事呈保宁府》："除撥（拨）差王顺、李云、黄顶、赵贵、何荣填注收管。"（《南部档案》13-14-1，光绪二十二年五月三十日）

（2）《为具告敬应堂等毁茔作地久粮不拨事》："将民十甲祖产粮合撥

---

① 胡开全主编：《成都龙泉驿百年契约文书》，成都，巴蜀书社，2012，第311页。

② （明）梅膺祚：《字汇》，明代万历四十三年（1615）刻本，《寅集》第58页。

③ 吴钢辑、吴大敏编：《唐碑俗字录》，西安，三秦出版社，2004，第13页。

④ 张美兰：《祖堂集校注》，北京，商务印书馆，2009，第546页。

⑤ 方孝坤：《徽州文书俗字研究》，北京，人民出版社，2012，第185页。

⑥ 易培基：《三国志补注》，台北，艺文印书馆，1955，《目录》第4页。

⑦ 许慎《说文解字》，北京，中华书局，1963，第141页。

⑧ （清）吴任臣：《字汇补》，清代康熙五年（1666）刻本，《子集》第28页。

（拨）去。"（《南部档案》14-85-1，光绪二十四年四月七日）

（3）《为计开在押李么娃等案内人等事》："撥（拨）差：陈贵。"（《南部档案》23-237-1，宣统二年七月五日）

按："撥"是"拨"的俗字。写法与"发"字俗字写法一样。把右下处写成"矢"。

【發】

（1）《为移知正红旗蒙古都统巴□□病故应付护柩回京事饬南部县》："具文详情俯赐填發（发）护牌。"（《南部档案》3-10-1，嘉庆二年八月十三日）①

（2）《为具供民具告王兴贵私煮大麦酒事》："据王辅元、张元發（发）全供。"（《南部档案》4-68-5，道光二十年五月十八日）

（3）《为新授潼川知府吴保龄等各赴新任事饬南部县》："所有片稿合先抄录札發（发）为此札。"（《南部档案》18-9-1，光绪三十三年六月二十三日）②

（4）《鲜思竹为具告邓永树等套当田业霸撒借钱事》："宣统二年二月廿九日具代作敬文發（发）。"（《南部档案》21-616-2，宣统二年二月二十九日）

按："发"字写作俗字"發"，右下角部件发生改变，部件"殳"改写成"矢"。元朝李文仲《字鉴·月韵》："俗作發。"③清代铁珊《增广字学举隅·正讹》："发，發，帖。"④《汉语大字典·癶部》收录⑤。方孝坤《徽州文书俗字研究》收录，指出明代徽州文书有该俗字。⑥

"发"字写作俗字"發"，该俗字在明清其他文献中也多有使用，李荣《文字问题》指出《水浒传》："'发'字两见，'拨'字三见，所从的'殳'都写作'矢'。"⑦民国时期抄写仍然这样写，沿用不断，如1946年印刷的《李氏宗谱首卷首集》："窃思中国民族有历史可考论，民智發（发）达，民权

---

① "舟口"疑即现在四川省蓬安县周口镇。
② 本档案被《清代南部县衙档案目录》记载为"光绪三十三年八月四日　保宁府衙　札"。档案记载是"光绪三十三年六月二十三日"。
③ （元）李文仲：《字鉴》，清文渊阁四库全书本，卷五《入声》。
④ （清）铁珊：《增广字学举隅》，清文渊阁四库全书本，卷二。中华汉语工具书书库编辑委员会：《中华汉语工具书书库》第十二册，合肥，安徽教育出版社，2002，第514页。
⑤ 《汉语大字典》第二版，成都，四川辞书出版社；武汉，崇文书局，2010，第2955页。
⑥ 方孝坤：《徽州文书俗字研究》，北京，人民出版社，2012，第233页。
⑦ 李荣：《文字问题》，北京，商务印书馆，1987，第15页。

增加。"①该字出现在民间手抄的家谱族谱中，当是代代相传。

不过，"发"也有不写俗字的，如《为奏川北道整治吏治等事饬南部县》："发端自允。"(《南部档案》18-10-1，光绪三十三年八月十七日)在这件吏房档案中，"发"字并不写作俗字"犮"。

(1)《为旨谕严禁军营逢迎积习事饬南部县》："如中外旗营廢(废)弛已久。"(《南部档案》14-22-1，光绪二十四年七月十七日)

(2)《为奏川北道整治吏治等事饬南部县》："将全廢(废)旧书者。"(《南部档案》18-10-1，光绪三十三年八月十七日)

按："废"字写作俗字"廢"，与"发"字写作俗字"犮"如出一辙。令人奇怪的是，"廢"字出现比"犮"出现早，宋代已经出现。应该是"犮"先出现，再是"廢"出现。这很可能是"犮"字出现的情况目前我们尚未见到。明代张自烈《正字通·广部》："废，俗作廢。"②刘复《宋元以来俗字谱·广部》也收录，例证引《太平乐府》。

## 【膏】

《为赵贵云看病被队兵查获疑为吸烟事》："平素出卖膏(膏)药。"(《南部档案》23-54-1，宣统元年三月二十六日)

按："膏"是"膏"的俗字，中间发生改变，由"口"改写成"厶"。

## 【葢】

《为各厅州县巡警卫生事项事》："又把屋内铺葢(盖)、棉絮等件一并擎去。"(《南部档案》23-26-2，宣统元年)

按："葢"是"盖"的俗字，中间发生改变，由"去"改写成"太"，与整个字的读音迭韵。《说文·艹部》篆书写作"葢"，从艹，盍声。③隶变写作"葢"。南北朝梁代顾野王《玉篇·皿部》："盖，故大切，掩也，覆也。葢，同上。"④金代韩孝彦《四声篇海·皿部》："葢，音盖。义同。"⑤明代梅膺祚《字汇·艹部》："葢，同盖。"⑥明代张自烈《正字通·皿部》："葢，同盖。"⑦《中国书法大字典·艹部》收录，例证引《麻姑仙坛记》。均将其判断为异体字，归部有差异，有的归艹部，有的归皿部。元朝李文仲《字

① 《李氏宗谱首卷首集》，民间李家族谱抄本，1946。
② (明)张自烈：《正字通》，清代康熙十年(1671)刻本，《寅集下》第25页。
③ (东汉)许慎：《说文解字》，北京，中华书局，1963，第24页。
④ (宋)陈彭年等：《重修玉篇》，清文渊阁四库全书本，卷十五。
⑤ (金)韩孝彦：《四声篇海》，明代成化七年(1471)刻本，卷七。
⑥ (明)梅膺祚：《字汇》，明代万历四十三年(1615)刻本，《午集》第51页。
⑦ (明)张自烈：《正字通》，清代康熙十年(1671)刻本，《午集中》第44页。

鉴·泰韵》："盖，俗又作葢，误。"①明代焦竑《俗书刊误·泰韵》："葢，俗作葢盖，并非。"②将其判断为俗字。《中文大辞典·艹部》："葢，盖之本字。"③将其判断为古字。

## 【泍】

(1)《为差唤李德芳等铺户赴县讯明征收铺税以济急需事》："泍（滋）延干咎。"(《南部档案》14-33-1，光绪二十四年四月十二日)

(2)《为韩尚玩具告韩仕炜等纠众砍伐毁霸事》："毋再妄泍（滋）事端。"(《南部档案》14-71-8，光绪二十四年八月二十五日)

(3)《为周廷栋具告周绍谦等霸伐茔树违禁歧葬事》："他们亦不得妄争泍（滋）讼。"(《南部档案》23-274-3，宣统二年六月二十二日)

按："泍"是"滋"的俗字。右下角的"幺"写成"卜"。也可以把"卜"看成"冫"，表示重复文字。刘复《宋元以来俗字谱·水部》收录，例证引《岭南逸事》。《中华字海·冫部》也收录，解释说："同'滋'。见《宋元以来俗字谱》。"④明清小说中也有该俗字，如《京本通俗小说》就出现有这种写法。

**(三)整字改换俗字通过恢复整字字形进行判断识读**

整字改换俗字，可以通过恢复整字字形进行判断识读。

## 【剑】

《为所属公文仍由剑州、苍溪等处添设腰站健步接递事饬南部县》："不如仍由剑（剑）州、苍溪等处。"(《南部档案》13-5-1，光绪二十二年二月二十六日)

按："剑"是"剑"的俗字，声旁发生变化。中间的"叩"字改换，写得接近"中"字，下面"从"字变成一提。

## 【檢】

《为向题轩具告杨初林勒揹不买盐井事》："檢（检）字度日。"(《南部档案》23-255-1，宣统元年四月一日)

按："檢"是"检"的俗字，右边写法不同。中间的"叩"字改换，写得接近"中"字，与前面"剑"字的变化一样；下面的"从"字不变。

---

① （元）李文仲：《字鉴》，清文渊阁四库全书本，卷四《去声》。

② （明）焦竑：《俗书刊误》，清文渊阁四库全书本。

③ 《中文大辞典》，台北：中国文化研究所，1968，第 12389 页。

④ 冷玉龙等主编：《中华字海》，北京，中华书局、中国友谊出版公司，1994，第 550 页。

【签】

《为差役查勘冯明禄具告袁廷益谋改截葬情形事》："为此签（签）仰该书前往。"（《南部档案》14-59-2，光绪二十四年二月十日）

按："签"是"签"的俗字，下面发生变化，不写"叩"，而写得接近"中"。明代焦竑《俗书刊误·盐韵》："签，俗作签，非。"①

【钱】

(1)《钟余氏为拦路估奸叩恳赏究事》："二十九日午候人钱（钱）未面。"（《冕宁档案》，咸丰时期）②

(2)《为吴树成等具告杨永钊拖欠铺房佃资蓦卖铺房事》："共成钱（钱）二十二串。"（《南部档案》23-251-1，宣统三年六月十八日）

按："钱"是"钱"的俗字，右上角的"戈"字写成"犬"。

方孝坤《徽州文书俗字研究》收录，指出清代徽州文书有该俗字。③清代铁珊《增广字学举隅·正讹》收录，说："钱，钱，非。"④

该俗字右上角的"戈"字又写成"大"。如：

《为具告蒲子琼等藉买田地旁搕霸伐行凶事》："卖钱（钱）瓜分各情事，据实禀复。"（《南部档案》14-58-1，光绪二十四年一月二十日）

该俗字又写成"钱"，右上角的"戈"字与右下角的"戈"连成一体。如：

(1)《阙敏侯分家书》："林柯生舅手内前后借来银并本利共捌两捌钱（钱）五分五厘（厘）。""并本利银四两五钱（钱）陆分（分）正。""思苍存得秀银叁两叁钱（钱）三分正。"（《石仓契约》第四辑第八册下茶铺·阙氏，乾隆四十年十一月二十九日）⑤

(2)《杨汝集同父杨荣身典当土地典契》："同人言明典价大钱（钱）拾仟整。"（《太行山文书》，道光元年十月二十三日）⑥

(3)《蒋绍渠讨阴地文契》："蒋姓甘愿备礼仪钱（钱）叁千文整。"（《龙

① （明）焦竑：《俗书刊误》，清文渊阁四库全书本。
② 李艳君：《从冕宁县档案看清代民事诉讼制度》，昆明，云南大学出版社，2009，第51页。
③ 方孝坤：《徽州文书俗字研究》，北京，人民出版社，2012，第267页。
④ （清）铁珊：《增广字学举隅》，清文渊阁四库全书本，卷二。中华语言工具书书库编辑委员会：《中华汉语工具书书库》第十二册，合肥，安徽教育出版社，2002，第496页。
⑤ 曹树基、潘星辉、阙龙兴编：《石仓契约》第四辑第八册，杭州，浙江大学出版社，2015，第5页。
⑥ 康香阁主编：《太行山文书精萃》，北京，文物出版社，2017，第68页。

泉驿文书》6-1-128，同治十三年十一月二十五日）①

（4）《为具诉张廷杨藐霸改揩事》："只与民过**钱**（钱）八十串内搭毛**钱**（钱）十八千。"（《南部档案》14-77-2，光绪二十四年九月二十五日）

（5）《光绪三十四年十二月十一日陈代钧卖田契》："卖**旭**花红**钱**（钱）式拾壹仟零捌文正。"（《天柱文书》GT-BDJ-017/GT-001-020，光绪三十四年十二月十一日）

"钱"字又写成"**伐**"，偏旁由"釒"写成"亻"。

（1）《包元进立卖山契》："今因**伐**（钱）粮无办。"（《石仓契约》第三辑第四册新茶铺·阙氏，雍正七年十月六日）②

（2）《阙敏侯分家书》："学信名下用出铜**伐**（钱）拾叁仟文。"（《石仓契约》第四辑第八册下茶铺·阙氏，乾隆四十年十一月二十九日）③

---

① 胡开全主编：《成都龙泉驿百年契约文书》，成都，巴蜀书社，2012，第 245 页。按："钱"字原卷左边有残缺，但右边完整，录文误作"银"字。
② 曹树基、潘星辉、阙龙兴编：《石仓契约》第三辑第四册，杭州，浙江大学出版社，2014，第 4 页。
③ 曹树基、潘星辉、阙龙兴编：《石仓契约》第四辑第八册，杭州，浙江大学出版社，2015，第 12 页。

# 第四章　清代手写文献简体俗字

　　清代手写文献中有很多简体字（又称简化字），与繁体字构成异体字关系。我们称简体俗字，与异体字有交叉。我们也应该注意，俗字与简化字并不能够画等号，二者的内涵和外延都不同。

　　清代是简体俗字发展的重要时段。清代手写文献中出现了大量的简体俗字，这些简体字在清代大量使用，甚至更早的时代中的书籍中也有过，或在敦煌文献中就有。清代手写文献简体俗字继承了前代并沿用至今，成为今天简体字的基础。这说明简体字很早就存在，说明简体字有存在的必要性和科学性，说明简体字符合政治、经济、文化、教育、法律、军事等方面的需要，能够满足民众日常生活的需要，并不是新中国成立后才出现的政府凭空想象规定的，而是有所继承的。由此可见，汉字的简化已经有很长的历史，简体字也并非新中国成立后凭空产生的，而是沿袭、选用古代使用较广泛的俗字。1955 年 12 月，政府颁布了《第一批异体字整理表》，1956 年 1 月，又颁布了《汉字简化方案》，1964 年发表《简化字总表》。其中很多简化字，在古代已经广泛使用，已经具备良好的群众基础，并非政府随心所欲或者闭门造车规定的。

　　明末《葡汉词典》出现了"爱""办""宝""报""边""变""虫""床""辞""胆""单""担""灯""斗""独""对""丰""国""过""号""还""会""机""将""尽""劳""礼""怜""楼""笼""芦""乱""炉""难""泼""穷""声""升""湿""时""书""寿""数""双""弯""湾""万""为""烟""义""萤""园""毡"等简体俗字①。

　　清代手写文献中使用了大量的现行简化字也是明证。如邯郸学院收藏的《太行山文书》光绪三十一年二月二十四日《盐池县永聚长皮毛店邵喜连信件》中就出现了"办""报""边""对""个""过""尽""货""来""灵""数"

---

　　①　姚小平：《明末〈葡汉词典〉的汉字》，《中国语文》2015 年第 2 期。

"顺""倘"等简体俗字。①《清水江文书》也出现了"宝""边""当""断""谷""过""劝""倘""远""争"等简体俗字。

简体俗字分为全简体俗字和半简体俗字。全简体俗字分为对称全简体俗字和非对称全简体俗字。半简体俗字一半或者一部分是简体，一半或者一部分仍然保留繁体，或者与简体字笔画有所出入。

# 第一节　全简体俗字

何谓全简体俗字？全简体俗字就是构成部分均是简体，与今天的简化字一样。根据全简体俗字与繁体字是否一一对称，它又分为对称全简体俗字和非对称全简体俗字。

## 一、对称全简体俗字

对称全简体俗字与繁体字一一对应，可以相互转换，不会造成混淆，不会引起误解，导致文献无法理解。对这些对称全简体俗字，繁简转换很是方便，也是简化字成功的典范。不过，学者对这些对称全简体俗字关注不够，相关研究大多一笔带过，或者根本不言。这样，我们使用最多的对称简体俗字，反而没有多少参考资料，我们反而不熟悉。如"设"是"設"的简体俗字。

【碍】

(1)《高平县陈燕典当土地典地文字》："如有人争碍（礙）者不干要主之事。"（《太行山文书》，嘉庆九年十一月十六日）②

(2)《会理州普隆上舍沙履恒、沙镇具悦服土百户沙鈵袭职甘结》："并无假冒违碍（礙）等弊。"（《会理档案》Q72-3，光绪十七年）③

(3)《为造赍顶补卑县工房典吏程献忠着役日期事呈保宁府》："并无重役、过犯违碍（礙）等弊。"（《南部档案》18-12-3，光绪三十三年十月二十二日）④

按："礙"字写作俗字"碍"，属于简体俗字。《康熙字典·石部》根据

---

① 康香阁主编：《太行山文书精萃》，北京，文物出版社，2017，第9页。
② 康香阁主编：《太行山文书精萃》，北京，文物出版社，2017，第67页。
③ 四川省档案馆编：《巴蜀撷影：四川省档案馆藏清史图片集》，北京，中国人民大学出版社，2009，第248页。
④ 本件档案中的"虚"字写作俗字"虗"，容易与"灵"字俗写混淆，这点与敦煌文献类似。

《正字通》将"碍"判断为俗字，说："《正字通》：'俗礙字。'"①《中文大辞典》说法继承《康熙字典》所言，并未有所改变，可以看出辞书的沿袭，少有创新，说："碍，礙之俗字。《正字通》：'碍，俗礙字。'"②方孝坤《徽州文书俗字研究》收录，指出明代徽州文书有该俗字。③《中文大辞典》未举书证，可补。其实，除《正字通》收录外，《字汇》也收录，而且《字汇》成书时间早于《正字通》。因为《字汇》是明代梅膺祚编的（现存最早的《字汇》版本是明万历四十三年）。那为什么《康熙字典》不用比较早的《字汇》而用较晚的《正字通》呢？《字汇》判断为异体字，而不是俗字。《字汇·石部》说："碍，同礙。"④清代铁珊《增广字学举隅》卷二《正讹》："礙，碍俗。"⑤

　　"碍"字并不是现代人的创造，不是1949年后才使用的，而是沿用古代的俗字。唐代文献已经出现该俗字，如唐齐己《船窗》："举头还有碍，低眼即无妨。"⑥《简化字溯源》中说："明代的《字汇》《字汇补》《正字通》中有'灯阳碍毡'等字。"又说："'碍'最早出现在唐诗中，明代字书《正字通》将'碍'字正式收入，1935年《简体字表》也收入'碍'字。"⑦《敦煌俗字典》未见收录。

　　清代刻本中也能够见到该俗字，如《红楼梦》第十八回："迸砌防阶水，穿帘碍鼎香。"⑧

　　【办】

　　(1)《熊广生卖田契》："今因差粮无办（辦）。"(《湖北天门熊氏契约文书》1-003，康熙二十九年二月十五日)⑨

　　(2)《阙开德立送户票》："推入本都本庄琉璃会立户入册办（辦）粮。"

①　(清)张玉书等：《康熙字典》，北京，中华书局，1958，第832页。
②　《中文大辞典》，台北，中国文化研究所，1968，第10163页。
③　方孝坤：《徽州文书俗字研究》，北京，人民出版社，2012，第281页。
④　(明)梅膺祚：《字汇》，明代万历四十三年(1615)刻本，《午集》第76页。
⑤　(清)铁珊：《增广字学举隅》，清文渊阁四库全书本，卷二。中华汉语工具书书库编辑委员会：《中华汉语工具书书库》第十二册，合肥，安徽教育出版社，2002，第509页。
⑥　(唐)齐己：《白莲集》，四部丛刊景明钞本，卷四。
⑦　张书岩、王铁昆、李青梅、安宁编著：《简化字溯源》，北京，语文出版社，1997，第36页、第48页。不过，我们在《字汇补》中并未找到"碍"字的收录。《字汇补》有两部，一是梅膺祚的哥哥梅鼎祚在明万历四十三年(1615)编写《增补字汇补》，一是清朝著名学者、藏书家吴任臣增补俗字的《字汇补》。现在我们看到的是后者，但后者并未收录"碍"字。
⑧　(清)曹雪芹：《红楼梦》，北京，人民文学出版社，1996，第246页。
⑨　张建明主编：《湖北天门熊氏契约文书》，武汉，湖北人民出版社，2014，第3页。图版序号为7。

（《石仓契约》第二辑第五册上茶排·阙氏，乾隆叁拾陆年十一月廿二日）①

（3）《包元进等立卖山契》："今因钱粮无办（辦）。"（《石仓契约》第三辑第四册新茶铺·阙氏，雍正七年三月廿二日）②

（4）《为咨送遣撤第五起军功乡勇到籍妥为安排事饬南部县》："准钦差大臣四川将军继勇侯德奏派本军门来绥会同贵臬台办（辦）理凯撤乡勇一案。"（《南部档案》3-34-1，嘉庆十年三月四日）

（5）《为续修会典查明古昔陵寝先贤祠墓事饬南部县》："办（辦）理在案。"（《南部档案》7-104-1，同治十三年十一月二十九日）

（6）《为铁路开矿省分应行增设学堂事饬南部县》："着王文韶、张荫桓悉心筹议奏明办（辦）理。"（《南部档案》14-47-1，光绪二十四年九月二十一日）

（7）《盐池县永聚长皮毛店邵喜连信件》："斟酌办（辦）理可也。"（《太行山文书》，光绪三十一年二月二十四日）③

按："办"是"辦"的简体俗字。但也同时写繁体。

《康熙字典》未收。

刘复《宋元以来俗字谱》收录，例证引《通俗小说》《古今杂剧》《娇红记》《白袍记》《目连记》《金瓶梅》。明代郭一经《字学三正·体制上·时俗杜撰字》："辦，俗作办。"④《广韵》把"辦"判断为俗字。方孝坤《徽州文书俗字研究》收录，指出清代徽州文书有该俗字。⑤

《简化字溯源》中说："汉代羊窦道碑中有'办'字，是'辡'的简化字。辦事的'辦'是由'辡'字分化出来的，辡最初作'辡'，中间的'刀'变为'力'，即'办'字。'辦'的简化字'办'最早出现在元抄本《京本通俗小说》和元刊《古今杂剧三十种》上面。1932年《国音常用字汇》和1935年《简体字表》都收入了'办'字。"⑥按：本段说"办"字先出现在汉代碑文中，后又说最早出现在元本中，两者矛盾，按理说应该是汉代出现更可靠。

---

① 曹树基、潘星辉、阙龙兴编：《石仓契约》第二辑第五册，杭州，浙江大学出版社，2012，第3页。

② 曹树基、潘星辉、阙龙兴编：《石仓契约》第三辑第四册，杭州，浙江大学出版社，2014，第3页。

③ 康香阁主编：《太行山文书精萃》，北京，文物出版社，2017，第9页。

④ （明）郭一经：《字学三正》，清文渊阁四库全书本。

⑤ 方孝坤：《徽州文书俗字研究》，北京，人民出版社，2012，第265页。

⑥ 张书岩、王铁昆、李青梅、安宁编著：《简化字溯源》，北京，语文出版社，1997，第36页、第48页。

又写成"辨",当是音近误字。

（1）《程国珍卖明水田文契》："为因缺用，无处出辨（辦）办。"（《吉昌契约文书》wzc-23，乾隆二年一月二十二日）①

（2）《张小孩借张凤泉并将土地抵给对方耕种文字》："今因父亲病故辨（辦）事。"（《太行山文书》，咸丰九年二月二十九日）②

（3）《胡增洪杜绝卖明陆地文契》："为因乏用，无处出辨（辦）办。"（《吉昌契约文书》scf-8，同治二年八月二十六日）③

（4）《为董连仲扭送汪子星到处喧嚷呈凶事》："因胞兄出外辨（辦）差未家。"（《南部档案》23-39-2，宣统元年十月十三日）

按："辨"是"辦"的通假字，两者字形相近，但无法从字形分析出"办理"的意义。当然，"辨"字也可以视作"辦"字的讹误字。

【报】

（1）《为禀报查考过境洋人姓名事饬南部县》："禀报（報）查考。"（《南部档案》16-453-24，光绪二十九年一月十八日）

（2）《为王家场校地牛王庙一学期收款报销事》："复查去年上届报（報）销，如回龙庙、应南寺、合符院、大房塆、凤鸣塆五处之庙会更未遵照原案填清。"（《南部档案》16-927-3，光绪三十年）

（3）《盐池县永聚长皮毛店邵喜连信件》："前信报（報）过数目，不必再续。"（《太行山文书》，光绪三十一年二月二十四日）④

按："报"是"報"的简体俗字。明代郭一经《字学三正·体制上·时俗杜撰字》："報，俗作报。"⑤方孝坤《徽州文书俗字研究》收录，指出明清徽州文书有该俗字。⑥

仅仅从清代手写文献来看，至少光绪二十九年已经出现该俗字。但是根据《简化字溯源》指出，该字汉代就已经出现，该书说："'报'来源于汉代的草书。"⑦

---

① 孙兆霞等编：《吉昌契约文书汇编》，北京，社会科学文献出版社，2010，第 2 页。

② 康香阁主编：《太行山文书精萃》，北京，文物出版社，2017，第 100 页。

③ 孙兆霞等编：《吉昌契约文书汇编》，北京，社会科学文献出版社，2010，第 143 页。

④ 康香阁主编：《太行山文书精萃》，北京，文物出版社，2017，第 89 页。

⑤ （明）郭一经：《字学三正》，清文渊阁四库全书本。

⑥ 方孝坤：《徽州文书俗字研究》，北京，人民出版社，2012，第 233 页。

⑦ 张书岩、王铁昆、李青梅、安宁编著：《简化字溯源》，北京，语文出版社，1997，第 49 页。

《汉语大字典》："报"的简化字。①《中华字海·扌部》："报，'報'的简化字。"②没有列举文献例证，可以补充。

又写成"**扙**"。《为王家场校地牛王庙一学期收款报销事》："调查去年下届**扙**（报）销，如碑井、青龙穴、七层山、凤四甲、仁四甲、铜山寨六处全部漏落。"（《南部档案》16-927-3，光绪三十年）

按：曾良《明清小说俗字研究》附录《俗字待质录》第一个字与这种写法十分接近。曾书怀疑是"扯"字③。我们觉得更像"报"字，"报出尸首"与"扯出尸首"都能够讲通，我们也没有检索到其他文献例证，仍然只能存疑。

【称】

《光绪三十四年六月廿三日知县陈海梅谕查田庄积谷董事李逢时知悉事谕》："现据该董禀称（稱）。"（《龙泉司法档案选编》16288：22，光绪三十四年六月二十三日）④

按："称"是"稱"的简体俗字。刘复《宋元以来俗字谱·禾部》收录，例证引《列女传》《通俗小说》《三国志平话》。方孝坤《徽州文书俗字研究》收录，指出明清徽州文书均有该俗字。⑤ 又加繁写成"**挮**"，如《为密札查拿打教匪徒余化龙等以安民教事饬南部县》："据川东张道于四月十九日电**挮**（称）。"（《南部档案》17-816-2，光绪三十二年五月十一日）

【胆】

《为禀被告王定一等阻唤纠凶恳添钟子年到案事》："王兴喜胆（膽）敢纠率多人。"（《南部档案》14-70-5，光绪二十四年八月二日）

按："胆"是"膽"的俗字，与现行规范汉字相同。《康熙字典·肉部》："《正字通》：俗以胆为膽，非。"⑥

《康熙字典》所言即《正字通·肉部》："俗以胆为膽。"其实，宋代已经出现"胆"字。《广韵·寒韵》："胆，胆口脂泽，出《证俗文》。"宋代丁度等《集韵》也收录，但意思不同，当是同形字。《集韵·曷韵》："胆，**臛**胆肥兒。"宋代王洙、司马光《类篇·肉部》、金代韩孝彦《四声篇海·肉部》、

① 《汉语大字典》第一版，成都，四川辞书出版社；武汉，湖北辞书出版社，1990，第1846 页。《汉语大字典》第二版，成都，四川辞书出版社；武汉，崇文书局，2010，第1952 页。
② 冷玉龙等主编：《中华字海》，北京，中华书局、中国友谊出版公司，1994，第332 页。
③ 曾良：《明清小说俗字研究》，北京，商务印书馆，2017，第465 页。
④ 包伟民：《龙泉司法档案选编》第一辑《晚清时期》，北京，中华书局，2012，第117 页。
⑤ 方孝坤：《徽州文书俗字研究》，北京，人民出版社，2012，第252 页。
⑥ （清）张玉书等：《康熙字典》，北京，中华书局，1958，第977 页。

明代梅膺祚《字汇·肉部》均收录此同形字，解释同。两字逐渐混用，明代张自烈《正字通》对此进行了批评。《正字通·肉部》："胆，徒寒切，音檀，口脂泽也，俗以胆为膽，非。"①清代铁珊《增广字学举隅·正伪》："膽，胆，非。"②方孝坤《徽州文书俗字研究》收录，指出清代徽州文书有该俗字。③ 传世文献中多见"胆"字此义，清代胡式钰《语宝》："胆欲大，心欲小。"④《红楼梦》第八十八回："《金刚经》就象那道家的符壳，《心经》才算是符胆。"⑤

《简化字溯源》指出："最早这样用的是元抄本《京本通俗小说》，明代字书《正字通》正式收入了这种用法。1932 年《国音常用字汇》和 1935 年《简体字表》都把'胆'作为'膽'的简化字。"⑥

【独】

《为会禀南部县令章仪庆实心任事治理有方恳请留署一年事饬南部县》："该令独（獨）能破其奸伪。"（《南部档案》18-11-2，光绪三十三年十月十一日）⑦

按："獨"字写作俗字"独"，属于简体俗字。何华珍认为："独"见于宋辽金元。⑧

宋元小说、杂剧多见。刘复《宋元以来俗字谱》："独"，《列女传》《通俗小说》《古今杂剧》作"独"。明代焦竑《俗书刊误·屋韵》收录，解释说："獨，俗作独，非。"⑨明代郭一经《字学三正·体制上·古文异体》："獨，俗作独。"⑩《辞海》解释说："独，獨俗字。"⑪方孝坤《徽州文书俗字研究》收录，指出清代徽州文书有该俗字。⑫

---

① （明）张自烈：《正字通》，清代康熙十年（1671）刻本，《未集下》第 9 页。

② （清）铁珊：《增广字学举隅》，清文渊阁四库全书本，卷二。中华汉语工具书书库编辑委员会：《中华汉语工具书书库》第十二册，合肥，安徽教育出版社，2002，第504 页。

③ 方孝坤：《徽州文书俗字研究》，北京，人民出版社，2012，第 272 页。

④ （清）王夫之：《诗广传》，清同治湘乡曾氏金陵节署刻本，卷一。

⑤ （清）曹雪芹：《红楼梦》，北京，人民文学出版社，1996，第 1231 页。

⑥ 张书岩、王铁昆、李青梅、安宁编著：《简化字溯源》，北京，语文出版社，1997，第53 页。

⑦ 在这件吏房档案中，除"獨"字写作俗字"独"外，"姦"字写作俗字"奸"，属于简体俗字。"偽"字写作俗字"伪"，属于简体俗字。"辦"字写作俗字"办"。类似的还有"為"字写作俗字"为"。

⑧ 何华珍：《俗字在日本的传播研究》，《宁波大学学报》2011 年 6 期。

⑨ （明）焦竑：《俗书刊误》，清文渊阁四库全书本。

⑩ （明）郭一经：《字学三正》，清文渊阁四库全书本。

⑪ 舒新城：《辞海》，上海：中华书局，1948，第 876 页。

⑫ 方孝坤：《徽州文书俗字研究》，北京，人民出版社，2012，第 264 页。

《简化字溯源》指出："'独'最早见于宋代刊行的《古列女传》。1932年《国音常用字汇》和1935年《简体字表》都收入了'独'字。"①

【断】

（1）《蒋显宗断卖栽手杉木契》："立断（斷）卖栽手杉木契人姜显宗为因先年佃到姜映辉、姜伟二人之地。"（《清水江文书》2-1-3-067，道光十年四月三日）

（2）《为具供民具告王兴贵私煮大麦酒事》："遵断（斷）缴案。"（《南部档案》4-68-5，道光二十年五月十八日）

（3）《为具诉谢大海素行不法藉捬唆诬事》："祈公断（斷）。"（《南部档案》14-56-1，光绪二十四年九月七日）

（4）《为周廷栋具告周绍谦等霸伐茔树违禁歧葬事》："小的们遵断（斷）具结就是。"（《南部档案》23-274-3，宣统二年六月二十二日）

按："断"是"斷"的简体俗字。《康熙字典·斤部》："《玉篇》：同斷。俗字。"②

南北朝梁代顾野王《玉篇·斤部》："斷，丁管、徒管二切。截也。又丁乱切，诀也。𢧵，古文。断，同上。俗。"③唐代颜元孙《干禄字书》："断断斷，上俗中通下正。"④慧琳《一切经音义》卷一九《大方广十轮经》第七卷音义"辗断"条："断，俗字也，正从𢇍，断𢇍，音绝也。"于淑健根据《大正藏》引作"断，俗字也，正从𢇍。𢇍，音绝绝也。T54n2128p423a18）⑤《广韵》："斷绝。俗作𢧵、断。又徒管切。"王观国《学林》卷四："又有'断''断'二字，皆俗书，不可用。盖草书斷字作断形，而世俗作字多从简易，故隶书亦为草字之形。"⑥

唐碑中已经出现简体的"断"字。⑦敦煌文献也见，如浙敦001《增一阿含经》卷一《序品》第一："当令法本不断绝，阿难勿辞时说法。"《浙藏敦煌文献校录整理》："断，原卷如此，'斷'之简体俗字。"⑧BD00623《为皇

---

① 张书岩、王铁昆、李青梅、安宁编著：《简化字溯源》，北京，语文出版社，1997，第54页。

② （清）张玉书等：《康熙字典》，北京，中华书局，1958，第479页。

③ （宋）陈彭年等：《重修玉篇》，清文渊阁四库全书本，卷十七。

④ 中华汉语工具书书库编辑委员会：《中华汉语工具书书库》第十二册，合肥，安徽教育出版社，2002，第590页。

⑤ 于淑健：《敦煌佛典语词和俗字研究》，上海，上海古籍出版社，2012，第336页。

⑥ （宋）王观国：《学林》，北京，中华书局，1988，第132页。

⑦ 吴钢：《唐碑字辨》，吴钢辑、吴大敏编：《唐碑俗字录》，西安，三秦出版社，2004，第24页。

⑧ 黄征、张崇依：《浙藏敦煌文献校录整理》，上海，上海古籍出版社，2012，第5页。

帝祈福文(拟)》："普为四恩三有，法界众生，断除三鄣，归命忏悔。"(9/
90)BD00630《法王经》："诸下痢者，服之即断。"(9/126)①《敦煌经部文献
合集·古文尚书传(一三)》："断断然专壹之臣，虽无他伎艺，其心休休
乐善，其如是，则能[有]所容。"②

　　"斷"字这种俗写，《祖堂集》中也有，参张美兰《祖堂集校注》附《祖堂
集俗字》。③ 其他文献也多见该俗字。方孝坤《徽州文书俗字研究》收录，
指出明清徽州文书均有该俗字。④

　　先秦时期的包山楚简中，"斷"写为""，在形体上和简化字"断"十
分相似。

　　该俗字秦公《碑别字新编》已经收录，欧昌俊、李海霞《六朝唐五代石
刻俗字研究》："《北魏敬羽高衡造像记》'永断苦因'，其中'斷'写作
'断'。"⑤

　　"斷"在楼兰残纸文书中写作"断"。张书岩在《简化字溯源》中认为：
"'断'最早见于晋代的《晋祀后土》残碑中。"东晋谢安《告渊朗帖》中有
""。黄征《敦煌俗字典》收《御注金刚般若菠罗蜜经宣演卷上》中"斷"写
为"断"。北魏《元引墓志》中写"断"。

　　隋朝颜愍楚(颜之推之次子)《俗书证误》："继、断，从㡭，从㡭从
㡭非。"⑥

　　赵春兰说：《辽藏·妙法莲花经》："淫欲节已断。"《说文》斤部："，
从斤，从。"《正名要录》"正行者楷注脚稍讹"类"断"下注脚"断"。按：
《五经文字》卷中斤部："斷，作断非。"慧琳《一切经音义》卷三《大般若经》
第三百三十卷音义："斷，有作断，俗字也。"⑦

　　《简化字溯源》指出："'断'最早见于晋代的《晋祭后土》残碑中，南朝
字书《玉篇》收入了'断'字。1932 年《国音常用字汇》和 1935 年《简体字

---

① 曾良：《敦煌佛经字词与校勘研究》，厦门，厦门大学出版社，2010，第 261 页。

② 张涌泉：《敦煌经部文献合集》，北京，中华书局，2008，第 409 页。

③ 张美兰：《祖堂集校注》，北京，商务印书馆，2009，第 530 页。

④ 方孝坤：《徽州文书俗字研究》，北京，人民出版社，2012，第 279 页。

⑤ 欧昌俊、李海霞：《六朝唐五代石刻俗字研究》，成都，巴蜀书社，2004，第 20 页。

⑥ (北齐)颜愍楚：《俗书证误》，《续修四库全书·经部·小学类》，上海，上海古籍出版
社，2002，第 329 页。

⑦ 赵春兰：《应县木塔辽代秘藏妙法莲花经俗字研究》，上海师范大学硕士学位论文，
2006，第 26 页。

表》都将'断'字收入。"①

档案又写"断"。

《为邓鑫元具告罗玉俸换卖期银催讨不给事》："断（斷）饬速缴。"
（《南部档案》23-256-2，宣统元年十二月四日）

按：北魏《元伴墓志》作"断"，与档案写法相似。辽代僧人释行均《龙龛手镜》，高丽本载智光序："性相之义差，则修断（斷）之路阻矣。"②刘复《宋元以来俗字谱》收录，例证引《太平乐府》。明代梅膺祚《字汇·斤部》："断，同断。"③明代张自烈《正字通·斤部》："断，断字之伪，旧注同断，误。"④

档案又写"断"，右边写"壬"。

《为严催赶造光绪二十三年四季分监散兵响印结事饬南部县》："断（断）难稍延。"（《南部档案》14-27-3，光绪二十四年十二月十二日）

【国】

（1）《为京师专设矿务铁路总局统辖开矿筑路事宜事饬南部县衙》："各节于国（國）帑不无裨益。"（《南部档案》14-46-1，光绪二十四年九月二十四日）

（2）《为京师专设矿务铁路总局统辖开矿筑路事宜事饬南部县衙》："时派总理各国（國）事务大臣王文韶、张荫桓专理其事。"（《南部档案》14-46-1，光绪二十四年九月二十四日）⑤

按："国"是"國"的俗字。何华珍认为："国"见于魏晋南北朝。⑥ 清代梁同书《直语补证》："国、子、齐、斋、孝，今市侩书之，皆起于宋，见孙奕《示儿编》云。"当代沈富进《汇音宝鉴·公上入声》："国，全國字。"⑦方孝坤《徽州文书俗字研究》收录，指出明代徽州文书有该俗字。⑧

《简化字溯源》指出："居延和敦煌汉简中，就有接近'国'的草书字形。'国'最早见于南北朝时期东魏的李餠造像。唐代的敦煌变文写本中

---

① 张书岩、王铁昆、李青梅、安宁编著：《简化字溯源》，北京，语文出版社，1997，第54页。

② （辽）释行均：《龙龛手镜》，高丽本，北京，中华书局，1985，第2页。

③ （明）梅膺祚：《字汇》，明代万历四十三年（1615）刻本，《卯集》第80页。

④ （明）张自烈：《正字通》，清代康熙十年（1671）刻本，《卯集下》第36页。

⑤ 同样是"总"，同一档案写法不同。

⑥ 何华珍：《俗字在日本的传播研究》，《宁波大学学报》2011年6期。

⑦ 沈富进：《汇音宝鉴》，文艺学社，1954。

⑧ 方孝坤：《徽州文书俗字研究》，北京，人民出版社，2012，第226页。

也有'国'字。"①

又写作"囯"，因为是王者的邦域，所以从王从口。《康熙字典·口部》："囯，《正字通》俗國字。"②北齐天保八年《宋敬业造象记》《贾思业造象记》已经出现"囯"字，秦公、刘大新《广碑别字》、罗振玉《偏类碑别字·口部》、秦公《碑别字新编》、刘复《宋元以来俗字谱·口部》均收录。辽代僧人释行均《龙龛手镜·口部》、金代韩孝彦《四声篇海·口部》、《字汇·口部》、《正字通·口部》等均收录。方孝坤《徽州文书俗字研究》收录，指出明清徽州文书均有该俗字。③　张涌泉《汉语俗字研究》对"囯"字有专门论述，可参看。④

【尽】

(1)《为京师专设矿务铁路总局统辖开矿筑路事宜事饬南部县衙》："不足以尽（盡）之。"(《南部档案》14-46-1，光绪二十四年九月二十四日)

(2)《盐池县永聚长皮毛店邵喜连信件》："内云尽（盡）知。"(《太行山文书》，光绪三十一年二月二十四日)⑤

按："尽"是"盡"的简体俗字。《康熙字典·尸部》："《正字通》：俗盡字。"⑥清代钱大昕《十驾斋养新录·宋时俗字》："盡字作尽。"⑦

明代伪书《篇海类编·数目类·尺部》："尽，音盡，俗用。"明代梅膺祚《字汇·尸部》："尽，俗盡字。"⑧明代张自烈《正字通》："尽，俗盡字。"⑨刘复《宋元以来俗字谱》："盡"，《列女传》《取经诗话》《通俗小说》《三国志平话》皆作"尽"。方孝坤《徽州文书俗字研究》收录，指出明清和民国时期徽州文书均有该俗字。⑩

《简化字溯源》指出："'尽'来源于草书。唐代敦煌的佛经写本中'盡'写作'尽'，后收入宋代孙奕的《履斋示儿编》中。"⑪由此可见，"尽"的使用历史悠久，简化字并非有的人认为问题巨大，违背历史规律。其中部

①　张书岩、王铁昆、李青梅、安宁编著：《简化字溯源》，北京，语文出版社，1997，第58页。
②　(清)张玉书等：《康熙字典》，北京，中华书局，1958，第217页。
③　方孝坤：《徽州文书俗字研究》，北京，人民出版社，2012，第226页。
④　张涌泉：《汉语俗字研究》，北京，商务印书馆，2010，第41页。
⑤　康香阁主编：《太行山文书精萃》，北京，文物出版社，2017，第9页。
⑥　(清)张玉书等：《康熙字典》，北京，中华书局，1958，第300页。
⑦　(清)钱大昕：《十驾斋养新录附余录》，清嘉庆刻本，卷四。
⑧　(明)梅膺祚：《字汇》，明代万历四十三年(1615)刻本，《寅集》第22页。
⑨　(明)张自烈：《正字通》，清代康熙十年(1671)刻本，《寅集上》第57页。
⑩　方孝坤：《徽州文书俗字研究》，北京，人民出版社，2012，第255页。
⑪　张书岩、王铁昆、李青梅、安宁编著：《简化字溯源》，北京，语文出版社，1997，第64页。

件"冫"的使用被广泛采纳，不少汉字都用这个部件，代替繁难的书写部件或者重复的部件。如"棘"字写成"枣"字，省去相同的部件，用重文符号"冫"代替，从而实现简化，汉字书写趋向简化是历史规律。当然也有与之相反的情况，就是繁化，繁化的目的也是为了书写，因为简单容易相似相近容易导致误解，失去作为语言的书写符号的意义，增加部件，便于区别，从而实现交际的需要。

张涌泉《汉语俗字研究》指出："敦煌写本伯3093号《佛说观弥勒菩萨上生兜率天经讲经文》：'万种端严缬化出，十方世界尽倾摇。''尽'即'盡'的草书楷化俗字，敦煌写本经见。宋孙奕《履斋示儿编》卷九《文说》'声画押韵贵乎审'下有云：'初，诚斋先生杨公考校湖南漕试，同僚有取《易》义为魁。先生见卷子上书"盡"字作"尽"，必欲摈斥。考官乃上庠人，力争不可。先生云："明日揭牓，有喧传以为场屋取得个尺二秀才，则吾辈将胡颜？"竟黜之。'所谓'尺二秀才'，即指书'盡'为'尽'而言。钱大昕《十驾斋养新录》据孙奕所云，谓'尽'为宋时俗字，然由敦煌写本考之，则宋代以前固已见应用了。"①

【炉】

(1)《阙敏侯分家书》："一坐落老炉场下大坵田壹横大小柒坵。"(《石仓契约》第四辑第八册下茶铺·阙氏，乾隆四十年十一月二十九日)②

(2)《为阆中差役杨贵在南部县遗失银文案人证事》："小的在炉(爐)井沟路边佣工。"(《南部档案》2-62-2，乾隆五十四年七月二十七日)

(3)《为阆中差役杨贵遗失银文案事》："于二十三日到炉(爐)井沟路边上捡着褡连一条。"(《南部档案》2-62-5，乾隆五十四年八月二日)

按："炉"是"爐"的简体俗字。《康熙字典·火部》："《篇海》：俗爐字。"③

何华珍认为："炉"见于宋辽金元。④"炉"字这种俗写，《祖堂集》中也有，参张美兰《祖堂集校注》附《祖堂集俗字》。⑤

明代陈士元《古俗字略·虞韵》落胡切："爐，火床。䊀，同上。出道

① 张涌泉：《汉语俗字研究》，北京，商务印书馆，2010，第83页。引文见宋孙奕：《履斋示儿编·文说·声画押韵贵乎审》。该书所引与孙书有一定出入，文字有差异，如"寮"写成"僚"等，可能是版本不同造成的。

② 曹树基、潘星辉、阙龙兴编：《石仓契约》第四辑第八册，杭州，浙江大学出版社，2015，第8页。

③ (清)张玉书等：《康熙字典》，北京，中华书局，1958，第667页。

④ 何华珍：《俗字在日本的传播研究》，《宁波大学学报》2011年6期。

⑤ 张美兰：《祖堂集校注》，北京，商务印书馆，2009，第537页。

书。炉，俗。"（30）①

金代韩孝彦《四声篇海·火部》"俗字背篇"："炉，力胡切。香炉也。与爐同。俗用。"（788 上）②

明代伪书《篇海类编·天文类·火部》："炉，俗爐字。"

方孝坤《徽州文书俗字研究》收录，指出明清徽州文书均有该俗字。③

整体来看，字书往往求大求全，重转录而轻考证，导致俗字、讹字和异体字充斥字书而无法准确识别。不少俗字收录成有音无义的疑难字。这势必影响字书的健康发展，影响字书的编纂质量，从而也影响人们对古籍和档案文献的阅读和理解。

《简化字溯源》指出："'炉'最早出现在宋刊《大唐三藏取经诗话》中。金《篇海类编》将'炉'作为'爐'的俗字收入。"④

【乱】

（1）《为赵光鼎所遗失甫塆瑶阶屋后坡与侄子均依二分均分埋石定界管业事》："生人等二家不得乱（亂）浸边界。"（《南部档案》2-63-1，乾隆二十六年一月二十四日⑤）

（2）《曾开棕杜卖田文契》："并无紊乱（亂）。"（《龙泉驿文书》6-1-013，乾隆五十六年九月）⑥

按："乱"是"亂"的俗字。《康熙字典·乙部》："《正字通》：俗亂字。"⑦明代陈士元《古俗字略·翰韵》："亂，理也；又不理也。𠃌，古。乱，俗。"⑧方孝坤《徽州文书俗字研究》收录，指出清代徽州文书有该俗字。⑨

"亂"的简体俗字三国魏郑义碑已见。秦公、刘大新《广碑别字》、罗振玉《偏类碑别字·乙部》均收录，例证引魏《郑义碑》。该俗字秦公《碑别字新编》已经出现，当出现在魏晋六朝。何华珍认为："亂"字简体见于魏

① （明）陈士元：《古俗字略》，［日］杉本つとむ《异体字研究资料集成》二期八卷，东京，雄山阁，1973，第 29 页。
② （金）韩孝彦《四声篇海》，明代成化七年（1471）刻本，卷十三。
③ 方孝坤：《徽州文书俗字研究》，北京，人民出版社，2012，第 283 页。
④ 张书岩、王铁昆、李青梅、安宁编著：《简化字溯源》，北京，语文出版社，1997，第 69 页。
⑤ 本件档案的时间与目录收录的档案前后相差较远。
⑥ 胡开全主编：《成都龙泉驿百年契约文书》，成都，巴蜀书社，2012，第 12 页。
⑦ （清）张玉书等：《康熙字典》，北京，中华书局，1958，第 84 页。
⑧ （明）陈士元：《古俗字略》，［日］杉本つとむ《异体字研究资料集成》二期八卷，东京，雄山阁，1973，第 126 页。
⑨ 方孝坤：《徽州文书俗字研究》，北京，人民出版社，2012，第 242 页。

晋南北朝。①

　　颜之推《颜氏家训·书证篇》："自有讹谬，过成鄙俗，乱旁为舌，揖下无耳，鼋鼍从龟，奋夺从萑，席中加带，恶上安西，鼓外设皮，凿头生毁，离则配禹，壑乃施豁，巫混经旁，皋分泽片，猎化为獦，宠变成竉，业左益土，灵底着器，率字自有律音，强改为别；单字自有善音，辄析成异：如此之类，不可不治。吾昔初看《说文》，蚩薄世字，从正则惧人不识，随俗则意嫌其非，略是不得下笔也。"②

　　敦煌文献也见，如浙敦 001《增一阿含经》卷一《序品》第一："四部寂静专一心，欲得闻法意不乱。"《浙藏敦煌文献校录整理》："乱，原卷如此，'亂'之简体俗字。"③清代邢澍《金石文字辨异·翰韵》也收录，例证引唐《内侍李辅光墓志》。唐代颜元孙《干禄字书》："乱亂，上俗下正。"④宋代丁度等《集韵·换韵》："亂，俗作乱，非是。""乱"字这种俗写，《祖堂集》中也有，参张美兰《祖堂集校注》附《祖堂集俗字》。⑤明代焦竑《俗书刊误》《字学三字》均指出"俗作乱"，并认为俗字写法错误⑥。明代梅膺祚《字汇·乙部》："乱，俗亂字。"⑦明代张自烈《正字通·乙部》："俗亂字。郭忠恕《佩觿》以乱辞二文从舌为芜累。正韵二支收辞，谓承用既久，今亦不废。"⑧明代章黼《重订直音篇·乙部》："乱，俗。"清代铁珊《增广字学举隅·古文字略》："乱，俗亂字。"⑨均将其判断为俗字。

　　唐代张守节《史记正义》附《论字例》云："《史》《汉》文字相承已久，若悦字作说，闲字作间，智字作知，汝字作女，早作蚤，後作后，既作溉，勅作饬，制作制，如此之流，缘古字少，通共用之。……若其鼋鼍从龟，辞乱从舌，觉学从与，泰恭从小，匿匠从走，巢藻从果，耕籍从禾，席下为带，美下为大，衰下为衣，极下为点，析旁着片，恶上安西，餐侧出头，离边作禹，此等类例，是讹字。宠字为竉，钖字为钖，以支代文，

① 何华珍：《俗字在日本的传播研究》，《宁波大学学报》2011 年 6 期。

② 王利器：《颜氏家训集解》，北京，中华书局，1993，第 515～516 页。

③ 黄征、张崇依：《浙藏敦煌文献校录整理》，上海，上海古籍出版社，2012，第 5 页。

④ 中华汉语工具书书库编辑委员会：《中华汉语工具书书库》第十二册，合肥，安徽教育出版社，2002，第 591 页。

⑤ 张美兰：《祖堂集校注》，北京，商务印书馆，2009，第 537 页。

⑥ (明)焦竑：《俗书刊误》，清文渊阁四库全书本。(明)郭一经：《字学三正》，清文渊阁四库全书本。

⑦ (明)梅膺祚：《字汇》，明代万历四十三年(1615)刻本，《子集》第 10 页。

⑧ (明)张自烈：《正字通》，清代康熙十年(1671)刻本，《子集上》第 33 页。

⑨ (清)铁珊：《增广字学举隅》，清文渊阁四库全书本，卷三。中华汉语工具书书库编辑委员会：《中华汉语工具书书库》第十二册，合肥，安徽教育出版社，2002，第522页。

将无混无，若兹之流，便成两失。"①"早作蚤，後作后，既作溉，勑作饬，制作剒，如此之流，缘古字少，通共用之。"陈五云等引作"早字作蚤，後字作后，既字作溉，勑字作饬，制字作剒，此之般流，缘古少字通共用之。""此等类例，是讹字。宠字勑勇反，为竉，钖字为钖，音阳，以支章移反代文问分反，将无混无。"陈五云等引作"此之等类例，直是讹字。宠（勑勇反）字为竉，钖字为钖（音阳），以支（章移反）代文（问分反），将无混无。"②

《简化字溯源》指出："'乱'最早见于北魏永平四年的《郑文公下碑》。北齐颜之推的《颜氏家训》中提到了这种写法。宋元以来刊行的通俗读物中广泛使用了'乱'字。"③

**【麦】**

(1)《彰德府涉县安孝典当土地典契》："今将西坡麦（麥）地式亩半，其地西南东三至拓河。"（《太行山文书》，雍正三年十二月二十二日）④

(2)《为具供民具告王兴贵私煮大麦酒事》："今四月二十六日他违禁私用大麦（麥）烤酒。"（《南部档案》4-68-5，道光二十年五月十八日）

按："麦"是"麥"的简体俗字，《康熙字典·麦部》："《正字通》：俗麥字。"⑤据何华珍的研究论述，"麦"字见于先秦。⑥

"麦"字见《史晨碑》："自以城池道濡麦给，令还所敛民钱材。"南北朝梁代顾野王《玉篇·麦部》："麥，莫革切，有芒之谷，秋种夏熟。麦，同上，俗。"⑦辽代僧人释行均《龙龛手镜·麥部》："麦，俗；麥，正。"⑧宋代《广韵·麦韵》："麥，《白虎通》曰：麥，金也。金王而生，火王而死。又姓，隋有将军麦铁杖，岭南人，俗作麦。"⑨宋代丁度等《集韵·麦韵》："麥，莫获切。《说文》芒谷秋种厚𦬸，故谓之麥，麥，金也。金王而生，火王而死，从来，有穗者。从名，亦姓，俗作麦，非是。"⑩明代梅膺祚

① （汉）司马迁：《史记》，北京，中华书局，1959，第14页。

② 陈五云、徐时仪、梁晓虹：《佛经音义与汉字研究》，南京，凤凰出版社，2010，第10页。

③ 张书岩、王铁昆、李青梅、安宁编著：《简化字溯源》，北京，语文出版社，1997，第69页。

④ 康香阁主编：《太行山文书精萃》，北京，文物出版社，2017，第66页。

⑤ （清）张玉书等：《康熙字典》，北京，中华书局，1958，第1512页。

⑥ 何华珍：《俗字在日本的传播研究》，《宁波大学学报》2011年6期。

⑦ （宋）陈彭年等：《重修玉篇》，清文渊阁四库全书本，卷十五。

⑧ （辽）释行均：《龙龛手镜》，高丽本，北京，中华书局，1985，第504页。

⑨ （宋）陈彭年等：《宋本广韵》，北京，中国书店，1982，第513页。

⑩ （宋）丁度等：《集韵》，述古堂影宋本，上海，上海古籍出版社，1985，第737页。

《字汇·麦部》："麦，俗麥字。"①明代章黼《重订直音篇·麦部》："麦，俗。"明代焦竑《俗书刊误·陌韵》："麥，俗作麦，非。"②明代郭一经《字学三字·体制上，时俗杜撰字》："麥，俗作麦。"③清代顾蔼吉《隶辨·麦韵》："麦，《史晨后碑》：'自以城池道濡麦。'按：《说文》作麥，从来从夂。《广韵》云：'俗作麦。'"④均将其判断为俗字。方孝坤《徽州文书俗字研究》收录，指出元代和清代徽州文书均有该俗字。⑤

《简化字溯源》指出："早在战国末至秦初抄写的睡虎地秦简、汉代的居延简和碑刻中，'麥'字就有接近于今天的简化字的写法。南朝字书《玉篇》收入了'麦'字。"⑥

【难】

(1)《方其照卖地契》："恐口难(難)凭，立此契存照。"(《田藏契约文书粹编》681，顺治七年一月)⑦

(2)《为严催赶造光绪二十三年四季分监散兵响印结事饬南部县》："断难(難)稍延。"(《南部档案》14-27-3，光绪二十四年十二月十二日)

(3)《光绪三十四年六月廿三日知县陈海梅谕查田庄积谷董事李逢时知悉事谕》："更难(難)买补。"(《龙泉司法档案选编》16288：22，光绪三十四年六月二十三日)⑧

(4)《宣统元年十二月初九日谢汉定立退契抄件粘呈》："恐口难(難)凭，立退契为据。"(《龙泉司法档案选编》8583：18，宣统元年十二月九日)⑨

按："难"是"難"的简体俗字，与现行规范汉字相似。明代焦竑《俗书刊误·删韵》："難，俗作难，非。"⑩明代郭一经《字学三正·体制上·时俗杜撰字》："難，俗作难。"⑪刘复《宋元以来俗字谱·佳部》收录，例证引《白袍记》。方孝坤《徽州文书俗字研究》收录，指出明清徽州文书均有

① (明)梅膺祚：《字汇》，明代万历四十三年(1615)刻本，《亥集》第 65 页。
② (明)焦竑：《俗书刊误》，清文渊阁四库全书本。
③ (明)郭一经：《字学三正》，清文渊阁四库全书本。
④ (清)顾蔼吉：《隶辨》，北京，北京市中国书店，1982，第 720 页。
⑤ 方孝坤：《徽州文书俗字研究》，北京，人民出版社，2012，第 226 页。
⑥ 张书岩、王铁昆、李青梅、安宁编著：《简化字溯源》，北京，语文出版社，1997，第 70 页。
⑦ 田涛、[美]宋格文、郑秦主编：《田藏契约文书粹编》三，北京，中华书局，2001，第 28 页、第 26 页，该书契约与录文分列，独立编页，契约在第 28 页，录文在第 26 页。
⑧ 包伟民：《龙泉司法档案选编》第一辑《晚清时期》，北京，中华书局，2012，第 117 页。
⑨ 包伟民：《龙泉司法档案选编》第一辑《晚清时期》，北京，中华书局，2012，第 310 页。
⑩ (明)焦竑：《俗书刊误》，清文渊阁四库全书本。
⑪ (明)郭一经：《字学三正》，清文渊阁四库全书本。

该俗字。①《简化字溯源》指出："'难'最早见于明代的《薛仁贵跨海东征白袍记》。明末的官府文书档案《兵科抄出》也有'难'字。"②

【窃】

(1)《为领得被窃水牻牛一只事》："情因本年三月二十八日夜间被田连儒等窃(竊)去蚁家水牻牛二只。"(《南部档案》1-13-2，雍正十二年八月十五日)

(2)《宣统二年八月知县陈启谦为移交事移新任知县王移》："窃(竊)照敝任接收陶前任讯结词讼案内缴洋三十元。"(《龙泉档案》15661：1-2，宣统二年八月)③

按："窃"是"竊"字的简体俗字。明代郭一经《字学三正·体制上·时俗杜撰字》："竊，俗作窃。"④清代铁珊《增广字学举隅·正讹》："竊，竊帖，竊、窃均非。"⑤刘复《宋元以来俗字谱·穴部》收录，例证引《通俗小说》《目连记》《金瓶梅》《岭南逸事》。当代沈富进《汇音宝鉴·兼上入声》："竊，盗也，私取。窃，同上字。"⑥《中文大辞典·穴部》："竊，窃之俗字。"《简化字溯源》指出："'窃'最早出现在元抄本《京本通俗小说》上，字形作'窃'，与'窃'略有不同。明代《兵科抄出》上有跟现行简化字写法完全相同的'窃'。"⑦

【势】

《为禀被告王定一等阻唤纠凶恳添钟子年到案事》："役等见势(勢)凶勇。"(《南部档案》14-70-5，光绪二十四年八月二日)

按："势"是"勢"的简体俗字。《宋元以来俗字谱》："勢"，《列女传》《古今杂剧》《三国志平话》《太平乐府》《金瓶梅》《岭南逸事》作"势"。方孝坤《徽州文书俗字研究》收录，指出明清徽州文书均有该俗字。⑧

【数】

(1)《盐池县永聚长皮毛店邵喜连信件》："因前接来信数(數)封。"

① 方孝坤：《徽州文书俗字研究》，北京，人民出版社，2012，第282页。
② 张书岩、王铁昆、李青梅、安宁编著：《简化字溯源》，北京，语文出版社，1997，第71页。
③ 包伟民：《龙泉司法档案选编》第一辑《晚清时期》，北京，中华书局，2012，第25页。
④ (明)郭一经：《字学三正》，清文渊阁四库全书本。
⑤ (清)铁珊：《增广字学举隅》，清文渊阁四库全书本，卷二。中华汉语工具书书库编辑委员会：《中华汉语工具书书库》第十二册，合肥，安徽教育出版社，2002，第515页。
⑥ 沈富进：《汇音宝鉴》，文艺学社，1954。
⑦ 张书岩、王铁昆、李青梅、安宁编著：《简化字溯源》，北京，语文出版社，1997，第74页。
⑧ 方孝坤：《徽州文书俗字研究》，北京，人民出版社，2012，第247页。

（《太行山文书》，光绪三十一年二月二十四日）①

（2）《光绪三十四年六月廿三日知县陈海梅谕查田庄积谷董事李逢时知悉事谕》："所买谷数（數）。"（《龙泉司法档案选编》16288：22）②

按："数"是"數"的简体俗字。清代李光地《榕村字画辨讹》："數作数非。"③明代焦竑《俗书刊误·姥韵》："數，俗作数，非。"④刘复《宋元以来俗字谱》："數，《金瓶梅》作数。"均将其判断为俗字。《中文大辞典·攴部》："数，數之略字。《宋元以来俗字谱》：数，《金瓶梅》作'数'。"⑤将其判断为省略字，但引俗字谱，似在两者之间犹豫。《汉语大字典·攵部》："数，數的简化字。"⑥《中华字海·攵部》同⑦。未作判断。

## 【体】

（1）《为铁路开矿省分应行增设学堂事饬南部县》："着南北洋大臣、沿江沿海各将军、督抚一体（體）寔力筹办。"（《南部档案》14-47-1，光绪二十四年九月二十一日）

（2）《为照约办理教士过境事饬南部县》："一体（體）照章办理。"（《南部档案》16-453-21，光绪二十九年二月十八日）

（3）《为奏川北道整治吏治等事饬南部县》："仰该府即饬所属一体（體）知照切切等。"（《南部档案》18-10-1，光绪三十三年八月十七日）

按："体"是"體"的简体俗字。"体"本与"笨"同，俗字用同"體"。《康熙字典·人部》："俗书四體之體，省作体，误。"⑧

欧昌俊、李海霞《六朝唐五代石刻俗字研究》说："體俗作体。"⑨何华珍认为："体"见于宋辽金元。⑩

元代李文仲《字鉴·荠韵》："體，他礼切，《说文》：'总十二属也，从骨豊声。'俗作躰，或作体，非。体，蒲本切，强貌，又劣也。"⑪据此，"体"是"體"的讹误字。刘复《宋元以来俗字谱·骨部》收录，例证引《通俗

①　康香阁主编：《太行山文书精萃》，北京，文物出版社，2017，第 9 页。
②　包伟民：《龙泉司法档案选编》第一辑《晚清时期》，北京，中华书局，2012，第 117 页。
③　（清）李光地：《榕村字画辨讹》，清代道光九年（1829）刻本。
④　（明）焦竑：《俗书刊误》，清文渊阁四库全书本。
⑤　《中文大辞典》引用该段。《中文大辞典》，台北，中国文化研究所，1968，第 6150 页。其中"數之略字"疑当作"數之俗字"。
⑥　《汉语大字典》第二版，成都，四川辞书出版社；武汉，崇文书局，2010，第 1576 页。
⑦　冷玉龙等主编：《中华字海》，北京，中华书局、中国友谊出版公司，1994，第 878 页。
⑧　（清）张玉书等：《康熙字典》，北京，中华书局，1958，第 98 页。
⑨　欧昌俊、李海霞：《六朝唐五代石刻俗字研究》，成都，巴蜀书社，2004，第 4 页。
⑩　何华珍：《俗字在日本的传播研究》，《宁波大学学报》2011 年 6 期。
⑪　（元）李文仲：《字鉴》，清文渊阁四库全书本，卷三《上声》。

小说《古今杂剧》《三国志平话》《太平乐府》《娇红记》《白袍记》《东牕记》《目连记》《金瓶梅》，将其判断为俗字。明代焦竑《俗书刊误·荠韵》："體，俗作体，非。体音蒲本切，韵一作体。"①明代郭一经《字学三正·体制上·古文异体》："體俗作体。"②明代梅膺祚《字汇·人部》："体，俗作肢体之体，非。"③明代张自烈《正字通·人部》："体，俗书，四体之体，省作体，误。"④均将其判断为俗字，并辨析了"體"与"体"的差异。

《简化字溯源》指出："'体'最早出现在元抄本《京本通俗小说》上。"⑤

【条】

《为阆中差役杨贵遗失银文案事》："于二十三日到炉井沟路边上捡着褡连一条（條）。"（《南部档案》2-62-5，乾隆五十四年八月二日）

按："条"是"條"的简体俗字。刘复《宋元以来俗字谱·人部》收录，例证引《古今杂剧》《三国志平话》等。方孝坤《徽州文书俗字研究》收录，指出明清徽州文书有该俗字。⑥《字辨·体辨三》："条，上列者为正。"《中文大辞典·木部》："条，條之俗字。"

又写作"條"，少写一竖，例如《为领取失落搭连等事》："当堂领得役失落褡连一條（条）。"（《南部档案》2-62-7，乾隆五十四年八月二日）

【铁】

(1)《曹秀峰交娲媓圣母社物品交单》："铁（鐵）鎗三杆。"（《太行山文书》，光绪九年一月十五日）⑦

(2)《为京师专设矿务铁路总局统辖开矿筑路事宜事饬南部县衙》："此铁（鐵）路之大畧也。"（《南部档案》14-46-1，光绪二十四年九月二十四日）

按："铁"是"鐵"的俗字，右边写成简体，左边仍然是繁体。《康熙字典·金部》："《玉篇》：古文銕字。注详《糸部》五画。《正字通》：俗用为鐵字，误。"⑧

① （明）焦竑：《俗书刊误》，清文渊阁四库全书本。
② （明）郭一经：《字学三正》，清文渊阁四库全书本。
③ （明）梅膺祚：《字汇》，明代万历四十三年(1615)刻本，《子集》第22页。
④ （明）张自烈：《正字通》，清代康熙十年(1671)刻本，《子集中》第21页。
⑤ 张书岩、王铁昆、李青梅、安宁编著：《简化字溯源》，北京，语文出版社，1997，第79页。
⑥ 方孝坤：《徽州文书俗字研究》，北京，人民出版社，2012，第216页。
⑦ 康香阁主编：《太行山文书精萃》，北京，文物出版社，2017，第118页。
⑧ （清）张玉书等：《康熙字典》，北京，中华书局，1958，第1323页。

"铁"见于刘复《宋元以来俗字谱》，《中华字海》收录①。辽代僧人释行均《龙龛手镜》，高丽本："铁，古文直质反，今作【□】缝反。"②《龙龛手镜》所载并不是"鐵"的俗字，而是同形字。明代梅膺祚《字汇·金部》："铁，今俗为鐵字，非。"③明代张自烈《正字通》："铁，俗用为鐵字。"④清代毕沅《经典文字辩证书》："铁"，同"鐵"。《宋元以来俗字谱》："鐵"，《古今杂剧》《三国志平话》《太平乐府》等作"铁"。

《简化字溯源》指出："元代的《古今杂剧三十种》《全相三国志平话》《朝野新声太平乐府》等作品中都有金旁未简化的'铁'字。"⑤

【万】

(1)《涉县玉二里三甲满市口第一户张万才里甲页》："涉县玉二里三甲满市口第一户张万（萬）才年三十五岁。"(《太行山文书》，嘉庆二十年七月七日)⑥

(2)《为计开光绪三十年二日大宪礼积谷事》："马万（萬）保谷子叁斗，马万（萬）仞谷子叁斗，马万（萬）中谷子壹斗伍升，马万（萬）良谷子九升。"(《南部档案》16-866-1，光绪三十年十月二十日)

按："萬"字写作"万"，即"萬"字的简体字"万"。⑦ 何华珍认为："万"见于先秦。⑧

吴钢认为："万字战国秦汉已有，马王堆帛书中通用。"

宋代娄机《汉隶字源·愿韵》收录，例证引《建平郫县碑》。金代韩孝彦《四声篇海·一部》："俗萬字，十千也，元在方部，今改于此。"⑨明代郭一经《字学三正·体制上·时俗杜撰字》："萬，俗作万。"⑩明代张自烈《正字通·一部》："萬，俗省作万。《韵会小补》'万'注引《广韵》：'十千为万'，通作萬。"⑪

---

①  冷玉龙等主编：《中华字海》，北京，中华书局、中国友谊出版公司，1994，第1519页。

②  (辽)释行均：《龙龛手镜》，高丽本，北京，中华书局，1985，第20页。

③  (明)梅膺祚：《字汇》，明代万历四十三年(1615)刻本，《戌集》第4页。

④  (明)张自烈：《正字通》，清代康熙十年(1671)刻本，《戌集上》第9页。

⑤  张书岩、王铁昆、李青梅、安宁编著：《简化字溯源》，北京，语文出版社，1997，第80页。

⑥  康香阁主编：《太行山文书精萃》，北京，文物出版社，2017，第103页。

⑦  吴钢：《唐碑字辨》，吴钢辑、吴大敏编：《唐碑俗字录》，西安，三秦出版社，2004，第23页。

⑧  何华珍：《俗字在日本的传播研究》，《宁波大学学报》2011年6期。

⑨  (金)韩孝彦：《四声篇海》，明代成化七年(1471)刻本，卷十三。

⑩  (明)郭一经：《字学三正》，清文渊阁四库全书本。

⑪  (明)张自烈：《正字通》，清代康熙十年(1671)刻本，《子集上》第4页。

欧昌俊、李海霞《六朝唐五代石刻俗字研究》说："萬俗作万。"①《中华字海·一部》说："万，'萬'的简化字。"②

《汉语大字典·一部》解释说：《玉篇·方部》："万，俗萬字。十千也。"《集韵·愿韵》："万，数也。通作萬。"北魏魏灵藏《造释迦石像记》："万方朝贯。"北魏佚名《怀令李超墓志铭》："万殊一会。"③

《中文大辞典》："数之单位。千之十倍，通作萬。《集韵》：'万，数也。通作萬。'《韵会小补》：'万，《广韵》：十千为万，通作萬。'"④

由此可见，《汉语大字典》比《中文大辞典》有所进步，发现了《玉篇》的记载。

《故训汇纂》收录 5 个书证，除《汉语大字典》列举的《玉篇·方部》外，还并言《玉篇》也见《小学搜佚·声类》，补充《玄应音义》卷六注引《风俗通》曰："十千曰万。"此外，还有《韩非子·定法》王先慎集解、《广韵·愿韵》《集韵·愿韵》。⑤ 由此可见，《故训汇纂》在汉语研究的重要性。

《陕西神德寺塔出土文献》收录 Y0013-2《妙法莲华经》卷第五："□□□□□（为四众说法），□□（经千）万亿劫。""况复千万、百万，乃至□□（一万）。"⑥"萬"字这种俗写"万"字，《祖堂集》中也有，参张美兰《祖堂集校注》附《祖堂集俗字》。⑦

南北朝梁代顾野王《玉篇·方部》："万，俗萬字。十千也。"⑧《集韵·愿韵》："万，数也。通作萬。"《韵会小补》："万，《广韵》：十千为万，通作萬。"《玄应音义》卷六注引《风俗通》曰："十千曰万。"文献多见，如北魏魏灵藏《造释迦石像记》："万方朝贯。"⑨北魏佚名《怀令李超墓志铭》："万殊一会。"⑩

陆费逵《普通教育应当采用俗体字》："萬，古作万，算，古作祘，万、祘二字实古之正体字，今则视之与俗体无异矣。后之视今亦犹今之

① 欧昌俊、李海霞：《六朝唐五代石刻俗字研究》，成都，巴蜀书社，2004，第 4 页。如《北齐叱烈延庆妻朱元静墓志》："未泯万载之功。"（见该书第 22 页引）
② 冷玉龙等主编：《中华字海》，北京，中华书局、中国友谊出版公司，1994，第 1 页。
③ 引自《汉语大字典》第一版，成都，四川辞书出版社；武汉，湖北辞书出版社，1990，第 9 页。《汉语大字典》第二版，成都，四川辞书出版社；武汉，崇文书局，2010，第 10 页。两版文字全同。
④ 《中文大辞典》，台北，中国文化研究所，1968，第 302 页。
⑤ 宗福邦、陈世饶、萧海波：《故训汇纂》，北京，商务印书馆，2003，第 14 页。
⑥ 黄征主编：《陕西神德寺塔出土文献》，南京，凤凰出版社，2012，第 218 页。
⑦ 张美兰：《祖堂集校注》，北京，商务印书馆，2009，第 543 页。
⑧ （宋）陈彭年等：《重修玉篇》，清文渊阁四库全书本，卷十八。
⑨ （清）王昶：《金石萃编》，清嘉庆十年刻同治钱宝传等补修本，卷二十八。
⑩ （清）王昶：《金石萃编》，清嘉庆十年刻同治钱宝传等补修本，卷二十八。

视昔。"①

"萬"字，《说文》："虫也。从九，象形。"②

《简化字溯源》指出："'万'的字形最早见于西周早期的'佣万殷'，意义不明，战国时期的古印中有'万'字，用作'萬'。在汉印、汉碑、魏碑中，'萬'也经常写作'万'。南北朝时期的《玉篇》将'万'作为'萬'的俗字收入。"③

隋朝颜愍楚（颜之推之次子）《俗书证误》："丰，从二丰，从曲非。圣，从壬，从王非。萬，数也，万非。"④

我们应该注意到，唐代字书把两字均作为正字，如唐代颜元孙《干禄字书》："万、萬，并正。"⑤到宋代作为通行正字，《广韵》《集韵》均言"通作萬"。袁文《瓮牖闲评》卷一："萬者，蝎也；万者，十千也。二字之义全别，萬字之不可为万字。犹万字之不可为萬字焉，惟钱谷之数则惧有改移。故萬字须著借为万字，葢出于不得已，初无他义也。其余万字既不惧改移则安用借为哉。余尝观左氏传云，公以金仆姑射南宫长万。又云宋万弑闵公于蒙泽，恐是其名万，须着用如此写，若毕万之后，必大本是，此萬字误借为万。何以知之。卜偃曰：毕万之后，必大万盈数也。苟非此万字，何为有盈数之言，以至诗书中如万邦为宪，无以尔万方。万福攸同，万民是若，用万字处甚多，皆误借为萬字耳。如以万可借为萬字，则四方亦可借为肆方，五行亦可借为伍行乎，以是推之二字之义，不可以借昭然矣。"⑥

清代手写文献中还有一个地方容易当成"萬"字写作"万"字的例证。《为奉上谕金川逃兵案承缉官兵从宽处理事饬南部县》："国家设兵卫民，虽万百年不用，不可不备。"（《南部档案》2-34-14，乾隆五十年二月二十三日）"万"字似乎可以解读为"萬"字的俗字，即"萬"字的简体字"万"；但从上下文推敲，仔细观察，该字是"可"字，并不是"万"字。

① 陆费逵：《普通教育应当采用俗体字》，《教育杂志》1909 年创刊号。转引自张涌泉：《汉语俗字研究》，北京，商务印书馆，2010，第 317 页。

② （东汉）许慎：《说文解字》，北京，中华书局，1963，第 308 页。

③ 张书岩、王铁昆、李青梅、安宁编著：《简化字溯源》，北京，语文出版社，1997，第 81 页。

④ （北齐）颜愍楚：《俗书证误》，《续修四库全书·经部·小学类》，上海，上海古籍出版社，2002，第 330 页。

⑤ 中华汉语工具书书库编辑委员会：《中华汉语工具书书库》第十二册，合肥，安徽教育出版社，2002，第 591 页。

⑥ （宋）袁文：《瓮牖闲评》，北京，中华书局，1985，第 7 页。

## 【携】

《为敬绍虞霸吞凶抗案内传唤差役事》："等始将秤簿挈获携（攜）回。"（《南部档案》14-36-1，光绪二十四年三月二十二日）

按："携"是"攜"的简体俗字。《康熙字典·手部》说："携，俗攜字。"[①]

宋代娄机《汉隶字源·齐韵》、清代顾蔼吉《隶辨·齐韵》[②]、清代邢澍《金石文字辨异·齐韵》收录，例证均引汉《三公山碑》，并引《广韵》说："携，俗攜字。"

罗振玉《偏类碑别字·手部》、秦公《碑别字新编》同引汉《三公山碑》，写作"携"，改左右结构为上下结构，属于异体字常见手段，当属于书写差异。又引晋《爨宝子碑》，写作"携"。金代韩孝彦《四声篇海·手部》引《余文》："携，音攜，义同。"[③]元朝李文仲《字鉴·齐韵》："攜，《五经文字》云：作攜、携、携皆非。"[④]将其判断为异体字，并认为有误。

元代周伯琦《六书正讹·齐韵》："攜，俗作攜、携，并非。"[⑤]明代梅膺祚《字汇·手部》："攜，《六书正讹》：俗作攜、携，并非。"[⑥]明代张自烈《正字通·手部》："携，俗攜字。"[⑦]明代焦竑《俗书刊误·齐韵》："攜，俗作携，非。"[⑧]均将其判断为俗字，不过认为这种俗字属于书写错误。传世文献多见，例如《文选·李陵〈答苏武诗〉》："携手上河梁，游子暮何之。"[⑨]唐代皮日休《卒妻怨》："少者任所归，老者无所携。"[⑩]《红楼梦》第三回："说着携了黛玉的手又哭起来。"[⑪]清代汤春生《夏闺晚景琐说》："徐手携碧纱团扇，迎眸一笑。"清代纪昀《阅微草堂笔记·滦阳消夏录一》："月坪妻携女归宁。"《花月痕》第十回："荷生看那扇叶上，系画两个美人，携手梧桐树下。"

① （清）张玉书等：《康熙字典》，北京，中华书局，1958，第448页。
② （清）顾蔼吉：《隶辨》，北京，北京市中国书店，1982，第104页。
③ （金）韩孝彦：《四声篇海》，明代成化七年（1471）刻本，卷十二。
④ （元）李文仲：《字鉴》，清文渊阁四库全书本，卷一《平声上》。
⑤ （元）周伯琦编注、（明）胡正言订篆：《六书正讹》，古香阁藏版，元至正十一年（1351），卷一第24页。
⑥ （明）梅膺祚：《字汇》，明代万历四十三年（1615）刻本，《卯集》第66页。
⑦ （明）张自烈：《正字通》，清代康熙十年（1671）刻本，《卯集中》第89页。
⑧ （明）焦竑：《俗书刊误》，清文渊阁四库全书本。
⑨ （南朝梁）萧统：《文选》，胡刻本，卷二十九。
⑩ （唐）皮日休：《皮日休文集》，四部丛刊景明本，卷十《诗》。
⑪ （清）曹雪芹：《红楼梦》，清乾隆五十六年（1791）萃文书屋活字印本，第三回第4页。

《故训汇纂》：《广韵》户圭切，平齐匣。携，犹提将也。《文选·张衡〈思玄赋〉》"结精远游使心携"李善注引《公羊传》"携其妻子"何休注。携，离也。《文选·张衡〈思玄赋〉》"结精远游使心携"旧注。怠政外交曰携。《独断》卷下引《帝谥》。携，俗字也，正体作攜。《慧琳音义》卷十五"携持"注。① 从《故训汇纂》可以看出，唐代已经出现该俗字。

《汉语大词典》首引清代例证，时代偏晚。

【衃】

《为计开李严氏具告李朝彦等乘搕毁伐案内人等候讯事》："复又藉卖寻衃（釁）恶搕未遂胆。"（《南部档案》14-75-6，光绪二十四年十一月十七日）

按："衃"是"釁"的简体俗字。辽代僧人释行均《龙龛手镜》，高丽本："**衃**，许近反，牪血也。祭器也。牪，羊眷反。"②《龙龛手镜》收录的并非清代手写文献所言，两字当属于同形字。南北朝梁代顾野王《玉篇·血部》："虚镇切，牲血涂器祭。亦作釁。"③宋代丁度等《集韵·稕韵》："釁，许慎切。《说文》血祭也。……或作衃。"明代梅膺祚《字汇·血部》："衃，与釁同。《乐记》车用衃而藏之府库，而弗复用。"④《汉语大字典·血部》："衃，同釁。《玉篇·血部》：'衃，牲血涂器祭也。亦作釁。'《礼记·乐记》：'车甲衃而藏之府库，而弗复用。'郑玄注：'衃，釁字也。'……按：今为釁的简化字。"⑤

【烟】

（1）《为阆中差役杨贵遗失银文案事》："小妇人住烟（煙）登子。"（《南部档案》2-62-5，乾隆五十四年八月二日）

（2）《阙敏侯分家书》："伯**烟**（煙）坟地大岗直上分水。"（《石仓契约》第四辑第八册下茶铺·阙氏，嘉庆二十五年三月二十九日）⑥

按："烟"是"煙"的简体俗字。石仓契约中的"**烟**"则是"煙"的简体俗字"烟"的俗写。慧琳《一切经音义》卷六六《阿毗达磨发智论》第一卷："煙（烟），上咽贤反。《字书》：正从垔作煙。论文从因作烟，俗用字也。"《龙龛手镜·火部》："烟，俗；煙，正。"⑦《康熙字典·火部》："《唐韵》：乌

① 宗福邦、陈世饶、萧海波：《故训汇纂》，北京，商务印书馆，2003，第 921 页。

② （辽）释行均：《龙龛手镜》，高丽本，北京，中华书局，1985，第 538 页。

③ （宋）陈彭年等：《重修玉篇》，清文渊阁四库全书本，卷七。

④ （明）梅膺祚：《字汇》，明代万历四十三年（1615）刻本，《申集》第 82 页。

⑤ 《汉语大字典》第二版，成都，四川辞书出版社；武汉，崇文书局，2010，第 3253 页。

⑥ 曹树基、潘星辉、阙龙兴编：《石仓契约》第四辑第八册，杭州，浙江大学出版社，2015，第 21 页。

⑦ （辽）释行均：《龙龛手镜》，高丽本，北京，中华书局，1985，第 238 页。

前切。《集韵》《韵会》：因莲切。《正韵》：因肩切，音燕。《说文》本作煙。详煙字注。《荀子·富国篇》：'凫雁若烟海。'"①张涌泉《汉语俗字研究》："'烟'为'煙'之或体。"②

历代文献多见该俗字。晋代陆机《演连珠》之四二："烟出于火，非火之和；情生于性，非性之适。"③南朝梁宗懔《荆楚岁时记》："今正腊旦门前作烟火、桃神、绞索……逐疫礼也。"④王平说：魏晋南北朝石刻中有这种写法，见《武昌王妃墓志铭》。⑤ 唐代元稹《春六十韵》："腻粉梨园白，烟脂桃径红。"⑥唐代孟浩然《送袁十岭南寻弟》诗："苍梧白云远，烟水洞庭深。"⑦后蜀鹿虔扆《临江仙》词之一："烟月不知人事改，夜阑还照深宫。"⑧宋代秦观《望海潮·越州怀古》词："泛五湖烟月，西子同游。"⑨宋代范仲淹《苏州十咏·虎丘山》："吴都十万户，烟瓦亘西南。"⑩宋代陶谷《清异录·蜂窠》："四方指南海为烟月作坊，以言风俗尚淫故也。"⑪元代马致远《集贤宾·思情》套曲："敢投了招垿相公宅，多就了除名烟月牌。"⑫《水浒传》第七二回："四个转过御街，见两行都是烟月牌。"⑬《宋史·职官志七》："有逐路兵马都监、兵马监，押掌烟火公事，捉捕盗贼。"⑭明代张萱《疑耀·燕脂》："有一说，'燕脂'作'烟支'。唐睿宗女代国长公主，少尝作烟支，弃子于阶，后乃丛生成树，公主叹曰：'人生能几，我初笄，尝为烟支，弃其子，今成树，阴映琐闱，人岂不老乎？'"⑮清代王士禛《池北偶谈·谈异一·啖石》："予家佣人王嘉禄者，少居劳山中，独坐数年，遂绝烟火，惟啖石为饭。"⑯清代周友良《珠江梅柳记》卷

① （清）张玉书等：《康熙字典》，北京，中华书局，1958，第671页。
② 张涌泉：《汉语俗字研究》，北京，商务印书馆，2010，第127页。
③ （晋）陆机：《陆士衡文集》，清嘉庆冯委别藏本，卷八《杂著》。
④ （南朝梁）宗懔：《荆楚岁时记》，民国景明宝颜堂秘笈本。
⑤ 王平：《基于〈魏晋南北朝石刻数据库〉的〈说文〉重文调查》，《中国文字研究》2009年第一辑，郑州，大象出版社，2009，第125页。
⑥ （唐）元稹：《元氏长庆集》，四部丛刊景明嘉靖本，卷十三。
⑦ （唐）孟浩然：《孟浩然集》，四部丛刊景明本，卷四。
⑧ （五代）赵崇祚：《花间集》，四部丛刊景明万历刊巾箱本，卷十。
⑨ （宋）秦观：《淮海长短句》，明嘉靖小字本，卷上。
⑩ （宋）范仲淹：《范文正公文集》，四部丛刊景明翻元刊本，卷四。
⑪ （宋）陶谷：《清异录》，民国景明宝颜堂秘籍本，卷一。
⑫ （明）冯梦龙辑：《太霞新奏》，明天启刻本，卷十。
⑬ （元）施耐庵：《水浒传》，明容与堂刻本，卷七十二。
⑭ （元）脱脱：《宋史》，清乾隆武英殿刻本，卷一六七《职官志七》。（元）脱脱：《宋史》，北京，中华书局，1977，第3981页。
⑮ （明）张萱：《疑耀》，明万历三十六年(1608)刻本，卷三。
⑯ （清）王士禛：《池北偶谈》，清文渊阁四库全书本，卷二十。

二："省城中故多烟月作坊，莫不流览殆遍。"①《清平山堂话本·西湖三塔记》："家家禁火花含火，处处藏烟柳吐烟。"②《儿女英雄传》第二五回："张金凤也只作个不理会，回身便给褚大娘装了袋烟。"③

石仓契约中的"烟"字右边写成"冈"，是"因"字常见俗写。

【药】

《为发给各地军用火药铅子火绳等物登记事》："给发茂州营司厅黄凤火药（藥）贰拾觔。"（《南部档案》3-11-1，嘉庆二年十月四日）

按："药"是"藥"的简体俗字，声旁改作"约"，读音更准确。辞书未见收录。"药"字汉代已经出现，但是意思不同。《广韵》有两个读音，一是于略切，一是于角切。即白芷。香草名。《广雅·释草》："白芷，其叶谓之药。"汉代东方朔《七谏·怨世》："弃捐药芷与杜衡兮，余奈世之不知芳何。"④唐韩愈孟郊《纳凉联句》："未能饮渊泉，立滞叫芳药。"⑤

另外通"约"。缠裹。《方言》第十三："药，缠也。"郭璞注："谓缠裹物也。药犹缠。"戴震疏证："药，约古通用。"⑥《文选·潘岳〈射雉赋〉》："首药绿素，身挓黼绘。"李善注引徐爰曰："《方言》曰：'药，缠也。'犹雉首绿色，颈药素也。药，乌角切。"⑦

【营】

（1）《为奉上谕金川逃兵案承缉官兵从宽处理事饬南部县》："金川军营（營）溃逃数目甚多。"（《南部档案》2-34-14，乾隆五十年二月二十三日）

（2）《为旨谕严禁军营逢迎积习事饬南部县》："如中外旗营（營）废弛已久。"（《南部档案》14-22-1，光绪二十四年七月十七日）

按："营"字是"營"的简体俗字。"营"字上面的"𤇾"变成"共"，书写起来简便，两字写法形近。方孝坤《徽州文书俗字研究》收录，指出清代徽州文书有该俗字。⑧《汉语大字典·火部》《中华字海·口部》均收录，

---

① （清）周友良：《珠江梅柳记》，《香艳丛书》本，卷二。

② （明）洪楩辑：《清平山堂话本》，明嘉靖刻本。本例引自张涌泉：《汉语俗字研究》，北京，商务印书馆，2010，第127页。

③ （清）文康著；弥松颐校点：《儿女英雄传》，杭州，浙江古籍出版社，1986，第429页。

④ （汉）王逸章句、（宋）洪兴祖补注：《楚辞》，四部丛刊景明翻宋本，卷十三《七谏》。

⑤ （宋）廖莹中：《东雅堂昌黎集注》，清文渊阁四库全书本，卷八《联句》。

⑥ （清）戴震：《方言疏证》，清文渊阁四库全书本，卷十三第6页。（清）戴震：《方言疏证》，上海，中华书局，1912，第71页。

⑦ （唐）李善：《文选注》，清文渊阁四库全书本，卷九，第17页。

⑧ 方孝坤：《徽州文书俗字研究》，北京，人民出版社，2012，第264页。类似的，清代徽州文书的"萤"字的俗字也一样。

解释说:"营,'營'之简化字。"①

【与】

(1)《为毕林益具告何天祥等伙卖坟地案内人证候讯事》:"小的又将陆地树株卖与(與)罗庭松砍伐。"(《南部档案》2-60-14,乾隆五十一年一月八日)

(2)《为仰役查追李占林等将所借社谷如数还仓事》:"请乡约们把这社谷借与(與)李登贵们去了是实。"(《南部档案》3-61-6,嘉庆八年七月二十六日)

(3)《凌嘉德立承佃山约》:"并不与(與)力分。"(《徽州文书》1227,咸丰四年十二月十八日)②

(4)《为戒烟局罚款账目不清事》:"毋与(與)正帐夹杂。"(《南部档案》18-73-13,光绪三十三年)

按:"与"字是"與"的简体俗字。《康熙字典·臼部》:"今俗與字通作与。"③

欧昌俊、李海霞《六朝唐五代石刻俗字研究》说:"與俗作与。"④《中华字海·一部》说:"与,'與'的简化字。"⑤

"与"字,唐五代宋初文献也有出现,如《陕西神德寺塔出土文献》收录 Y0013-2《妙法莲华经》卷第五:"或与衣服,种种□□(珍寶),□□(奴婢财物),□□□□(欢喜赐予)。"又 Y0053《随愿往生经》:"但生施心,无所爱惜,□(随)意施与贫乏使足。"⑥

"與"字这种俗写,《祖堂集》中也有,参张美兰《祖堂集校注》附《祖堂集俗字》。⑦《朴通事谚解》上:"一个见性得道的高丽和尚,法名唤步虚,到江南地面石屋法名的和尚根底,作与颂字……"双行小注:"《音义》云:石屋和尚作佛颂与步虚。"⑧方孝坤《徽州文书俗字研究》收录,指出明清

① 《汉语大字典》第二版,成都,四川辞书出版社;武汉,崇文书局,2010,第3455页。冷玉龙等主编:《中华字海》,北京,中华书局、中国友谊出版公司,1994,第272页。
② 刘伯山编著:《徽州文书》第一辑9,桂林,广西师范大学出版社,2005,第22页。
③ (清)张玉书等:《康熙字典》,北京,中华书局,1958,第1004页。
④ 欧昌俊、李海霞:《六朝唐五代石刻俗字研究》,成都,巴蜀书社,2004,第4页。
⑤ 冷玉龙等主编:《中华字海》,北京,中华书局、中国友谊出版公司,1994,第1页。
⑥ 黄征主编:《陕西神德寺塔出土文献》,南京,凤凰出版社,2012,第217页、第460页。该书第404页载 Y0041《北斗七星护摩法》:"散施与人。"《校注考证》说:"与,原卷作'⿰',俗字。"该字原卷写法跟南部档案、敦煌文献写法一样。
⑦ 张美兰:《祖堂集校注》,北京,商务印书馆,2009,第546页。
⑧ 汪维辉编:《朝鲜时代汉语教科书丛刊》,北京,中华书局,2005,第851～852页。

徽州文书有该俗字。① 何华珍认为："与"见于秦汉。②

俗字"与"写法很早就有，至少东汉已经出现，并非新中国成立后才出现该简体俗字。《说文·勺部》："与，赐予也。一勺为与。此与'與'同。"③《系传》："不患少而患不均，故从一勺。"④段注本作"此与予同意"，段注："大徐作'此与與同'，小徐作'此即與同'。惟小徐袪妄内作與予皆同，近是，今正。……與，挡與也。从舁，义取共举，不同'与'也。今俗以'與'代'与'，'與'行而'与'废矣。"⑤意思是俗写用"與"字代替了"与"字，"與"得以流行，而"与"反而很少使用了。碑刻中也见到该俗字，如山东云峰山郑道昭所书刻石就有"与"字。⑥

南北朝梁代顾野王《玉篇·勺部》："与，赐也，许也，予也。亦作與。"⑦《广韵》《集韵》均言："'与'同'與'。"

敦煌文献也有类似的俗字。《敦煌变文校注·庐山远公话》："愿舍此身与将军奴。"（第 255 页）⑧"与"字敦煌写卷 S. 2073 作"与"。《敦煌变文校注·八相变（二）》："不敢坐与下床来，礼拜高声唱善哉。"《校注》："'与'（原形'与'）字费解，待校。"⑨"与"字，辞书未收。《敦煌变文校注·双恩记》："求摩尼宝珠，与众生利益。"⑩"与"字敦煌写卷 Φ096 即作"与"。俄藏敦煌写卷 ДХ147V《猫儿题》："解走过南北，能行西与东。"⑪"与"字原卷写"与"。《敦煌经部文献合集·韵书字义抄（二）》："鹿，与，大鹿也。"张涌泉《校记》："'与'字底卷旁记于'鹿'字右下侧，盖注音字；'与'为'与'字俗写，'与'同'与'。"⑫张涌泉《汉语俗字丛考》指出："里"是"麗"的简俗字。⑬"里""麗"二字也可资比勘"与""與"。

---

① 方孝坤：《徽州文书俗字研究》，北京，人民出版社，2012，第 243 页。

② 何华珍：《俗字在日本的传播研究》，《宁波大学学报》2011 年第 6 期。

③ （东汉）许慎：《说文解字》，北京，中华书局，1963，第 299 页。

④ （宋）徐锴撰：《说文系传》，台北，华文书局股份有限公司，1971，第 1101 页。

⑤ （清）段玉裁：《说文解字段注》，成都，成都古籍书店，1981，第 757 页。中国基本古籍库录作"今俗以'与'代'与'，'与'行而'与'废矣"，不知所云，让人无法理解。

⑥ 参陆锡兴：《汉字传播史》，北京，语文出版社，2002，第 33 页。该碑刻中还出现了"栖""来""乱""观""经""将"等。

⑦ （宋）陈彭年等：《重修玉篇》，清文渊阁四库全书本，卷十六。

⑧ 黄征、张涌泉：《敦煌变文校注》，北京，中华书局，1997，第 255 页。

⑨ 黄征、张涌泉：《敦煌变文校注》，北京，中华书局，1997，第 528 页。

⑩ 黄征、张涌泉：《敦煌变文校注》，北京，中华书局，1997，第 934 页。

⑪ 徐俊：《敦煌诗集残卷辑考》，北京，中华书局，2000，第 938 页。

⑫ 张涌泉：《敦煌经部文献合集》，北京，中华书局，2008，第 4331 页。

⑬ 张涌泉：《汉语俗字丛考》，北京，中华书局，2000，第 180 页。

又写"与"。

(1)《广南重当私田文契六受寨陆博东陆博妹将祖遗田当与蒋贡爷》："交与(与)银主收执为据。"(《云南省博物馆藏契约文书》社土 663-8，乾隆肆拾壹年二月五日)①

(2)《为阆中差役杨贵在南部县遗失银文案事》："小的与(与)他口角。"(《南部档案》2-62-3，乾隆五十四年七月二十七日)

(3)《蒋显宗断卖栽手杉木契》："出买与(与)地主人姜映辉、绍韬、绍吕叔侄名下全买为业。"(《清水江文书》2-1-3-067，道光十年四月三日)

(4)《光绪二十五年十一月十六日魏发明、魏爱明卖田契》："不与(与)买主相干。"(《天柱文书》GT-BDJ-014/GT-001-017，光绪二十五年十一月十六日)

(5)《盐池县永聚长皮毛店邵喜连信件》："汝何意与(与)各店说知或兑项与(与)何店。"(《太行山文书》，光绪三十一年二月二十四日)②

按："与"是"与"的俗字。在简体俗字的基础上多写两竖。

王平说：魏晋南北朝石刻中有这种写法，见《净智塔铭》。③

《简化字溯源》指出："东汉《说文解字》说'与'与'與'同，东汉的《耿勋碑》有'与'字。唐代敦煌变文写本中的'与'与现行简化字完全相同。宋元以来的通俗文学刻本中普遍使用'与'字。"④

该字在清代文献中也可以代表"举"字，如清李肇亨小说《梦余集》中的"与世"，"与"字就是"举"字。⑤

由此可见，文字是记录语言的符号，随社会的发展而发展，当然不可能永远不变。

## 二、非对称全简体俗字

非对称全简体俗字与繁体并不一一对应，不可以相互转换，会造成混淆，会引起误解，导致文献无法理解。对这些非对称全简体俗字，繁

---

① 吴晓亮、徐政芸主编：《云南省博物馆馆藏契约文书整理与汇编》第六卷，北京，人民出版社，2012，第 29 页。

② 康香阁主编：《太行山文书精萃》，北京，文物出版社，2017，第 9 页。

③ 王平：《基于〈魏晋南北朝石刻数据库〉的〈说文〉重文调查》，《中国文字研究》2009 年第一辑，郑州，大象出版社，2009，第 122 页。

④ 张书岩、王铁昆、李青梅、安宁编著：《简化字溯源》，北京，语文出版社，1997，第86 页。

⑤ 北京师范大学图书馆编：《北京师范大学图书馆藏稀见清人别集丛刊第 1 册》，桂林，广西师范大学出版社，2008，第 6 页。

简转换经常造成麻烦，现在文献整理和校录对它们很是头疼，虽然花费大量人力、财力、物力，但是仍然会出现这些繁简转换带来的硬伤错误，甚至年轻一代无法区别这些非对称全简体俗字与繁体字之间的差异。我们需要找到一种解决方法，来避免这种非对称全简体俗字带来的问题。

【干】

（1）《君锡卖田契》："不与亲族人等相干。"（《湖北天门熊氏契约文书》1-001，康熙十年九月二十日）①

（2）《吴王氏等立杜断典田约》："尽身支当，不干受典人之事。"（《徽州文书》0018，道光九年十二月）②

（3）《光绪三十四年六月廿三日知县陈海梅谕查田庄积谷董事李逢时知悉事谕》："一面将出耀若干。"（《龙泉司法档案选编》16288：22，光绪三十四年六月二十三日）③

按："干"字属于非对称全简体俗字。因为该字可以代表"乾坤"的"乾"和"树幹"的"幹"以及"幹部"的"干"。

【奸】

（1）《会理州世袭黎溪土千户自复元再禀文》："胡正朝奸计百出。"（《会理档案》Q116-1，光绪二十六年六月一日）④

（2）《为会禀南部县令章仪庆实心任事治理有方恳请留署一年事饬南部县》："该令独能破其奸（姦）伪。"（《南部档案》18-11-2，光绪三十三年十月十一日）

按：在这件吏房档案中，"姦"字写作俗字"奸"，属于非对称全简体俗字。两字本非一字，不能够混用。

奸，本指干犯，冒犯。《说文·女部》："奸，犯淫也。"⑤通"姦"。清段玉裁《说文解字注·女部》："此字谓犯姦淫之罪，非即姦字也。今人用奸为姦，失之。引伸之为凡有所犯之称。"⑥传世文献也有使用，例如《管子·重令》："奸邪得行，毋能上通。"⑦《逸周书·文政》："思信丑奸。"⑧

① 张建明主编：《湖北天门熊氏契约文书》，武汉，湖北人民出版社，2014，第3页。图版序号为6。

② 刘伯山编著：《徽州文书》第一辑2，桂林，广西师范大学出版社，2005，第21页。

③ 包伟民：《龙泉司法档案选编》第一辑《晚清时期》，北京，中华书局，2012，第117页。

④ 四川省档案馆编：《巴蜀撷影：四川省档案馆藏清史图片集》，北京，中国人民大学出版社，2009，第252页。

⑤ （东汉）许慎：《说文解字》，北京，中华书局，1963，第264页。

⑥ （清）段玉裁：《说文解字注》，上海，上海古籍出版社，1981，第625页。

⑦ （明）刘绩：《管子补注》，清文渊阁四库全书本，卷五。

⑧ （晋）孔晁：《汲冢周书》，四部丛刊景明嘉靖二十二年本，卷四。

《晋书·王敦传》："以诛奸臣。"①元王实甫《西厢记》第三本第二折："你
休要呆里撒奸。"②《初刻拍案惊奇》卷六："别人且当不起，巫娘子是吃醋
也酸的人……如何当得？真是由你奸似鬼，吃了老娘洗脚水。"③清蒲松
龄《聊斋志异·罗祖》："官疑其因奸致杀，益械李及妻。"④

# 第二节　半简体俗字

　　清代手写文献中还有一些俗字，一半或者一部分是简体，一半或者
一部分仍然保留繁体，或者与简体字笔画有所出入，我们将其称为半简
体俗字。

## 一、一半是简体，一半仍然保留繁体

### 【继】

　　(1)《为咨送遣撤第五起军功乡勇到籍妥为安排事饬南部县》："准钦
差大臣四川将军继(继)勇侯德奏派本军门来绥会同贵枭台理凯撤乡勇一
案。"(《南部档案》3-34-1，嘉庆十年三月四日)

　　(2)《为本县城区乡镇所有乙级选民事》："孔继(继)荣，二十八。"
(《南部档案》23-246-1，宣统三年)⑤

　　按："继"是"繼"的俗字，左边是繁体字，右边是简体俗字。右边的
声旁改变，取简体俗字"继"字的右边，和"继"的左边，合成俗字。清代
顾蔼吉《隶辨·霁韵》："《汉陈球后碑》：'嫣㴥繼虞。'按：《广韵》：继，

---

① (唐)房玄龄等：《晋书》，清乾隆武英殿刻本，卷九十八，列传第六十八。
② (明)胡文焕：《群音类选》，明胡氏文会堂刻本，《北腔类》卷一。
③ (明)凌蒙初：《拍案惊奇》，明崇祯尚友堂刻本，卷六。
④ (清)蒲松龄：《聊斋志异》，清铸雪斋钞本，卷六。
⑤ 姓名后出现的两个"仝"字，即"同"字，代表同前，分别代表"南部"和"三合场"。前面写"同"字可证。我们可以据此补充档案中同样位于姓名年龄后的已经模糊的字或者缺字为"同"或"仝"。最后的"十"是画押，或者写"到"字。本件档案的价值较大，可以研究南部当时地名(如大桥场、中兴场、油店街、半边街、上码头、下码头、盐店街、后街、新后街、连江坎、长沟、汪家垭、燕子窝、盘龙驿、元坝林、满福坝、周家垭、双桥子、流马场、李家场、凤鸣场、洪山场、老鸦岩、三合场、石河场、清和场、罐子场、东坝场、石龙场、大桥场、中兴场、永兴场、建兴场、永定场、清平场、谢家河、盘龙场、巴岩店、碑院寺、楠木场、安乐场、三清场、李渡场、梅家场、福兴场、福德场、洪山场)、人名，还可以研究南部县的政治选举、城市建设、人口分布、姓氏等。这些地名很多现在仍然使用，对研究历史地理有重要参考。

俗继字。"①清代邢澍《金石文字辨异·霁韵》收录，例证引《汉陈球后碑》等，解释说："《汉陈球后碑》：'嫣 浦继虞。'按：《广韵》：継，俗继字。《北魏刁遵墓志》。《唐内侍李辅光墓志》。"②秦公、刘大新《广碑别字》："継，魏中岳嵩阳寺碑；継，魏丞相江阳王继墓志。"由此可见，汉魏已经出现这种俗字。南北朝梁代顾野王《玉篇·糸部》："继，公策切，续也，绍也。継，同上，俗。"③《广韵·霁韵》："继，绍继，俗作継。"④宋代丁度等《集韵·霁韵》："俗作継，非是。"⑤辽代僧人释行均《龙龛手镜·糸部》："継，俗；继，正，音计，绍也，续也。"⑥明代郭一经《字学三正·体制上·时俗杜撰字》："继，俗作継。"⑦明代章黼《重订直音篇·糸部》："继，音计，续也，绍也。継，俗。"清朝毕沅《经典文字辩证书·糸部》："继，正；継，俗，出汉陈球后碑。"均将其判断为俗字。唐代颜元孙《干禄字书》："継继，上通，上正。"⑧将其确定为通行字。这种写法与现行规范汉字已经很是接近。其中该声旁用"米"字作为构件构成新的声旁，反映"米"已经完成符号化，与本身表示的意思无关。"米"字作为构件在俗字中比比皆是，如明代《三国志》目录卷三十有"倭人"，易培基《三国志补注》："'倭人'作'偻韩'。'偻'乃'倭'之误。"⑨明代《三国志》版本把"倭"字右上边的"禾"改写成"米"，写成"偻"，同一个"偻"字，上面则写成"偻"的繁体，容易导致误会该字是"偻"字，但实际上是"倭"字，因为该传是讲倭人。类似的，温振兴《影戏俗字研究》"矮"字右边"委"也写成"娄"⑩。"米"字与"又"字类似，都是符号化的汉字，代替了繁难的原有部件，方便了书写，自然受到民众欢迎，而不断扩大使用范围。不少与"繼"字相似的汉字（如"斷""齒"等）的繁难部件改用了"米"这个符号作为部件。

　　全部采用简体的"继"字，秦公《碑别字新编》已经收录，该俗字出现

　①　(清)顾蔼吉：《隶辨》，北京，北京市中国书店，1982，第527页。

　②　(清)邢澍：《金石文字辨异》，上海，上海古籍出版社，1996，第240～241页。

　③　(宋)陈彭年等：《重修玉篇》，清文渊阁四库全书本，卷二十七。

　④　(宋)陈彭年等：《宋本广韵》，北京，中国书店，1982，第372页。

　⑤　(宋)丁度等：《集韵》，述古堂影宋本，上海，上海古籍出版社，1985，第482页。

　⑥　(辽)释行均：《龙龛手镜》，高丽本，北京，中华书局，1985，第402页。

　⑦　(明)郭一经：《字学三正》，清文渊阁四库全书本。

　⑧　中华汉语工具书书库编辑委员会：《中华汉语工具书书库》第十二册，合肥，安徽教育出版社，2002，第590页。

　⑨　易培基：《三国志补注》，台北，艺文印书馆，1955，《三国志目录上》第4页。

　⑩　温振兴：《影戏俗字研究》，太原，三晋出版社，2012，第1页。

在魏晋六朝。何华珍则认为：见于汉代。①

隋朝颜愍楚（颜之推之次子）《俗书证误》："继、断，从㡭，从㡭从㡭非。"②

日本人撰写的单经音义"大治本《新音义》"和《私记》中也有一样的写法③。

"繼"字这种俗写，《祖堂集》中也有，参张美兰《祖堂集校注》附《祖堂集俗字》。④

《简化字溯源》指出："东汉光和二年（公元179年）的《陈球后碑》上有'继'字，右部与今天的简化字完全相同。"⑤

## 【経】

（1）《刘元瑞等掉换田地房屋林园基址文约》："**経**（经）中秉公酌议。"（《龙泉驿文书》6-1-041，道光七年十一月二十八日）⑥

（2）《为具供民具告王兴贵私煮大麦酒事》："兴设场市是蓝天义**経**（经）理收取行用。"（《南部档案》4-68-5，道光二十年五月十八日）

按："**経**"是"经"的俗字，右边声旁改变，写成与现行简体汉字"经"相似，右下角写成"土"。左边还是繁体，右边与简体字基本一致。右边已经非常接近今天的规范汉字了，书写较方便。Φ230《玄应音义》卷二《大般涅槃经》第三十六卷"巴咤"："百麻反。案《阿含**絚**》此长者因国为名也。**絚**文作把，比雅反，亦是梵音讹转耳。"⑦

又写作"**絚**"，如：

《为京师专设矿务铁路总局统辖开矿筑路事宜事饬南部县衙》："**絚**（经）总理衙门核议。"（《南部档案》14-46-1，光绪二十四年九月二十四日）

Φ230《玄应音义》卷二《大般涅槃经》第三十六卷"巴咤"："百麻反。案《阿含**絚**》此长者因国为名也。**絚**文作把，比雅反，亦是梵音讹转

① 何华珍：《俗字在日本的传播研究》，《宁波大学学报》2011年6期。

② （隋）颜愍楚：《俗书证误》，《续修四库全书·经部·小学类》，上海，上海古籍出版社，2002，第329页。

③ 梁晓虹、陈五云、苗昱：《〈新译华严经音义私记〉俗字研究》，新北，花木兰出版社，第343页。又载梁晓虹：《日本古写本单经音义与汉字研究》，北京，中华书局，238页。

④ 张美兰：《祖堂集校注》，北京，商务印书馆，2009，第534页。

⑤ 张书岩、王铁昆、李青梅、安宁编著：《简化字溯源》，北京，语文出版社，1997，第62页。根据其描述，汉代这种写法与南部档案惊人的一样。

⑥ 胡开全主编：《成都龙泉百年契约文书》，成都，巴蜀书社，2012，第418页。

⑦ 引自陈五云、徐时仪、梁晓虹：《佛经音义与汉字研究》，南京，凤凰出版社，2010，第95页。

耳。"①《可洪音义》:"恒架:其迦反。正作枷。《大般若經(经)》作伽,天女是也。"②

颜之推《颜氏家训·书证篇》:"自有讹谬,过成鄙俗,乱旁为舌,揖下无耳,鼋鼍从龟奋夺从萑,席中加带,恶上安西,鼓外设皮,凿头生毁,离则配禹,壑乃施豁,巫混经旁,皋分泽片,猎化为獦,宠变成寵,业左益土,灵底着器,率字自有律音,强改为别;单字自有善音,辄析成异:如此之类,不可不治。吾昔初看《说文》,蚩薄世字,从正则惧人不识,随俗则意嫌其非,略是不得下笔也。"徐锴曰:"案:《太公吕望碑》'巫'作'巫',而诸碑中'经'字旁多有作'圣','巫'与'巫'相似,'圣'与'巫'亦相似,故以为混也。"③

陈五云等言:"经字作經,与颜氏所谓巫混经旁亦相近。"并举《韩仁碑》"经国以礼"《西狭颂》"动顺经古"、《武荣碑》"阙帻传讲孝经论语"、《郙阁颂》"经用𡙡(换成礻旁)沮"等为证据。④

"经"字又写作俗字"経",左边还是繁体,右边声旁与"圣"的简体字"圣"基本一致。如:

(1)《断骨出卖田契·士炅卖与房兄》:"皆係経(经)理。"(《清至民国婺源县村落契约文书》秋口镇鸿源吴家110,乾隆二年九月二十日)

(2)《为奉上谕金川逃兵案承缉官兵从宽处理事饬南部县》:"一経(经)拿获。"(《南部档案》2-34-14,乾隆五十年二月二十三日)

【縣】

《为咨送遣撤第五起军功乡勇到籍妥为安排事饬南部县》:"遣撤南部縣(县)乡勇一名。"(《南部档案》3-34-1,嘉庆十年三月四日)

按:"縣"是"县"的俗字,左边与简体一样,右边保留繁体。

【證】

《为会禀南部县令章仪庆实心任事治理有方恳请留署一年事饬南部县》:"證(证)以舆论。"(《南部档案》18-11-2,光绪三十三年十月十一日)

按:"证"字写作俗字"證",形旁"言"字用简体。民国时期仍见使用,如易培基《三国志补注》:"以注證(證)之。"⑤清代手写文献中多见偏旁类推的方法。这种方法便于记忆,有利于书写,快捷实现文字的交际沟通

① 引自陈五云、徐时仪、梁晓虹:《佛经音义与汉字研究》,南京,凤凰出版社,2010,第95页。
② 引自《高丽大藏经》,上海,上海古籍出版社,1986,第34册第661页。
③ 王利器:《颜氏家训集解》,上海,上海古籍出版社,1980,第465页。
④ 陈五云、徐时仪、梁晓虹:《佛经音义与汉字研究》,南京,凤凰出版社,2010,第21页。
⑤ 易培基:《三国志补注》,台北,艺文印书馆,1955,第25页。

作用。现行规范汉字也大量使用了偏旁类推的方法，使汉字简化不少。

【証】

(1)《孙天秀同长男孙万祥等弟兄四人卖场卖死契》："今立卖死契存証(证)照。"(《太行山文书》，康熙四十五年二月二十三日)①

(2)《为差唤雷朝具告雷普越分图葬案内证赴县候讯事》："为此票仰本役前往，速唤雷普并票内后开有名人証(证)。"(《南部档案》2-66-5，乾隆四十六年九月二十八日)

(3)《曾开棕杜卖田文契》："请凭中証(证)说合。"(《龙泉驿文书》6-1-013，乾隆五十六年九月)②

(4)《为禀被告王定一等阻唤纠凶恳添钟子年到案事》："差役等前往传唤原被人証(证)送审。"(《南部档案》14-70-5，光绪二十四年八月二日)

(5)《为计开李文泽具告韩朝芳将儿媳私行嫌卖有伤风化案内人等事》："証(证)：陈润芝……証(证)：谭仕斗。"(《南部档案》23-245-1，宣统二年六月四日)

按："証"是"证"的俗字，左边写繁体字，右边写简体字。明代张自烈《正字通·言部》："証，与證通。"③明代郭一经《字学三正·体制上·时俗杜撰字》："證俗作証。"④段玉裁《说文解字注·言部》"証"字注云："証，谏也，今俗以证为證验字。"⑤方孝坤《徽州文书俗字研究》收录，指出明代徽州文书有该俗字。⑥"證""証"本是二字，"證"解释是告，"証"解释是谏，但是后世因为音同，于是多通用不加区别。

## 二、一部分是简体，一部分仍然保留繁体或者其他

【總】

(1)《为凡与曹务处一切档悉照式录写余街不必全列以免混淆事饬南部县》："總(总)理通省营务处署四川提督军门夏移奉督宪。"(《南部档案》13-23-1，光绪二十二年十一月十三日)

(2)《为奉上谕广兴机器制造开办农工商总局并饬各省概设分局振拓庶物应用机器事饬南部县》："现在开办农工商總(总)局并饬各省概设分局。"(《南部档案》14-51-1，光绪二十四年十月二十九日)

① 康香阁主编：《太行山文书精萃》，北京，文物出版社，2017，第53页。
② 胡开全主编：《成都龙泉驿百年契约文书》，成都，巴蜀书社，2012，第12页。
③ (明)张自烈：《正字通》，清代康熙十年(1671)刻本，《酉集上》第33页。
④ (明)郭一经：《字学三正》，清文渊阁四库全书本。
⑤ (清)段玉裁：《说文解字注》，上海，上海古籍出版社，1981，第93页。
⑥ 方孝坤：《徽州文书俗字研究》，北京，人民出版社，2012，第280页。

（3）《为京师专设矿务铁路总局统辖开矿筑路事宜事饬南部县衙》："设立矿务铁路**绕**（总）局。"（《南部档案》14-46-1，光绪二十四年九月二十四日）①

按："**绕**"是"总"的俗字，右边声旁写简体俗字"总"，书写比原有声旁简便，表音也准确。又写成"**捴**"，如清代四川总督丁宝桢手写奏折《丁宝桢为都江堰人字堰坚固由奏折》："太子少保、三品顶戴、四川**捴**（总）督革职留任臣丁宝桢跪奏。"（《都江堰档案》1-8，光绪五年七月二十四日）②

## 【**寿**】

《为奉旨查明阵亡伤亡病故员弁兵丁等核明照章恤赏银两并恳附祀四川省昭宗祠事饬南部县衙》："饬有**寿**（筹）饷局司道枝核明。"（《南部档案》14-30-1，光绪二十四年闰三月二十日）

按："**寿**"是"筹"的俗字，减少形旁"⺮"，而且减旁后下面写简体俗字"寿"。

《为奏川北道整治吏治等事饬南部县》："仰该县即便**遈**（遵）照办理。"（《南部档案》18-10-1，光绪三十三年八月十七日）③

按："**遈**"是"遵"的俗字，声旁发生变化，接近"寿"字，表音并不准确，但书写较原有写法简便。

## 三、与简体字笔画有所出入

## 【**帮**】

（1）《王联富立字遗嘱分关合同文据》："**帮**（帮）给至十六岁为止。"（《龙泉驿文书》6-1-156，光绪二十九年八月六日）④

（2）《为王蒲氏具告丈夫王洪模虐待侮辱事》："于初九日逃府王姓家中，**帮**（帮）洗衣服顾口，躲藏于十五日夜，夫主率人在王姓家中将小妇人捆押来案。"（《南部档案》23-236-1，宣统二年二月十八日）

按："**帮**"是"幫"的简体俗字，而且左边一撇不出头。《康熙字典》未

---

① 从本件档案可以看到，同样是"总"，同一档案写法不同。
② 《都江堰：百年档案记忆》编委会编：《都江堰：百年档案记忆》，北京，中国档案出版社，2010，第24页。
③ 另外，本件档案出现不少简体字，例如"體"字写作俗字"体"，"辦"字写作俗字"办"。
④ 胡开全主编：《成都龙泉驿百年契约文书》，成都，巴蜀书社，2012，第369页。

收。《汉语大字典》说："幫"的简化字。① 没有书证。《中文大辞典》："帮，幫之俗字。《辞海》：帮，幫俗字"②没有书证，可以补充。

我们未能够在文献中发现其他用例，容易误解该简体俗字是新中国成立后才产生的。实际上，《简化字溯源》指出："'帮'最早出现在太平天国印书中。1932 年《国音常用字汇》和 1935 年《简体字表》都收入了'帮'字。"③

## 【單】

(1)《刘启地粮开单》："情愿开明立开單(单)存用。"(《太行山文书》，康熙三十年三月十三日)④

(2)《为计开刘赵氏具告李玉林酒后行凶殴伤刘玉龙案内人证候讯事》："计开一干人犯投审点名單(单)。"(《南部档案》1-7-3，雍正四年八月十二日)

(3)《母江何氏复立遗嘱分单》："立此遗嘱分單(单)一样两张。"(《徽州文书》0012，嘉庆二十二年三月)⑤

(4)《为河差具禀彭显超运米违禁出关事》："他们叫小的来案开單(单)的。"(《南部档案》23-41-2，宣统元年十一月七日)

按："單"是"单"的俗字，是在"单"字简体字的基础上多加一点，这一点加在下面的"十"字上的左上角，也属于末笔增加方法。这种写法与"卑"字形近，容易误读。明代焦竑《俗书刊误》卷一平声《刪韵》："單，俗作單、筆，并非。"⑥方孝坤《徽州文书俗字研究》收录，指出明代徽州文书有该俗字。⑦ 南北朝梁代顾野王《玉篇》、宋代丁度等《集韵》收录單字，即是"單"字加一点的俗字，见《玉篇·单部》《集韵·寒韵》⑧。再由"單"简化为單。

① 《汉语大字典》第一版，成都，四川辞书出版社；武汉，湖北辞书出版社，1990，第736 页。《汉语大字典》第二版，成都，四川辞书出版社；武汉，崇文书局，2010，第847 页。

② 《中文大辞典》，台北，中国文化研究所，1968，第 4599 页。

③ 张书岩、王铁昆、李青梅、安宁编著：《简化字溯源》，北京，语文出版社，1997，第48 页。

④ 康香阁主编：《太行山文书精萃》，北京，文物出版社，2017，第 45 页。

⑤ 刘伯山编著：《徽州文书》第一辑 2，桂林，广西师范大学出版社，2005，第 15 页。

⑥ (明)焦竑：《俗书刊误》，清文渊阁四库全书本。

⑦ 方孝坤：《徽州文书俗字研究》，北京，人民出版社，2012，第 239 页。

⑧ (宋)陈彭年等：《重修玉篇》，清文渊阁四库全书本，卷二十九。

# 第五章　清代手写文献俗字的起源、演变与规范

南部档案、巴县档案、淡新档案、龙泉档案、徽州文书、龙泉驿文书、大觉寺文书等清代手写文献中的绝大多数俗字并非南部、巴县、淡新、龙泉、徽州、龙泉驿、大觉寺人独创，而是沿袭传统俗字。张涌泉《俗字里的学问》说："表面上似乎杂乱无章的俗写文字能够流传能够被社会所承认，自亦应有它的渊源，有它的条理。"①

清代手写文献出现的俗字也有新创的，但大多起源较早，沿用前代，并在清代各个时期使用。清代俗字起源不同，有的较早，有的较晚，在使用中发展、演变和消亡，清代具体各期俗字的发展演变总体来说是推陈出新，扬长避短。清代手写文献俗字的变异、消亡主要是表义不清楚，容易误解。俗字也不断在国家政策、教学教材、书法等的影响下规范定型，教学规范、字书规范和国家政策规范对俗字作用不同。

## 第一节　俗字起源

清代手写文献之俗字的起源本应包括起源时间、起源地点和首创者。但是后两者由于主客观条件的限制，无法进行说明，只能阙疑。陆费逵《普通教育应当采用俗体字》就指出："俗体字之由来，虽不可考，然必习用之字乃有之，盖因其用处极多，而苦笔画之繁重，其始偶有人作省笔字。不知不觉，转相仿效，遂成今日之俗体字。以其易写易记，合乎人之心理也。"②我们也只能根据现有文献资料，讨论清代手写文献之俗字

---

① 张涌泉：《俗字里的学问》，北京，语文出版社，2000，第15页。
② 陆费逵：《答沈君友卿论采用俗字》，《教育杂志》1909年第3期。转引自张涌泉：《汉语俗字研究》，北京，商务印书馆，2010，第318页。

的起源时间。俗字的起源即俗字的由来，难以研究。

张涌泉《俗字里的学问》则指出："俗字是伴随着文字的产生而产生，并且随着时间的推移而不断发生变化的。汉字由甲骨金文到小篆，由小篆到隶书，由隶书到真书，每一种新文字都可以说是旧文字的简俗字，同时每种文字内部也有它自己的俗字。"①

出现在清代手写文献里的俗字不一定产生于清代，有相当一部分是历史上传承下来的，清代手写文献中的俗字有的早在汉代就已经出现；清代手写文献俗字起源并非同源，有的起源于隶变时期，同时这些俗字的消长受制于政治的治乱；有的起源于魏晋时期，受书法影响巨大；有的起源于唐宋元明，受政治、字书、教学等影响不小，唐代裴务齐正字本《刊谬补缺切韵》载唐代长孙讷言序："弱冠常览颜公《字样》，见炙从肉，莫究厥由，辄意形声，固当从夕。"②有的是写书人保留了以前俗字的字样；有的是写书人用后起的俗字代替校改正字；还有的是写书人以后起俗字校改俗字。

同样，清代字样书中的正字也并非在此之前不是正字，其中多数是以《说文》为依据的。清代手写文献俗字有的来源于传世的字书、经典文献、民间碑刻等，清代以前传统字书收录的俗字很多出现在清代手写文献中，陆德明《经典释文·条例》指出："《五经》字体，乖替者多。至如'鼋''鼍'从'龟'，'乱''辞'从'舌'，'席'下为'带'，'恶'上安'西'，'析'旁著'片'，'离'边作'禹'，直是字讹，不乱余读，如'宠'字为'寵'，'锡'字为'錫'，用'攴'字代'文'，将'无'混'旡'，若斯之流，便成两失，又'来'旁作'力'，俗以为'约勑'字，《说文》以为'劳俫'之字，'水'旁作'曷'，俗以为'饥渴'字，字书以为'水竭'之字，如此之类，改便惊俗，止不可不知耳。"③有的则来源于其他区域文化的影响，有的来源于历史文化的影响。如"再"字在清代手写文献中往往省去中间一竖。隋代已经出现，如隋代《宋睦墓志》。可见，俗字具有很强的传承性。

---

① 张涌泉：《俗字里的学问》，北京，语文出版社，2000，第 6 页。
② （唐）王仁煦撰、（唐）长孙讷言注：《刊谬补缺切韵》，《续修四库全书》经部《小学类》，上海，上海古籍出版社，2002，第 4 页。
③ （唐）陆德明：《经典释文》，清文渊阁四库全书本，《序言·条例》。

俗字起源演变一览

| 正字 | 俗字 | | | | | |
|---|---|---|---|---|---|---|
| | 秦汉 | 魏晋 | 唐宋 | 元明 | 清 | 现代 |
| 当 | 当 | | | | 当 | 当 |
| 对 | | | 對 | | 對 | 对 |
| 恩 | | | 恩 | | 恩 | 恩 |
| 杰 | | | 杰 | | 杰 | 杰 |
| 门 | 门 | | 门 | | 门 | 门 |
| 岁 | 歳 | | 歳歳歳歳 | | 歳 | 岁 |
| 献 | | | 献 | 献 | 献 | 献 |
| 相 | | | 杉 | | 杉 | 相 |
| 兴 | | | 興 | | 興 | 兴 |
| 虚 | | | 虚 | | 虚 | 虚 |
| 与 | | | | | 与 | 与 |
| 账 | | | | | 帐 | 帐 |
| 坐 | | | 坐 | | 坐 | 坐 |

## 一、起源于秦汉魏晋南北朝

### (一)起源于秦汉

唐代张守节《史记正义》附《论字例》云："《史》《汉》文字相承已久，若悦字作说，闲字作间，智字作知，汝字作女，早作蚤，後作后，旣作溉，勑作伤，制作制，如此之流，缘古字少，通共用之。"①

【宾】

(1)《为卖水牛三只与王荣亮事》："中见人刁朝宾（宾）、水塘杨会先、杨仲达，乾隆十三年九月十五日立字人张幼乡。"（《南部档案》2-61-3，乾隆十三年九月十五日）

(2)《姜保乔母子立断卖杉木栽手字》："凭中、代笔姜作宾（宾）。"（《清水江文书》9-1-1-010，咸丰八年十月四日）

按："宾"是"賓"的俗字。《康熙字典·贝部》："《韵会》：'俗賓字。'《五经文字》：'賓，经典相承作宾已久，不可改正。'"②明代梅膺祚《字

---

① （汉）司马迁：《史记》，北京，中华书局，1959，第 14 页。
② （清）张玉书等：《康熙字典》，北京，中华书局，1958，第 1209 页。

汇·贝部》："賔，俗賓字。"①"賔"字先秦两汉已经出现，如《书·尧典》："寅賔出日，平秩东作。"孔传："寅，敬；賔，导。"②《周礼·春官·巾车》："金路，钩，樊缨九就，建大旗，以賔，同姓以封。"郑玄注："以賔，以会賓客。"陆德明《释文》："賔，如字。"③《吕氏春秋·仲夏》："律中蕤賔。"④《西狭颂》："远人賔服。"⑤

## 【步】

(1)《四川提督郑文焕关于在灌县白沙添兵严加稽查的奏折》："止须酌设守备壹员、千把各壹员、马**步**(步)兵贰百名。"(《都江堰档案》0-1，乾隆五年闰六月二十二日)⑥

(2)《为所属公文仍由剑州苍溪等处添设腰站健步接递事饬南部县》："当经添派健**步**(步)递送在案。"(《南部档案》13-5-1，光绪二十二年二月二十六日)

(3)《为以作接文报务须认真办理毋再错事饬南部县》："据本府转禀贵县与盐亭具禀遵批查明盐亭县七月分**步**(步)站册报。"(《南部档案》13-24-1，光绪二十二年十一月十八日)

按："**步**"是"步"的俗字，多写一点。下面写成"少"字。比"步"字的一点向下移动。实际上，"步"字由两个"止"字构成，"止"字都是表示脚，两脚分别前进就成为一步，比现在的一步多，相当于两步。"步"字俗字的下面写成"少"字实际上是"止"字的变形。明代张自烈《正字通·止部》："步，俗从少作步，非。"⑦《康熙字典·止部》引《俗书正讹》："从少，反止也。从少，非。"⑧该字实际上起源于汉代，何华珍认为：该字见于汉代。⑨ 隋唐以后沿用，隋朝颜愍楚(颜之推之次子)《俗书证误》："步，从

---

① (明)梅膺祚：《字汇》，明代万历四十三年(1615)刻本，《酉集》第46页。

② (汉)孔安国传、(唐)孔颖达疏：《尚书注疏》，清嘉庆二十年(1815)南昌府学重刊宋本十三经注疏本，卷二。

③ (汉)郑玄注、(唐)贾公彦疏：《周礼疏》，清嘉庆二十年(1815)南昌府学重刊宋本十三经注疏本，卷二十七。

④ (秦)吕不韦：《吕氏春秋》，四部丛刊明刊本，卷五。

⑤ (清)王昶：《金石萃编》，清嘉庆十年刻同治钱宝传等补修本，卷十三。

⑥ 《都江堰：百年档案记忆》编委会编：《都江堰：百年档案记忆》，北京，中国档案出版社，2010，第13页。

⑦ (明)张自烈：《正字通》，清代康熙十年(1671)刻本，《辰集下》第15页。

⑧ (清)张玉书等：《康熙字典》，北京，中华书局，1958，第574页。

⑨ 何华珍：《俗字在日本的传播研究》，《宁波大学学报》2011年6期。

**少**，反止也，从少非。"①唐代已经出现该俗字，欧昌俊、李海霞《六朝唐五代石刻俗字研究》说："《唐李延刘氏合祔志》：'国**步**艰危'，其中'步'写作'**步**'。"②李荣《文字问题》说："从少的步已见于唐写本《王仁昫刊谬补缺切韵》，是唐代的俗字。"③"步"字这种俗写，《祖堂集》中也有，参张美兰《祖堂集校注》附《祖堂集俗字》。④ 方孝坤《徽州文书俗字研究》收录，指出宋元时期徽州文书均有该俗字。⑤ 清代县志也见该俗字，道光《南部县志》卷二十五《杂类志·余事》："偶逐旌霓才三**步**（步），却忧人世已经年。"⑥

## 【曾】

(1)《广南租约许贵等从庄主处领公众祠堂坡地》："但此地**曾**（曾）经官数次。"（《云南省博物馆藏契约文书》社土 663-6，道光二十七年十月）⑦

(2)《为敬绍虞霸吞凶抗案内传唤差役事》："**曾**（曾）否妄取。"（《南部档案》14-36-1，光绪二十四年三月二十二日）⑧

按："**曾**"是"曾"的俗字，中间的倒"八"写成一横。写成"曾"。辞书均未收录该俗字。"曾"字这种俗写，东汉和南北朝时期已经出现，如东汉《景君碑》"字曾华"，北魏《封昕墓志》"孝越曾君"，北齐《赫连子悦墓志》"曾祖伦"等中出现的"曾"字均写作"**曾**"。唐代《张弼墓志》："有子前庐州司马、南阳县开国公，承福等孝，逾曾闵悲极昊天。"⑨其中的"曾"字写法相同。《祖堂集》中也有，参张美兰《祖堂集校注》附《祖堂集俗字》。⑩《清平山堂话本》也出现有这种写法⑪。

有人认为："'曾'是'曾'的日本用简体汉字。"根据碑刻、墓志、《祖

---

① （隋）颜愍楚：《俗书证误》，《续修四库全书·经部·小学类》，上海，上海古籍出版社，2002，第 329~330 页。
② 欧昌俊、李海霞：《六朝唐五代石刻俗字研究》，成都，巴蜀书社，2004，第 23 页。
③ 李荣：《文字问题》，北京，商务印书馆，1987，第 11 页。
④ 张美兰：《祖堂集校注》，北京，商务印书馆，2009，第 528 页。
⑤ 方孝坤：《徽州文书俗字研究》，北京，人民出版社，2012，第 191 页。
⑥ （清）王瑞庆、李澍修；徐畅达、李咸若纂：《南部县志》，清代道光二十九年（1849）刻本，卷二十五第 12 页。
⑦ 吴晓亮、徐政芸主编：《云南省博物馆馆藏契约文书整理与汇编》第六卷，北京，人民出版社，2012，第 25 页。
⑧ 本件档案电子缩微光盘漏拍一到二行，导致档案无法阅读。
⑨ 吴继刚：《唐〈张弼墓志〉释文校正》，《西华师范大学学报》2013 年第 4 期。
⑩ 张美兰：《祖堂集校注》，北京，商务印书馆，2009，第 528 页。
⑪ （明）洪楩辑：《清平山堂话本》，明嘉靖刻本。

堂集《清平山堂话本》和南部档案，可见其所言并非事实，该字当是日本使用汉语俗字。

【当】

（1）《唐君佐卖田赤契》："当（當）日三面言定。"（《湖北天门熊氏契约文书》1-020，乾隆六十年四月十日）①

（2）《陈兴尧具告僧本福等民租耕朗山寺常业伊等乘民父故肆加佃资撤逐民》："据呈，僧本福等重当（當）撤逐不虚以及该保正刘必药等与学田捐款情事，仰学田局查据实具复核夺。"（《南部档案》9-909-1，光绪十三年七月十九日）

（3）《潘颢坤水田找尽契》："当（當）日随收完足。"（《温州契约文书》129，光绪三十二年十二月）②

按："当"是"當"的简体俗字。方孝坤《徽州文书俗字研究》收录，指出明清时期和民国时期徽州文书均有该俗字。③"当"字出现在清代手写文献中，起源却在汉代。《简化字溯源》指出："'当'作为'當'的简化字来源于汉代草书，楷化的'当'字最早见于元抄本《京本通俗小说》。"④

【德】

（1）《为甘愿将地基房舍予西坪寺永充常住事》："自有业主功男德（德）主赵宅及本坊长者证盟。"（《南部档案》1-2-2，［康熙十八年］十一月六日）

（2）《为设立社学选授社师事》："尤为入德（德）之始基。"（《南部档案》1-5-1，雍正三年）

按："德"是"德"的俗字，省去中间一横。清代手写文献多省写，但也有不省的情况，由此可见，在不影响表达的时候，汉字的细微变化并不影响正常使用。"德"字见于《宋元以来俗字谱》，《宋元以来俗字谱》说："德"，《列女传》《金瓶梅》等作"德"。《中华字海》收录⑤。

"德"字什么时候开始使用呢？何华珍认为："德"见于汉代。⑥查阅

---

① 张建明主编：《湖北天门熊氏契约文书》，武汉，湖北人民出版社，2014，第12页。图版序号为12。

② 温州市图书馆《温州历史文献集刊》编辑部：《清代民国温州地区契约文书辑选》，南京，南京大学出版社，2015，第68页。

③ 方孝坤：《徽州文书俗字研究》，北京，人民出版社，2012，第242页。

④ 张书岩、王铁昆、李青梅、安宁编著：《简化字溯源》，北京，语文出版社，1997，第53页。

⑤ 冷玉龙等主编：《中华字海》，北京，中华书局、中国友谊出版公司，1994，第483页。

⑥ 何华珍：《俗字在日本的传播研究》，《宁波大学学报》2011年6期。

碑刻文献，汉代确实已经使用该汉字，如陕西汉中石门汉建和二年（148）刻《汉故司隶校尉楗为杨君颂》已经出现"德"字。《隶变》："碑省惠（德）为惠（德），今俗因之。"《颜玉光墓志》《元谥妃冯会芠墓志》《杨著墓碑》等碑刻文献都写作"德"。

欧昌俊、李海霞《六朝唐五代石刻俗字研究》说："德俗作德。"①唐代文献中有该字的使用，如颜真卿《祭侄季明文稿》："夙标幼德（德），宗庙（庙）瑚琏。"②

该字在五代也有使用。如五代丘光庭《兼明书》卷一《放勋重华文命非名》："言尧放上世之功化而钦明文思之四德""华谓文德，言其文德光华重合于尧""言其外布文德教命""皆谓功业德化""德若放勋""岂名不属于位号而乃冠于功德乎"。又卷五《字书》："《书》云：树德务滋。"③

清代顾蔼吉《隶辨》入声《德韵》："《武荣碑》，盖观德于始。"④《隶释》帝尧碑："故知至德之宅实真圣之祖也。"⑤据《广碑别字》，魏《汶山侯吐谷浑玑墓志》写法也一样。⑥

明代宋濂《谕中原檄》："有如大德，废长立幼。"（《皇明文衡》卷一，日本东洋文化研究所藏）⑦清代热河档案嘉庆六年六月初八日："朕德薄任重。"⑧清代抄本宋吕祖谦《杂论精义一卷》："周之盛德。"⑨民国时期仍然使用，如 1946 年印刷的《李氏宗谱首卷首集》："古之欲明明德于天下者，必先治其国。"⑩

该俗字也被日本用作简体汉字。

【觧】

（1）《为护送矿本银事移南部县衙》："希即将觧（解）到银两查收。"

---

① 欧昌俊、李海霞：《六朝唐五代石刻俗字研究》，成都，巴蜀书社，2004，第 4 页。如《北魏长孙士亮妻宋灵妃墓志》"女德光于未笄。"（见该书第 21 页引）《东魏马都爱造像记》："修功德于旷劫之前。"（见该书第 22 页引）

② 《中国十大书法家集·颜真卿》，北京，北京工艺美术出版社，2006，第 2～3 页。

③ （五代）丘光庭：《兼明书》，清文渊阁四库全书本，卷一第 13～15 页，卷五 137 页。

④ （清）顾蔼吉：《隶辨》，北京，北京市中国书店，1982，第 756 页。

⑤ 例证转引自赵春兰：《应县木塔辽代秘藏妙法莲花经俗字研究》，上海师范大学硕士学位论文，2006，第 38 页。

⑥ 秦公、刘大新：《广碑别字》，北京，国际文化出版公司，1995，第 519 页。

⑦ （明）程敏政：《皇明文衡》，明嘉靖八年（1529 年）郑氏宗文堂刻本，日本东洋文化研究所藏，卷一。

⑧ 邢永福、师力武：《清代热河档案》，北京，中国档案出版社，2003，第 5 页。

⑨ 天津图书馆：《天津图书馆孤本秘籍丛书·经部》，北京，中华全国图书馆文献缩微复制中心，1999，第 5 页。

⑩ 《李氏宗谱首卷首集》，民间李家族谱抄本，1946。

（《南部档案》14-18-1，光绪二十四年五月一日）

（2）《为差唤李德芳等铺户赴县讯明征收铺税以济急需事》："饬征收铺税报觧（解）以济急需一案。"（《南部档案》14-33-1，光绪二十四年四月十二日）

（3）《巴县禁止收受节礼及讲礼茶告示稿》："遇事持平排觧（解）。"（《巴县档案》，光绪三十三年二月十一日）①

按："觧"是"解"的俗字。《汉语大字典·角部》："觧，同解。"②将"觧"判断为"解"的异体字。该俗字《诗经》已经出现，可见该字至迟先秦已经出现，清代手写文献沿用。

三国魏《曹子建集》卷八："兵不觧于外，民罢困于内。"③隋朝颜愍楚（颜之推之次子）《俗书证误》："解，从刀牛，从羊非。……解，原音嫁，今介。"④颜元孙《干禄字书》："觧解，上俗，中通，下正。"⑤明代郭一经《字学三正》："解，俗作觧。"⑥《宋元以来俗字谱》收录，例证列举《通俗小说》《古今杂剧》《太平乐府》等。《汉书》卷九："二年春二月，诏曰：'盖闻唐虞象刑而民不犯。'"唐颜师古注："象刑，觧在《武纪》。"⑦

赵春兰说："《辽藏·妙法莲花经》：'稀有难觧之法。'《说文》角部：'觧，判也。从刀判牛角。''觧'字产生较早，是右侧的部件粘合省略而成，汉礼器碑'漆不水解'、晋《太公吕望表》'春秋匪解'，及魏解伯达造像'解'都作'觧'。《敦煌·妙法莲花经》和《宋元以来俗字谱》都有此写法。"⑧

方孝坤《徽州文书俗字研究》收录，指出明清徽州文书均有该俗字。⑨清陶贞怀《天花雨》第二回："领着两个女儿学得一般本事，唤作跑马觧。"清末民初仍然使用，例如易培基《三国志补注》："乃命觧骖，祎等罢驾不

---

① 四川省档案馆编：《巴蜀撷影：四川省档案馆藏清史图片集》，北京，中国人民大学出版社，2009，第6页。本件档案属于户房档案。

② 《汉语大字典》第二版，成都，四川辞书出版社；武汉，崇文书局，2010，第4181页。

③ （三国）曹植：《曹子建集》，四部丛刊景明活字本，卷八。

④ （隋）颜愍楚：《俗书证误》，《续修四库全书·经部·小学类》，上海，上海古籍出版社，2002，第329～330页。

⑤ 中华汉语工具书书库编辑委员会：《中华汉语工具书书库》第十二册，合肥，安徽教育出版社，2002，第590页。

⑥ （明）郭一经：《字学三正》，清文渊阁四库全书本。

⑦ （汉）班固：《汉书》，北京，中华书局，1962，第288～289页。

⑧ 赵春兰：《应县木塔辽代秘藏妙法莲花经俗字研究》，上海师范大学硕士学位论文，2006，第28页。

⑨ 方孝坤：《徽州文书俗字研究》，北京，人民出版社，2012，第247页。

行，其守正下士，皆此类也。""备又曰，《通志》作：及先主怒解，则
又曰。"①

"解"字在古籍中常因形近而被误写为"鲜"字，令词义晦涩，学者须
用"解"字义解之，方能使文章怡然理顺。

《诗·大雅·韩奕》："其肴维何，炰鳖鲜鱼。"其中"鲜"字毛传无注，
郑笺云："鲜，鱼中胎者也。"②段玉裁的《诗经小学》在"炰鳖鲜鱼"条说：
"《说文》：'鲜，鱼名。''鲜，新鱼精也。'"③按：郑玄与段玉裁之说皆非，
"鲜"字乃"解"字之形误，当为"杀"意。由于"解"字与"鲜"字篆文或俗写
形体皆相近，因而造成形近而误。

古籍中二字有不少因形近而误的例子。《诗·曹风·蜉蝣》："蜉蝣掘
阅，麻衣如雪。"而孔疏云："蜉蝣之虫，初掘地而出皆鲜阅。……定本
云：'掘地解阅'，谓开解而容阅。义亦通也。"④其"鲜阅"一词令人费解，
其实"鲜"字乃"解"字形近而误。"鲜阅"即"解阅""容阅"，与"掘阅"同义，
均为"松懈安乐"之义。故阮元《校勘记》云："鲜当作解。"⑤

《墨子·节葬下》："昔者越之东，有輆沐之国者，其长子生，则解而
食之，谓之宜弟。"⑥而《列子·汤问》云："越之东，有辄木之国，其长子
生，则鲜而食之，谓之宜弟。"殷敬顺《释文》云："杜预注曰：《左传》云：
'人不以寿死曰鲜。'谓少长。"⑦大谬。

《吕氏春秋·季夏》云："季夏行春令，则谷实解落。"⑧而《礼记·月
令》云："季夏行春令，则谷实鲜落。"⑨"鲜"字亦"解"字之误。《淮南子·
时则》《逸周书·时训》均作"解"，可为佐证。

《淮南子·齐俗》云："贫人冬则羊裘解札，短褐不掩形，而炀灶口。"
高注曰："解札，裘败解也。"⑩即指衣服破烂，稀松不暖和。而《太平御

---

① 易培基：《三国志补注》，台北，艺文印书馆，1955，第620页、第621页。

② （汉）毛亨传、（汉）郑玄笺、（唐）孔颖达疏：《毛诗注疏》，清嘉庆二十年南昌府学重刊
宋本十三经注疏本，卷十八。

③ （清）段玉裁：《诗经小学》，清嘉庆二年武进臧氏拜经堂刻本，卷三。

④ （汉）毛亨传、（汉）郑玄笺、（唐）孔颖达疏：《毛诗注疏》，清嘉庆二十年（1815）南昌府
学重刊宋本十三经注疏本，卷七。

⑤ （汉）毛亨传、（汉）郑玄笺、（唐）孔颖达疏：《毛诗注疏》，清嘉庆二十年（1815）南昌府
学重刊宋本十三经注疏本，卷七。

⑥ （春秋战国）墨翟：《墨子》，明正统道藏本，卷六。

⑦ （晋）张湛：《列子注》，四部丛刊景北宋本，卷五。（清）孙诒让：《墨子间诂》，清光绪
三十三年（1907）刻本，卷六

⑧ （秦）吕不韦：《吕氏春秋》，四部丛刊景明刊本，卷六。

⑨ （汉）郑玄注、（唐）陆德明音义：《礼记》，四部丛刊景宋本，卷五。

⑩ （汉）刘安撰、（汉）许慎注：《淮南鸿烈解》，四部丛刊景钞北宋本，卷十一。

览》卷四八五云："《淮南子》曰：'贫人冬则羊裘鲜札，短褐不掩形，而炀灶口焉。'"①"鲜"字亦"解"之误。

【歁】

(1)《为申报设济善堂延医施诊济药并设义地尸棺掩骼事呈保宁府》："督饬县绅再筹集巨歁（款）。"（《南部档案》14-82-2，光绪二十四年一月二十九日）

(2)《为派役护解宣统元年秋季分征收田房税契正杂各款银两事致南部县》："窃照敝局申解宣统元年秋季分征收田房税契正杂各歁（款）并提学司契底共库平银四百七十九两零七分一厘九毫五丝九忽。"（《南部档案》20-74-1，宣统元年十二月十二日）②

按："歁"是"款"的俗字。《康熙字典·欠部》："俗款字。"③清代李光地《榕村字画辨讹》："款，作歁非。"④1930 年刘复、李家瑞《宋元以来俗字谱》："歁"是"款"的俗字。明代梅膺祚《字汇·欠部》："歁，俗款字。"⑤《中文大辞典》："歁，款之俗字。"方孝坤《徽州文书俗字研究》收录，指出清代徽州文书有该俗字。⑥

"歁"字先秦已经出现，文献多见，如《楚辞·卜居》："屈原曰：'吾宁悃悃歁歁，朴以忠乎？'"王注："志纯一也。歁，一作款。"五臣云："悃歁，慤苦貌。"补注："洪曰：款，苦管切，诚也。俗作歁。"⑦北魏杨衒之《洛阳伽蓝记·芒山冯王寺》："（朱）元龙见世隆呼帝为长乐，知其不歁，且以言帝。"⑧唐杜甫《赠王侍御四十韵》："追随不觉晚，歁曲动弥句。"⑨

---

①　(宋)李昉等：《太平御览》，四部丛刊三编景宋本，卷四八五。

②　这件兵房档案，《清代南部县衙档案目录》误录为"宣统元年十三月十二日"。（西华师范大学、南充市档案局(馆)编：《清代南部县衙档案目录》，北京，中华书局，2009，第2737页）当属于误录或者印刷错误，因为"十二"与"十三"形近。另外，本件档案有不少值得关注之处。第一，档案中出现的"宜陇"就是"仪陇"，是音误，还是仪陇县本来就曾经在清代被称为"宜陇"呢？第二，该件档案出现了详细的计量用的量词，从"两""钱""分"到"厘""毫""丝""忽"，精确到最小的"忽"，说明经济管理的精确；第三，数字词不用大写，采用常用的数字，不担心被修改。"丝"在清代手写文献中也写成"糸"，只写"丝"字的一半。《说文·糸部》："糸，细丝也。"段注："细丝曰糸。"徐锴《系传》："一蚕所吐为忽，十忽为丝。糸，五忽也。"《汉语大字典》："甲骨文'丝'、'糸'、'幺'，原是一字。"

③　(清)张玉书等：《康熙字典》，北京，中华书局，1958，第568页。

④　(清)李光地：《榕村字画辨讹》，清代道光九年(1829)刻本。

⑤　(明)梅膺祚：《字汇》，明代万历四十三年(1615)刻本，《辰集》第66页。

⑥　方孝坤：《徽州文书俗字研究》，北京，人民出版社，2012，第233页。

⑦　(汉)王逸章句、洪兴祖补注：《楚辞》，四部丛刊明翻宋本，卷五《远游》。

⑧　(北魏)杨衒之：《洛阳伽蓝记》，四部丛刊三编景明如隐堂本，卷一。

⑨　(唐)杜甫：《杜工部集》，续古逸丛书景宋本配毛氏汲古阁本，卷十三《近体诗一百首》。

柳宗元《咏三良》诗："欵欵效忠信。"①

由此可见，明确指明"欵"是"款"的俗字始见于洪兴祖的《楚辞补注》。

清代县志也有使用，道光《南部县志》卷二十四《杂类志·事纪》："牙门将张巍曰：'健求附欵，必无他变。闻健弟狻不能同功，各将乖离，是以稽耳。'"②

"欵"又写成俗字"**款**"，左下角的部件"矢"变成"示"，书写更加方便。明代章黼《重订直音篇·欠部》收录这个俗字。清代手写文献多见，如：

《为奉上谕广兴机器制造开办农工商总局并饬各省概设分局振拓庶物应用机器事饬南部县》："至多着各督抚极力裁节冗费筹俭的**款**（款）。"（《南部档案》14-51-1，光绪二十四年十月二十九日）

【礼】

(1)《方其照卖地契》："中人洪正礼。"（《田藏契约文书粹编》681，顺治七年一月）③

(2)《为赵光鼎所遗失甫塆瑶阶屋后坡与侄子均依二分均分埋石定界管业事》："以凭礼处。"（《南部档案》2-63-1，乾隆二十六年一月二十四日）④

按："礼"是"禮"的俗字。《简化字溯源》指出："东汉《说文解字》中有战国古文，隶定后就是'礼'。在汉碑中，'禮'也常写作'礼'。"⑤何华珍也认为："礼"见于秦汉。⑥王平说：魏晋南北朝石刻中有这种写法，见《窦泰妻娄黑女墓志》。⑦唐碑中也经常出现"礼"字。⑧《集韵·荠韵》："禮，古作礼。""礼"字，《祖堂集》中也有，参张美兰《祖堂集校注》附《祖

---

① （宋）韩醇：《诂训柳先生文集》，清文渊阁四库全书本，卷四十三。

② （清）王瑞庆、李澍修；徐畅达、李咸若纂：《南部县志》，清代道光二十九年（1849）刻本，卷二十四第 3 页。

③ 田涛、〔美〕宋格文、郑秦主编：《田藏契约文书粹编》三，北京，中华书局，2001，第 28 页、第 26 页，该书契约与录文分列，独立编页，契约在第 28 页，录文在第 26 页。

④ 本件档案的时间与目录收录的档案前后相差较远。

⑤ 张书岩、王铁昆、李青梅、安宁编著：《简化字溯源》，北京，语文出版社，1997，第 67 页。

⑥ 何华珍：《俗字在日本的传播研究》，《宁波大学学报》2011 年 6 期。

⑦ 王平：《基于〈魏晋南北朝石刻数据库〉的〈说文〉重文调查》，《中国文字研究》2009 年第一辑，郑州，大象出版社，2009，第 122 页。

⑧ 吴钢：《唐碑字辨》，载吴钢辑、吴大敏编：《唐碑俗字录》，西安，三秦出版社，2004，第 24 页。

堂集俗字》。① 黄征《陕西神德寺塔出土文献》："'礼'为'禮'之后起俗字。"②方孝坤《徽州文书俗字研究》收录，指出明清徽州文书均有该俗字。③ 从"礼"的出现情况来看，说"礼"是后起俗字未必可靠。

## 【雜】

《为具供民具告王兴贵私煮大麦酒事》："武生雜（离）青龙场约有四五里路。"（《南部档案》4-68-5，道光二十年五月十八日）

按："雜"是"离"的俗字。《敦煌俗字典》收录，例证列举：P. 2160《摩诃摩耶经卷上》："亦宜自应，厌雜（离）诸苦。"敦研 365《大般涅槃经》卷第十五："如来大师永雜（离）贫穷受第一乐。""愿诸众生得忍辱床，雜（离）于生死饥馑冻饿。"敦研 312《金光明经》卷第一《序品》："贫穷困苦，诸天舍雜（离）。"敦研 195《大方广三戒经》："此是大贪贼，一切诸远雜（离）。""说是药师流雜（離）光本愿。"

宋代洪适《隶释》卷十三《清河相张君墓道》："颜之推论'揖'下无'耳'，'鼓'外设'皮'，'离'则配'禹'，'皋'分'泽'外，咸以世俗为非。"辽代僧人释行均《龙龛手镜·隹部》："雜，音离。"④清代顾蔼吉《隶辨》卷一平声《支韵》载汉《景北海碑阴》"离"注："诸碑'离'或作'雜'，相仍积习，有所自来。"⑤

陈五云等言："耕藉从禾""离边作禹"都见于汉碑。⑥ "离边作禹"即"离"字写"雜"。

魏晋南北朝颜之推等也有专门论述提及。

颜之推《颜氏家训·书证篇》："自有讹谬，过成鄙俗，乱旁为舌，揖下无耳，鼋鼍从龟，奋夺从雚，席中加带，恶上安西，鼓外设皮，凿头生毁，离则配禹，壑乃施豁，巫混经旁，皋分泽片，猎化为獦，宠变成竉，业左益土，灵底着器，率字自有律音，强改为别；单字自有善音，辄析成异：如此之类，不可不治。吾昔初看《说文》，蚩薄世字，从正则惧人不识，随俗则意嫌其非，略是不得下笔也。"⑦

刘盼遂曰："陆德明《经典释文·叙录·条例》云：'五经文字，乖替

---

① 张美兰：《祖堂集校注》，北京，商务印书馆，2009，第 536 页。
② 黄征主编：《陕西神德寺塔出土文献》，南京，凤凰出版社，2012，第 221 页。
③ 方孝坤：《徽州文书俗字研究》，北京，人民出版社，2012，第 271 页。
④ （辽）释行均：《龙龛手镜》，高丽本，北京，中华书局，1985，第 149 页。
⑤ （清）顾蔼吉：《隶辨》，北京，北京市中国书店，1982，第 39 页。
⑥ 陈五云、徐时仪、梁晓虹：《佛经音义与汉字研究》，南京，凤凰出版社，2010，第 10 页。
⑦ 王利器：《颜氏家训集解》，北京，中华书局，1993，第 515～516 页。

者多，至如鼋鼍从龟，乱辞从舌，席下为带，恶上安西，析傍着片，离边作禹，直是字讹，不乱余读。如宠字作寵，锡字为钖，用攴代文，将无混旡，若斯之流，便成两失。'张守节《史记正义·论字例》云：'若其鼋鼍从龟，乱辞从舌，觉学从与，泰恭从小，匧匠从走，巢藻从果，耕藉从禾，席下为带，美下为大，裹下为衣，极下为点，析傍著片，恶上安西，餐侧出头，离边作禹，此之等类，直是字讹。寵锡为钖，以攴代文，将旡混无，若兹之流，便成两失。'①据《史记正义》，王氏引文"寵锡为钖"当作"宠字为寵，锡字为钖"，因为两字相连，误脱"字为寵"三字及后一"字"字，导致句意不顺。另外"直是字讹"衍一"直"字。

《可洪音义》："𨿽（离）𠦄：上力义反。"②

【氵丨】

(1)《石为坊卖明秋田文契》："亲身请凭上氵丨（门）。"（wzc-83，同治七年五月二十八日）③

(2)《为通饬所有随从仆役介准收受门包及规礼事饬南部县》："本道历任监司向来不用氵丨（门）丁，所有随从仆役概系捐廉给发工资，不准收受門包，并不准需索一切规礼。"（《南部档案》18-8-1，光绪三十三年七月七日）④

按："氵丨"是"门"字，是"門"的俗字，同样是"门"字，前面用简体，后面用繁体。而且在简体字的上方还加点。这些写法与用毛笔书写有很大关系。《简化字溯源》指出："'门'来源于汉代草书。在居延汉简中，'门'字和今天的简化字形已没有什么区别。印刷物中的'门'最早见于宋代刊行的《大唐三藏取经诗话》。"⑤

---

①　王利器：《颜氏家训集解》，上海，上海古籍出版社，1980，第464页，又见王利器：《颜氏家训集解》，北京，中华书局，2010，第517页。《史记正义》"宠"字后有注音"勅勇反"，"锡"字后有注音"音阳"，"攴"字后有注音"章移反"，"文"字后有注音"问分反"。

②　引自《高丽大藏经》，上海，上海古籍出版社，1986，第34册第661页。

③　孙兆霞等编：《吉昌契约文书汇编》，北京，社会科学文献出版社，2010，第45页。本文书为卖者亲笔书写，不是常见代书者依口代书或直接代书，并盖有官印税费等，属于红契。

④　值得注意的是，在这件吏房档案中，出现了不少俗字与正字同时使用的情况。如同样是"体"字，前后分别使用简体和繁体。"廉"写法也有两种："廉"和"㢘"。也就是说，写简体还是繁体，写正字还是俗字，并没有绝对的限制。

⑤　张书岩、王铁昆、李青梅、安宁编著：《简化字溯源》，北京，语文出版社，1997，第70页。

【歲】

(1)《为禀请赐文赴京会试事》："现年三十二歲(岁)。"(《南部档案》14-14-1，光绪二十四年三月六日)

(2)《光绪三十四年六月廿三日知县陈海梅谕查田庄积谷董事李逢时知悉事谕》："四歲(岁)存储在仓。"(《龙泉司法档案选编》16288：22，光绪三十四年六月二十三日)①

按："歲"是"岁"的俗字，少写一撇，中间的构件写成"小"，不写"少"。方孝坤《徽州文书俗字研究》收录，指出清代徽州文书有该俗字。②

该俗字的上面"止"字或者写成"山"字，如：

(1)《四川总督策楞请求为李冰庙奇功显应赏赐匾额的奏折》："歲(岁)为常例。"(《都江堰档案》0-2，乾隆十五年二月二十八日)③

(2)《为咨送遣撤第五起军功乡勇到籍妥为安排事饬南部县》："赵钟誉年三十二歲(岁)。"(《南部档案》3-34-1，嘉庆十年三月四日)

(3)《为速将光绪二十三年分正佐各衙门现设官役姓名年岁籍贯变更顶补造册申报事饬南部县》："速将二十三年分正佐各衙门现设官役姓名年歲(岁)籍贯有无事故更换顶补。"(《南部档案》14-28-1，光绪二十四年二月)

该俗字并非南部、龙泉人独创，异地为官的四川总督也如此书写足可证明该俗字的使用面比较广，该字实际很早就已经出现，如《龙龛手镜》，高丽本载智光序："俵传歲(岁)久，抄写时讹。"④类似的是"翄"，也就是"翔"字少写一撇。

何华珍指出该字见于汉代。⑤ 颜真卿《祭侄季明文稿》："乾元元年，歲(岁)次戊戌。"⑥"歲"出现在颜真卿《祭侄季明文稿》中，该书法作品写于至德元年(756)，被元代书法家鲜于枢誉为"天下第二行书"，珍藏于台北故宫博物院。米芾《三吴帖》："一歲(岁)几繁使。"该书法珍藏于台北

① 包伟民：《龙泉司法档案选编》第一辑《晚清时期》，北京，中华书局，2012，第 117 页。

② 方孝坤：《徽州文书俗字研究》，北京，人民出版社，2012，第 241 页。

③ 《都江堰：百年档案记忆》编委会编：《都江堰：百年档案记忆》，北京，中国档案出版社，2010，第 15 页。

④ (辽)释行均：《龙龛手镜》，高丽本，北京，中华书局，1985，第 3 页。

⑤ 何华珍：《俗字在日本的传播研究》，《宁波大学学报》2011 年 6 期。

⑥ 《中国十大书法家集·颜真卿》，北京，北京工艺美术出版社，2006，第 2 页。

故宫博物院，约书于北宋神宗元丰四年（1081）。① 文征明《万歲（岁）山》："寝园常歲（岁）荐樱桃。"②

民国时期抄写仍然这样写，沿用不断，如易培基《三国志补注》："'歲'，《国志》作'年'。"③1946 年印刷的《李氏宗谱首卷首集》："乾隆三年歲（岁）次戊午孟冬月。"④该字出现在民间手抄的家谱族谱中，当是代代相传，这是乾隆时期所写的序言，可能反映乾隆时期的用字习惯，与清代手写文献可以相互印证。

## 【湏】

（1）《为旨谕严禁军营逢迎积习事饬南部县》："必湏（须）粮饷充足。"（《南部档案》14-22-1，光绪二十四年七月十七日）

（2）《宣统二年十二月初七日知县王为移交事移新任知县周琛移》："为此合移贵任，请烦查收饬领，湏（须）移。"（《龙泉司法档案选编》15661：3-4，宣统二年十二月七日）⑤

按："湏"是"须"的俗字。欧昌俊、李海霞《六朝唐五代石刻俗字研究》："须俗作湏。"⑥

该俗字《说文》已经出现，后代沿用，字义发生变化，与"须"成为同义。唐代颜真卿《麻姑山仙坛记》："既至，坐湏（须）臾。"⑦

赵春兰说：《辽藏·妙法莲花经》："诸有所湏盆器米面"。《正名要录》"本音虽同字意各别例"："湏，需：并待。"《王二》平声虞韵相俞反："须，古从彡，俗误从水。"按：《五经文字》卷中彡部："须，从水讹。湏，火外反，物湏烂之湏。"慧琳《一切经音义》卷六九《阿毗达磨大毗婆沙论》第一百三十八卷音义："须，《说文》从彡从页。顾野王云，所须待之须从彡作须；从水作湏，音海。今俗行已久，且依也。"脚注指出："严格地说，湏与须是两个不同的字。《说文》页部：须，面毛也。从页从彡。徐铉注：'臣铉等曰：此本须鬓之须。页，首也。彡，毛饰也。借为所须之

---

① 《中国十大书法家集·米芾》，北京，北京工艺美术出版社，2006，第 2~3 页。它是米芾送给即将前往江西地区任官友人的诗作。米芾称赞他为三吴（古代苏州、湖州、吴江一带的通称，今江苏南部）的大丈夫，具有恢宏的气度和胸襟。米芾那时刚步入仕途，与这位友人的际遇和抱负相类似，因此借诗文相互嘉勉。
② 《中国十大书法家集·文征明》，北京，北京工艺美术出版社，2006，第 46 页。
③ 易培基：《三国志补注》，台北，艺文印书馆，1955，《三国志目录》第 4 页。
④ 《李氏宗谱首卷首集》，民间李家族谱抄本，1946。
⑤ 包伟民：《龙泉司法档案选编》第一辑《晚清时期》，北京，中华书局，2012，第 27 页。
⑥ 欧昌俊、李海霞：《六朝唐五代石刻俗字研究》，成都，巴蜀书社，2004，第 6 页。
⑦ 《中国十大书法家集·颜真卿》，北京，北京工艺美术出版社，2006，第 80~86 页。

须。俗书从水，非是。'相俞切。水部：**沬**，洒面也。从水未声。**䀹**，古文**沬**从页。荒内切。**湏**是**沬**的古文。"①

**(二)起源于魏晋南北朝**

**【俻】**

(1)《唐君佐卖田赤契》："九出俻(备)价银五两六钱整。"(《湖北天门熊氏契约文书》1-020，乾隆六十年四月十日)②

(2)《蔡良英等杜卖水田文契》："无从出俻(备)。"(《龙泉驿文书》6-1-118，嘉庆七年九月二十八日)③

(3)《为奉上谕广兴机器制造开办农工商总局并饬各省概设分局振拓庶物应用机器事饬南部县》："至多着各督抚极力裁节冗费筹俻(备)的款。"(《南部档案》14-51-1，光绪二十四年十月二十九日)

(4)《为接护照料英国女教士古兰英游历事致南部县》："除抄护照并派差护送，拟合俻(备)文移送。"(《南部档案》16-453-10，光绪二十九年一月二十日)

(5)《为接护照料英国女教士古兰英游历事致阆中县》："仍祈给役，印收回销俻(备)查。"(《南部档案》16-453-11，光绪二十九年二月八日)

按："俻"是"备"的俗字。

刘复《宋元以来俗字谱》："备"，《金瓶梅》《目连记》《三国志平话》作"俻"。

该俗字至迟魏晋六朝已经出现。《文选·曹同〈六代论〉》："是圣王安而不逸，以虑危也；存而设俻，以惧亡也。"④

方孝坤《徽州文书俗字研究》收录，指出清代徽州文书有该俗字。⑤清代李光地《榕村字画辨讹》说："备、俻作俻非。"⑥虽然李先生认为"俻"字非，但是清代手写文献仍然频繁使用。当代汉字选择的规范字"备"也是保留该字的声旁。

"俻"字又写俗字"俻"，少写一竖。唐代颜元孙《干禄字书》说："俻俻

---

① 赵春兰：《应县木塔辽代秘藏妙法莲花经俗字研究》，上海师范大学硕士学位论文，2006，第 17 页。

② 张建明主编：《湖北天门熊氏契约文书》，武汉，湖北人民出版社，2014，第 12 页。图版序号为 12。

③ 胡开全主编：《成都龙泉驿百年契约文书》，成都，巴蜀书社，2012，第 18 页。

④ (唐)李善：《文选注》，清文渊阁四库全书本，卷五十二第 10 页。

⑤ 方孝坤：《徽州文书俗字研究》，北京，人民出版社，2012，第 238 页。

⑥ (清)李光地：《榕村字画辨讹》，清代道光九年(1829)刻本。

備，上俗中通下正。"①

【曺】

（1）《为差唤李德芳等铺户赴县讯明征收铺税以济急需事》："花罐子场头曺洪发、观音场场头韩廷爵、升钟寺保正罗天佑……"（《南部档案》14-33-1，光绪二十四年四月十二日）

（2）《为认缴学堂常年经费事》："其钱同劝学员李识韩、学董曺光第言明。"（《南部档案》18-1251-2，光绪三十四年五月二十四日）

按："曺"是"曹"的俗字。明代张自烈《正字通·曰部》："曹，俗作曺。"②汉代碑刻里多见该俗字，《武荣碑》："郡曺史主簿。"《孔龢碑》："大常祠曺掾。"《隶变》："《五经文字》云：曹，石经作曺。"魏晋南北朝碑刻中的《妃冯季华墓志》《史晨后碑》《营陵置社碑》《石尠墓志》《元浚嫔耿寿姬墓志》《曹望憘造像记》和楼兰残纸文书都写"曺"。

曺，Φ230《玄应音义》卷二《大般涅槃经》第十一卷"六博"："《说文》：局戏六箸十二棋也。古者乌曺作博。"曺 Φ367《玄应音义》卷六《妙法莲华经》第一卷"歌呗"："蒲芥反。梵言婆师，此言赞叹，或言呗匿，疑讹也。婆音蒲贺反。案《宣验记》云，'魏陈思王曺植曾登渔山，忽闻岩岫有诵经声，清婉遒亮，远谷流响，遂依拟其声而制梵呗，至今传之。'是也。"③

"曹"字这种俗写"曺"字，《祖堂集》中也有，参张美兰《祖堂集校注》附《祖堂集俗字》。④

清末民初仍然使用，例如易培基《三国志补注》："《太平御览》载《荆州先主传》曰：'周瑜领南郡，以庞士元名重，州里所信，乃逼为功曺（曹），任以大事。"⑤

该字又是"胄"的俗字，容易误解，如张美兰《祖堂集校注》："师与韦曺相公相见后，问：'院中有多少人？'"（第457页）校注："韦曺，《宋高僧传》卷十二作：'韦胄'。今依《景德传灯录》卷十一作'韦宙'。又在《新唐书》卷一八七、《旧唐书》卷一九七均有韦宙传。"⑥

① 中华汉语工具书书库编辑委员会：《中华汉语工具书书库》第十二册，合肥，安徽教育出版社，2002，第590页。

② （明）张自烈：《正字通》，清代康熙十年(1671)刻本，《辰集上》第35页。

③ 引自陈五云、徐时仪、梁晓虹：《佛经音义与汉字研究》，南京，凤凰出版社，2010，第99～100页。"渔山"中国基本古籍库作"鱼山"，"清婉遒亮"中国基本古籍库作"清婉辽亮"。

④ 张美兰：《祖堂集校注》，北京，商务印书馆，2009，第528页。

⑤ 易培基：《三国志补注》，台北，艺文印书馆，1955，第602页。

⑥ 张美兰：《祖堂集校注》，北京，商务印书馆，2009，第468页。

【躭】

(1)《为具禀同班役罗志怙恶不悛公恳斥革事》：“役等躭（耽）理。”（《南部档案》14-20-2，光绪二十四年六月四日）

(2)《为具诉谢大海素行不法藉揢唆诬事》：“遂有武生躭（耽）邀集理抗场。”（《南部档案》14-56-1，光绪二十四年九月七日）

(3)《为具禀高庙寺售业及戴长隆具控杨先立等阻栽控牛抗还情形事》：“躭（耽）误农事。”（《南部档案》23-248-1，宣统三年四月十六日）

按：“躭”是“耽”的俗字，换旁俗字。《康熙字典·身部》：“《玉篇》：‘俗耽字。’”[1]南北朝梁代顾野王《玉篇·身部》：“躭，俗耽字。”[2]张涌泉《汉语俗字研究》：“但进一步分析，我们觉得把‘躭’看出‘担’的俗字更合适。这不但是因为敦煌写本中担负、担身孕义多用‘躭’字来表示，而且从字形上来说，‘躭’字又作‘躭’，见《龙龛手镜》)字从身，较之‘担’字从手，更能反映以身荷担之意。”[3]

张涌泉《俗字里的学问》：“据字书，‘躭’是‘耽’的俗字。如果从语音上来说，不妨说‘躭（耽）’是‘担’的假借字。但进一步分析，似不如把‘躭’看作‘担’的俗字更为切当。这不但是因为敦煌写本中担负、担身孕义多用‘躭’字来表示，而且从字形上来看，‘躭’字从身，较之‘担’字从手，更能表现以身担荷之意。改‘担’的手旁为身旁，这正是俗书改换形旁以求更贴切地表示字义的造字方法的运用。”[4]清代手写文献中确实有“躭”表示“担”的例证。《桂锦培卖明科田文契》：“任卖主壹面承躭（担）。”（《吉昌契约文书》sls-7，光绪十四年九月十八日）[5]

该俗字至迟魏晋南北朝已经出现，清代手写文献沿用。赵春兰说：躭，《辽藏·妙法莲花经》：“躭湎嬉戏。”南北朝梁代顾野王《玉篇·身部》：“躭，俗耽字。”《笺注本切韵》一平声覃韵：“躭，丁含反。”同一小韵下又云：“妉，妉乐。耽，耽耳。酖，酖酒。”似有以“躭”与“妉”“耽”“酖”分用之意。《五经文字》卷中耳部：“耽，德南反，从身讹。”慧琳《一切经音义》卷二二《新译大方广佛华严经》第十七卷慧苑音义云：“躭，都含反。俗书耳旁身旁相混无别，故‘耽’俗又讹变作‘躭’。”[6]《玉篇》认为该字是

---

①　（清）张玉书等：《康熙字典》，北京，中华书局，1958，第1237页。

②　（宋）陈彭年等：《重修玉篇》，清文渊阁四库全书本，卷三。

③　张涌泉：《汉语俗字研究》，北京，商务印书馆，2010，第9页。

④　张涌泉：《俗字里的学问》，北京，语文出版社，2000，第43页。

⑤　孙兆霞等编：《吉昌契约文书汇编》，北京，社会科学文献出版社，2010，第45页。

⑥　赵春兰：《应县木塔辽代秘藏妙法莲花经俗字研究》，上海师范大学硕士学位论文，2006，第15页。

俗字，《五经文字》认为是讹误字，慧琳认为是俗字讹误。赵春兰认为是换用形符构成的俗字。

文献多见"趽"字此义，如《敦煌变文集·无常经讲经文》："前呈（程）一一自家趽，不修实是愚痴意。"①金董解元《西厢记诸宫调》卷七："是必小心休迟滞，莫趽悮！"②《文明小史》第三十四回："我实在没得钱了，趽一趽，下次带来还你罢。"③

《汉语大词典》解释："延宕；停留。"例证举《文明小史》第三四回："我实在没得钱了，趽一趽，下次带来还你罢。"该例证后举沈从文《边城》。容易误解《汉语大词典》例证晚收，虽然"趽"字可以提前到晚唐五代的敦煌变文。但"耽误"条例证首引元代无名氏《隔江斗智》第一折："纵把荆州索取来，也须虑道趽误孩儿怎的好。"明代唐顺之《条陈蓟镇练兵事宜》："与其惩既往之趽误，孰若慎将来之责成。"《白雪遗音·银纽丝·母女顶嘴》："糊涂老双亲，嗳哟，趽误我正青春。""趽悮"首引金董解元《西厢记诸宫调》卷七《看花回》："是必小心休迟滞，莫趽悮！"清陈维崧《琐窗寒·本意闺情》词："蔚蓝天一派雁程，年年趽悮肃关信。"④这是研读《汉语大词典》的人应该注意到的事实。

"耽"字这种俗写"趽"字，《祖堂集》中也有，参张美兰《祖堂集校注》附《祖堂集俗字》。⑤ 方孝坤《徽州文书俗字研究》收录，指出明代徽州文书就有该俗字。⑥

清代文献也有使用，周志锋《明清小说俗字俗语研究》："'耽'或作'趽'（俗书耳旁、身旁每相混），如同书（笔者按：指清无名氏《金台全传》）第四十七回：'不知又在那里趽搁。'（406 页）"⑦

## 【苇】

（1）《君锡卖田契》："请凭中兄春跃苇（等）说合。"（《湖北天门熊氏契约文书》1-001，康熙十年九月二十日）⑧

---

① 王重民等：《敦煌变文集》，北京，人民文学出版社，1957，第 659 页。黄征、张涌泉：《敦煌变文校注》，北京，中华书局，第 1172 页，题目改成《解座文汇抄》。

② （金）董解元：《董解元西厢记》，明嘉靖刻本，卷七，第 4 页。

③ （清）陈维崧：《迦陵词全集》，清康熙二十八年陈宗石患立堂刻本，卷十六，第 10 页。

④ 罗竹风：《汉语大词典》，上海，汉语大词典出版社，1986—1993，第 8 卷第 657、658 页，第 10 册第 710 页。

⑤ 张美兰：《祖堂集校注》，北京，商务印书馆，2009，第 530 页。

⑥ 方孝坤：《徽州文书俗字研究》，北京，人民出版社，2012，第 220 页。

⑦ 周志锋：《明清小说俗字俗语研究》，北京，中国社会科学出版社，2006，第 25 页。

⑧ 张建明主编：《湖北天门熊氏契约文书》，武汉，湖北人民出版社，2014，第 3 页。图版序号为 6。

（2）《为甘愿将邓富高所遗基址舍于西坪寺永充常住事》："有合族人苐。"（《南部档案》1-2-1，康熙五十二年十月二十三日）①

（3）《阙敏侯分家书》："今将产业苐（等）项凭阄坐拈。"（《石仓契约》第四辑第八册下茶铺·阙氏，乾隆四十年十一月二十九日）②

（4）《汪自盛等立兴山承佃合同文约》："立兴山承佃合同文约人汪自盛、钱豹苐（等）。（《徽州文书》0767，嘉庆元年正月廿日）③

（5）《为严催赶造光绪二十三年四季分监散兵响印结事饬南部县》："现在立苐（等）汇转。"（《南部档案》14-27-3，光绪二十四年十二月十二日）

按："等"字档案俗字写作"苐"，不写竹头，写草头，把左上角的"人"改成"口"，下面的"土"字也减省一横。

"苐"字，南北朝时期已经出现，东魏《杜文雍等十四人造像记》，西魏《合邑四十人造像记》，北齐《邑义七十人等造像记》写法相同，《许儁卅人造像记》《道颖造像记》《刘璇等造像记》《元朗墓志》《毕文造像记》《畅洛生等造像记》《尹爱姜等造像记》《贾景等造像记》《张龙伯兄弟等造像记》的写法也相同或者相似。

唐代沿用该俗字，如唐代《张弼墓志》："有子前庐州司马、南阳县开国公，承福等孝。"④"等"字写法也类似。敦煌俗字则已经大量使用这种写法。

方孝坤《徽州文书俗字研究》收录，指出元明清徽州文书均有该俗字。⑤ 明清小说也有使用该俗字，周志锋《明清小说俗字俗语研究》收录，可参阅⑥。明代正统刻本《朝鲜刻本樊川文集夹注》也有这种写法。⑦

1973年出土的帛书《老子》中"等"字即不写竹头，而写草头。

【段】

（1）《康熙七年僧人佛果立复卖园地契》："有自置杂菓园地壹段（段）

---

① 该段出现签名使用的俗字"十"，容易误认为"十"字。还有其他画押的签名，也容易误认。

② 曹树基、潘星辉、阙龙兴编：《石仓契约》第四辑第八册，杭州，浙江大学出版社，2015，第7页。

③ 刘伯山编著：《徽州文书》第一辑7，桂林，广西师范大学出版社，2005，第23页。

④ 吴继刚：《唐〈张弼墓志〉释文校正》，《西华师范大学学报》2013年第4期。

⑤ 方孝坤：《徽州文书俗字研究》，北京，人民出版社，2012，第234页。

⑥ 周志锋：《明清小说俗字俗语研究》，北京，中国社会科学出版社，2006，第67～68页。

⑦ 明代正统刻本《朝鲜刻本樊川文集夹注》，北京，中华全国图书馆文献缩微复制中心，1997，第1页。

八亩。"(大觉寺文书，康熙七年三月二日)①

　　(2)《为甘愿将邓富高所遗基址舍于西坪寺永充常住事》："因邓富高所遗堪址一段(段)坐落西坪之侧。"(《南部档案》1-2-1，康熙五十二年十月二十三日)

　　(3)《北京正蓝旗六十九典地白契》："整地一段(段)二十亩。"(《首都博物馆藏清代契约文书》0004，康熙六十一年十二月)②

　　(4)《为赵光鼎所遗失甫塆瑶阶屋后坡与侄子均依二分均分埋石定界管业事》："立字祖业人赵广鼎遗业一段(段)坐落于赵甫乡。"(《南部档案》2-63-1，乾隆二十六年一月二十四日)

　　(5)《程其财卖地契》："今将自家东南北地一段(段)，计地肆分。"(《太行山文书》，乾隆五十二年十二月二十五日)③

　　(6)《刘元瑞等掉换田地房屋林园基址文约》："元瑞、音咸名下分受上段(段)田业一股。"(《龙泉驿文书》6-1-041，道光七年十一月二十八日)④

　　(7)《胡增洪立杜绝卖明陆地文契》："将祖父遗留分授自己名下陆地壹叚(段)。"(《吉昌契约文书》scf-8，同治二年八月二十六日)⑤

　　(8)《易顺昌等卖水田房屋林园基址树竹花果灌县契格》："愿将已名下接买水田壹叚(段)，约计共柒拾亩零。"(《都江堰档案》1-5，光绪二十五年十二月二十五日)⑥

　　按："叚"是"段"的俗字。

　　何华珍也指出：该俗字在南北朝到唐代已经出现⑦。

　　周志锋《明清小说俗字俗语研究》说"叚"字同"段"，言之甚详，举明清小说文献例颇多，并言南北朝至唐代也有不少用例，可参看。⑧

　　由此可见，清代手写文献该俗字不过是继承沿用了南北朝俗字而已。

---

①　姬脉利、张蕴芬编著：《北京西山大觉寺藏清代契约文书整理与研究》，北京，北京燕山出版社，2014，第 15 页。

②　首都博物馆：《首都博物馆藏清代契约文书》，北京，国家图书馆出版社，2015，第 4 页。

③　康香阁主编：《太行山文书精萃》，北京，文物出版社，2017，第 54 页。

④　胡开全主编：《成都龙泉驿百年契约文书》，成都，巴蜀书社，2012，第 418 页。

⑤　孙兆霞等编：《吉昌契约文书汇编》，北京，社会科学文献出版社，2010，第 143 页。本件文书在卷末两行竖排大书"天理良心"四字。

⑥　《都江堰：百年档案记忆》编委会编：《都江堰：百年档案记忆》，北京，中国档案出版社，2010，第 21 页。

⑦　参见曾良：《南北朝笔记小说零札》，《古籍整理研究学刊》2000 年第 3 期。

⑧　周志锋：《明清小说俗字俗语研究》，北京，中国社会科学出版社，2006，第 49～52页。周书也指出：南北朝该俗字使用情况，可参见曾良：《南北朝笔记小说零札》，《古籍整理研究学刊》2000 年第 3 期。

《三国志・魏志・贾诩传》："我段公外孙也。"卢弼《集解》指出：各本"段"作"叚"，误，下同。①

卢弼所言异文，是，但是说写作"叚"误，则非。

曾良《敦煌文献字词札记二则》："因俗书'段'也往往写作'叚'，斯133V《秋胡变文》：'宜赐黄金百梃，乱采（彩）千叚，暂放归，奉谢尊堂。'（1/58）'叚'即'段'字。慧琳《一切经音义》卷十'间断'条：'下音叚。'中华书局标点本《南齐书・王融传》：'今叚牛羊乍扰，纪僧真奉宣先敕，赐语北边动静，令囚草撰符诏，于时即因启闻，希侍銮舆。'（P824）'今叚'即'今段'，为如今义。……《古本小说集成》本明清隐道士编次《皇明通俗演义七曜平妖全传》第二回：'却说南京西宫娘娘姓叚，是南京聚宝门外叚舍人家的。'（P13）此'叚'当作'段'字解。中华书局标点本宋洪迈《夷坚志》丁志卷七《戴楼门宅》：'又次夕，阴晦中一物坠地，声甚大，至晓，乃花纹石叚四五，各长数尺。'（P591）'叚'就是'段'的俗字，这里作'断'字解。"②曾良《俗字及古籍同例研究》言之甚详，可以参看。③ 曾良《明清小说俗字研究》指出"'叚'字，是'段'的俗写"。④

"叚"字在敦煌俗字中已经多次出现。如 S.318《洞渊神咒经・斩鬼品》："大魔王及小王、王女，一一悉斩首万叚，以谢往衔。"⑤

"段"字这种俗写，《祖堂集》中也有，参张美兰《祖堂集校注》附《祖堂集俗字》。⑥

清代县志也有使用，道光《南部县志》卷二十六《杂类志・祥异》："二十年叚兴福牛生三犊。"⑦

清末民初仍然还在使用，如易培基《三国志补注》："止一叚作正文。"⑧

---

① 卢弼：《三国志集解》，北京，中华书局，1982，第 319 页。

② 曾良：《敦煌文献丛札》，杭州，浙江古籍出版社，2010，第 174 页。该文后举《古本小说集成》清云间子《草木春秋》第二十一回等例证。

③ 曾良：《俗字及古籍通例研究》，南昌，百花洲文艺出版社，2006，第 63～65 页。除上述引用文献例证外，先后引用文献有：《大正藏》第三册宋施护等译《佛说顶生王因缘经》卷一、隋《佛本行集经》卷三十五、梁释宝唱《比丘尼传》卷三、《艺文类聚》卷七十三《杂器物部》引《咸康起居注》、《中国话本大系》陆云龙《清夜钟》第六回、《型世言》第二十回、《古本小说丛刊》第一辑《宛如约》第七回。

④ 曾良：《明清小说俗字研究》，北京，商务印书馆，2017，第 23 页。

⑤ 《英藏敦煌文献》，成都，四川人民出版社，1990，第 121 页。

⑥ 张美兰：《祖堂集校注》，北京，商务印书馆，2009，第 530 页。

⑦ （清）王瑞庆、李澍修；徐畅达、李咸若纂：《南部县志》，清代道光二十九年（1849）刻本，卷二十六第 3 页。

⑧ 易培基：《三国志补注》，台北，艺文印书馆，1955，第 602 页。

## 【兕】

(1)《为具告差役李贵祖案押搕浪用案钱事》:"祖延兕(儿)戏。"(《南部档案》13-152-2,光绪二十一年三月十日)

(2)《为具诉谢大海素行不法藉搕唆诬事》:"李昌虎是小的李其才兕(儿)子。"(《南部档案》14-56-1,光绪二十四年九月七日)

按:"兕"是"儿"的俗字,将部件中的两断横改写成两竖,相当于写"四"。不写两断横,而写两竖,书写起来较简便。

秦建文《爨宝子碑异体字分析》说:魏晋南北朝石刻中有这种写法,见《爨宝子碑》,仅仅引用《汉语大词典》。① 民国时期抄写仍然这样写,沿用不断,如 1946 年印刷的《李氏宗谱首卷首集》:"中国民族重伦理,以家庭为本,其三世观,则过去追溯祖宗,未来顾念兕(儿)孙,在旁及族党,故其政治,以仁孝为主,而齐之以教化,此先圣所谓道以德、齐以礼之王道也。"②该字出现在民间手抄的家谱族谱中,当是代代相传。

又写作"児",容易误认作"见"字。如:

(1)《为甘愿将地基房舍予西坪寺永充常住事》:"收子为児(儿)。"(《南部档案》1-2-2,[康熙十八年]十一月六日)③

(2)《为阆中差役杨贵在南部县遗失银文案事》:"阆邑杨贵叫小娃児(儿)送他上坡去了。"(《南部档案》2-62-3,乾隆五十四年七月二十七日)

刘复《宋元以来俗字谱》:"儿",《列女传》《通俗小说》《三国志·平话》作"児"。"儿"的俗写,曾良《俗字及古籍文字通例研究》列举敦煌卷子《庐山远公话》《百行章》。④

## 【拏】

(1)《为敬绍虞霸吞凶抗案内传唤差役事》:"等始将秤簿拏(拿)获携回。"(《南部档案》14-36-1,光绪二十四年三月二十二日)

(2)《为杨正奎具告杨元寿等刁拐生妻事》:"就串透小的杨奇林的妻子蒙氏卷拏(拿)衣物首饰。"(《南部档案》16-201-3,光绪二十九年三月一日)

按:"拏"是"拿"的俗字。《康熙字典·手部》:"《唐韵》《集韵》《正

---

① 秦建文:《爨宝子碑异体字分析》,《中国文字研究》2009 年第一辑,郑州,大象出版社,2009,第 129 页。《汉语大词典》中的《三国志·平话》的中圆点当删除。因为《三国志平话》方是书名。秦文所引《三国志·平话》也当删除中圆点。

② 《李氏宗谱首卷首集》,民间李家族谱抄本,1946。

③ 原卷上写的是"己未年",用干支纪年,并未写明清代哪个皇帝年号,与其他档案不一样,据《清代南部县衙门档案目录》判断添加"康熙十八年",故加括号,以示区别。

④ 曾良:《俗字及古籍文字通例研究》,厦门,百花洲文艺出版社,2006,第 43 页。

韵》：女加切。《韵会》：奴加切，音呶。《说文》：'牵引也。'《增韵》：'攫也。'《史记·霍去病传》：'汉匈奴相纷拏。'注：'相牵也。'《汉书注》：'乱相持搏也。一作拏。又拘捕罪人曰拏。俗作拿。'"①据此，汉代已经出现该俗字。

　　南北朝梁代顾野王《玉篇·手部》："拏，手拏也。"②明代张自烈《正字通·手部》："拏，拘捕罪人曰拏。俗作拿。"③传世文献多见，例如汉扬雄《解嘲》："攫拏者亡，默默者存。"④《太平广记》卷三百零三引郑仁钧《戎幕闲谈》："且拏我入城投杨氏姊，句三二百千。"⑤宋叶适《哀巩仲至》诗："中天悬明月，争欲伸手拏。"⑥《元朝秘史》卷一："孛端察儿见有个雏黄鹰拏住个野鸡，他生计拔了几根马尾做个套儿，将黄莺拏着养了。"⑦《封神演义》第六四回："今日拏你，权敌一切。"⑧《警世通言·万秀娘仇报山亭儿》："拏起一条拄杖，看着尹宗落夹背便打。"⑨《清会典事例·刑律·有司决囚》："又或查拏案犯，不辨真伪，辄请交部严鞫。"⑩李荣《文字问题》指出："水二二可以出一千贯赏钱，行移诸处海捕捉拿便了……相公如何不与老身做主，去拏宋江……如何拏得他父亲兄弟来比捕。"⑪《水浒传》中"拏"与"拿"同时出现。

　　《故训汇纂》："拘捕有罪曰拏，今俗作拿。"《说文·手部》桂馥义证。⑫

　　隋朝颜愍楚（颜之推之次子）《俗书证误》："拿，原拏，今拿捉。撱，今扯。软，今软。"⑬

　　又写作"拏"，如：

①　(清)张玉书等：《康熙字典》，北京，中华书局，1958，第425页。
②　(宋)陈彭年等：《重修玉篇》，清文渊阁四库全书本，卷六。
③　(明)张自烈：《正字通》，清代康熙十年(1671)刻本，《卯集中》第29页。
④　(汉)扬雄：《扬子云集》，清文渊阁四库全书本，卷四，第15页。(汉)班固：《汉书》，清乾隆武英殿刻本，卷八十七下。(汉)班固：《汉书》，北京，中华书局，1962，第3571页。《汉书》引用都将"拏"写成"拏"。
⑤　(宋)李昉：《太平广记》，民国景明嘉靖谈恺刻本，卷三百三十三。
⑥　(宋)叶适：《水心集》，四部丛刊景明刻黑口本，卷七前集。
⑦　(清)李文田：《元秘史注》，清光绪二十二年渐西村舍刻本，卷一。
⑧　(明)许仲琳：《封神演义》，明末刊本，卷十三。
⑨　(明)冯梦龙：《警世通言》，明天启四年(1621)刻本，卷三十七。
⑩　罗竹风：《汉语大词典》，上海，汉语大词典出版社，1986—1993，第6卷第435页。
⑪　李荣：《文字问题》，北京，商务印书馆，1987，第25页。
⑫　宗福邦、陈世铙、萧海波：《故训汇纂》，北京，商务印书馆，2003，第870页。
⑬　(隋)颜愍楚：《俗书证误》，《续修四库全书·经部·小学类》，上海，上海古籍出版社，2002，第330页。

（1）《为具供民具告王兴贵私煮大麦酒事》："被王甫元挐（拿）获酒糟。"（《南部档案》4-68-5，道光二十年五月十八日）

（2）《巴县禁止收受节礼及讲茶礼敬告示稿》："立予革挐（拿）鞭扑。"（《巴县档案》，光绪三十三年二月十一日）①

《康熙字典·手部》："《唐韵》《集韵》《正韵》：女加切。同拏。《说文》：'持也.'《庄子·渔父篇》：'丈挐而引其船.'韩愈《李花诗》：'当春天地争奢华，洛阳园苑尤纷挐.'注：'挐同.'又扬子《方言》：'杷，宋魏闲谓之渠挐.'《转注古音》：韵书挐在鱼韵，据方言则在麻韵者，亦古音也。"②方孝坤《徽州文书俗字研究》收录，指出元代和清代徽州文书均有该俗字。③

清代县志也见，道光《南部县志》卷二十五《杂类志·余事》："命县令李公诏郡吏杨勋，挐（拿）小舟，操巨网，驰往捕之。"④巴县档案光绪三十三年二月十一日户房档案："立予革挐鞭扑。"⑤

【收】

（1）《为甘愿将地基房舍予西坪寺永充常住事》："収（收）子为（儿）。"（《南部档案》1-2-2，［康熙十八年］十一月六日）

（2）《包元进等立卖山契》："当日亲収（收）完足。"（《石仓契约》第三辑第四册新茶铺·阙氏，雍正七年三月廿二日）⑥

（3）《刘明奇杜卖田地文契》："叁穴坟草买主（收）割。"（《龙泉驿文书》6-1-011，乾隆贰拾柒年拾壹月贰拾肆日）⑦

（4）《为具告雍容拴民丢失膳马索要未果事》："至晚収（收）馬方知。"（《南部檔案》1-6-2，雍正十年八月二十七日）

（5）《黄以安立杜断卖粮田赤契》："其税听从収（收）纳过户输纳边粮。"（《徽州文书》0010，嘉庆元年三月）⑧

① 四川省档案馆编：《巴蜀撷影：四川省档案馆藏清史图片集》，北京，中国人民大学出版社，2009，第6页。

② （清）张玉书等：《康熙字典》，北京，中华书局，1958，第430页。

③ 方孝坤：《徽州文书俗字研究》，北京，人民出版社，2012，第216页。

④ （清）王瑞庆、李澍修；徐畅达、李咸若纂：《南部县志》，清代道光二十九年（1849）刻本，卷二十四第10页。

⑤ 四川省档案馆：《巴蜀撷影：四川省档案馆藏清史图片集》，北京，中国人民大学出版社，2008，第6页。

⑥ 曹树基、潘星辉、阙龙兴编：《石仓契约》第三辑第四册，杭州，浙江大学出版社，2014，第3页。

⑦ 胡开全主编：《成都龙泉驿百年契约文书》，成都，巴蜀书社，2012，第4页。

⑧ 刘伯山编著：《徽州文书》第一辑2，桂林，广西师范大学出版社，2005，第13页。

（6）《光绪二十五年十一月十六日魏发明、魏爱明卖田契》："収（收）谷叁拾式箩。"（《天柱文书》GT-BDJ-014/GT-001-017，光绪二十五年十一月十六日）

按："収"是"收"的俗字，左边简化写成"丷"，书写更便利。秦公《碑别字新编》："収，魏银青光禄大夫于纂墓志。"[1]方孝坤《徽州文书俗字研究》收录，指出明清徽州文书均有该俗字。[2] 由此可见，清代手写文献俗字是沿用古代文字，但由于普通民众不熟悉，会误认为这些俗字是清代手写文献独创的，具有地方色彩，具有空间区域性。

该字又写作"収"，如：

《为具告冯帝金拜师学射不谢礼撇骗事》："未収（收）是实。"（《南部档案》1-6-3，雍正十年八月二十九日）

该字又写作"収"，形体相近，如：

（1）《为接护照料英国女教士古兰英游历事致南部县》："印（印）収回销徭查须至移者。"（《南部档案》16-453-10，光绪二十九年一月二十日）

（2）《为接护照料英国女教士古兰英游历事致阆中县》："印（印）収回销徭查。"（《南部档案》16-453-11，光绪二十九年二月八日）

又写"収"。

（1）《出卖田字据·王应桂卖与吴》："一听収（收）租管业。"（《清至民国婺源县村落契约文书》秋口镇鸿源吴家63，康熙五十年九月二十一日）

（2）《为护送矿本银事移南部县衙》："希即将解到银两查収（收）。"（《南部档案》14-18-1，光绪二十四年五月一日）

（3）《宣统二年八月廿八日卓文浩为控制周高立等抗断不缴差玩不提事呈状附1副状》："刻已収（收）获。"（《龙泉司法档案选编》13527：39，宣统二年八月二十八日）[3]

《可洪音义》："所収（收）：尸由反。"[4]方孝坤《徽州文书俗字研究》收录，指出明清徽州文书均有该俗字。[5]

这种写法民国时期仍然在使用，如《民国元年九月十九日地保季时祥收管状》："具収（收）管地保季时祥。"（《龙泉档案》1042：83，民国元年九月十九日）[6]

---

①　秦公辑：《碑别字新编》，北京，文物出版社，1985，第27页。

②　方孝坤：《徽州文书俗字研究》，北京，人民出版社，2012，第189页。

③　包伟民：《龙泉司法档案选编》第一辑《晚清时期》，北京，中华书局，2012，第444页。

④　引自《高丽大藏经》，上海，上海古籍出版社，1986，第34册第661页。

⑤　方孝坤：《徽州文书俗字研究》，北京，人民出版社，2012，第189页。

⑥　包伟民：《龙泉司法档案选编》第一辑《晚清时期》，北京，中华书局，2012，第515页。

## 【幼】

（1）《为申赍武监生马树培录遗册结事呈保宁府》："**幼**（幼）习弓马。"（《南部档案》10-5-2，光绪十四年八月二十五日）

（2）《为计开杨玉桐具告李茂林等拐配民媳凶辱案内人等事》："杨玉桐称说他的儿子杨大发**幼**（幼）娶李正德的女儿李氏为妻。"（《南部档案》23-238-1，宣统二年七月十二日）

按："**幼**"是"幼"的俗字。明代梅膺祚《字汇·幺部》："幼，俗从刀。"①"幼"字从"刀"，正是清代手写文献的写法。明代宋濂《谕中原檄》："有如大德，废长立**幼**（幼）。"（《皇明文衡》卷一，日本东洋文化研究所藏）

该写法至迟南北朝时期已经出现，如《北齐柴季兰等四十余人造四面像记》："若长若**幼**。"②

在徽州文书中，也见到这种写法，说明这种写法并非南部档案独创，而是有所传承，使用较广。方孝坤《徽州文书俗字研究》说："俗字有很多亦见于徽州文书，如'幼'，在俗字中，'刀''力'混用不分。"③其实，只要不变成另外一个汉字，汉字在书写时笔画的细微变化并不影响人们的释读，因为人们在阅读时还有上下文可以帮助推断，在看上字时会预测下字。过分纠缠笔画，势必影响汉字的发展，也是造成汉字难写难读的重要原因，我们在进行文字改革时，应该尽可能减少形近字的比例，从而提高汉字的书写和识别。

无独有偶，"功"字俗写也从"刀"，与"幼"字俗写如出一辙。不过，"功"字俗写从"刀"却是沿用古字。明代陈士元《古俗字略》卷一《东韵》就指出这一点，可以参看。

## 【礼】

（1）《为严催赶造光绪二十三年四季分监散兵响印结事饬南部县》："姑再**礼**（札）催一次。"（《南部档案》14-27-1，光绪二十三年九月三日）

（2）《为新授潼川知府吴保龄等各赴新任事饬南部县》："所有片稿合先抄录**礼**（札）发为此札。"（《南部档案》18-9-1，光绪三十三年六月二十三日）

按："**礼**"是"札"的俗字。该俗写与"礼"字十分相似，极容易误认。

---

① （明）梅膺祚：《字汇》，明代万历四十三年（1615）刻本，《寅集》第 58 页。

② 欧昌俊、李海霞：《六朝唐五代石刻俗字研究》，成都，巴蜀书社，2004，第 22 页。

③ 方孝坤：《徽州文书俗字研究》，北京，人民出版社，2012，第 35 页。该书第 199 页的字表中，"拗"字最右边也写成"刀"。

《蜀志·谯周传》："研精六经，尤善书札。"①尹君《"书札"质疑》文对"尤善书札"提出质疑，从谯周的师承传授、著作情况以及"礼"字的写法等方面作出考察，认为由于"札"与"礼"字形近似，造成书写之误。"书札"即为"《书》《礼》"。②周斌："书札"应是"《书》《礼》"之误，依据是：《通志》卷一一八的《谯周传》"书札"作"《书》《礼》"；从谯周作品及该周的经学承传来看，作"尤善书札"不合理，而作"尤善《书》《礼》"则合理；《三国志》中"礼"字多讹为"札"字；"礼"字很早就已有，而"礼"字与"札"字形近，易致二者混淆。唐颜元孙《干禄字书》《宋元以来俗字谱》P059、黄征《敦煌俗字典》P239、两晋南北朝之书法作品拓片"礼"字与"札"字形近，是"禮"字的俗写。③按：尹、周说是。近阅卢弼《集解》，卢弼在目录中的卷二十《元城哀王礼》即指出："宋元本'礼'作'札'，误。"④易培基《三国志补注》也说："元城哀王'礼'绍兴本作'札'。"⑤

【塟】

(1)《陈尧徵杜出卖田地文契》："只许挂扫，永不许添塟（葬）。"（《龙泉驿文书》6-1-010，乾隆拾玖年七月十八日）⑥

(2)《为差唤雷朝具告雷普越分图葬案内证赴县候讯事》："据雷登云等具覆雷朝具告雷普越分图塟（葬）一案等情。"（《南部档案》2-66-5，乾隆四十六年九月二十八日）

(3)《陈仁珑等写掉田菜地合同文约》："两姓不得进塟（葬）贮塞。"（《龙泉驿文书》6-1-107，嘉庆十二年十一月二日）⑦

(4)《为差役查勘冯明禄具告袁廷益谋改截葬情形事》："据宣化乡八甲民冯明禄以谋改截塟（葬）等情。"（《南部档案》14-59-2，光绪二十四年二月十日）

(5)《为周廷栋具告周绍谦等霸伐茔树违禁歧葬事》："并令小的周绍谦日后不准乱伦迁塟（葬）。"（《南部档案》23-274-3，宣统二年六月二十二日）

按："葬"字的俗字写作"塟"，因为埋藏用土，所以改下面的"廾"为

① （晋）陈寿：《三国志》，北京，中华书局，1959，第 1027 页。
② 尹君：《"书札"质疑》，《宜宾学院学报》2004 年第 1 期。
③ 周斌：《〈三国志·谯周传〉"研精六经，尤善书札"辨误》，《西华大学学报》2009 年第 3 期。尹君是周斌的研究生，其文思路、根据均来自周斌。
④ 卢弼：《三国志集解》，北京，中华书局，1982，《目录》第 6 页。
⑤ 易培基：《三国志补注》，台北，艺文印书馆，1955，《目录》第 4 页。
⑥ 胡开全主编：《成都龙泉驿百年契约文书》，成都，巴蜀书社，2012，第 2 页。
⑦ 胡开全主编：《成都龙泉驿百年契约文书》，成都，巴蜀书社，2012，第 416 页。

"土"，写作"塟"。至迟六朝唐五代已经出现该俗字。《康熙字典·土部》："《正字通》：俗葬字。"①欧昌俊、李海霞《六朝唐五代石刻俗字研究》说："葬俗作塟。"②《孙松女墓志》《王闽之墓志》《谢鲲墓志》等已经有这种写法。

张涌泉《汉语俗字研究》："'葬'字，本是从死在茻中，俗或改底部的二中为'土'，形成新的俗字。敦煌写本斯2204号《董永变文》：'当时卖身塟父母，感得天女共田常（填偿）。''塟'即'葬'的俗字。上艹下土，从字义上来说倒更切合一些。"③

明代梅膺祚《字汇·土部》："塟，同葬。"④明代张自烈《正字通》："塟，俗葬字。"⑤清代顾蔼吉《隶辨·去声·宕韵·塟字》引《尧庙碑》。刘复《宋元以来俗字谱·艹部》引《古今杂剧》等。方孝坤《徽州文书俗字研究》收录，指出元代和清代徽州文书均有该俗字。⑥传世文献多见该俗字，如宋梅尧臣《汝坟贫女》诗："果闻寒雨中，僵死壤河上。弱质无以托，横尸无以塟。"⑦宋罗大经《鹤林雨露》卷十："弱质无以托，横尸无以塟。"⑧《醒世恒言·灌园叟晚逢仙女》："亲捧其瓮，深埋长堤之下，谓之'塟花'。"⑨清黄宗羲《刘伯绳先生墓志铭》："刘伯绳先生将塟，其子求予铭其墓。"⑩清黄宗羲《吴处士墓碣铭》："君之塟父，会者千人。"⑪

《汉语大词典》首引宋代文献例证，时代偏晚。

我们查阅《汉语大字典》和《中文大辞典》后，通过比较可以发现，两书判断俗字与异体字的标准不同。《汉语大字典》倾向判断为异体字，多引《字汇》为据；《中文大辞典》倾向判断为俗字，并多引《正字通》为据。文献例证方面，《汉语大字典》比《中文大辞典》有进步。

清代县志也有使用，道光《南部县志》卷二十三《人物志·流寓》："陈翔，河朔人，为新井令，遂家焉，没塟土主庙侧，省华其后裔也。""后卒

---

① （清）张玉书等：《康熙字典》，北京，中华书局，1958，第236页。
② 欧昌俊、李海霞：《六朝唐五代石刻俗字研究》，成都，巴蜀书社，2004，第4页。如《北魏刑峦妻元纯陀墓志》："令别塟他所。"（见该书第21页）
③ 张涌泉：《汉语俗字研究》，北京，商务印书馆，2010，第52页。
④ （明）梅膺祚：《字汇》，明代万历四十三年（1615）刻本，《丑集》第48页。
⑤ （明）张自烈：《正字通》，清代康熙十年（1671）刻本，《丑集中》第34页。
⑥ 方孝坤：《徽州文书俗字研究》，北京，人民出版社，2012，第233页。
⑦ （宋）梅尧臣：《宛陵先生集》，四部丛刊景明万历梅氏祠堂本，卷七。
⑧ （宋）罗大经：《鹤林雨露》，明刻本，卷九。
⑨ （明）冯梦龙编：《醒世恒言》，明天启叶敬池刊本，卷四。
⑩ 罗竹风：《汉语大词典》，上海，汉语大词典出版社，1986—1993，第2卷第1144页。
⑪ （清）黄宗羲：《南雷文定四集》，清康熙刊本，卷三。

阆中，萋蟠龙山。"①

又写作"葬"，中间部件"死"变成"夗"，形体与前面俗字十分相近，如：

（1）《为具诉李朝贤勒揩诬抵氏子搕伐事》："悔不许葬（葬）夫丧。"（《南部档案》14-75-3，光绪二十四年十月二十九日）

（2）《为计开李严氏具告李朝彦等乘搕毁伐案内人等候讯事》："阻氏葬（葬）夫丧。"（《南部档案》14-75-6，光绪二十四年十一月十七日）

（3）《为申报设济善堂延医施诊济药并设义地尸棺掩骼事呈保宁府》："去年因县中义地均已葬（葬）满。"（《南部档案》14-82-2，光绪二十四年一月二十九日）

（4）《为具告敬应堂等毁茔作地久粮不拨事》："将民业内造葬（葬）祖坟一所挖毁。"（《南部档案》14-85-1，光绪二十四年四月七日）

又写作"埜"，形体与前面俗字相近，如：

《为具告雷普越分图葬事》："情八月二十四日，蚁控雷普越分图埜（葬）一案。"（《南部档案》2-66-1，乾隆四十六年九月十一日）

按："埜"是"葬"的俗字。上面少写形旁"艹"，中间的"死"字也有变形，下面的形旁"廾"又写成了"土"。也可以理解为上中下结构，分别是"卜""夗""土"三部分。张涌泉《汉语俗字研究》："敦煌写本伯2553号《王昭君变文》：'妾死若留故地埜，临时请报汉王知。'其中的'埜'即'葬'的俗字。据《说文》，'葬'是从'死'在'茻'中，茻从四中，俗书省略其二，形成俗字。"②

又写作"蕻"，"蕻"是"葬"的俗字。下面"大"是"艹"的变形。如：

《为李严氏具告李朝彦乘搕毁伐案内人等事》："阻丧蕻（葬）棺。"（《南部档案》14-75-7，光绪二十四年十一月十七日）

## 【坐】

（1）《为甘愿将邓富高所遗基址舍于西坪寺永充常住事》："一段坐（坐）落西坪之侧。"（《南部档案》1-2-1，康熙五十二年十月二十三日）

（2）《姜凤宇山林断卖契》："坐（坐）落土名山名卧兰山出卖与下房姜

① （清）王瑞庆、李澍修；徐畅达、李咸若纂：《南部县志》，清代道光二十九年（1849）刻本，卷二十三第3页。
② 张涌泉：《汉语俗字研究》，北京，商务印书馆，2010，第49页。该书第52页又指出："埜"字汉碑已见。《集韵·宕韵》："葬，或作埜。"

远福名下承买为业。"(《贵州苗族林业契约文书汇编》,乾隆二十八年六月二十七日)

(3)《蒋显宗断卖栽手杉木契》:"土名坒(坐)落中倍栽杉种粟。"(《清水江文书》2-1-3-067,道光十年四月三日)①

(4)《蒋显宗断卖栽手杉木契》:"山场乙所,坒(坐)落洛土名为乌格溪冉松农。"(《清水江文书》2-1-3-068,道光十一年一月二十三日)

按:"坒"是"坐"的俗字,把左上角的"人"改成"口"。

南朝梁吴均《续齐谐记》:"须臾,书生处女乃出,谓彦曰:'书生欲起。'乃吞向男子,独对彦坒。"②《干禄字书》:"坒、坐、坒,上俗,中、下正。"③"坐"与"坒"都是正字。"坐"字最简省,现代汉字确定为规范正字。敦煌俗字已经大量使用这种写法。《敦煌变文校注·李陵变文》:"单于殊常之义,坒着我众蕃之上。"④

赵春兰说:《辽藏·妙法莲花经》:"而坒如来座"。《说文》土部:"坒,止也。从土,从留省。土,所止也。此与留同意。坒,古字形。《字样》:"坐坒:二同。"《王二》:"坒,徂果反,俗作坒。"《干禄字书》:"坒坐坒:上俗中下正。""坒"的产生与古文"坒"有关。坒之左作口右作人者,俗字有一系列。《隶释》:"羊窦道碑往来无患"。按:"坒"是"坐"的俗字,左上角的"人"改成"口"。《改并四声篇海·土部》引《奚韵》:"坒,音义同坐。"《宋元以来俗字谱》:"坐,《岭南逸事》作坒。"⑤

按:赵春兰引用《说文》只有前引号,没有后引号,无法知道文字结束处。根据引文习惯和核对《说文》,后引号当在"古字形"后。

方孝坤《徽州文书俗字研究》收录,指出明清徽州文书均有该俗字。⑥

## 二、起源于唐宋元明

清代手写文献中不少俗字起源于唐宋元明时期,有的被后世沿用,

① "粟"字书写较潦草,字形接近"粟"与"粟",据后面类似的推断。《潘廷光等佃山帖字》:"佃与我等种粟栽杉。"(《清水江文书》2-1-3-072,道光十五年三月二十三日)"种粟栽杉"即"栽杉种粟"。
② (南朝梁)吴均:《续齐谐记》,明顾氏文房小说本,第11页。
③ 中华汉语工具书书库编辑委员会:《中华汉语工具书书库》第十二册,合肥,安徽教育出版社,2002,第590页。
④ 黄征、张涌泉:《敦煌变文校注》,北京,中华书局,1997,第131页。
⑤ 赵春兰:《应县木塔辽代秘藏妙法莲花经俗字研究》,上海师范大学硕士学位论文,2006,第34页。
⑥ 方孝坤:《徽州文书俗字研究》,北京,人民出版社,2012,第195页。

甚至成为今天的规范汉字，有的则被后世淘汰，消失在历史的长河中，只能在当时的文献中可以看到。如清代手写文献中看到的用"叫"字表示"叫"，至少在明代文献中就出现了。又如"献"字出现在清代手写文献中，起源却在宋代。《简化字溯源》指出："'献'最早见于宋代刊行的《古列女传》。金代的《改并四声篇海》收入了'献'字。"①清代《康熙字典》引《篇海》说"獻"俗作"献"。② 清代手写文献也有用例，如《陈允周等合同》："业凭中邻赖懋一、苏邦兴、谢佳献（獻）眼同烧燬。"（《龙泉驿文书》6-1-029，嘉庆十三年三月三十日）③

明代刻本也有不少俗字。任乃强《华阳国志校补图注》指出明代嘉靖甲子（一五六四，嘉靖四三年）成都刘大昌刻本："又多俚俗字，如稱作稱，補作補，博作愽，迎作迎之類不一。"④

## （一）起源于唐宋

### 【暗】

《为王蒲氏具告丈夫王洪模虐待侮辱事》："谁知王玉堂暗（暗）率多人将小的同蒲氏捆押来案。"（《南部档案》23-236-1，宣统二年二月十八日）

按："暗"是"暗"的俗字，形旁"日"讹变成"月"，形近讹变。敦煌文献中这两个形旁也容易混淆。《康熙字典·日部》"暗"字写作"暗"，与之相近。⑤

《说文·日部》写作"暗"，与现代写法较为接近。⑥

该俗字至少宋代已经出现，赵孟頫写作"暗"，与南部档案的写法极为相似。我们推测，该俗字的产生与书写有较大的关系。因为书写时，"日"旁与"月"旁区别不大，尤其是快速书写更是如此。

### 【逩】

《为具告杨永泰等蕎伐伤冢逆辱行凶叩勘唤究事》："逩（奔）叩勘唤法究伏乞。"（《南部档案》14-74-1，光绪二十四年九月二十日）

按："逩"是"奔"的俗字。《康熙字典·辵部》说："《字汇》：逋闷切，

① 张书岩、王铁昆、李青梅、安宁编著：《简化字溯源》，北京，语文出版社，1997，第82页。
② （清）张玉书等：《康熙字典》，北京，中华书局，1958，第721页。
③ 胡开全主编：《成都龙泉驿百年契约文书》，成都，巴蜀书社，2012，第417页。
④ 任乃强：《华阳国志校补图注》，上海，上海古籍出版社，1987年，前言第9页。
⑤ （清）张玉书等：《康熙字典》，北京，中华书局，1958，第498页。
⑥ （东汉）许慎：《说文解字》，北京，中华书局，1963，第138页。

奔去声。奔走也。"①

《篇海类编·人事类·辵部》:"逩,逩走也。"明代梅膺祚《字汇·辵部》:"逩,奔走也。"②明代张自烈《正字通·辵部》:"逩,疾走。按疾走,义同奔,奔亦有去声,俗作逩。"③该字至少唐宋已经出现,文献中多见"逩"字此义,如《敦煌变文集·维摩诘经讲经文》:"四众逩波意似摧,晓鸡纔暑(曙)禁宫开。"④元薛昂夫《端正好·闺怨》套曲:"南浦道送春行,多应是抛弃了欢娱,逩逐利名。"⑤元王子一《误入桃源》第三折:"折末你逩关山千百重,进程途一万里。"⑥明代何良俊《四友斋丛说·史八》:"诸公惶遽无措,踰垣而出,去冠服,儌蹇驴,逩迸逸去。"⑦《古今小说·沈小霞相会出师表》:"两个一头说话,飞逩出城,复到饭店中来。"⑧清代洪昇《长生殿·骆权》:"那时犯弁杀条血路,逩出重围。"⑨

## 【獘】

《首保粮差杨陞禀为水冲倒户难征列单声明禀请核案察夺事》:"罔敢侵渔玩误獘(弊)。"(《淡新档案》13104·057,[同治四年]闰五月四日)⑩

按:"獘"是"弊"的俗字。"獘"当是"獘"减省。"獘"同"弊"。《说文·犬部》:"獘,顿仆也。"⑪段玉裁注:"獘本因犬仆制字,段借为凡仆之偁,俗又引伸为利弊字,遂改其字作弊,训'困也''恶也'。"⑫明代张自烈《正字通》:"獙,一作獘,俗作弊。《广韵》:獘,俗作弊。"⑬明代章黼《重订直音篇·收部》:"弊、音敝,败也,恶也。獘,俗。"方孝坤《徽州文书俗字研究》收录,指出明清和民国时期徽州文书均有该俗字。⑭

也有人将"獘"字判断为"弊"字的异体,认为"弊"是俗字。《金石文字

① (清)张玉书等:《康熙字典》,北京,中华书局,1958,第1259页。
② (明)梅膺祚:《字汇》,明代万历四十三年(1615)刻本,《酉集》第91页。
③ (明)张自烈:《正字通》,清代康熙十年(1671)刻本,《酉集下》第49页。
④ 罗竹风:《汉语大词典》,上海:汉语大词典出版社,1986—1993,第10卷第952页。
⑤ (明)郭勋:《雍熙乐府》,四部丛刊续编景明嘉靖刻本,卷二。
⑥ 有人作《误入桃园》,当由于"源""园"音同讹误导致。桃园是刘关张三结义之处,而桃源是世外桃源的简称,明显当作《误入桃源》。
⑦ (明)何良俊:《四友斋丛说》,明万历七年张仲颐刻本,卷十一。
⑧ (明)冯梦龙:《古今小说》,明天许斋刻本,卷四十。
⑨ (清)洪昇:《长生殿传奇》,清康熙稗畦草堂刻本,卷上。
⑩ 原卷只有"闰五月四日",无年号。文中批记和粘单有"同治三年"字样,同治三年(1864年)没有闰五月,同治四年(1865年)刚好有闰五月,故定。
⑪ (东汉)许慎:《说文解字》,北京,中华书局,1963,第205页。
⑫ (清)段玉裁:《说文解字注》,上海,上海古籍出版社,1981,第476页。
⑬ (明)张自烈:《正字通》,清代康熙十年(1671)刻本,《巳集上》第34页。
⑭ 方孝坤:《徽州文书俗字研究》,北京,人民出版社,2012,第255页。

辨异·去声·霁韵》：“弊，与獘同。”南北朝梁代顾野王《玉篇·收部》：“弊，毗制切，俗字。”《玉篇·犬部》：“獘，婢出切，兽名也。顿仆也。俗作弊。”①《广韵·去声·祭韵》：“獘，困也，恶也。《说文》曰：顿仆也。俗作弊。”

隋朝颜愍楚（颜之推之次子）《俗书证误》说：“獘，从犬，从大从廿非。”②

清代李光地《榕村字画辨讹》说：“獘，作弊非。”③

文献多见“獘”字此义，如《史记·陈涉世家》：“楚虽胜秦，不敢制赵，若楚不胜秦，必重赵。赵乘秦之獘，可以得志于天下。”④宋曾巩《泰山祈雨文》：“念此疲民，獘于征敛，方岁之富，食常不足，一遇灾害，必捐沟壑。”⑤《续资治通鉴·元世祖至元三十年》：“故物价不得不踊而贵，钱币不得不虚而轻，上下困獘，日甚一日。”⑥

**【垂】**

《为申报设济善堂延医施诊济药并设义地尸棺掩骼事呈保宁府》：“以垂（垂）久远。”（《南部档案》14-82-2，光绪二十四年一月二十九日）

按：“垂”是“垂”的俗字，下面一横的“一”变成“山”。

该俗字至迟唐代已经出现。赵春兰说：《辽藏·妙法莲花经》：“垂得阿耨多罗三藐三菩提。”《说文》土部：“垂，从土，𡴀声。”垂是隶变所致。《隶辨》武荣碑：“垂示无穷。”唐代欧阳询字帖见此字。《字鉴》卷一支韵：“垂，是为切。说文远边也，下从土，与垂异。垂，池伪切，罂也，下从缶，凡邮、睡、唾、棰之类从垂，俗作垂。”⑦

现代人仍然使用，我们在现代建筑中的对联中就曾经见过这种俗字。

**【對】**

《为邓鑫元具告罗玉俸换卖期银催讨不给事》：“暮白并未到堂质對

---

①　（宋）陈彭年等：《重修玉篇》，清文渊阁四库全书本，卷十五、卷二十三。

②　（隋）颜愍楚：《俗书证误》，《续修四库全书·经部·小学类》，上海，上海古籍出版社，2002，第329页。

③　（清）李光地：《榕村字画辨讹》，清代道光九年（1829）刻本。

④　（汉）司马迁：《史记》，北京，中华书局，1959，第1955页。

⑤　（宋）曾巩：《元丰类稿》，四部丛刊景元本，卷三十九。

⑥　（清）毕沅：《续资治通鉴》，清嘉庆六年递刻本，卷一百九十一。

⑦　赵春兰：《应县木塔辽代秘藏妙法莲花经俗字研究》，上海师范大学硕士学位论文，2006，第23页。

（对）。"（《南部档案》23-256-2，宣统元年十二月四日）

按："對"是"对"的俗字。左边与"到"的左边相近，敦煌文献已经出现，敦煌文献中"到"与"对"相互混淆，与之类似。

## 【恩】

（1）《为领取失落搭连等事》："蒙恩（恩）追获。"（《南部档案》2-62-7，乾隆五十四年八月二日）

（2）《为具供民具告王兴贵私煮大麦酒事》："求施恩（恩）。"（《南部档案》4-68-5，道光二十年五月十八日）

（3）《为申赍选充本衙典吏王培勋着役日期册结并请给执照事呈藩司》："具甘结里邻王金仁、杜大才今于与甘结为钦奉恩（恩）诏敬陈管见事。"（《南部档案》12-1-1，光绪二十年四月二十四日）①

按："恩"是恩的俗字。唐代碑录多写"恩"字为"恩"。② 柳公权《年衰帖》："公权年衰才劣，昨蒙恩（恩）放出翰林，守以闲冷，亲情嘱托，谁肯响应。"③

"恩"字这种俗写，《祖堂集》中也有，参张美兰《祖堂集校注》附《祖堂集俗字》。④ 康熙十一年壬子闰七月十四日："臣本庸材，蒙恩擢用。又叨重赏，惟有黾勉尽职，以图仰报殊恩。"⑤

该俗字敦煌文献中常见。《敦煌变文校注·叶净能诗》："对皇帝前乃作色怒曰。"《校注》："'此'上原录'曰'作'恩'，并属本句。袁宾校：'"恩"系"思"字误书。'按：原卷'恩'作俗字'恩'，当为'曰'字之误，属上句。"⑥"恩"是"恩"的俗字。《大字典》："'恩'同'恩'。"《宋元以来俗字谱》：'恩'，《通俗小说》《古今杂剧》《太平乐府》等作'恩'。《广汉属国都尉丁鲂碑》：'加一郡。'"⑦

赵春兰说：《敦煌·妙法莲花经》的"因"字写作"曰"。⑧ 该写法与

---

① 本件档案中，"糧"字不写俗字"粮"。

② 参吴钢：《唐碑字辨》，吴钢辑、吴大敏编：《唐碑俗字录》，西安，三秦出版社，2004，第13页。

③ 《中国十大书法家集·柳公权》，北京，北京工艺美术出版社，2006，第102页。

④ 张美兰：《祖堂集校注》，北京，商务印书馆，2009，第531页。

⑤ 中国第一历史档案馆：《清代中南海档案·政务活动卷一》，北京，西苑出版社，2003，第14页。

⑥ 黄征、张涌泉：《敦煌变文校注》，北京，中华书局，1997，第337、351页。

⑦ 《汉语大字典》第二版，成都，四川辞书出版社；武汉，崇文书局，2010，第2441页。

⑧ 赵春兰：《应县木塔辽代秘藏妙法莲花经俗字研究》，上海师范大学硕士学位论文，2006，第21页。

"恩"字写作"恖"一样。

方孝坤《徽州文书俗字研究》收录,指出清代徽州文书有该俗字。[1]

【犯】

(1)《姜老九立断卖杉木约》:"不得伤犯(犯)。"(《清水江文书》2-7-1-001,乾隆三十五年润五月二十四日)

(2)《为李文泽具告韩朝芳将儿媳私行嫌卖事》:"并无过犯(犯)。"(《南部档案》23-245-2,宣统二年六月四日)

按:"犯"是"犯"的俗字。

该俗字至迟唐代已经出现,清代手写文献沿用。赵春兰说:《辽藏·妙法莲花经》:"我不相犯。"《说文》犬部:"犯,侵也。从犬,㔾声。"《字鉴》卷三范韵:"犯,防栏切,《说文》侵也,俗从辰巳字作犯,误。"《广碑别字》收录的唐《宣州参军事许坚墓志》和《敦煌·妙法莲花经》写法与此同,《宋元以来俗字谱》无此字。[2]

类似的写法多见,如:

(1)《姜廷华、蒋保金、姜廷泗断卖山场杉木约》:"下凭范(范)德华木为界。"(《清水江文书》1-1-1-001,嘉庆十五年二月十二日)

(2)《为计开在押李么娃等案内人等事》:"派:杜文、杜金、范(范)清。"(《南部档案》23-237-1,宣统二年七月五日)

按:"范"是"范"的俗字,右下角的"㔾"字写成"巳",由横折钩变成了横折,增加了一横。这种俗写与"犯"是"犯"的俗字相似。

【兼】

《为移知正红旗蒙古都统巴□□病故应付护柩回京事饬南部县》:"一只水陆不兼(兼)。"(《南部档案》3-10-1,嘉庆二年八月十三日)

按:"兼"是"兼"的俗字,下面写法不同。

这种俗写,《祖堂集》中也有,参张美兰《祖堂集校注》附《祖堂集俗字》。[3]

清末民初仍然使用,例如易培基《三国志补注》:"书夜兼(兼)道,

① 方孝坤:《徽州文书俗字研究》,北京,人民出版社,2012,第213页。

② 赵春兰:《应县木塔辽代秘藏妙法莲花经俗字研究》,上海师范大学硕士学位论文,2006,第27页。

③ 张美兰:《祖堂集校注》,北京,商务印书馆,2009,第534页。

《通志》无此四字。"①

【叫】

（1）《为阆中差役杨贵在南部县遗失银文案人证事》："要叫（叫）小的送徃保宁。"（《南部档案》2-62-2，乾隆五十四年七月二十七日）

（2）《为具禀李刚扬嫌贫唆女藏匿并唆众滋事事》："益加得意更敢在家登门叫（叫）骂。"（《南部档案》7-97-1，光绪元年六月十六日）

（3）《为吴树成等具告杨永钊拖欠铺房佃资蓦卖铺房事》："总要叫（叫）小把房子培修完全。"（《南部档案》23-251-1，宣统三年六月十八日）②

按："叫"是"叫"的俗字。辽代僧人释行均《龙龛手镜·口部》："叫，俗；噭，正：正吊反，鸣也，远声也，亦唤也。"③明代张自烈《正字通》："叫，俗作叫。"④

"叫"字这种俗写，《祖堂集》中也有，参张美兰《祖堂集校注》附《祖堂集俗字》。⑤

清代李光地《榕村字画辨讹》："叫，作叫非。"⑥方孝坤《徽州文书俗字研究》收录，指出明清徽州文书均有该俗字。⑦清代文献也有使用，李荣《文字问题》指出荣与堂刻本《水浒传》："'叫'字三见，都写成斗字旁的繁化俗字。"⑧郑贤章《汉文佛典疑难俗字汇释与研究》收录"叫"，举佛典四例，可参看⑨。《汉语大字典》仅引《龙龛手镜》，无其他用例。类似的写法清代手写文献还有"纠"等，当是声旁类推形成的，而且这种写法很早就有，并非清代手写文献独创。隋朝颜愍楚（颜之推之次子）《俗书证误》："纠、赳，从丩，从斗非。"⑩《集韵》也收有该俗字。郑贤章《汉文佛典疑难俗字汇释与研究》指出："'斜'又可作'纠'的俗字。"并举《宋高僧传》卷一三、卷二二、《翻译名义集》三等文献例证，可参阅⑪。

①　易培基：《三国志补注》，台北，艺文印书馆，1955，第602页。

②　本件档案正文中出现的"吴树东"，《目录》（3255页）录作"吴树成"，当有误，当录作"吴树东"，而不是"吴树成"。可能是受到下面出现的"游鸣盛"中的"盛"字上半部的影响，造成误录。

③　（辽）释行均：《龙龛手镜》，高丽本，北京，中华书局，1985，第273页。

④　（明）张自烈：《正字通》，清代康熙十年（1671）刻本，《丑集上》第4页。

⑤　张美兰：《祖堂集校注》，北京，商务印书馆，2009，第534页。

⑥　（清）李光地：《榕村字画辨讹》，清代道光九年（1829）刻本。

⑦　方孝坤：《徽州文书俗字研究》，北京，人民出版社，2012，第185页。

⑧　李荣：《文字问题》，北京，商务印书馆，1987，第15页。

⑨　郑贤章：《汉文佛典疑难俗字汇释与研究》，成都，巴蜀书社，2016，第88页。

⑩　（隋）颜愍楚：《俗书证误》，《续修四库全书·经部·小学类》，上海，上海古籍出版社，2002，第329页。

⑪　郑贤章：《汉文佛典疑难俗字汇释与研究》，成都，巴蜀书社，2016，第370页。

## 【杰】

《为甘愿将邓富高所遗基址舍于西坪寺永充常住事》："立舍约信仕邓碧高同住邓杰、邓树、邓楷、邓松、邓之篦。"（《南部档案》1-2-1，康熙五十二年十月二十三日）

按："杰"字是"傑"的俗字，与今天的简化字一样。《康熙字典·木部》："《唐韵》《集韵》《韵会》：叱渠列切，音桀。《玉篇》：人名。梁四公子，其一䫂杰。《五代史》：周世宗镇澶渊，辟魏杰为司法参军。俗借作豪傑傑字。"①《正字通·木部》："杰，今人以为豪傑之傑，误。"②敦煌俗字已经大量使用这种写法。

## 【恐】

（1）《胡永清卖明水田文契》："恐（恐）口难凭，立退契为据。"（《吉昌契约文书》tma-17，道光十三年二月十三日）③

（2）《宣统元年十二月初九日谢汉定立退契抄件粘呈》："恐（恐）口难凭，立退契为据。"（《龙泉司法档案选编》8583：18，宣统元年十二月九日）④

按："恐"为"恐"的俗字。"恐"之篆文作"㞢"，段注本《说文解字·心部》："惧也。从心巩声。"⑤"恐"字见秦公《碑别字新编·十画》引《隋谢岳墓志》，刘复《宋元以来俗字谱·心部》、当代潘重规《敦煌俗字谱·心部》亦作如此。清代铁珊《增广字学举隅》卷二《正讹》："恐、恐，均非。"⑥方孝坤《徽州文书俗字研究》收录，指出民国时期徽州文书有该俗字。⑦ 按："恐"字写作"恐"字，当是传写之际求其便捷而省变的俗字。

## 【隶】

（1）《为移知正红旗蒙古都统巴□□病故应付护枢回京事饬南部县》："由陕西、河南、直隶（隶）等省回旗。"（《南部档案》3-10-1，嘉庆二年八月十三日）

（2）《为杨万福具保李洪顺送信误差事》："小的是上码头夫头保李洪

① （清）张玉书等：《康熙字典》，北京，中华书局，1958，第513页。
② （明）张自烈：《正字通》，清康熙十年（1671）刻本，《辰集中》第14页。
③ 孙兆霞等编：《吉昌契约文书汇编》，北京，社会科学文献出版社，2010，第10页。
④ 包伟民：《龙泉司法档案选编》第一辑《晚清时期》，北京，中华书局，2012，第310页。
⑤ （清）段玉裁：《说文解字注》，上海，上海古籍出版社，1981，第514页。
⑥ （清）铁珊：《增广字学举隅》，清文渊阁四库全书本，卷二。中华汉语工具书书库编辑委员会：《中华汉语工具书书库》第十二册，合肥，安徽教育出版社，2002，第502页。
⑦ 方孝坤：《徽州文书俗字研究》，北京，人民出版社，2012，第211页。

顺徔直隸（隶）送信。"（《南部档案》23-10-4，宣统二年五月二十六日）

　　按："隸"是"隶"的俗字，左上角部件发生变化，不写"木"，而写成"匕"。该俗字至迟五代已经出现。五代丘光庭《兼明书》卷一《隶书所始》："代人多以隸书始于秦时程邈者。明曰：非也，隸书之兴，兴于代。何以知之。按：《左传》史赵筹，绛县人。年曰亥有二首六身，是其物也。士文伯曰：然则二万六千六百有六旬也。葢以亥字之形似布筹之状。按：古文亥作兀，全无其状，虽春秋之时，文字体别，而言亥字有二首六身，则是今之亥字。下其首之二书竖置身傍，亥作豖，此则二万六千六百之数也。据此，亥文则春秋之时有隸书矣。又郦善长《水经注》云：临淄人有发古冢者，得铜棺。棺外隐起为文言。齐太公代孙胡公之棺也。唯三字，古文余同今书。此胡公又在春秋之前，即隸书兴于周代明矣。当时未全行，犹与古文相糸。自秦程邈已来，乃废古文，全行隸体，故程邈等擅其名，非创造也。"①

　　【面】

　　（1）《桂锦培卖明科田文契》："原日三面（面）议定得授卖价时值银拾贰两捌钱整""任卖主壹面（面）承躭（担）。"（《吉昌契约文书》sls-7，光绪十四年九月十八日）②

　　（2）《为申报选充本衙典吏王培勋着役日期册结并请给执照事呈藩司》："身中材面（面）白无须。"（《南部档案》12-1-1，光绪二十年四月二十四日）

　　（3）《为旨谕严禁军营逢迎积习事饬南部县》："面（面）推原其故。"（《南部档案》14-22-1，光绪二十四年七月十七日）

　　（4）《光绪三十四年六月廿三日知县陈海梅谕查田庄积谷董事李逢时知悉事谕》："一面（面）将出耀若干。"（《龙泉司法档案选编》16288：22，光绪三十四年六月二十三日）③

　　按："面"是"面"的俗字。

　　其他文献也多见该俗字。

　　该俗字至迟宋代已经出现。赵春兰说："《辽藏·妙法莲花经》："头面礼释迦牟尼佛"。《说文》面部："𩈈，从百，象人形"。"面"是以楷书转写草书而形成，宋·米芾字帖的"面"的草书与"面"形近。《字鉴》卷四

---

① （五代）丘光庭：《兼明书》，清文渊阁四库全书本，卷一，第7～8页。

② 孙兆霞等编：《吉昌契约文书汇编》，北京，社会科学文献出版社，2010，第45页。

③ 包伟民：《龙泉司法档案选编》第一辑《晚清时期》，北京，中华书局，2012，第117页。

线韵："面，弥箭切，颜前也，俗作![面],非。"①

【奇】

(1)《为雍容具告冯帝金拜师学射悭吝不出谢礼忘情背义事》："于雍正捌年柒月内同李咸庆等要往铁奇(奇)勋处学习弓马。"(《南部档案》1-6-1，雍正十年十二月)

(2)《四川总督策楞请求为李冰庙奇功显应赏赐匾额的奏折》："乡民环绕，称颂神之奇(奇)功显应。"(《都江堰档案》0-2，乾隆十五年二月二十八日)②

(3)《为备造中下盐井座落乡分并灶户地主姓名榷课配充数目呈保宁府》："一户王奇(奇)坐落积仁乡下则石嘴井地主王家祥。"(《南部档案》2-70-4，乾隆五十二年)

按："奇"是"奇"的俗字，上面"大"写成类似"六"字，而不是"立"。

隋朝颜愍楚(颜之推之次子)《俗书证误》："奇，异也，零也，从大，从立非。"③

明代张自烈《正字通·大部》："奇，俗作奇。"④晋木华《海赋》："何奇不有，何怪不储。"⑤南朝梁任昉《齐竟陵文宣王行状》："其卉木之奇，泉石之美，公所制《山居四时序》，言之已详细。"⑥

"奇"字这种俗写，《祖堂集》中也有，参张美兰《祖堂集校注》附《祖堂集俗字》。⑦

清代县志也有使用，道光《南部县志》卷二十二《人物志·方技》："吴元福，五世通医，至元福尤精眼科，治目多奇效。"⑧

【![铁]】

(1)《赖松泰立退河絷字》："今因用。"(《石仓契约》第三辑第

① 赵春兰：《应县木塔辽代秘藏妙法莲花经俗字研究》，上海师范大学硕士学位论文，2006，第 29 页。

② 《都江堰：百年档案记忆》编委会编：《都江堰：百年档案记忆》，北京，中国档案出版社，2010，第 15 页。

③ (隋)颜愍楚：《俗书证误》，《续修四库全书·经部·小学类》，上海，上海古籍出版社，2002，第 329 页。

④ (明)张自烈：《正字通》，清代康熙十年(1671)刻本，《丑集下》第 21 页。

⑤ (唐)欧阳询：《艺文类聚》，清文渊阁四库全书本，卷八《山部下水部上》。

⑥ (南朝梁)萧统撰、(唐)李善等注：《六臣注文选》，四部丛刊景宋本，卷六十。

⑦ 张美兰：《祖堂集校注》，北京，商务印书馆，2009，第 539 页。

⑧ (清)王瑞庆、李澍修；徐畅达、李咸若纂：《南部县志》，清代道光二十九年(1849)刻本，卷二十二第 2 页。

六册下包・邱氏，乾隆十四年五月二十一日）①

（2）《为廖维纪出卖田地给杨应廷》："情因**缺**（缺）银使用。"（《南部档案》2-64-1，乾隆三十九年十月二十二日）

按："**缺**"是"缺"的俗字。

唐宋已经出现，赵春兰说：《辽藏・妙法莲花经》："于戒有**缺**漏。"《说文》缶部："**缺**，器破也。从缶，决省声。"《隶释》东海庙碑："嘉羡君功既尔**缺**三字"。"**缺**"字来源于"**缺**"。《复古编》："缺，别作**缺**、**缼**，并非。倾雪切。"②方孝坤《徽州文书俗字研究》收录，指出明清时期和民国时期徽州文书均有该俗字。③

## 【舍】

（1）《为易添龙、李正兰二人入住太厚沟西坪寺可耕种不得侵占事》："立**舍**水田永克常住人邓架。"（《南部档案》1-1-1，顺治十三年二月二十日）

（2）《为甘愿将邓富高所遗基址舍于西坪寺永充常住事》："立**舍**约信仕邓碧高同住邓杰、邓树、邓楷、邓松、邓之篆。"（《南部档案》1-2-1，康熙五十二年十月二十三日）④

按："舍"字档案俗字写作"**舍**"，其中例证（1）中的"**舍**"字是"舍"字的俗字，因为写成左右结构，下面的"言"字又从"口"，很容易误认为"誓"字，实际上当是"舍"字。例证（2）下文又写作"**舍**"。

唐宋已经出现。与该俗字写法类似的有"舍"。赵春兰说：《辽藏・妙法莲花经》："**舍**利佛如来。"《说文》亼部："**舍**，从亼、屮。"）"**舍**"是为了使笔画的布局更合理而改变笔画的方向。《隶辨》孔龢碑："鲍君造作百石历**舍**。"唐赵州赵晃墓志复和欧阳询的草书都见"**舍**"。《字鉴》卷四祃韵：

① 曹树基、潘星辉、阙龙兴编：《石仓契约》第三辑第六册，杭州，浙江大学出版社，2014，第3页。

② 赵春兰：《应县木塔辽代秘藏妙法莲花经俗字研究》，上海师范大学硕士学位论文，2006，第30页。

③ 方孝坤：《徽州文书俗字研究》，北京，人民出版社，2012，第218页。

④ 本件档案中"亲"字写作俗字"**亲**"，草书。"劈"字作俗字"**劈**"，多写一点。姓名签名使用符号或者"十"字，如"**干**""**十**""**弱**""**百**"等，这些不是俗字，但容易误认为汉字。另外，"一"既有大写"壹"，用在田地的计量上，避免被修改，又有小写"一"，由此可见，大小写的采用与经济直接相关，不关紧要之处，民众并不采用繁杂的大写。

"舍，式夜切，《说文》市居曰舍，俗中从地土作**舍**误。"①

【**審**】

(1)《为差役速唤刘兴杰具禀刘刚扬嫌贫唆女藏匿滋事案内人证候讯事》："以凭**審**(审)讯。"(《南部档案》7-97-2，光绪元年六月二十一日)

(2)《为具诉谢大海素行不法藉掐唆诬事》："今蒙**審**(审)讯。"(《南部档案》14-56-1，光绪二十四年九月七日)

(3)《为禀被告王定一等阻唤纠凶恳添钟子年到案事》："差役等前徃传唤原被人证送**審**(审)。"(《南部档案》14-70-5，光绪二十四年八月二日)

(4)《为韩尚玩具告韩仕炜等纠众砍伐毁霸事》："今蒙**審**(审)讯，祈作主。"(《南部档案》14-71-8，光绪二十四年八月二十五日)

(5)《为计开实进武童应缴印红钱文事》："**審**(审)理难以迟延。"(《南部档案》23-5-1，宣统元年三月十四日)

(6)《为向题轩具告杨初林勒掯不买盐井事》："下的今沐**審**(审)讯。"(《南部档案》23-255-1，宣统元年十一月二十一日)②

按："**審**"则少写一撇，直接写成"米"。"**審**"是"审"的俗字，少写一撇。说明民众并不严格区分，多一笔少一笔并不影响使用和阅读，因为还有上下文可以约束。

"审"字这种俗写，《祖堂集》中也有，参张美兰《祖堂集校注》附《祖堂集俗字》。③

而部件"采"少写一点写"米"，由来已久。陈五云等《佛经音义与汉字研究》言之甚详，可以参看。④

【**盛**】

(1)《钟友琦杜卖水田文契》："邻证陈文泮、蔡宗**盛**(盛)、罗永凤、钟琳士。"(《龙泉驿文书》6-1-117，乾隆三十五年九月二十三日)⑤

(2)《为计开李清林具禀杨于藩等忿控纠殴掳去货物案内人证事》：

---

① 赵春兰：《应县木塔辽代秘藏妙法莲花经俗字研究》，上海师范大学硕士学位论文，2006，第 31 页。

② 翻阅该目录的档案，我们发现，档案目录并无严格排序，只是遵照朝代为序，各朝代内的档案并未严格按照某种顺序进行排列，这对档案的使用和研究都带来了负面的影响。

③ 张美兰：《祖堂集校注》，北京，商务印书馆，2009，第 540 页。

④ 陈五云、徐时仪、梁晓虹：《佛经音义与汉字研究》，南京，凤凰出版社，2010，第 28～29 页。其中"审"字举例为《西狭颂》"掾仇审"与 S.512《归三十六字母例》"审：升伤申深"。

⑤ 胡开全主编：《成都龙泉驿百年契约文书》，成都，巴蜀书社，2012，第 6 页。

"互、被：李春**盛**(盛)。"(《南部档案》16-966-12，[光绪三十年]三月二十日)

(3)《为李清林具禀杨于藩等忿控纠殴掳去货物事》："凭杨于庆恶要李春**盛**(盛)、清林叔侄还银。"(《南部档案》16-966-13，[光绪三十年]三月二十日)

按："**盛**"是"盛"的俗字，上下结构变成包围结构。

唐代文献已经出现这个俗字。如颜真卿《麻姑山仙坛记》："若斯之**盛**(盛)者矣。"①

"盛"字这种俗写，《祖堂集》中也有，参张美兰《祖堂集校注》附《祖堂集俗字》。②

民国时期仍然还在使用，易培基《三国志补注》："徽甚异之。《通志》接作：叹曰：此**盛**(盛)德之人五字。"③近来在云南昆明看见一汽车上书写"盛大"，"盛"字仍然这样写。各地清代文物上也多见该俗字。

【迯】

(1)徽州文书《康熙三十二年休宁朱阿金禀文》："远迯(逃)不回。"(《徽州文书》，康熙三十二年)

(2)《孙天秀同长男孙万祥等弟兄四人卖场卖死契》："东南至孙天秀并迯(逃)户地。"(《太行山文书》，康熙四十五年二月二十三日)④

(3)《为奉上谕金川逃兵案承缉官兵从宽处理事饬南部县》："竟至畏急脱迯(逃)。"(《南部档案》2-34-14，乾隆五十年二月二十三日)

(4)《永胜担承凭据蓝应芳等担承蓝止波猓衣棺费》："殊路诗叵迯(逃)匿，屡不赴案。"(《云南省博物馆藏契约文书》社土 574-6，光绪式拾捌年三月四日)⑤

(5)《为杨正奎具告杨元寿等刁拐生妻事》："拐迯(逃)蓬州。"(《南部档案》16-201-3，光绪二十九年三月一日)

(6)《为王蒲氏具告丈夫王洪模虐待侮辱事》："叙说小的方间有一迯(逃)妇。"(《南部档案》23-236-1，宣统二年二月十八日)

按："逃"字写作俗字"迯"，属于会意俗字，向外走当然就是逃跑了。

---

① 《中国十大书法家集·颜真卿》，北京，北京工艺美术出版社，2006，第 87 页。
② 张美兰：《祖堂集校注》，北京，商务印书馆，2009，第 529 页。
③ 易培基：《三国志补注》，台北，艺文印书馆，1955，第 602 页。
④ 康香阁主编：《太行山文书精萃》，北京，文物出版社，2017，第 53 页。
⑤ 吴晓亮、徐政芸主编：《云南省博物馆馆藏契约文书整理与汇编》(第五卷)，北京，人民出版社，2012，第 559 页。

声旁"兆"换作"外"，声旁"兆"本表音，改变后变成会意字，虽然丧失表音，但是便于记忆，应用较多。《康熙字典·辵部》："俗逃字。"①

张涌泉《俗字里的学问》："敦煌写本斯 328 号《伍子胥变文》：'臣即不绍于家，弃父离君迯走。'按斯 388 号《正名要录》以'迯'为'逃'的'讹俗'字。'逃'本从辵、兆声，俗书作'迯'，则成了从辵、外的会意字。"②

《改并四声篇海·辵部》引《玉篇》："迯，遁也，避也。"明代梅膺祚《字汇·辵部》："迯，俗逃字。"③明代张自烈《正字通》："迯，俗逃字。"④方孝坤《徽州文书俗字研究》收录，指出清代徽州文书有该俗字。⑤ 文献多见，如唐皮日休《何武传》："不意伏盗发于业鄼间，兵尽骇迯，武独鬭死。"⑥明徐渭《避暑豁然堂大雨》："本言迯炎苛，翻令咏奇致。"⑦

"逃"字这种俗写"迯"字，《祖堂集》中也有，参张美兰《祖堂集校注》附《祖堂集俗字》。⑧

值得注意的是，该字还是"外"字的类化俗字。读者可参阅郑贤章《〈新集藏经音义随函录〉研究》⑨。

【孝】

(1)《为设立社学选授社师事》："於生员中择其孝（学）优而行端者。（《南部档案》1-5-1，雍正三年）

(2)《为问询毕林益具告何天祥等伙卖坟地事》："据何先年、何天孝（学）同供。"（《南部档案》2-60-15，乾隆五十一年一月八日）⑩

按："孝"是"学"的俗字。因为"学"字上面部分书写繁难，民众改用简单的"文"字来代替这部分，书写变得简便易行，自然得到民众的喜爱，从而流行开来。类似的还有"觉""齐""举"等字的俗写。书写对俗字的产生和发展具有重要影响作用，甚至有时是具有决定作用。文字是用来书写的，便于书写的文字自然能够传承下来，成为民众使用的交际工具，成为汉语的书写符号。

---

① (清)张玉书等：《康熙字典》，北京，中华书局，1958，第 1255 页。
② 张涌泉：《俗字里的学问》，北京，语文出版社，2000，第 36 页。
③ (明)梅膺祚：《字汇》，明代万历四十三年(1615)刻本，《酉集》第 88 页。
④ (明)张自烈：《正字通》，清代康熙十年(1671)刻本，《酉集下》第 40 页。
⑤ 方孝坤：《徽州文书俗字研究》，北京，人民出版社，2012，第 204 页。
⑥ (唐)皮日休：《皮日休文集》，四部丛刊景明本，卷八《杂著》。
⑦ (明)徐渭：《徐文长集》，明刻本，卷四《五言古诗》。
⑧ 张美兰：《祖堂集校注》，北京，商务印书馆，2009，第 542 页。
⑨ 郑贤章：《〈新集藏经音义随函录〉研究》，长沙，湖南师范大学出版社，2007，第 396～397页。
⑩ 本件档案印章上分别注明件号为 14、15、16，让人无所适从。

宋祁《宋景公笔记》卷中："后魏北齐时，里俗作伪字最多，如巧言为辩、文子为学之比，隋有柳䛒传，又䛒之讹，以巩易巧矣。予见佛书，以言辩字多作䛒，世人不复辨诘。"①宋孙奕《履斋示儿编》卷二十一《字说·集字》："《斈林新编》云：'《前汉·地理志》上郡有龟兹。'"②张涌泉《汉语俗字研究》引作"文字为学"，并指出说："'文字为学'，'字'当作'子'，'文子为学'即'斈'字，为'学'的常见俗字。"③

敦煌文献已经出现该俗字。敦煌写本斯 588 号《求因果》诗："在生不斈分毫善，恶事专心羡。"又伯 2999 号《太子成道经》："（太子）渐渐长大，习斈人间伎艺，总乃得成。"④敦煌写本斯 388 号《正名要录》收录该俗字："学斈。"方孝坤《徽州文书俗字研究》收录，指出明清徽州文书均有该俗字。⑤

《敦煌变文校注·妙法莲华经讲经文（四）》："有二种人堪闻法：一者好乐大乘经曲（典）；二者不学外［道］邪教，如雪山童子因半偈已舍身云云。"《校注》："学，原卷作俗字'斈'，文中疑为'受'字形误。下文'二者不受外道邪教'，正作'受'字。"⑥

按："学"字费解。《校注》所疑欠妥。"学"字不误。而且，"学""受"二字形体不近。另外，当依照原卷录俗字"斈"字。《敦煌变文校注·太子成道经》："［其太子］渐渐长大，习学人间伎艺，总乃得成。"《敦煌变文校注·父母恩重经讲经文（一）》："未省修治孝顺心，空将习学无凭据。"⑦卜天寿写本《三台》："李玄附灵求学。"（第 596 页）任半塘《敦煌歌辞总编》："'学'写'斈'。"⑧"学"字原卷均作"斈"字也是类似用例。《敦煌经部文献合集·韵书字义抄（二）》："黉，斈也。"张涌泉《校记》："'斈'为'学'的俗字。斯二〇七一号《切韵笺注》胡言反：'黉，学。'"⑨《全敦煌诗·黄昏无常偈》："劝诸行道众，修学至无余。"《校记》："学，辛本作'斈'。"⑩

---

① （宋）宋祁：《宋景公笔记》，清文渊阁四库全书本，卷中。

② （宋）孙奕：《履斋示儿编》，清文渊阁四库全书本，卷二十一。

③ 张涌泉：《汉语俗字研究》，北京，商务印书馆，2010，第 3 页。所言内容又见张涌泉：《敦煌俗字研究》，上海，上海教育出版社，1996，第 17 页。中国基本古籍库不误，即作"文子为学"。

④ 张涌泉：《汉语俗字研究》，北京，商务印书馆，2010，第 174 页。

⑤ 方孝坤：《徽州文书俗字研究》，北京，人民出版社，2012，第 266 页。

⑥ 黄征、张涌泉：《敦煌变文校注》，北京，中华书局，1997，第 744、749 页。

⑦ 黄征、张涌泉：《敦煌变文校注》，北京，中华书局，1997，第 437、969 页。

⑧ 任半塘：《敦煌歌辞总编》，上海，上海古籍出版社，1987，第 598 页。

⑨ 张涌泉：《敦煌经部文献合集》，北京，中华书局，2008，第 4329 页。

⑩ 张锡厚：《全敦煌诗》，北京，作家出版社，2006，第 6741、6744 页。

《敦煌小说合集·事森》："戊子年四月十日孝郎义写书故记。"①宋孙奕《履斋示儿编》卷二二《字说》引《字谱总论讹字》："俗书字体分毫黠划讹失，后李相承，遂成即眞，今考订其讹谬，疏于后，且如蟲之虫，虫音虺字，须之湏，湏古类字。關之关，关音弁字，又扶迈反。船之舡，舡音航。商之啇，啇音的。蠶之蚕，蚕音腆。盐之鹽，鹽音古。美之羙，羙音羔。體之体，体音坋。本之夲，夲音滔。匹之疋，疋音雅，又音所。麦之夌，夌音陵。凡此非为讹失，是全不识字也。○又如顧之顾，霸之覇，乔之喬，獻之献，國之国，庙之庿，乱之敀，杀之煞，趨之趋，亏之虧，钱之戋，齐之斉，斋之齋，学之孝，台之臺，寶之宝，驱之駈，棲之栖，甕之瓮，兔之兎，迟之遟，著之着，㮚之栗，绳之縄，饭之飰，备之偹，豬之猪，鄒之邹，若之若，肅之粛，襄之襃，繼之継，斷之断，奶之妳，狝之狝，診之诊，珍之珎，参之叅，泰之㳉，之恭，醉之酔，凡此皆俗书也。"②"孝"字，《大字典·文部》："同'學(学)。'"③《大字典》解释不误，但没有文献用例。可据敦煌写卷、南部档案等文献用例加以补充。《大字典》(第二版)增补《太子成道经》与《清平山堂话本》的例证。

文献中多见"孝"字，《古今韵会举要·觉韵》："学，当作孝。欧阳氏曰：作学、孝并非。"《篇海类编·人事类·学部》："学，俗作孝。"另外《敦煌歌辞总编》卷三《三台》："李玄附灵求学。"任半塘指出原本："'学'写'孝'。"④张涌泉指出："'学'字作'孝'，乃六朝以来俗书通例。"并举以下例证：《列女传》卷一："子之废孝，若吾断斯织也。夫君子孝以立名，问则广知。"《京本通俗小说》卷一二："只得胡乱在今时州桥下开一个小小孝堂度日。"⑤《坛经·忏悔品》："孝道之人能自观，即与悟人同一例。大师今传此顿教，愿孝之人同一体。"⑥《清平山堂话本·西湖三塔记》："又有一个叔叔，出家在龙虎山孝道。"⑦清代梁同书《直语补证》："国、孑、齐、斋、孝，今市侩书之，皆起于宋，见孙奕《示儿编》云。"⑧

① 窦怀永、张涌泉：《敦煌小说合集》，杭州，浙江文艺出版社，2010，第69页。
② (宋)孙奕：《履斋示儿编》，清文渊阁四库全书本，卷二十二。
③ 《汉语大字典》第二版，成都，四川辞书出版社；武汉，崇文书局，2010，第2326页。
④ 任半塘编著：《敦煌歌辞总编》全三册，上海，上海古籍出版社，1987，第598页。
⑤ 张涌泉：《汉语俗字丛考》，北京，中华书局，2000，第386页。
⑥ 引自项楚等：《唐代白话诗派研究》，成都，巴蜀书社，2005，第385页。
⑦ (明)洪楩辑：《清平山堂话本》，明嘉靖刻本。
⑧ (清)梁同书：《频罗庵遗集》，清嘉庆二十二年陆贞一刻本，卷十四《直语补证》。

台湾也写"㸬"字。我们在一辆校车上也看到写有"㸬"字。

【帋】

(1)《熊朝佐卖田契》："立此绝卖一帋(纸)。"(《湖北天门熊氏契约文书》1-007，雍正五年十月〔十八〕日)①

(2)《为计开王荣亮诉明买张郁才霸卖秦万爵耕牛案内情形事》："计缴卖字顶字二帋(纸)呈验。"(《南部档案》2-61-2，乾隆十三年九月二十三日)

(3)《洪李氏等杜卖田地文契》："立文契一帋(纸)。"(《龙泉驿文书》6-1-019，嘉庆十年十月十二日)②

(4)《胡汪氏卖明科田文契》："立卖契一帋(纸)与族兄朝礼子孙永远为拠。"(《吉昌契约文书》wzc-84，嘉庆二十二年十二月四日)③

(5)《刘开虎出当房屋土地与龚仕友当约》："故立当约乙帋(纸)为据。"(《道真契约文书》004-D000423，道光十一年十一月十八日)④

(6)《杨胜刚、杨胜金、侄杨秀辉立分关田》："因父所余业产石契所派，各执乙帋(纸)。"(《清水江文书》7-1-1-001，同治四年十二月一日)

按："帋"是"纸"的俗字，形旁"纟"换作"巾"。赵红指出敦煌文献有这种俗字，并列举敦煌文献 P.4092(23-1)、敦研 030(2-2)、S.5594、P.3449(29-7)等的文献用例⑤。方孝坤《徽州文书俗字研究》收录，指出元明清徽州文书均有该俗字。⑥ 新中国成立后，也能够见到该俗字，如胡耀邦写给《川北日报》的一封信中就有该俗字。

宋代周密《齐东野语》卷十"绢纸"条："又魏太和间，博士张揖上《古今字诂》：其巾部辨'纸'字云：今世其字从巾。盖古之素帛，依旧长短，随事截绢，枚数重叠，即名蟠纸，故字从纟，此形声也。蔡伦以布捣剉作纸，故字从巾。是其声虽同，而纟、巾则殊也。卢仝《茶歌》有'白绢斜封三道印'之句，岂以绢书之邪？"⑦

张涌泉《俗字里的学问》："《太平御览》卷六〇五引王隐《晋书》云：

---

① 张建明主编：《湖北天门熊氏契约文书》，武汉，湖北人民出版社，2014，第4页。图版序号为8。

② 胡开全主编：《成都龙泉驿百年契约文书》，成都，巴蜀书社，2012，第22页。

③ 孙兆霞等编：《吉昌契约文书汇编》，北京，社会科学文献出版社，2010，第9页。

④ 汪文学编校：《道真契约文书汇编》，北京，中央编译出版社，2014，第8页。

⑤ 赵红：《敦煌写本汉字论考》，上海，上海古籍出版社，2012，第226页。

⑥ 方孝坤：《徽州文书俗字研究》，北京，人民出版社，2012，第218页。

⑦ (宋)周密《齐东野语》，清文渊阁四库全书本，卷十，第17~18页。"张揖"中国基本古籍库误作"张楫"，形近讹误；《古今字诂》，中国基本古籍库误作《古今字帖》，形近讹误。

'魏太和六年，博士河间张揖上《古今字诂》，其巾部：纸，今也（世）其字从巾。古之素帛，依旧（书）长短，随事截绢，枚数重沓，即名幡纸，字从系（纟），此形声也。后和帝元兴中中常侍蔡伦以故布捣剉作纸，故字从巾。是其声虽同，系（纟）、巾为殊，不得言古纸为今纸。'"①

张涌泉也指出：《初学记》卷二一引《字诂》巾部："纸，今帋。"《太平御览》卷六〇六据王隐《晋书》："魏太和六年，博士河间张揖上《古今字诂》，其巾部曰：帋，今纸也。其字从巾。"按：《干禄字书》："帋纸：上通下正。"②

又写作"**帋**"，如：

（1）《为廖维纪出卖田地给杨应廷》："立出卖契文约一**帋**（纸）为据。"（《南部档案》2-64-1，乾隆三十九年十月二十二日）③

（2）《苏邦琦等杜卖田地房屋林园阴阳基址定约》："立卖田地房屋林园等项定约一纸（纸）。"（《龙泉驿文书》6-1-055，道光二十年二月二十二日）④

按："**帋**"是"纸"的俗字，右下角增加偏旁"巾"。原有形旁"纟"变成"巾"，声旁变成"纸"，表音更准确。方孝坤《徽州文书俗字研究》收录，指出清代徽州文书有该俗字。⑤

"纸"的右半边是"氏"字，清代手写文献中也有把该字的右边写作"氏"字，也为"纸"的俗字。赵开美以北宋元祐三年（1088年）小字本《伤寒论》为底本翻刻的《伤寒论》就已经把该字右边写作"氏"字，同为"纸"的俗字。

（1）《张宗仁杜卖田地文契》："经中立杜卖田地文契一紙（纸）。"（《龙泉驿文书》6-1-022，嘉庆十二年二月十九日）⑥

（2）《为具禀经书许三升欺霸吞抗恳辞免祸事》："无论该班下班常供火食十余人以及灯油紙（纸）札每年约用钱二百余串。"（《南部档案》14-1-1，光绪二十四年六月十八日）

（3）《为新授潼川知府吴保龄等各赴新任饬南部县》："此札计粘抄

① 张涌泉：《俗字里的学问》，北京，语文出版社，2000，第31页。张文后举例：敦煌写本伯3697号《捉季布传文》："典仓牒帋而吮笔，便呈字势似崩云。"
② 例证引自张涌泉：《汉语俗字研究》，北京，商务印书馆，2010，第245页。
③ 本件档案签名使用画押。
④ 胡开全主编：《成都龙泉驿百年契约文书》，成都，巴蜀书社，2012，第150页。
⑤ 方孝坤：《徽州文书俗字研究》，北京，人民出版社，2012，第218页。
⑥ 胡开全主编：《成都龙泉驿百年契约文书》，成都，巴蜀书社，2012，第20页。

片稿一**紙**（纸）等。"（《南部档案》18-9-1，光绪三十三年六月二十三日）①

按："**紙**"是"纸"的俗字，右边底部多写一点。右边的"氏"字写成"氐"字，两字常常混淆，民众并不严格区分两字。方孝坤《徽州文书俗字研究》收录，指出清代徽州文书有该俗字。② 清代县志也见该俗字，道光《南部县志》卷二十五《杂类·余闻》："领郑州日，伶人戏以一大**紙**（纸）浓墨涂之。"③中华人民共和国成立后，也能够见到该俗字，如胡耀邦写给《川北日报》的一封信中就有该俗字。

又写作简体俗字"纸"。如：

（1）《为雍容具告冯帝金拜师学射悭吝不出谢礼忘情背义事》："或立纸约否。"（《南部档案》1-6-3，雍正十年八月二十九日）

（2）《为自愿出当土地与马彤林事》："纸厂水田一坵。"（《南部档案》4-189-2，道光二十年）

（3）《为护理总督部堂赵尔丰具奏新潼川知府吴保龄等各赴新任事饬南部县》："计粘抄片稿一纸。"（《南部档案》18-9-2，光绪三十三年八月八日）

【耺】

（1）《为申报劝办顺直赈捐案内各捐生遵缴实在银两数事》："一捐生李森荣报捐从九品耺（职）衔于蜀字第一万五千三十五号。"（《南部档案》12-4-1，光绪二十年十二月九日）

（2）《为具禀英国教士易心传等入境出境日期事呈军督宪》："卑耺（职）当即分别派拨勇役。"（《南部档案》16-453-17，光绪二十九年二月十六日）④

（3）《为通饬各属查报铁匠数目严禁私造枪炮事》："专管文武官革耺（职）。"（《南部档案》23-12-1，宣统二年）

按："耺"是"职"的俗字，少写中间的部件"音"，虽然没有表音成分，但是书写简便，便于记忆。现代汉字库已经收录该俗字，输入法中就能够打出该俗字"耺"。台湾也有类似写法。

刘复《宋元以来俗字谱》："职"，《通俗小说》《古今杂剧》作"耺"。方

---

① 本件吏房档案《清代南部县衙档案目录》记载为"光绪三十三年八月四日保宁府衙札"。档案记载是"光绪三十三年六月二十三日"。

② 方孝坤：《徽州文书俗字研究》，北京，人民出版社，2012，第218页。

③ （清）王瑞庆、李澍修；徐畅达、李咸若纂：《南部县志》，清代道光二十九年（1849）刻本，卷二十五第8页。

④ 本件档案提到的英国、日本教士到阆中、南充游历，地方政府严格按照规章，进行护送。"卑职"二字小写，只占据正常字的右半边以示谦卑。

孝坤《徽州文书俗字研究》收录，指出明清徽州文书均有该俗字。① 文献多见，如《宋本通俗小说·拗相公》："我宋以来，宰相解位，都要带个外任的耺衔，到那地方资禄养老。"张涌泉《汉语俗字研究》指出："'耺'即'职'的俗字。'职'本是从耳、戠声，俗字则把'戠'声的'音'旁略去，字形简化了。"②明周婴《卮林·解冯》："按乐师耺曰：'诏来瞽皋舞。'"③

不过，这样简化的结果，带来两个问题：一是没有表音部分，不便掌握其读音；一是容易与"取"字等相混淆，导致误写。因此这种写法最终被淘汰，人们选择"职"字来表示，形旁声旁明确，便于记忆和书写。历史上类似的简化字并不少，但是真正能够得到民众认可，并成为正字的并不多，我们想可能就是一味追求简化，忽视了书写和交际等其他因素造成的。

由此可见，文字不是简化就一定能够得到认同，还必须精心设计，便于书写和记忆，具有一定的理据，才可能成为文字改革和选择的理想符号。

【庒】

(1)《赖松泰立退河絷字》："土名坐落叶庒（庄）洋尾徐潭壹股内三小股均分。"（《石仓契约》第三辑第六册下包·邱氏，乾隆十四年五月二十一日）④

(2)《刘明奇杜卖田地文契》："将自己名下田地壹庒（庄）。"（《龙泉驿文书》6-1-011，乾隆贰拾柒年拾壹月贰拾肆日）⑤

(3)《为查勘田程氏具告王定一等霸伐串搝情形并唤案内人等赴县候讯事》："小的先祖存日把庒（庄）业一股出卖田程氏。"（《南部档案》14-70-3，光绪二十四年六月二十五日）

(4)《光绪三十四年六月廿三日知县陈海梅谕查田庄积谷董事李逢时知悉事谕》："谕查田庒（庄）积谷董事李逢时知悉。"（《龙泉司法档案选编》16288：22，光绪三十四年六月二十三日）⑥

按："庒"是"庄"的俗字，"土"字多写一点。《中华字海·广部》收录，

---

① 方孝坤：《徽州文书俗字研究》，北京，人民出版社，2012，第 277 页。
② 张涌泉：《汉语俗字研究》，北京，商务印书馆，2010，第 80 页。
③ （明）周婴：《卮林》，清文渊阁四库全书本，卷五。
④ 曹树基、潘星辉、阙龙兴编：《石仓契约》第三辑第六册，杭州，浙江大学出版社，2014，第 3 页。
⑤ 胡开全主编：《成都龙泉驿百年契约文书》，成都，巴蜀书社，2012，第 4 页。
⑥ 包伟民：《龙泉司法档案选编》第一辑《晚清时期》，北京，中华书局，2012，第 117 页。

可参阅。① 也写成"庄"。

(1)《高平县陈燕典当土地典地文字》："今将 ⿱ 到南庄(庄)园后河村张玉铭地名东坎。"(《太行山文书》，嘉庆九年十一月十六日)②

(2)《广南租约许贵等从庄主处领公众祠堂坡地》："今于庄(庄)主大老爷台前投递租约。""庄(庄)主在中辛勤干旋。"(《云南省博物馆藏契约文书》社土 663-6，道光二十七年十月)③

敦煌写卷中"庄"也写作"疘"，如王无竞《君子有所思行》："甲馆临康庄。""庄"字 S. 2717 写作"疘"。方孝坤《徽州文书俗字研究》收录，指出明代徽州文书有该俗字。④

**(二)起源于元明**

**【會】**

(1)《为咨送遣撤第五起军功乡勇到籍妥为安排事饬南部县》："准钦差大臣四川将军继勇侯德奏派本军门来绥會(会)同贵臬台办理凯撤乡勇一案。"(《南部档案》3-34-1，嘉庆十年三月四日)

(2)《为南部县城议事会议事》："南部县城议事會(会)议事规则。"(《南部档案》23-247-1，宣统三年一月二十日)

(3)《为吴树成等具告杨永钊拖欠铺房佃资蓦卖铺房事》："职员均系万寿宫會(会)首。"(《南部档案》23-251-1，宣统三年六月十八日)⑤

按："會"是"会"的俗字。

该字元明时期已经出现，《清平山堂话本》已经出现这种写法⑥。

我们在风景区题字中也看到该俗字，说明该写法代代相传，并非写手独创。这样写目的有二：一是方便书写连笔；二是简省字形，便捷有效地记录语言，有助于交际。

**【鮮】**

《为具告邓永树等套当田业霸撤借钱事》："民胞弟鮮(鲜)思龙套民出名克壮处借钱二百串。"(《南部档案》21-616-1，宣统二年二月二十九日)

① 冷玉龙等主编：《中华字海》，北京，中华书局、中国友谊出版公司，1994，第 514 页。

② 康香阁主编：《太行山文书精萃》，北京，文物出版社，2017，第 67 页。

③ 吴晓亮、徐政芸主编：《云南省博物馆馆藏契约文书整理与汇编》第六卷，北京，人民出版社，2012，第 25 页。

④ 方孝坤：《徽州文书俗字研究》，北京，人民出版社，2012，第 220 页。

⑤ 本件档案中"会"字写法不一，同时出现正字和俗字。

⑥ (明)洪楩辑：《清平山堂话本》，明嘉靖刻本。

按："鮮"是"鲜"的俗字，左下角部件改变，不写"灬"，而写"大"。明代已经出现这种写法，《中国明朝档案总汇》编号396："乃陈宗智，意惟自便，谊鮮急公宿，君命于草。"①

该俗字容易误判断为"解"字，因为"解"字俗写也是这样写。元朝李文仲《字鉴》卷三《蟹韵》："解，佳买切，《说文》判也，俗作鮮。"②

【骎】

(1)《为计开王荣亮诉明买张郁才霸卖秦万爵耕牛案内情形事》："计缴卖字顶字二纸呈骎（验）。"（《南部档案》2-61-2，乾隆十三年九月二十三日）

(2)《周天才为因仇拦殴裁奸勒搕事》："头颅、膀背、手足受伤可骎（验）。"（《冕宁档案》328-44，光绪四年五月二十七日）③

按："骎"是"验"的俗字。《康熙字典·马部》："《正字通》：俗验字。"④该字从明代已经开始使用。

《改并四声篇海·马部》引《搜真玉镜》："骎，与验义同。"明代张自烈《正字通》："骎，俗验字。"⑤文献多见，如明姚茂良《精忠记》第十六出："岳飞从幼便以'尽忠报国'四字铭刻于身上，请大人细验。"清查升《陈文朴庵招赏牡丹同人即席分赋》："丁字帘前围蝶翅，午时画里骎猫睛。"

清代县志也有使用，道光《南部县志》卷二十二《人物志·方技》："清静修炼，言休咎多骎。"⑥

【㭨】

《为会禀南部县令章仪庆实心任事治理有方恳请留署一年事饬南部县》："到任后与卑府互㭨（相）考察，证以舆论，益知该令勇于任事，办理一切，举重若轻。"（《南部档案》18-11-2，光绪三十三年十月十一日）

按：在这件吏房档案中，"相"字写作俗字"㭨"，与"于"字形体相近，敦煌文献有大量该俗字，并常常与"于"字混淆。

---

①　中国第一历史档案馆、辽宁省档案馆编：《中国明朝档案总汇》，桂林，广西师范大学出版社，2001，第53页，编号396。

②　（元）李文仲：《字鉴》，清文渊阁四库全书本，卷三《上声》。

③　李艳君：《从冕宁县档案看清代民事诉讼制度》，昆明，云南大学出版社，2009，第51页。

④　（清）张玉书等：《康熙字典》，北京，中华书局，1958，第1440页。

⑤　（明）张自烈：《正字通》，清代康熙十年（1671）刻本，《亥集上》第15页。

⑥　（清）王瑞庆、李澍修；徐畅达、李咸若纂：《南部县志》，清代道光二十九年（1849）刻本，卷二十二第2页。

## 【㒷】

（1）《彭泽久、范德兴立合同字》："彭泽久、范德**㒷**（兴）二人得买陶德才之木乙团坐落土名眼格仰同修理为业。"（《清水江文书》8-1-1-013，乾隆四十四年十二月三十日）

（2）《为具供民具告王兴贵私煮大麦酒事》："**㒷**（兴）设场市是蓝天义经理收取行用。"（《南部档案》4-68-5，道光二十年五月十八日）

（3）《杨秀辉立断卖禁山并地约》："右抵张倚**㒷**（兴）之山栽岩为界。"（《清水江文书》7-1-1-003，光绪十五年十二月二十六日）

按："**㒷**"是"兴"的俗字，上面只保留了中间的轮廓。曾良《西夏文献的汉文佛教文献札记》："Xixdi11jian4.06-5 号卷子录文'过此空时戒劫具，大梵天王最初建。'按：'戒'当是'成'字之讹；'具'字，原卷实作'**㒷**'，是'興'的俗字。'興'的这一俗写非常流行，古籍中习见。……直到明清小说仍有此写，《古本小说集成》本《五凤吟》第一回：'看了一会，诗偶**㒷**发。'《五凤吟》第九回：'夫人娘家，又在绍**㒷**府，父母已过，止一个兄弟。'《古本小说集成》本清刊本《十美图》：'今乘此余**㒷**，写一幅《张灵行乞图》，就烦先生题跋，也筭一场佳话。'这些'**㒷**'均是'興'的俗写。"①

这些俗字沿用了古代书写习惯，普遍保留古代流行的写法。使用了《干禄字书》所列俗字、通字的写法。

# 第二节　俗字演变与规范

唐兰《中国文字学》："中国文字既以形体为主，讹变是免不了的，由商周古文字到小篆，由小篆到隶书，由隶书到正书，新文字总就是旧文字的简俗字。"（第 183 页）②

许嘉璐《简化字溯源·序》中说："汉字自它出现之日起，就一直没有停止过发展演变，包括字的新生和死亡、使用范围的调整、字形及其结

---

① 曾良：《敦煌文献丛札》，杭州，浙江古籍出版社，2010，第 184 页。该文还指出佛经中《劫章颂》等均把该俗字误录作"具"字。

② 转引自张涌泉：《汉语俗字研究》，北京，商务印书馆，2010，第 14 页。

构的变化、笔画的简省和增繁，等等。"①

<h2 align="center">一、俗字演变</h2>

在看了清代手写文献俗字在今天沿用的情况后，我们再来了解清代手写文献俗字在清代的发展演变。

【淂】

（1）《包元进等立卖山契》："包边不淂（得）异言。"（《石仓契约》第三辑第四册新茶铺·阙氏，雍正七年三月廿二日）②

（2）《乾隆二十一年二月十八日陆文美等投帖契》："不淂（得）吞谋。"（《清水江文书·土地契约文书》003，乾隆二十一年二月十八日）

（3）《阙敏侯分家书》："淂（得）生三男。"（《石仓契约》第四辑第八册下茶铺·阙氏，乾隆四十年十一月二十九日）③

（4）《吴王氏等立杜断典田约》："日后捡出老典约，不淂（得）行用又照。"（《徽州文书》0018，道光九年十二月）④

按："淂"是"得"的俗字。"得""淂""淂"均是"得"字的俗字，形旁从"彳"到草写形旁"氵"，再演变为形旁"氵"。

徐时仪指出"从文字学的角度来看，慧琳音义犹如一块璞玉，保留了汉字使用的自然形态，可供考察汉字的发展演变。"并举例证加以说明，第二个例证就是"得"字，《慧琳音义》卷十一："捕得：'下当勒反。古文

---

① 张书岩、王铁昆、李青梅、安宁编著：《简化字溯源》，北京，语文出版社，1997，第1页。文字起源问题很容易误解，例如五代丘光庭《兼明书》卷一《文字元起》指出："代人多以文字始于黄帝苍颉者。明曰：非也。自生人以来，便有文字。何以知之。按：《山海经》云：凤凰首文曰德，背文曰义，翼文曰顺，膺文曰仁，腹文曰信。岂凤凰乃生于苍颉之后乎？《韩诗外传》云：自古封太山禅梁甫者百余人，仲尼观焉，不能尽识。又管仲对齐威公云：古人封太山者，七十二家，刻石记号以识十二而已，其首有无怀氏则夷吾不识者六十家，又在无怀氏前，由此而论，则文字之兴其来远矣。假令苍颉在黄帝之前，亦不始于苍颉矣。盍广而论之，故寻得其名也。"俗字实际上在甲骨文、金文中已经出现，一直到现在还在广泛流行，这中间可以说几乎没有绝迹过（只有秦始皇时期曾严令书同文并得到很好的遵守，算是例外）。俗字实际上不仅普通老百姓在使用，而且官吏、文人、书法家等具有高层文化修养的人也都在使用，根本无法用"民间""俗间"之类的狭窄范围来框定。

② 曹树基、潘星辉、阙龙兴编：《石仓契约》第三辑第四册，杭州，浙江大学出版社，2014，第3页。

③ 曹树基、潘星辉、阙龙兴编：《石仓契约》第四辑第八册，杭州，浙江大学出版社，2015，第7页。

④ 刘伯山编著：《徽州文书》第一辑2，桂林，广西师范大学出版社，2005，第21页。

正体虽从见从寸作尋，或作尅，自汉魏已来早已变体作得。卫宏、张揖、古今官书并废古而用"得"字，行已久矣，不可改易也。'"①

陈定民说："要研究文字形体的演变却也不是一件容易的事，文字的形体虽有字形体稽，而字形体全凭古籍所载，但因各时代的书籍传钞与翻刻都已失去真相，并且又很少有对其一时期文字的形体记出来。所以我们要晓得一个字究竟变化过多少次的形体，代表过多少不同的意义，也是很困难的事。其次，这种比较，并非只是简单地对比。如果只是把字形上的不同加以比较，说出其中的同异，或许还是容易的。困难的是，这些形体的来源到底是如何产生的，却不是简单对比所能说明的。必须有历史的观点，以及有充分的字形依据。此外，还必须综合各种书体之间的前后相承关系，以及考虑具体字迹之间的相互影响，找到其理据。"②

俗字在使用中不断发生字形变化，出现新的写法，有的被后世继承，有的则淘汰出局。文字的发展变化，不外乎文字内部和外部两个方面的作用，汉字受文字本身内部规律的支配，而文字作为记录语言的符号系统在社会的使用中还必然要接受外部诸因素的影响。文字的社会流通是由多种因素构成的，笔画的繁简、笔顺的便捷、同音的归并、书家的审美情趣等因素都会对文字的社会流通产生影响。

张涌泉《敦煌俗字研究》："尽管宋以后的坊间刻本俗字仍不绝于篇，但总的来说，俗字的使用已走向低谷。"③从清代手写文献来看，俗字的使用仍然频繁，并非已经走向低谷。俗字为汉字的发展和优化提供了极其丰富的选择可能，为汉字规范和改革提供了更多的选择。人们可以从众多的俗字中选择造字形象、理据充分、通俗易懂、简便易写的，加以广泛使用，并代代传承，实现文字的优胜劣汰，使文字在稳定中有所发展，在发展中有所继承，让约定俗成原则自然发挥作用，而不是简单人为频繁干预文字，造成文字使用的动荡，甚至影响到政治、经济、文化、教育等领域。俗字在文字演变中扮演重要角色，补充汉字的同时，也在破坏原有的文字平衡，推动文字向前发展。俗字自身也在不断演变，有的变成正字，有的则被淘汰，有的又衍生出新的俗字，还有的沉寂一段时间后又再次重出江湖。

---

① 徐时仪：《学海先飞：徐时仪学术论文集》，上海，上海辞书出版社，2017，第2页。
② 陈定民：《慧琳〈一切经音义〉中之异体字》，《中法大学月刊》，1933。转引自陈五云、徐时仪、梁晓虹：《佛经音义与汉字研究》，南京，凤凰出版社，2010，第31页。
③ 张涌泉：《敦煌俗字研究》，上海，上海教育出版社，1996，第15页。

张涌泉《俗字里的学问》："民间书写，务趋简易，以浅近易写为特点的俗字便很能迎合这一需要。加上书未刊刻，人们书写无定体可循，手写之体，势不能出于一致，授受既异，俗体随之滋生。"①这道出了俗字不断产生的缘由。

清代手写文献俗字在清代有所发展变化，并被后世沿用。我们首先看清代手写文献俗字在后世沿用情况。

【褡】

《为阆中差役杨贵遗失银文案事》："于二十三日到炉井沟路边上捡着褡（褡）连一条。"（《南部档案》2-62-5，乾隆五十四年八月二日）

按："褡"是"褡"的俗字。形旁"衤"换作"礻"，少写一点，不如原来的表义准确，反映民众书写并不纠缠于一点一画的细微差别。右边声旁"荅"换作"答"，其中的竹头与草头相混。写"答"，不写"荅"，反映俗写草头与竹字头不分。这与敦煌俗字一样。敦煌文献中，这两个形旁相互混淆的例证很多。欧昌俊、李海霞《六朝唐五代石刻俗字研究》说："答俗作荅。"②

该俗字又写作"搭"，左边写成"扌"，当是"礻"的形近讹误。右旁是"荅"的变形。如：

《为领取失落搭连等事》："当堂领得役失落搭（褡）连一条。"（《南部档案》2-62-7，乾隆五十四年八月二日）

【搭】

《傅维以等杜捆卖房屋基址林园竹木堰塘田地荒熟草地定约》："尽行随田搭（搭）卖。"（《龙泉驿文书》6-1-046，道光二年八月四日）③

按："搭"是"搭"的俗字，右旁写成"答"，不写"荅"，反映俗写草头与竹字头不分。俗写时，木旁往往与扌旁相混，竹头与草头相混。《汉书·郊祀志下》有"不荅（答）不飨"。④

清末民初仍然使用，例如易培基《三国志补注》："凯荅橄曰起，至惟将军察焉止一段。《通志》作凯荅问橄，责以大义，辞旨（旨）愤切，闿甚惮之。"⑤

---

①　张涌泉：《俗字里的学问》，北京，语文出版社，2000，第8页。

②　欧昌俊、李海霞：《六朝唐五代石刻俗字研究》，成都，巴蜀书社，2004，第4页。

③　胡开全主编：《成都龙泉驿百年契约文书》，成都，巴蜀书社，2012，第144页。

④　参吴钢：《唐碑字辨》，载吴钢辑、吴大敏编：《唐碑俗字录》，西安，三秦出版社，2004，第19页。

⑤　易培基：《三国志补注》，台北，艺文印书馆，1955，第666页。

【睯】

（1）《为兄弟分关事》："以明各人照界睯业。"（《南部档案》2-66-2，雍正八年九月二十四日）

（2）《为咨送遣撤第五起军功乡勇到籍妥为安排事饬南部县》："当经咨行各路睯（管）带乡勇之将俻。"（《南部档案》3-34-1，嘉庆十年三月四日）

（3）《为奏川北道整治吏治等事饬南部县》："睯（管）理不严！"（《南部档案》18-10-1，光绪三十三年八月十七日）

按："睯"是"管"的俗字。方孝坤《徽州文书俗字研究》收录，指出明清和民国时期徽州文书均有该俗字。①

清末民初仍然使用，例如易培基《三国志补注》："皆即偕之古文，偕谁犹言同谁也，《睯子》：'版法偕度量。'注：'偕，同也。'"②

【据】

"据"字俗体变化最富众多，小至一个笔画的曲折大到完全改写，可谓完全展现了清代书手们对俗体字写法的谙熟程度。

清代徽州文书"据"字有五种写法，清代南部档案有二十种写法，让人眼花缭乱。依照"据"的孳乳变化情况，我们把清代手写文献中出现的"据"的所有俗字分为十类③：

一类：根据"据"字的繁体进行改写。

【據㨿㨿㩀據㩀㨿㨿㩀】

这些"据"的各种俗字都是对原字繁体声旁内部笔画局部改动，如省笔、添笔、改旁等。

（1）《为与袁文礼侵占耕禁地凭众族人理息书立永敦和睦事》："日后永远以为存據（据）。"（《南部档案》7-539-4，同治元年九月一日）

（2）《光绪三十四年六月廿三日知县陈海梅谕查田庄积谷董事李逢时知悉事谕》："现據（据）该董禀称。"（《龙泉司法档案选编》16288：22，光绪三十四年六月二十三日）④

---

① 方孝坤：《徽州文书俗字研究》，北京，人民出版社，2012，第 255 页。
② 易培基：《三国志补注》，台北，艺文印书馆，1955，第 632 页。
③ 由于清代手写文献跨历整个清朝，卷帙众多，我们只能根据皇帝朝代，在各朝代采用抽样调查的方法，采集"据"的俗体，其中可能有疏漏。该字论述及文献用例详参刘丰年、杨小平《"據"字俗体演变考》，《乐山师范学院学报》2013 年第 1 期。
④ 包伟民：《龙泉司法档案选编》第一辑《晚清时期》，北京，中华书局，2012，第 117 页。

【据据据据据据据】

这些"据"字是因为草写的缘故或者一些笔画连写而造成的俗字。在《宋元以来俗字谱》中,"据"的这一类俗字变化情况较少,只有两种:据据。可以看出随着时代的发展,"据"的俗字在不断增多。《宋元以来俗字谱》虽然采集了十二种不同的书籍,但是每一本书都是出自一人之手;清代手写文献的文书出自众手,文书的作者上自朝廷命官,下至普通百姓,所以更能表现出文字的众多俗体,在俗字研究方面完全可与敦煌文献等其他写本文献相媲美。

二类:"据"换音同的声旁(一)。

【据据据据据据】

(1)《陈尧徵杜出卖田地文契》:"今恐人心不古,立卖契约付与陈祖浩子孙永远存照据(据)。"(《龙泉驿文书》6-1-010,乾隆拾玖年七月十八日)①

(2)《阙云开分家书》:"各执壹本为据(据)。"(《石仓契约》第四辑第八册下茶铺·阙氏,道光二十五年二月八日)②

(3)《紫阳司法档案》:"候(候)唤(唤)究,清单(单)各据(据)随堂呈验。"(《紫阳档案》,同治四年三月二十三日)

(4)《宣统二年八月廿二日郭梦贞等为控叶大炎等前抢未惩叠肆纠抢事呈状》:"现据(据)两造互禀。"(《龙泉档案》2800:4-5,宣统二年八月廿二日)③

"据"为"据"的俗字。《宋元以来俗字谱·手部》引《古今杂剧》《太平乐府》《东牖记》据并作据。《佛教难字字典·手部》《中华字海·手部》亦见引,唯后书云:"见《敦煌俗字谱》"④,可知"据"是"据"的俗字。

"据"改换声旁的这种写法并不是清代才出现的,汉唐已经出现,《汉语大字典》收录"据"的这种俗体。《汉语大字典》:"'据'同'据'。《宋元以来俗字谱》:'据,《古今杂剧》《太平乐府》《东牖记》等作据。'《博陵太

---

① 胡开全主编:《成都龙泉驿百年契约文书》,成都,巴蜀书社,2012,第2页。
② 曹树基、潘星辉、阙龙兴编:《石仓契约》第四辑第八册,杭州,浙江大学出版社,2015,第26页。
③ 包伟民:《龙泉司法档案选编》第一辑《晚清时期》,北京,中华书局,2012,第329页。
④ 冷玉龙等主编:《中华字海》,北京,中华书局、中国友谊出版公司,1994,第358页。

守孔彪碑》：'上帝悲谴，天秩未究，将**擐**师辅之纪□纲，□疾弥流，乃
碩乃□。'"①《孔彪碑》"据"的这种俗字是有史可考的最早出处了。《孔彪
碑》据考证立于东汉灵帝建宁四年，碑文是隶书体，是汉隶成熟、完善的
代表作。其后在《敦煌俗字典》中"**擐**"的变体有五种：**擐**、**擐**、**擐**、**擐**、
**擐**。黄征说："敦煌俗字的年代，由于材料来源的比较确定，所以也就
不难确定。莫高窟所出土的敦煌文献，根据其实际书写时代来说，早的
有西晋的，较早而量大的则是北魏时期的。最多要算唐代和五代时期的
了……最晚的是北宋初年（咸平五年）或稍后不久。"②所以我们至少可以
判断敦煌文献中关于"据"的俗体至少也是代表了自汉代至北宋初年的发
展情况。《唐碑俗字录》中亦有收录"**擐**"。刘复《宋元以来俗字谱》把"擖"
作为"据"另一个俗体系统，见于《古今杂剧》《太平乐府》《东臆记》中。这
样"据"的这种俗体，整个的历史脉络就很清楚了。清代手写文献出现的
俗体形式更为多样，还出现了完全简化的草书俗体，即"**扻**"。由此我们
可以推断，"据"的这些俗体在清代手写文献中都有出现，证明敦煌文献
的"据"的这类写法在民间是传承下来了，而且还发展出了新的形式。

三类："据"换音同的声旁（一），又换形旁为"氵"。

【**濲**】

《姜兰生断卖山场杉木约》："立此断字为**濲**（据）。"（《清水江文书》1-
1-1-001，嘉庆四年七月十九日）

按："**濲**"字未见辞书收录，这种写法当是受到"**擐**"字类化的影响。
四类："据"换音同的声旁（二）。

【**擐擐擐擐擐**】

（1）《为雍容具告冯帝金拜师学射悭吝不出谢礼忘情背义事》："可有
甚凭**擐**（据），或立纸约否。"（《南部档案》1-6-3，雍正十年八月二十九日）

（2）《为雍容具告冯帝金拜师学射悭吝不出谢礼忘情背义事》："**擐**
（据）实呈详以凭。"（《南部档案》1-6-1，雍正十年十二月）

（3）《陈仁珑等写掉田莱地合同文约》："永远存**擐**（据）。"（《龙泉驿文
书》6-1-107，嘉庆十二年十一月二日）③

---

①　《汉语大字典》第二版，成都，四川辞书出版社；武汉，崇文书局，2010，第2059页。
②　黄征：《敦煌俗字典》，上海，上海教育出版社，2005，第23页。
③　胡开全主编：《成都龙泉驿百年契约文书》，成都，巴蜀书社，2012，第416页。

（4）《为具供民具告王兴贵私煮大麦酒事》："**㨿**（据）王辅元、张元发全供。"（《南部档案》4-68-5，道光二十年五月十八日）

（5）《江社贵立扒单》："立此扒单为**㨿**（据）。"（《徽州文书》0025，道光二十二年十二月）①

（6）《为具禀莫如德品行有亏不宜从教另推举孙若兰从教事》："现**㨿**（据）斋长李升寅等具禀。"（《南部档案》6-562-1，同治十三年三月二十七日）

按："据"字写作俗字"**㨿**"，右下角部件改变，不写"豖"，而写"处"。《汉语大字典》"摅"条："同'据'。《越绝书·外传记吴士占梦》：'饥饿足行乏粮，视瞻不明摅地，饮水持笼稻而湌之。'《中常侍樊安碑》：'侍中尚书，摅州典郡，不可胜载。'明张益《居密先生行实》：'元季张士诚摅苏。'"②我们查阅了《说文解字》《玉篇》《类篇》《龙龛手镜》《正字通》《经籍籑诂》，它们均未收录"摅"。谷衍奎主编的《汉字源流字典》："据，从手豦声；摅，从手处声"。对于"据"和"摅"到底是异体字的关系还是正俗字的关系，《汉语大字典》和《汉字源流字典》都没有明确说明，历代字书中有没有记载，是有意避之，还是没有文献证明，我们只能暂付阙如。

《汉夏承碑》中有与"摅"相近的字，字形稍有变化，声旁"处"的头没有"丿"。《汉夏承碑》中刻字也是隶书体，学者考证为汉灵帝建宁年间所刻。汉代是汉字隶变的重要时期，文字由小篆转为隶书时，同一个字可能会产生多种隶书俗字，"自改篆行隶，渐失本真"③。"摅"和"摅"同时出现在汉碑中，很有可能就是"据"的篆书在转向隶书时出现的两种俗体。

《敦煌俗字典》和《宋元以来俗字谱》均未收录"摅"及其变异的俗字形式。清代手写文献中出现与"摅"相关的三种变异形式可以有两种推断：一是"据"和"摅"是异体字的关系，那么在使用中，是可以互相替代的，这一类的俗字应该单独讨论，作为"摅"本字的俗体；二是"摅"和"据"的俗字，那么"摅"可能就是汉碑中俗字后代的演变形式。我们倾向于第二种推断。

我们在清水江文书中还看到这类俗字的变体。如：

《姜官桥断卖山场契》："立此断约为**㨿**（据）。"（《清水江文书》1-1-2-017，嘉庆十六年三月十四日）

---

① 刘伯山编著：《徽州文书》第一辑 2，桂林，广西师范大学出版社，2005，第 28 页。

② 《汉语大字典》第二版，成都，四川辞书出版社；武汉，崇文书局，2010，第 2060 页。

③ （唐）颜元孙：《干禄字书》，北京，中华书局，1985，第 4 页。

按："塂"字明显是"攄"的变形，将形旁"扌"变成"土"。

五类：声旁中省略"不重要"的部份（这一类是上一种俗字"攄"的进一步简化形式）；

这一类可再划分为两个小类：一是对于"攄"字中的"处"作进一步简化处理："处"，即：塂；第二类是完全省去"处"的上面部分，只留下形旁和表声的"处"：𢲵𢲵𢲵。

（1）《为雍容具告冯帝金拜师学射悭吝不出谢礼忘情背义事》："𢲵（据）实呈详以凭。"（《南部档案》1-6-1，雍正十年十二月）

（2）《为具供民具告王兴贵私煮大麦酒事》："𢲵（据）任松寿供。"（《南部档案》4-68-5，道光二十年五月十八日）

（3）《石维机借银约》："恐口无凭，立此为𢲵（据）。"（《吉昌契约文书》tma-26，同治九年二月六日）①

按："𢲵"是"据"的俗字，比"攄"少写，只写右下方的"处"字，但又多写一点。《广碑别字》：《魏西河王元悰墓志》作"扔"。《中文大辞典》：据之俗字。《宋元以来俗字谱》：据，《古今杂剧》《三国志平话》《太平乐府》《岭南逸事》作"扔"。

（1）《骆南方向邹福麟借粮借字》："借字为扔（据）。"（《道真契约文书》015-D003153，道光二十一年十月二十日）②

（2）《戴亨荣亲收文约》："收清为扔（据）。"（《龙泉驿文书》6-1-148，光绪十六年六月二日）③

《宋元以来俗字谱》中把"塂"归并为"攄"类俗体系统，恐不妥。因为该字谱并未收录"攄"相关的俗字，"处"与"攄"下面的部分，相差甚远，而且不属于同一类型的俗字演变系统，可能就对"塂"到底属于哪个俗字类别判断失当了。

六类：局部采用简化形式（这一类是五类的简化形式）。

【𢱩𢱩】

这一种俗字形式在清代手写文献中相较于上述五种来说，相当于在局部进行简化。

（1）《谭问月卖田契》："立此永卖文约一昡为𢱩（据）。"（《湖北天门熊

---

①　孙兆霞等编：《吉昌契约文书汇编》，北京，社会科学文献出版社，2010，第411页。
②　汪文学编校：《道真契约文书汇编》，北京，中央编译出版社，2014，第23页。
③　胡开全主编：《成都龙泉驿百年契约文书》，成都，巴蜀书社，2012，第315页。

氏契约文书》附-019，道光二十二年四月四日)①

(2)《金玉春等立再定兴山承议约》："立此定议约存拠(据)。"(《徽州文书》1224，咸丰四年六月廿六日)②

(3)《为京师专设矿务铁路总局统辖开矿筑路事宜事饬南部县衙》："拠(据)以有自为谋。"(《南部档案》14-46-1，光绪二十四年九月二十四日)

(4)《为禀明设法筹钱创办学堂事呈督学藩道府》："拠(据)署巴县知县张铎具详请。"(《南部档案》15-919-3，光绪二十八年四月十三日)

(5)《王联富立字遗嘱分关合同文据》："永远收执发达存拠(据)。"(《龙泉驿文书》6-1-156，光绪二十九年八月六日)③

(6)《为密札查拿打教匪徒余化龙等以安民教事饬南部县》："拠(据)川东张道于四月十九日电称，初四日拠(据)巴县唐令禀初一盘获王春山，搜获余化龙名片。"(《南部档案》17-816-2，光绪三十二年五月十一日)

按：该俗写见于《宋元以来俗字谱》，《中华字海》收录④，并不是清代才出现的俗体形式。

七类：保留声旁部分部件。

七类是在六类基础上只保留了声旁，去掉形旁而产生的。在清代手写文献中，这种俗字主要出现在民间人士书写的文约中，即"据"作为"证明、凭证"的意思时，与"处"字的字形一样，如：

(1)《杨明道等立除阴地字》："立除字为处(据)。"(《清水江文书》11-1-1-002，嘉庆十四年九月八日)

(2)《林邦宇立断□茶山约》："立除字为處(据)。"(《清水江文书》11-1-1-019，同治九年六月十九日)

按："处"并不是处理的意思，而是"据"字俗字"拠"的简化。

八类：换音同的声旁。

【抳】

八类在清代手写文献中，主要出现在民间人士书写的文约中，即"据"作为"证明、凭证"的意思时，出现的一种俗字"抳"，如：

《为收到宋长洪名下佃盐井佃价事》："今恐人心不古，故特立收清佃

---

① 张建明主编：《湖北天门熊氏契约文书》，武汉，湖北人民出版社，2014，第862页。图版序号为96。

② 刘伯山编著：《徽州文书》第一辑9，桂林，广西师范大学出版社，2005，第19页。

③ 胡开全主编：《成都龙泉驿百年契约文书》，成都，巴蜀书社，2012，第369页。

④ 冷玉龙等主编：《中华字海》，北京，中华书局、中国友谊出版公司，1994，第334页，写作"拠"。

钱文约一纸为𥆧（据）。"（《南部档案》17-943-6，光绪三十二年七月二十五日）

按：这种俗字恐是后人自己临时新造的形声字，用以代替"据"用法。

九类：完全音同替代。

【𢫦】

这一种完全采用音同的另一个字来代替"据"。也是出现在民间人士书写的文约中，如：

《为借到宋富祥名下文银事》："恐口无凭，立借约一纸为𢫦（据）。"（《南部档案》12-9-7，光绪十五年一月二十三日）

按：张涌泉《汉语俗字研究》称这种情况为"音近更代"。

十类：简体俗字。

与今天简化字完全一样。如《淡新档案》14312＿000查缉新竹私脑出现的"据"字。

同一个字的俗字书写形式在同一个时代往往会出现一种呈系统式的类推变化情况。"据"二类和三类的俗字以"处"和"虞"为声旁的相关变异形式，对应其本字也有相应的连锁变化。在清代手写文献中，"处"的书写形式也是多样，而表现为一系列俗字形式：𧆧𧆣𧆦𧆥𢱢𢲡処处处，如：

《盐池县永聚长皮毛店邵喜连信件》："来𠆢（信？）邮安边转盐池沙坑子卦号处（处）。"（《太行山文书》，光绪三十一年二月二十四日）①

这种俗写形式在二类"据"俗字中都有对应的体现。

同样的，"虞"类相关的俗字形式有：𧇾𧇽𧇼虏虞。不难看出在三类"据"俗字中同样有对应的体现。

这种呈系统化的类推变化，可以看出一个时代文字的俗写形式往往也是具有一定规律的。这表明认为俗字是书手任意为之、毫无规律的说法是站不住脚的。黄征就特别反感"书手之任意性无限大"的"讹火"说法，他指出："书手虽有种种任意性，但是绝非'无限大'，也根本谈不上危言耸听的'讹火'。因为这些书手抄写出来的东西是要给读者看到的。总得达到让人看懂的要求也就不能不按照'约定俗成'的原则去抄写。"②"约定俗成"可能就是某个时期内，同一字的俗写形式具有类推演化的规律。

---

①　康香阁主编：《太行山文书精萃》，北京，文物出版社，2017，第9页。

②　黄征：《敦煌俗字典》，上海，上海教育出版社，2005，《前言》第18页。

　　《宋元以来俗字谱》中把"据"的俗字系统分为三类，而在清代手写文献中"据"的俗字系统竟然可以达到八类之多，由此可以看出清代手写文献拓展了我们俗字研究的视野。在清代手写文献中的同一件文书中，经常会出现"据"字多种俗字并用的情况，可以看出当时俗字使用的复杂情况。

　　根据我们目前搜集的清代手写文献俗字情况，下列清代历朝俗字一览（简表，详表见附录）：

| 正字 | 俗字 | | | | | | | | | |
|---|---|---|---|---|---|---|---|---|---|---|
| | 顺治 | 康熙 | 雍正 | 乾隆 | 嘉庆 | 道光 | 咸丰 | 同治 | 光绪 | 宣统 |
| 霸 | | | | | | 霸霸 | 霸 | | 霸 | 霸 | 霸 |
| 办 | | | | | | 办办 | | | 办 | 辦 |
| 边 | 边 | 边边 | 邉 | 边边 | 邉 | 邉邉 | | | 边邉 | 邉边 |
| 拨 | | | 撥撥 | | | 撥撥撥 | | | 撥 | 撥 |
| 参 | | | 叅叅 | 叁 | | 叅叅 | | | 叅 | |
| 饬 | | | 飭飭 | 飭 | | 飭飭 | | 飭 | 飭飭 | 飭 |
| 处 | | | 處 | 處 | | 處處處 | 處 | 處 | 处處 | 处 |
| 断 | | | 断 | 断 | 断 | 断断 | 断 | 断断 | 断断 | 断断断断 |
| 恶 | | | 惡惡 | | 惡 | 惡惡 | | | 惡 | 惡 |
| 恩 | | | 恩恩 | 恩 | 恩 | 恩恩恩 | 恩恩 | | 恩 | 恩 |
| 儿 | | 见儿 | | 儿 | | | | | 兀 | 儿 |
| 耳 | | 耳 | 耳 | | | | | | | |
| 归 | | | 歸歸歸歸 | | | 归歸歸歸歸 | | | 歸歸 | 歸歸 |
| 国 | | | 国 | 国 | 国 | 国 | 国 | 国 | 国 | 国 |
| 毁 | | | | | | 燬燬燬燬燬 | | | 毁燬燬燬 | 燬 |

| 正字 | 俗字 | | | | | | | | | |
|---|---|---|---|---|---|---|---|---|---|---|
| | 顺治 | 康熙 | 雍正 | 乾隆 | 嘉庆 | 道光 | 咸丰 | 同治 | 光绪 | 宣统 |
| 据 | | | 據據挑攄挑挑 | 挑挑攄 | 攄 | 挑攄攄攄攄 | 攄 | 挑攄 | 攄挑 | 挑 |
| 两 | | 两 | 两両 | 两 | 两 | 両両丑丣 | | 両两 | 両两両两 | 両両丙 |
| 捏 | | | 揑揑 | 揑 | 揑揑揑 | 揑 | | | 揑 | 揑揑揑 |
| 凭 | 慿慿 | 凭凭凭凭 | 凭凭凭凭凭 | 慿凭 | 凭 | 慿慿凭凭凭 | 凭 | 凭 | 凭 | 凴 |
| 钱 | | | 錢 | 永 | | 挆分錢 | 钱 | | 錢錢 | 錢 |
| 审 | | | 審 | 畨審 | | 審審審 | 審 | | 審 | 審審 |
| 岁 | | | 歳歳歳歳 | 歳歳 | 崴 | 告岁歳歳 | | | 歳歳歳 | 歳 |
| 写 | 寫 | 寫 | 寫 | 寫寫寫寫寫 | 寫 | 寫寫 | | 寫寫 | 寫寫寫 | |
| 虚 | | | 虚虚 | 虚虚 | | 虚虚 | | | 虚 | |
| 与 | | 與 | 與與与 | 与與 | 与 | 與與与與与與與 | 與 | 與 | 与共与 | |
| 纸 | 紙 | 紙紙纸 | 紙綃 | 綃 | 紙 | | | 紙祇 | 紙紙 | |
| 总 | | | 總總 | | 總 | 總總總總 | | 總 | 總總 据 | |

从这个一览表可以看出，清代手写文献俗字有很强的传承性，但也追求变异。

## 二、新创俗字

新创俗字是与以前写法不同由写手自创的俗字。清代手写文献俗字中有的属于清代新创。判断新创俗字难度十分大，一不小心，就可能误判。如：

【纏】

《为具供民具告王兴贵私煮大麦酒事》："这王甫元们纏（纏）赴案具告的。"（《南部档案》4-68-5，道光二十年五月十八日）

按："纏"是"纏"的俗字。右下的"〃"是重复符号，表示写法同上。两个相同偏旁采用上下结构重叠时，下一个偏旁往往可以用两点来表示。实际上，该字明代已经出现，并非清代新创俗字。方孝坤《徽州文书俗字研究》收录，指出明代徽州文书有该俗字。[1] 因此，我们所言新创俗字，仅仅只能就我们发现的文献资料而言，并不能够绝对判断该字在清代以前没有。说有不易，说无更难。

【贰】

(1)《姜开绪断卖杉木约》："裁手占贰（贰）股。"（《清水江文书》1-1-1-059，同治三年十二月十八日）

(2)《为设立尸棺掩骼局事饬南部县》："每年约可收集佃租钱壹百肆十贰（贰）千文。"（《南部档案》14-82-1，光绪二十四年十二月十九日）[2]

按："贰"是"贰"的俗字。

人民币曾经写成"贰"，据说一位小学生根据《新华字典》发现不符合规范，人民币还进行修改。根据南部档案，该写法古代早已经有，人民币不过沿用而已，但不为人熟悉。

某报有《趣说大写的汉字数目字》一文，其最后一段这样写道："回头再说'贰'，有一咄咄怪事，凡人民币中，出现的二分、二角、二元，均写作'贰'，把两横挪到上边，早有人指出这是一种错写。……"[3]

纸币中有1953年版的贰分币和1962年版的贰角币如"趣说"所言，其他的就不是了，不在"凡"字含义之内。再看硬币，从1956年至1990年，所有的贰分币，值面上都是添加一短横的"贰"字。

我国第1、2、3套人民币上出现的那种把两个横写在"戈"上面的"贰"的写法，也并非错字。"贰"的写法在繁体字和各类书法中有很多种，

---

① 方孝坤：《徽州文书俗字研究》，北京，人民出版社，2012，第289页。
② 本件档案《清代南部县衙档案目录》（第1554页）误录为"光绪十四年"，漏写"二"字。
③ 姜维群：《趣说大写的汉字数目字》，《意林文汇》2014年9期。

这种写法就是其中一种。古已有之，并非写错了。所以早期人民币上常有这种写法。直到 20 世纪 80 年代国家发布标准简化字方案，才把"贰"的写法统一到现在的样子。所以从 1980 年的第四套人民币开始，才把"贰"的写法统一到现在的样子。在此之前制版、印刷、发行的各种货币，均不算错版，中国人民银行也从未专门回收。

【泒】

《为申送光绪二十二年五月份派赴阆中总局投领公文专差姓名事呈保宁府》："五日泒（派）差一次。"（《南部档案》13-14-1，光绪二十二年五月三十日）

按："泒"是"派"的俗字。《汉语大词典》（第五卷，1087 页）有收，解释为："派"的讹字。派遣，清王逋《蚓庵琐语》："日给兵饷，悉泒本坊乡绅巨族质库。"①《蚓庵琐语》和《清代南部县衙档案》都来自于清代，因此可以说"派"的俗体"泒"至少在清代已经出现了。清代胡鸣玉《订讹杂录》："派，水之衷流也。俗作泒，非。泒，音孤，水名。"

又写作"泒"，少写"瓜"字下面一点，是"泒"的演变，如：

（1）《杨胜刚、杨胜金、侄杨秀辉立分关田》："因父所余业产石契所泒（派），各执乙纸。"（《清水江文书》7-1-1-001，同治四年十二月一日）

（2）《为接护照料英国女教士古兰英游历事致南部县》："除抄护照并泒（派）差护送。"（《南部档案》16-453-10，光绪二十九年一月二十日）②

（3）《为接护照料英国女教士古兰英游历事致阆中县》："除泒（派）差护送外，拟合缮文移送。"（《南部档案》16-453-12，光绪二十九年二月二十三日）

（4）《王联富立字遗嘱分关合同文据》："尔弟兄私人平泒（派）瓜分所有。"（《龙泉驿文书》6-1-156，光绪二十九年八月六日）③

（5）《为胆敢擅入门房探问案件答责革退事》："各班公泒（派）小的看守宅门。"（《南部档案》23-8-2，宣统元年九月十八日）

按："派"字写作俗字"泒"。《敦煌俗字典》《宋元以来俗字谱》《汉语

① 罗竹风：《汉语大词典》，上海，汉语大词典出版社，1986—1993，第 5 卷 1087 页。
② 本件档案最后一句中的"送"字小写，写在"移"字下与"英"字右上，明显是写者漏写后补写，没有使用添加符号，直接小写补写。其余的档案可以证明漏写"送"字。另外，著录时，档案上红色和蓝色印章著录的目录号、卷号都一样，但有两个不同的件号，一个是 19 号，一个是 10 号。经过核对，10 号正确。因为 19 号《清代南部县衙档案目录》（第 2081 页）录为"易心传"，但正文中却是"古兰英"，二者不是一个人，而是两个人。根据目录著录，件号当是 10 号，方才与正文一致。
③ 胡开全主编：《成都龙泉驿百年契约文书》，成都，巴蜀书社，2012，第 369 页。

大字典》都没有收。

"泒"字在《汉语大字典》（第五卷，975 页）和《汉语大词典》（1680 页）中都有收录，"泒"作为"派"的俗体出现的比"派"早，据《汉语大词典》收入的例证，最早出现于南朝，如《文选·郭璞〈江赋〉》："源二分于崌崃，流九泒乎浔阳。"①而且这个俗体在唐朝时都还在使用，如孟郊《越中山水》："莫穷合沓步，孰尽泒别遊。"②这个俗体只是比"派"少了一点，字形很是相似。《龙龛手镜》，高丽本载智光序："俗姓于氏，泒（派）演青斋，云飞燕晋，善于音韵，闲于字书。"③"泒"是"派"的俗字。

"泒"是"派"的俗字。该俗字的右边写法接近"瓜"字，少写一点。清代手写文献中该俗字右边也有写成"瓜"字。张涌泉《汉语俗字研究》："'泒'字写卷本作'泒'。俗书'爪''瓜'不分，故'泒'即'泒'的俗写。按《说文》，'泒'为古水名；而据《干禄字书》，'泒'又为'派'的俗字。清胡鸣玉《订讹杂录》卷十亦云：'派，水之衺流也。俗作泒，非。泒，音孤，水名。'"④敦煌文献出现该俗字，如《敦煌变文集》卷五《维摩诘经讲经文》："庵园演唱，法会开宣，似须弥迴耸于千峯，似巨海淹流于万泒。"⑤方孝坤《徽州文书俗字研究》收录"泒"字，指出明清时期徽州文书均有该俗字。⑥

又写成"泒"，将右边形旁的"瓜"字写成了"爪"字，如：

《张宗仁杜卖田地文契》："原系通流泒（派）水之沟。"（《龙泉驿文书》6-1-022，嘉庆十二年二月十九日）⑦

又写作"泒"，少写一撇，是"派"字书写的演变，是民众简化复杂的"派"字的尝试，如：

《为咨送遣撤第五起军功乡勇到籍妥为安排事饬南部县》："准钦差大臣四川将军继勇侯德奏泒（派）本军门来绥会同贵臬台办理凯撤乡勇一案。"（《南部档案》3-34-1，嘉庆十年三月四日）

【爲】

《为差唤雷朝具告雷普越分图葬案内证赴县候讯事》："爲（为）此票仰

① （南朝梁）萧统：《文选》，胡刻本，卷十二。
② （宋）孔延之编：《会稽掇英总集》，清文渊阁四库全书补配清文津阁四库全书本，卷七。
③ （辽）释行均：《龙龛手镜》，高丽本，北京，中华书局，1985，第 3 页。
④ 张涌泉：《汉语俗字研究》，北京，商务印书馆，2010，第 218 页。
⑤ 本例引自张涌泉：《汉语俗字研究》，北京，商务印书馆，2010，第 218 页。
⑥ 方孝坤：《徽州文书俗字研究》，北京，人民出版社，2012，第 205 页。
⑦ 胡开全主编：《成都龙泉驿百年契约文书》，成都，巴蜀书社，2012，第 20 页。

本役前往。"(《南部档案》2-66-5，乾隆四十六年九月二十八日)

按："寫"是"为"的俗字，据我们目前的调查和检索，清代以前未见该俗字。

## 【竹】

《为韩尚玩具告韩仕炜等纠众砍伐毁霸事》："陆续砍伐树竹（竹）。"(《南部档案》14-71-8，光绪二十四年八月二十五日)

按："竹"是"竹"的俗字，属于新创俗字。该俗字左边写成"亻"，而不是"个"。清代手写文献中多见该俗字，例如《为韩尚玩具告韩仕炜等纠众砍伐毁霸事》："妄称霸砍树竹（竹），不依。"(《南部档案》14-71-8，光绪二十四年八月二十五日)又写"竹"，也是"竹"的俗字，似多加一点。例如《为计开李严氏具告李朝彦等乘搪毁伐案内人等候讯事》："并伐慈竹（竹）数百根以及树株柴薪殆尽。"(《南部档案》14-75-6，光绪二十四年十一月十七日)

## 三、俗字规范

事实上清代手写文献俗字确实是沿用历史上民间创造的俗字，是在非正式手写中存在，在正式印刷存在相对较少。俗字只是为暂时便利所写，只宜作为非正式的手写体，并不适合作为正式文字。俗字书写众多，不利于掌握，如"归"，清代徽州文书中就有八种之多，前面提到的"据"字写法更多，不利于掌握，也不利于交际，势必需要规范。

汉字使用者按照原有习惯或规范书写汉字，但也会突破原有习惯或规范，创造新字或者新字形，根据约定俗成的规律被社会上大多数人选择、接受，然后被搜集、归纳、推广。其中，崇古情结和书法的影响不可忽视。

俗字规范的目的是优化汉字，为交际和书写提供更好的服务。王宁指出汉字优化的五个标准有：有利于形成和保持严密的文字系统，尽量保持和维护汉字的表意示源功能，最大限度地减少笔画，字符之间有足够的区别度，尽可能顾及字符的社会流通程度。①

俗字规范包括教学规范、字书规范和国家政策规范等。

### (一)教学规范

教学规范是俗字规范最重要的，也是最有效的，实践中，教学规范

---

① 王宁：《汉字的优化与繁简字》，载史定国：《简化字研究》，北京，商务印书馆，2004。

俗字影响也最大。尤其是启蒙阶段的教学，对人使用俗字的影响最为巨大。人书写俗字的习惯就首先受到启蒙教学的影响。教学用正字，不用或者少用俗字，学生自然就会常写正字，不写俗字。《清史稿·梁履绳传》："履绳，字处素。乾隆五十三年举人。……通《说文》，下笔鲜俗字。"①梁履绳从小接受《说文》《左传》等正规教学，下笔很少写俗字。学者在此方面颇为用力，如钱大昭《说文统释》六十卷，条例十个，十例中之五即："辨俗以正讹字，凡经典相承俗字，及徐氏新补、新附字，皆辨证详明，别为一卷附后。"②

不过，教学规范不仅仅是学校教学，还包括学生在生活中受到的俗字教学。他们在生活中看到的文字，会自然而然地将其看作正字，而不是俗字。

### （二）字书规范

字书对规范的影响也不容忽视，如《广韵》云："惠，鲜俗字。"清代尤其明显。清代编写了前无古人后有来者的《康熙字典》，为后世规范文字树立了典范。

《康熙字典》收字 47035 字，作为国家官方字典，在古代首屈一指，为清代俗字规范作出了巨大贡献，产生了巨大作用。孙雍长、李建国指出："这部字典虽是在《字汇》和《正字通》的基础上编修成书的，却是清政府管理和规范语言文字的一项大成果。"又说：

《康熙字典》正式提出"字典"概念，指出"字典"记录语言文字应有"善兼美具"、合乎"典常而不易"的规格，具有语言文字的示范性质。同时，它揭示了"字典"的社会功能是"昭同文之治"，即为文字规范化服务：一方面它汇释文字，使官府吏民"备知文字之源流"，而"有所遵守"，从而增强人们的规范意识，提高正确理解和使用文字的能力；另一方面它作为文字的范本，具有"垂示永久"的价值。③

直到今天，该字典还在使用，为俗字规范出力。现在《新华字典》《现代汉语词典》在规范用字的巨大作用也是其他规范难以比拟的。

不过，我们也要看到，《康熙字典》在俗字规范的作用是有限的，不如教学规范力量巨大。

### （三）国家政策规范

国家政策规范带有行政命令，对民众有一定约束力，尤其是对刻本，

---

① 赵尔巽等：《清史稿》，北京，中华书局，1977，第 13205 页。
② 赵尔巽等：《清史稿》，列传二百六十八，民国十七年清史馆本。
③ 参见孙雍长、李建国：《宋元明清时期的汉字规范》，《学术研究》2006 年第 4 期。

对官方文字，作用明显。

但是国家政策规范对手写文献及其俗字的规范就要小得多。

在清代，行政力量难以管到经济社会活动的，私塾先生教授正字、科举考试写正字可以说是掌握政权的士大夫们的习惯和规则。但在一般的生产生活中，没有像语委这样的机构到处检查用字规范（事实上他们也无法查每个人私底下的用字情况）。连政权机构都只设在县，村镇一级没有衙门，怎么监督民众的用字呢？民间使用俗字，但考试不认可这些俗字，认为它们只能解一时之需，不能当作正规汉字来写。

从清代手写文献俗字的书写情况可以看出，即使有国家的规范，民间的许多人也并不会严格遵守，还是按照个人习惯，写自己认为正确的文字，只保留大体一致，笔画往往有所差异，不尽相同。至于个人的信札、牌匾、条幅、字据等，更不会按规范标准写。

郑贤章等认为："一般来说，刻本文献出现的俗字要比写本少。刻本、铅印在文字上起到了一定的规范作用，减少了用字的随意性。不过，刻本的汉文佛典中的俗字却甚多。刻本中的俗别字大致来源以下情况：有的是刻书人保留了原来写本中的俗字的字样；有的是刻书人用后起的俗字校改写本中的正字；还有的是刻书人以后起俗字校改写本中的俗字。敦煌写本汉文佛典与刻本汉文佛典对俗字研究都有重要的价值。"①

## 【昻】

《为设立尸棺掩骼局事饬南部县》："乃能昻（昂）其植。"（《南部档案》14-81-2，光绪二十四年十二月十九日）②

按："昻"是"昂"的讹误俗字，下面声旁"印"变成"邛"，形近讹变。下面写成"邛"，而不是"印"，左下角写成"工"，右下角写成双耳刀，作"阝"。字形略有变异，变异后更便于书写。《敦煌俗字典》收录"昻"，例证举甘博 003《佛说观佛三昧海经》卷第五："万亿铁寰，关从下动，铁寰低昂。"③《康熙字典·日部》未收录该俗字。

"昂"是"昂"的俗字。昂，大徐本《说文·日部》新附篆体作"昻"："举也，从日卬声。"④因为印卬形近，所以"昂"易讹为"昻"，该字见《隶辨》

①  郑贤章、谷舒：《可洪〈藏经音义随函录〉与汉语俗字研究》，《湖南师范大学社会科学学报》2007 年 1 期。

②  本件档案《清代南部县衙档案目录》（第 1554 页）误录为"光绪十四年"，漏写"二"字。

③  黄征：《敦煌俗字典》，上海，上海教育出版社，2005，第 3 页。

④  （东汉）许慎：《说文解字》，北京，中华书局，1963，第 140 页。

平声《唐韵》引《衡方碑》，也被金代韩孝彦《四声篇海·日部》①《佛教难字字典·日部》《中华字海·日部》②等收录，虽然为讹字，但是已经被辞书收录，当视为俗字。

　　《汉语大字典》《中文大辞典》均未收录该俗字。《说文新附·日部》收录"昴"，衡方碑出现"昇"，与之相似。赵孟俯写作"昴"，李卓吾写作"帘"，均与之接近。

　　由此可以看出，民众对文字的细微差异并不是很关注。这样，实际上文字规范是应该合并相似部件或者减少相似部件，不过分强调它们之间的区别，便于快速学习汉字、推广汉字，使汉字成为汉语的书写符号，应用更加广泛。这种做法，符合汉字学和符号学的发展需要，符合交际沟通的实际需要。

　　①　（金）韩孝彦：《四声篇海》，明代成化七年（1471）刻本，卷十五。
　　②　冷玉龙等主编：《中华字海》，北京，中华书局、中国友谊出版公司，1994，第830页。

# 第六章　清代手写文献疑难俗字考释

从 20 世纪 80 年代以来，在汉语俗字考释与研究领域，人们已经取得了很大成绩，如张涌泉《汉语俗字研究》《敦煌俗字研究》《汉语俗字丛考》，杨宝忠《疑难字考释与研究》《疑难字续考》，何华珍《日本汉字和汉字词研究》，梁晓虹、陈五云、苗昱《〈新译华严经音义私记〉俗字研究》，姚永铭《慧琳〈一切经音义〉研究》，以及郑贤章《〈龙龛手镜〉研究》《〈新集藏经音义随函录〉研究》，这些著作对历史上存在的俗文字进行了考察，成绩斐然。除此之外，辞书也对俗字进行研究，如《汉语大字典》《中华字海》《中文大辞典》等。然而，由于种种原因，在已进行的汉语俗字研究中，还或多或少的存在一些不足或错误。其中有些不足或错误，我们可以从清代手写文献疑难俗字考释中予以补充或纠正。

王宁指出"要综合应用训诂学形音义统一的方法，利用文献语言与已有的训释材料，利用已知的词义来求得未能肯定的词义，利用老结论来证新结论""对已有的结论加以考察，证明其正确""对初次发现的问题加以论证。这种考证事先没有已确立的证据，一切从头开始""对已经提出的问题补充证据或补充论证思路，进一步加以证实""对已有的结论提出异议，以证据推翻之；同时提出新的证据而易以新的结论"。① 如敦煌文献中有一个疑难词语"复年"，让人百思不得其解，难以解释。近来阅读易培基《三国志补注》，其中有句注释说："《魏武传》第九页第二行後字，《通志》作'復'。"②我们反过来思考，既然这两字有异文，可能是形近讹误的情况，由此可见，两字由于形近存在混淆的情况，那么如果把"复年"的"复"字看作是"後"的形近讹误字，这样"复年"就是"后年"，文从字顺，疑难的问题就迎刃而解。

对不同读者而言，疑难俗字是不一样的。普通读者无法判断与理解

---

① 王宁：《训诂学原理》，北京，中国国际广播出版社，1996，第 74～75 页。
② 易培基：《三国志补注》，台北，艺文印书馆，1955，第 26 页。

的俗字可能都是疑难俗字，前面章节所列的俗字不少读者以及我们的整理者都可能误判，或者列为疑难俗字，存疑待考。对专门的俗字整理与研究者而言，疑难俗字更多是生僻怪字。实际上，疑难俗字并非都是生僻怪字，不少疑难俗字是从手写文献遇到的俗字障碍角度出发的，主要是从字形角度而言的。如果能够从上下文判断其正字，辞书又收录，文献证据较多，该字就不会列为疑难俗字。《阙敏侯分家书》："乾隆（隆）五拾四年（年）正月十六日面算（算）父故除服学信名（名）下用出铜钱（钱）拾叁仟文，其钱日后弟边（边）有当（当）出息归还学信兄边（边）。"（《石仓契约》第四辑第八册下茶铺·阙氏，乾隆四十年十一月二十九日）①按：这些俗字如果没有上下文的帮助，只是单看字形，就不容易判断，更不要说考释。

郑贤章指出："俗字考释中，我们有时从字的形、音、义方面论证了某字应为某字，然常感苦恼的是没有一个书证来证明自己的推断。书证对于我们俗字考释来说至关重要，有了书证，我们得出的结论就确凿无疑，没有书证，即使论述得头头是道，总还是让人半信半疑。为俗字找书证很难，没有办法像词汇、语法研究那样用电脑检索，只能靠自己在茫茫书海中寻觅。""在俗字考释中，我们常依赖前人，有时会采用前人的某些看法，并以此作为证据，以为万无一失。其实，前人的说法未必就千真万确，《随函》在佛典辩分中常有与《一切经音义》《龙龛手镜》相左的看法，这些看法往往难以辩驳，可立为新说。"②

疑难俗字往往音义不详，或形音义可疑，辞书未能收录，或者收录时说音义不详（包括音不详、义不详、音义不详等），考释费时低效。清代手写文献虽然多是普通民众所写，疑难俗字不是特别多，但是疑难俗字至今还有部分未被识别。对这些疑难俗字，我们仍然需要文史结合，古今贯通，利用查阅辞书、字形分析、换旁类推、利用上下文语境、借鉴相关论著等方法，采用对校、本校、他校、理校等，根据音形义判断，按照字形查明字义，按照上下文意来判断，从而扫除清代手写文献的阅读障碍，为整理与研究提供语言文字基础。考释清代手写文献疑难俗字时，我们将辞书收录俗字内容与前人时贤的研究论著结合，分析前人时

---

① 曹树基、潘星辉、阙龙兴编：《石仓契约》第四辑第八册，杭州，浙江大学出版社，2015，第 12 页。
② 郑贤章、谷舒：《可洪〈藏经音义随函录〉与汉语俗字研究》，《湖南师范大学社会科学学报》2007 年第 1 期。

贤研究正误，商榷其观点，讨论其论证过程，检索文献例证，补充完善证据。

清代手写文献有一些疑难俗字，由于上下文或相关写本可以释读，如：

《阙敏侯分家书》："有成(必)有分，有分有成。"(《石仓契约》第四辑第八册下茶铺·阙氏，乾隆四十年十一月二十九日)①

按：仅仅看字形，难以判断，但根据上下文可以猜出是"必"字，但"必"字未见有这种写法，而且上文的"必"不这样写。据《异体字典》，《偏類碑别字·心部》"必"字引《唐李公夫人劉氏墓志》写成"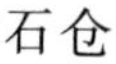"，与石仓契约的"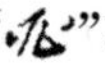"有点相似。

又如：

《刘开虎出当房屋土地与龚仕友当约》："地名岩㡉坪。"(《道真契约文书》004-D000423，道光十一年十一月十八日)汪文学注："'岩㡉坪'，即'岩千坪'，见003-D016649；或作'岩磏坪'，见005-D003189，'㡉'，俗字，'岩千'或'岩磏'，方言，锋利的岩石。"②

按："㡉"字费解。《汉语大字典》收录，解释为岸高、高山状(据《说文》)。仰(据《集韵》)。《中华字海》也收录，判断为"岸"的异体字，只解释为"岸"。但这些解释明显都无法疏通契约文书的文意。根据相关案卷，"㡉"字并非"岸"字，而是"千"字的俗字。

再如：

(1)《姜老岩立断卖杉木字》："当日凭中三面议定价仪(文)银五钱䢡(正)。"(《清水江文书·加池四合院文书》，嘉庆三年六月十一日)③

(2)《杨秀辉立断卖田字》："当日凭中三面议定断价钱伍千壹百八十文䢡(正)。"(《清水江文书》7-1-1-002，同治七年闰四月十三日)

(3)《杨秀辉立断卖禁山并地约》："当日凭中议定断铜钱七百零八文䢡(正)。"(《清水江文书》7-1-1-003，光绪十五年十二月二十六日)

(4)《杨胜芳立分关字》："移(为)侄秀文、叔，胜芳受钱乙千五百四十八文䢡(正)。"(《清水江文书》7-1-1-006，光绪十九年二月一日)④

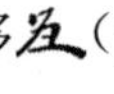

① 曹树基、潘星辉、阙龙兴编：《石仓契约》第四辑第八册，杭州，浙江大学出版社，2015，第7页。

② 汪文学编校：《道真契约文书汇编》，北京，中央编译出版社，2014，第8页。

③ 王宗勋考释：《加池四合院文书考释》卷一，贵阳，贵州民族出版社，2015，第19页。"仪"并非"信"，而是"文"的加旁俗字。

④ 本件文书出现的""有两处，均如此写，根据上下文都当是"为"字，但未见"为"字的这种写法。还可以写成""，与"正"字下加"心"写法一样。

（5）《杨胜芳立断卖山场地土约》："断价谷八十斤忞（正）。"（《清水江文书》7-1-1-007，光绪二十年十月四日）

按："忞"并非"正心"二字的合文，而是"正"，相当于"整"。《汉语大字典》没有收录该字，《中华字海·心部》收录，判断为异体字，解释说："同'正'。太平天国新造字。《天父诗》四百一十：'万样不论论道理，头光髻忞好道理。'"实际上，该字并非太平天国新造字，至迟清代嘉庆三年就已经出现。而且，该字在清朝之后还在使用。同时，根据清水江文书与《中华字海》所言，该字并非某地俗字，应该有所传承。不过，我们也只在清水江文书见到该字。类似的，如《吴昌连立断卖杉木山场约》："当日凭中三面议定断价祗叁两七钱忞（正）。"（《清水江文书》11-1-1-006，道光十年七月五日）按：根据上下文，"忞"即"正"字。《王延交立断卖杉木地土字》："当日凭中议定价钱叁千四百五十文整。"（《清水江文书》6-28-2-010，光绪二十五年二月一日）按："整"即"整"，从字形无法识别，但从上下文可以判断。

也就是说只看字形，不少疑难俗字难以识读，但结合上下文或相关写本，就可以破解疑难俗字。

清代手写文献也有一些疑难俗字，由于上下文、辞书均无法释读，无所参照，只好存疑，或者能够大致判断，文献证据不足，如清代手写文献中出现的"鳌""孚（等?）"，并附待考疑难俗字索引。

《盐池县永聚长皮毛店邵喜连信件》："白毴皮锛、狐皮卵、包棉［绵］羊皮卵堕、按（拔、校?）白羔皮舒、黑毴绊、黑化皮笋、狐皮卵、包棉［绵］羊皮卵肤……白毴伺（?）洋咘元……现下兑银每千两咱洼（?）洋挺，来伃（信?）邮安边转盐池沙坑子卦号处。"（《太行山文书》，光绪三十一年二月二十四日）①按：本封书信中"按""伺""洼""伃"究竟是什么字，难以断定。

# 第一节　疑难俗字考释

考察俗字时下结论尤其需要谨慎，不能轻易断定，必须有过硬的证

---

① 康香阁主编：《太行山文书精萃》，北京，文物出版社，2017，第9页。

据。由于古今演变，俗字的情况并不像我们想象的那么简单，存在不少未知情况。

俗字要么是生僻字，要么是简体字，要么是无法输入的汉字，绝大多数不能够在资料库查询、检索、利用。<sup>①</sup> 考察需要充分利用现有的文献史料，廓清事实，又必须尽可能利用出土文献中的新材料，钩沉索隐。我们拟以敦煌文献、佛经、语录、元曲、明清小说、碑刻墓志、县志、家谱等口语性比较强的材料为语料，参考其他典籍，对清代手写文献疑难俗字进行考释研究。俗字考释时，应尽可能地细致谨慎，注重证据。研究不仅要有历史的观点，还要有系统的观点。俗字往往都有自己的来源和发展历史，每个字的背后可能都蕴含着一些有趣的社会历史现象。查考来源主要有两个方法，一是查历史上的书籍记载，一是考察民间传说或民间故事。注意对材料进行清理和分析，争取找出音义以及变化的条件，找出口语中的词和记录的汉字之间的关系，既要考虑到古语的传承，又要考虑到借词以及语音突变等因素。

汉语史研究的两种材料，即各个时期的历史文献与清代手写文献必须有机结合研究，横向的共时文献之间的比较研究、纵向的古今汉语的比较研究与对古今书面标准语的研究需要有机结合。一方面是力争根据汉语史的研究对清代手写文献疑难俗字作进一步的说明，认识一些疑难俗字，分析考察一些异形同词现象，弄清一些读音讹误的原因和一些文白异读的来源，为辞书等工具书以及相关研究补充一些书证等；另一方面是根据清代手写文献疑难俗字的考释来更好地研究汉字史，在前人的基础上有一点新的发现，或者有一点新的证据，或者有一点新的证明方式方法。

俗字考证的视野趋于开阔，方法趋于严密。考证时我们应该利用辞书进行查找，厘清音义关系，结合音义两个方面考虑，排比分析文献用例、结合语境，综合运用文字学和书法学知识，利用音义探索字形。

---

① 需要注意的是，网络资源和电子资料库的使用，在带来方便快捷的同时，也给汉语研究使用者和研究结论带来了巨大的隐患。使用网络资源和电子资料库必须核对原文。电脑资料库不能够自动识别语义，只能够识别字和连接的片段。资料库高品质的录入、校勘、开发、自动查询、检索和利用是当前汉语研究中一个棘手又迫切需要解决的重大问题。改变各自为阵和重复建设的现状已经迫在眉睫，语言研究者应该和电脑软件开发者合作，培养边缘和交叉人才，减轻其他语言研究和利用的劳动强度。同时，建立个人资料库与资源浪费、资源分享与知识产权之间的矛盾调和也是国家和研究者应该加以考虑的重点，解决好这个问题，就能够实现汉语研究的快速高效，提高中国在汉语研究中的国际地位。

考释俗字词义时，要审字辨形，校勘比较，但不限字形，因声求义，排比归纳，如利用对文、同义连用等求义。考释时尽量清理源流，展示证据，要注重实证，精深剖析，严密推导。俗字考释注重列举大量的语料文献例证，详细加以论证，不但讲是什么，还要讲为什么。

我们所说的疑难俗字是从阅读和整理的角度出发的，档案和文书阅读和整理无法理解，已经成为阅读的障碍，大中型辞书未收录，与学界的疑难生僻俗字并不完全一样。

也有一些俗字不知到底是何字，只好存疑。

【莼】

《为禀复查明李树芝具禀王道履等加抽猪斗行钱文渔利事》："因创办款绌，立言未受薪资，甘尽义务，始克莼事，其出入经费，俱报销有案可核。"（《南部档案》17-910-9，光绪三十二年七月四日）

按："莼"字如果不认识，该句就无法理解。

该字读 chǎn，三声，当解释成"完成""解决"的意思，《汉语大字典》收录。该字见于扬雄《方言》卷十三，解释说："莼，备也。"又"莼，解也。"解释成"备"和"解"，郭璞《方言》注："莼训救，复训解，错用其义。"①"莼"字的"救"义见于《说文新附》，解释说："莼，《左氏传》：'以莼陈事。'杜预注云：'莼，救也。'从艹，未详。""莼"解释为"救"。《说文新附》所言《左氏传》见《左传·文公十七年》："十四年七月，寡君又朝，以莼事。"②清代文献多见该字此义。如清代龚自珍《己亥杂诗三百一十五首》之八十七："故人横海拜将军，侧立南天未莼勋。"③"未莼勋"即未完成功勋。严复《原强》："殚毕生之精力，五十年而著述之事始莼。"④"著述之事始莼"即著述的工作才完成。另外，该字也有"去货"的意思，见《广韵·狝韵》，解释说："莼，去货。丑善切。"古音在元部彻母。

【桬】

（1）《林再明、林再德兄弟立断卖杉山阴地约》："永远桬建存照。"（《清水江文书》11-1-1-003，嘉庆十五年一月十二日）

---

① （西汉）扬雄：《輶轩使者绝代语释别国方言》，北京，中华书局，1985，第268页。
② （晋）杜预、（宋）林尧叟注：《左传杜林合注》，清文渊阁四库全书本，卷十七。
③ （清）龚自珍：《定盦全集》，清光绪二十三年（1897）万本书堂刻本，《定盦续集》。
④ 高玉主编：《中国现当代文学作品选（上册）》，杭州，浙江大学出版社，2013，第99页。

（2）《杨胜刚、杨胜金、侄杨秀辉立分关田》："永远子孙**发达**存照。"（《清水江文书》7-1-1-001，同治四年十二月一日）

（3）《张倚成等立断卖地基约》："二比**发达**承照。"（《清水江文书》7-1-1-010，光绪三十二年九月八日）

按："**发**"字费解，根据文意，似当是"永"字。契约文书里常见"永远为据""永远存照"的表达。但"永"字未见这种写法。该俗字我们也未见辞书收录。

仔细辨认，该字后面"**达**"不是"远"，而是"达"。根据上下文来推，"**发**"字当是"发"字。"发"字繁体写作"發"，俗写与"**发**"字十分相近。

翻阅清水江文书，我们找到类似的语句，如：

（1）《林发友立断卖山场并阴地约》："永远**发**（发）**达**（达）存照。"（《清水江文书》11-1-1-009，道光二十九年六月十七日）

（2）《杨国珍立合同字》："永远**發**（发）**达**（达）长存。"（《清水江文书》11-1-1-022，光绪三年二月十七日）

按："**发**"是"发"的俗字。这些格式与前面的文书格式完全一样，可以证明"**发**"即"发"。《杨超卓立断卖地基约》则写成"存照发达"（《清水江文书》11-1-1-024，同治四年十月四日），这种写法与"发达存照"相反，都表达一种美好的愿望。还有写成"永远发达长存"的，都与之相似。

## 【覆】

《为查酌公文由剑州设站转递抑由小川北设站转递事饬南部县》："应俟蓬州、渠县等处设**覆**（覆）一丹，饬一律设妥定期开办。"（《南部档案》13-6-1，光绪二十二年二月九日）

按："**覆**"字费解，方孝坤《徽州文书俗字研究》收录，将其判断为"复"字，指出清代徽州文书有该俗字。[①] 经反复推敲，我们疑是"覆"字俗写。该字以同音的"伏"字代替"复"字，符合汉字简化的精神。我们查阅辞书，未见收录。后来翻阅《中华字海》，该字典收录字较多，刚好收录该字，解释说："同覆，见《重编国语辞典》。"[②]《重编国语辞典》出版于1981年，该书第758页仅仅在"覆"字后括注该字，并无文献用例。周志

---

① 方孝坤：《徽州文书俗字研究》，北京，人民出版社，2012，第256页。
② 冷玉龙等主编：《中华字海》，北京，书局、中国友谊出版公司，1994，第1184页。

锋有文论述，可以参见。① 李义敏则告知，该字早在明朝档案就已常见。
清代手写文献中多见，例如：

（1）《为严催牙当各帖以裕国课事饬南部县》："迄今日久，未据查明，
具**覈**（覆）合，再严催。"（《南部档案》10-990-1，光绪十四年二月一日）

（2）《为禀明设法筹钱创办学堂事呈督学藩道府》："为遵拟议**覈**（覆）
详请核二十事案。"（《南部档案》15-919-3，光绪二十八年四月十三日）

## 【**稴**】

《为具诉罗英品等为谋配生妻具控范思宗株连氏名在案事》："于今本
月初一日将氏一地**稴**（稾?）粮尽行抢割，希**奚**（冀）无食出嫁伍畏。"（《南
部档案》3-69-2，嘉庆九年七月十五日）

按："**稴**"字是何字？《汉语大字典》未收录。我们怀疑该字是"稾"或
者"藁"，或者"**稴**粮"是"高粱"的谐音。"**稴**"字与"稏"字相似，"稏"是
禾名。《集韵·豪韵》："稏，禾名。"

## 【**鹡**】

《朱光域为具禀谢瑞龙违断缴盐鞲事》："实系逖走，至今尚未归家，
不敢久**鹡**。"（《南部档案》3-88-6，嘉庆十一年十月二十九日）

按："**鹡**"字费解，疑为"羁"字。该字省写上面的"罒"，下面的右边
"马"字演变为"鸟"。据《康熙字典·革部》，"羁"字写作"**鞲**"，即"羁"的
减省。②

## 【**觔**】

《为鱼户鲜思聪等发卖鲜鱼渔利事》："今**蒙**（蒙）带讯查，小的们在
城收买鱼**觔**，发卖渔利，支应各衙门鲜鱼。"（《南部档案》23-30-2，[宣统
元年]一月二十八日）

按："**觔**"无法解释，待考。"**觔**"字是"觔"之俗体。"觔"又为"斤"之
异体，是"斤"的俗字，见《汉语大字典》。清代手写文献多见，如：

（1）《租地基约·吴天明租到文一公》："递年交租谷贰秤拾觔（斤）。"
觔（斤）两不致短少。"（《清至民国婺源县村落契约文书》秋口镇鸿源吴家
23，乾隆三年二月十九日）

（2）《王元葱立典租约抄白》："自情愿将岭脚典首硬交豆租拾式觔

---

① 周志锋：《大字典论稿》，杭州，浙江教育出版社，1998，第111页。例举《古本小说集
　成》所收的《皇明诸司公案》《天妃娘妈传》，并言及《字海》收录，见《重编国语辞典》。
② （清）张玉书等：《康熙字典》，北京，中华书局，1958，第1388页。

（斤）。"（《徽州文书》0003，乾隆十六年十二月）①

（3）《为发给各地军用火药铅子火绳等物登记事》："给发茂州营司厅黄凤火药贰拾觔（斤）。"（《南部档案》3-11-1，嘉庆二年十月四日）

（4）《金振远立杜断典田约》："自情愿将修置典首田壹处土名石坪，计租叁拾砠改作荳租柒砠拾觔（斤）正。"（《徽州文书》0016，道光七年三十二月）②

（5）《光绪三十四年六月廿三日知县陈海梅谕查田庄积谷董事李逢时知悉事谕》："又恐觔（斤）两短少。"（《龙泉司法档案选编》16288：22，光绪三十四年六月二十三日）③

## 【𠃊】

（1）《吴王氏等立杜断典田约》："三面言定时值𠃊色元银贰拾两整。"（《徽州文书》0018，道光九年十二月）④

（2）《为专案移交县中城门城垣坍塌修缮资费等情事致新任史》："于赈捐局拨发赈歀工费，共银六百九十六两二钱，折合𠃊钱一千一百钏……计移交城堤工费𠃊钱贰百陆拾叁钏叁百肆拾文。"（《南部档案》18-185-1，光绪三十三年十二月六日）

（3）《为照数查收交到城堤工费钱致新任》："敝任当将交到城堤工费𠃊钱二百六十三千三百四十四文，照数查收，以便支发。"（《南部档案》18-887-1，光绪三十三年十二月六日）

（4）《为计开采工购石入付款项事》："入前后署内领来𠃊钱共陆百千文。"（《南部档案》18-887-6，光绪三十四年三月三日）

（5）《为填报苦工厂自六月十九日起至七月二四日止收支账目事呈南部县》："一入县署来𠃊钱柒拾仟文，一入苦工售货来𠃊钱拾肆仟零三拾八文。"（《南部档案》21-152-1，宣统二年七月二十九日）

按：该字与"𡉢""𡉢""𘓙"相似。"折合𠃊钱"也无法通过上下文来断定该字到底是何字。"城堤工费𠃊钱贰百陆拾叁钏。"也无法断定。唐代白居易《论行营状》："况其军一月之费，计实钱贰拾柒捌万贯。"⑤可以查阅"实"字俗写，但字形仍然差距太远。只好存疑。"𠃊"可以是"存""银""共""折"等字，也可以是"九十"的合文。相邻档案即有"存剩钱"的表述。

---

① 刘伯山编著：《徽州文书》第一辑1，桂林，广西师范大学出版社，2005，第5页。

② 刘伯山编著：《徽州文书》第一辑2，桂林，广西师范大学出版社，2005，第19页。

③ 包伟民：《龙泉司法档案选编》第一辑《晚清时期》，北京，中华书局，2012，第117页。

④ 刘伯山编著：《徽州文书》第一辑2，桂林，广西师范大学出版社，2005，第21页。

⑤ （唐）白居易：《白氏长庆集》，四部丛刊景日本翻宋大字本，卷四十三。

最通顺的是"银"字。

该字又写作"𨚗"，用部件"文"代替"九"。如：

(1)《金振远立杜断典田约》："三面言定时值𨚗色价银叁拾五两正。"（《徽州文书》0016，道光七年十二月）①

(2)《郭承义、郭绍义卖地永远死契文字》："同中言明受过𨚗银柒拾伍两。"（《太行山文书》，道光十二年十二月）②

(3)《为申造宣统二年肉厘猪行佃资帮款罚项收支细数事》："一收各场猪行尾欠足钱贰拾千零五百四十文，申底子钱八百贰拾一文，一收锅铺岭本年猪行𨚗钱贰拾九千五百文，一收锅铺岭本年猪尾欠𨚗钱贰拾壹千三百文。"（《南部档案》21-144-1，宣统二年）③

该字又写作"𢓜"。我们容易误以为是"折"之俗字，或判断为"庄"之俗字，实际上该字为苏码之组合。如《为计开申解筑堤劝捐银两事》："按市价𢓜合钱壹百壹拾肆千零式拾六文。"（《南部档案》18-892-4，光绪三十四年六月五日）④

我们翻阅清代手写文献，发现其他地方有"九六钱""九六制钱"等类似表达。

(1)《为具禀报销采木购石款项事》："领来九六钱陆百串。"（《南部档案》18-887-5，光绪三十四年三月三日）

(2)《为解送河堤劝捐银两事致南部县》："现收九六制钱壹百串，暂行牒送。"（《南部档案》18-888-1，光绪三十四年三月四日）

(3)《为领得附加肉厘钱文事》："今于经征局父台大人台前领得附加肉厘九六钱伍拾串文，亲手领讫，中间不虚。"（《南部档案》21-138-3，宣统贰年七月初九日）

清代手写文献中，还有"九七""九八""九八五""九九"等的表述。如：

(1)《刘明奇杜卖田地文契》："凭中议定时值九七价银四百两整。"（《龙泉驿文书》6-1-011，乾隆贰拾柒年拾壹月贰拾肆日）⑤

(2)《钟友琦杜卖水田文契》："当日凭中言定，时值九七呈色价陆百捌拾贰两整。"（《龙泉驿文书》6-1-117，乾隆三十五年九月二十三日）⑥

① 刘伯山编著：《徽州文书》第一辑2，桂林，广西师范大学出版社，2005，第19页。
② 康香阁主编：《太行山文书精萃》，北京，文物出版社，2017，第56页。
③ "𨚗钱"与"足钱"相对，说明当是"不足钱"。《清代南部县衙档案目录》误把"肉厘"录成"内厘"，"肉"与"内"形近讹误。
④ 该字又写作"𢓜"与"𢓜"，均与"九"字相似。
⑤ 胡开全主编：《成都龙泉驿百年契约文书》，成都，巴蜀书社，2012，第4页。
⑥ 胡开全主编：《成都龙泉驿百年契约文书》，成都，巴蜀书社，2012，第6页。

（3）《钟琳士杜卖水田文契》："比日三面言得时值九七色，价银叁百叁拾陆两整。"（《龙泉驿文书》6-1-116，乾隆三十六年十月十六日）①

（4）《高平县陈燕典当土地典地文字》："同中言定，要得典价元（钱）系九七色银叁拾捌两整。"（《太行山文书》，嘉庆九年十一月十六日）②

（5）《洪李氏等杜卖田地文契》："比日凭中议定，时□九九色田价纹银壹千贰百伍拾两正。"（《龙泉驿文书》6-1-019，嘉庆十年十月十二日）③

（6）《胡汪氏卖明科田文契》："原日三面议定卖价足纹银式拾伍两、玖捌纹银式拾伍两，共银伍拾两整。"（《吉昌契约文书》sls-17，嘉庆三年二月九日）④

（7）《傅维以等杜捆卖房屋基址林园竹木堰塘田地荒熟草地定约》："即日凭中一捆议定，时使（值）九九呈色田价银壹千柒百贰拾两正。"（《龙泉驿文书》6-1-046，道光二年八月四日）⑤

（8）《为计开堤工劝捐各保名钱数事》："换成九八五平纹银玖拾两零陆钱。"（《南部档案》18-892-1，光绪三十四年）

综合以上材料，该字我们疑当是"九六"的合文字。按照钱业贯例，值钱每枚 1 文，每千文为 1 吊。实际每吊只 980 文至 960 文不等（其中扣去 20～40 文作为串钱绳索的费用，民间称为"九八钱""九六钱"）。这种钱与"九陌钱"类似，指以九十充当一百使用的钱。《梁书·武帝纪下》："顷闻外间多用九陌钱。陌减则物贵，陌足则物贱；非物有贵贱，是心有颠倒……徒乱王制，无益民财。自今可通用足陌钱。"⑥宋王应麟《小学绀珠·制度·九陌钱》："梁武帝大同元年诏：外间多用九陌钱，可通用足陌。大同后，八十为百，名东钱；七十为百，名西钱；京师九十为百，名长钱。"⑦

《徽州文书俗字研究》一书合文类俗字收有类似俗字，写法与南部档案写法相似，分别表示"九五""九七八""九八"等，解释说是用来说明钱

---

① 胡开全主编：《成都龙泉驿百年契约文书》，成都，巴蜀书社，2012，第 8 页。"比日三面言得时值九七色，价银叁百叁拾陆两整"断句有误，当作"比日三面言得，时值九七色价银叁百叁拾陆两整"。

② 康香阁主编：《太行山文书精萃》，北京，文物出版社，2017，第 67 页。

③ 胡开全主编：《成都龙泉驿百年契约文书》，成都，巴蜀书社，2012，第 22 页。根据相似文书，缺字似当作"价"，更像"值"字。23 页的录文还有脱文，如"横穿心肆弓"后遗漏"直穿心肆弓"，原卷上有此五字。

④ 孙兆霞等编：《吉昌契约文书汇编》，北京，社会科学文献出版社，2010，第 7 页。

⑤ 胡开全主编：《成都龙泉驿百年契约文书》，成都，巴蜀书社，2012，第 144 页。

⑥ （唐）姚思廉：《梁书》，北京，中华书局，1973，第 90～91 页。

⑦ （宋）王应麟：《小学绀珠》，北京，中华书局，1985，第 373 页。

的成色。① 徽州文书中也确实有九五色的表达。

（1）《王元葱立典租约抄白》："三面言定价九五色玖钱正。"（《徽州文书》0003，乾隆十六年十二月）②

（2）《黄以安立杜断卖粮田赤契》："三面言定时值九七价银式拾两整。"（《徽州文书》0010，嘉庆元年三月）③

银钱折换，巴县档案中也有，如《乾隆四十八年正月十一日四川提刑按察司札》："奉此，该本司遵查李永杰名下，应追退还黄裕国等市平市色银一千两，折实库平纹银九百二十三两三钱九分二厘。"④

但是该字怎么表示"九六"的合文，仍然需要继续研究，"丄"表示"六"俗字中也未见有。后来我们从《徽州文书俗字研究》数字表达中得到启发，"丄"表示六属于数字表达。

"九"，毋庸置疑，当为"九六"之合文。"九"乃数字里套用苏州码构成的合成字，疑惑的关键是一般读者不熟悉的苏码字。

清代手写文献中有类似写法。

（1）《何舒氏等立杜断典豆担约》："三面言定时值河羊九色价银拾陆两正。"（《徽州文书》0020，道光二十一年十一月）⑤

（2）《文山转当田文约永平里舍波萧学程将祖遗粮田转当与王和》："算合九纹银叁百陆拾两整。"（《云南省博物馆馆藏契约文书》社土 218-4，光绪式拾九年二月十一日）⑥

按：第 1 件文书将此字直接写成"九""六"的合文，可以与前面的文献用例对比。第二件文书则是"九""八"的合文。

苏州码，简称苏码，又称草码、码子字，是明清以来流行于民间的

① 方孝坤：《徽州文书俗字研究》，北京，人民出版社，2012，第 99～100 页。该书第 109 页到第 111 页记载徽州文书数字俗字"六"写法就是南部档案该俗字的右边部分"丄"。该书第 116 页还载"九八""九五""九七八"在徽州文书中的用例，转引如下："正价银九十式两，比即粮明价足，并无不白。今因手中不足，凭中说合，加到陈名下，当日三面言定，加添九八大钱六千六百文正，比即现付。"（嘉靖二十二年十一月初八日）"加添九七八大钱贰拾叁千柒百文，比即照数收呈。"（道光六年九月二十七日）"三面议价九五色银式两整。"宁寿堂《银谱》：九五色银，银的成色的一种。所谓成色是指银的纯度，即银的含量。"九五色银"即表明这种色银的含银量是 95%，"九七八"表示含银 78%，依此类推。

② 刘伯山编著：《徽州文书》第一辑 1，桂林，广西师范大学出版社，2005，第 5 页。

③ 刘伯山编著：《徽州文书》第一辑 2，桂林，广西师范大学出版社，2005，第 13 页。

④ 四川省档案馆编：《清代巴县档案汇编》乾隆卷，北京，档案出版社，1991，第 9 页。

⑤ 刘伯山编著：《徽州文书》第一辑 2，桂林，广西师范大学出版社，2005，第 23 页。

⑥ 吴晓亮、徐政芸主编：《云南省博物馆馆藏契约文书整理与汇编》第六卷，北京，人民出版社，2012，第 47 页。

一套"商用数字"。一般认为它最初产生于明代工商业最发达的城市苏州，因而得名。随着明代工商业的繁荣发展，这套记数符号也流行到全国各地。苏码"〡"即代表六。"𠙶"也是两个苏码组成的数字，苏码"夂"即表示"九"，非汉字部件"文"。

附苏码（一至十）：

| 数字 | 一 | 二 | 三 | 四 | 五 | 六 | 七 | 八 | 九 | 十 |
|------|----|----|----|----|----|----|----|----|----|----|
| 苏码 | 〡 | 〢 | 〣 | 乂 | 𠂤 | 〦 | 〧 | 〨 | 夂 | 十 |

　　如：上海交通大学馆藏契约文书 010912060 20002"九四"书作"旭"，又上海交通大学馆藏契约文书 01100108060004 号，"九五"书作"她"。此皆数字里套用苏州码构成的合成字。上海交通大学馆藏契约文书 01100108060016 号，"九七"书作"𤲂"，则是两个苏码组成的数字。

　　还有单用苏码与其他汉字的，如《盐池县永聚长皮毛店邵喜连信件》："白㲅皮㳻、狐皮抑、包棉［绵］羊皮川㒵、捘（拨、校？）白羔皮帮、黑㲅抃、黑化皮𫄰、狐皮㘴、包棉［绵］羊皮川㕻……再者前发去皮屾。"（《太行山文书》，光绪三十一年二月二十四日）① 按：本段书信文字大量使用了苏码与其他汉字的合文，极容易误解，阅读十分困难。其中合文中的"个"字极难确认，容易当成"印""卯"等，但无法讲通。该合文字符应该是量词，应该是皮的计数量词。还好本封书信下文说"前自安边邮去邮包壹个"，其中"个"字与合文中的字符完全一样的写法，可以帮助确认。"㕻"即"三号"合文，"抑"即"十个"合文，"屾"即"六件"合文。"帮"不是"帮"，而是"八十个"合文。"㲅"不是"二毛"合文，而是似"忙（㤏）"，同"牦"，《汉语大字典·心部》收录"㤏"字，解释说："（一）㤏，同'牦（旄）'。唐慧琳《一切经音义》卷七十七：'幢旄，上浊江反，下音毛。顾野王云：凡旄者，皆旄牛尾也，施于幢旄之端，旄牛背膝胡尾皆有长毛，剪其毛以用之也。……《谱〈释迦谱〉》从巾作帗。'按：'幢旄'，《可洪音义》卷二十二作'幢忙'。（二）《改并四声篇海·心部》引《搜真玉镜》：'㤏，亡支切。'《海篇直音·心部》：'㤏，音迷。'"②

　　查方孝坤《徽州文书俗字研究》，方孝坤同样因为不明苏码而误，此合成字可能与钱的成色无关。

　　① 康香阁主编：《太行山文书精萃》，北京，文物出版社，2017，第 9 页。
　　② 《汉语大字典》第二版，成都，四川辞书出版社；武汉，崇文局，2010，第 2437 页。

【罗】

(1)《彭泽胜等立断卖山场地土杉木约》："任从罗（买）主管业。"(《清水江文书》8-1-1-023，道光三年六月二十八日)

(2)《姚绍襄、姚绍先兄弟立断卖山场地土杉木字》："任从罗（买）主修理管业。"(《清水江文书》8-1-1-041，光绪二十六年闰八月二十六日)

按："罗"字费解。单看的话，很难知道"罗"究竟是什么字，但放在上下文中，就能够猜出"罗"是"买"字。"买"的繁体写"買"，"買"与"罗"形近，上面相同，下面把"贝"写成了"钱"的俗字。

我们翻阅《清水江文书》，发现"买"字另外的一种写法比较常见。如：

(1)《潘正葵、潘智发叔侄二人断卖栽手字》："任从买（买）主上山修理。"(《清水江文书》1-1-1-058，咸丰九年六月十八日)

(2)《姜连富卖栽手杉木契》："出卖与姜恩瑞名下承买（买）为业。"(《清水江文书》1-1-1-064，光绪三年六月二十四日)

按：实际上，"買"字首先将下面部分简化，整个字写成"买"，再继续简化就是"罗"。

【面】

《乾隆二十四年十一月初九日马文学、赵世祥供单》："小的叔子马维勋投邻佑霍行吉理讲，赵世仲们不面。……小的投鸣熊文义与他理讲，赵世祥弟兄不面。"(《巴县档案》，乾隆二十四年十一月九日)①

按：巴县档案出现的"面"字费解，我们怀疑"面"字是"而"字形误，"而"字与"耳"同音，都属于记音俗字。这些记音俗字往往用于方言记音，辞书往往未收录。"耳"即"理睬"义。"耳"是"理"义，"不耳"即不理。《汉语大字典》《汉语大词典》《中文大辞典》均未收录该义。"耳"何以有此义，我们怀疑"耳"与"听"有关，"听"就是理睬，"不听"很容易引申为"不理"。现在四川方言仍然说"不耳""不耳视"等。"耳"是听，"视"是看，都是理睬。

清代手写文献多见"耳"字此义，如：

(1)《为具供民具告王兴贵私煮大麦酒事》："是武生屡斥不耳。"(《南部档案》4-68-5，道光二十年五月十八日)

(2)《为徐寅林具告汪清海刁嫁撇事》："亦不付楚，小的缠投徐隆贵理说，这汪清海抗场，不耳。"(《南部档案》13-973-1，光绪二十三年三月

---

① 四川省档案馆编：《清代巴县档案汇编》乾隆卷，北京，档案出版社，1991，第 11 页。

初七日）

（3）《为具禀同班役罗志怙恶不悛公恳斥革事》："伊反逃归，昂然不耳。"（《南部档案》14-20-2，光绪二十四年六月四日）

（4）《为具告刘永尧等透拐磨嚢嫁事》："霸配不耳，当投该处保甲。"（《南部档案》16-204-1，光绪二十九年五月十四日）

后来反复思考，"不面"也能够讲通，意思是不当面、不面对，就是双方不到场，不见面。

【薎】

（1）《为差役查勘冯明禄具告袁廷益谋改截葬情形事》："有无被袁廷益毁界薎（寞）伐。"（《南部档案》14-59-2，光绪二十四年二月十日）

（2）《为蒲荣诗具告蒲荣钦等恃财估欺私吞柴草钱文事》："今七月间他又复在茔内薎（寞）割柴草。"（《南部档案》23-20-2，八月）①

按："薎"字费解，初疑为"暮"的俗字，因为部首"夕"与"日"意义相同，意思是晚上，暮，晋代草书可书作"薎"。引申表示偷偷、悄悄。后发现该字是"寞"的俗字，部首写"夕"，不写"宀"。"夕"表示晚上，表义更准确。清代邢澍《金石文字辨异·入声·十药》："一曰清也，薎（寞）寂也。"《汉语大字典·夕部》收录，解释说："同'寞'。"②其他辞书均未收录，可以补收。《说文·夕部》："薎，寂也。从夕，莫声。"③徐锴《系传》："薎，即寂寞之寞。"《广雅·释诂四》："薎，静也。"

《为禀明张元清等撤毁金鞍铺办公铺房改作站房出佃事》："具禀金峯站书役蒲先藻、张秀为修薎（墓）。"（《南部档案》13-16-1，光绪二十二年六月九日）

按："薎"是"墓"的讹误俗字，"土"字换成"夕"。辞书均未收录，可以补收。清代手写文献中，该俗字还可以表示"寞""幕""暮"等字，容易引起混淆这也可能是该俗字最终未能被民众接受的原因。

《首事千总冯仕明等为禀恳官衔印簿以便募化余资修复大佛古寺事》："职等倡首薎（募）化捐赀，业已经兴工培修。……以便募化场乡有好善乐施者，任其量力捐助。"（《南部档案》8-442-3，光绪七年闰七月十四日）

---

① 本件档案准确时间不明，只知道是宣统时期。

② 《汉语大字典》第二版，成都，四川辞书出版社；武汉，崇文书局，2010，第927页。

③ （东汉）许慎：《说文解字》，北京，中华书局，1963，第142页。

同样的内容，上件档案写作"募"，也可以证明"募"可以表示"募"。《职员李元东等为禀恳官衔印簿以便募化余资修理火神庙事禀文》："职等倡首捐募修理，已有一千余金。……以便募化。"（《南部档案》8-442-2，光绪七年七月六日）

《南部档案》9-508 也存在类似情况。

## 【佥】

《郭永贵呈控武生郭占奎案》："虽有驿站房书挂号，并无佥们，兼有状式。"（《南部档案》16-562-2，光绪三十三年正月十六日）

按：该字费解。字形似"签""部""佥"，开始疑为"签"字，签们为签发部门，但南部档案没有见过这种表达，传世文献也未见。"部门"倒是通顺，但后面明明是们，只能理解为"门"的加笔讹误。但前面也出现同样的表达，两处同时讹误，不大可能，说明"们"字不误，前面只能是代词或名词，而不可能是动词签，只可能是"佥"字。也曾怀疑是"人命""八命"的连写，但也无法意思贯通。而且根据前面的上文，该字也不可能是连写。

前面有类似表达，兵房房书佥们。佥有众人的意思，同佥即同事，同僚的意思。

## 【楺】

《傅维以杜捆卖房屋基址林园竹木堰塘田地荒熟草地定约》："树门扇叁皮，窗格、楼楺、漏引。"（《龙泉驿文书》6-1-046，道光二年八月四日）①

按："楺"字为何字，费解。《汉语大字典》《字海》未见收录。

清代手写文献中的《龙泉驿文书》多见该字，如：

（1）《刘荣才杜卖田地定约》："左右粪房贰间，樑桁、桷挑、楼楺，过道马颈、门窗户格门框，树门板拾扇，竹门拾扇。"（《龙泉驿文书》6-1-020，嘉庆十年十二月六日）②

（2）《阮国江杜卖田地房屋阴阳基址定约》："房屋式院，栋樑桁桷、挑手楼楺、过梁柱头、樑不（木）泥楼、门窗户格、瓦沟树门共式拾扇，门框全套。"（《龙泉驿文书》6-1-048，道光十一年五月十五日）③

（3）《苏邦琦杜卖田地房屋林园阴阳基址定约》："大小茅草房屋贰院，

---

① 胡开全主编：《成都龙泉驿百年契约文书》，成都，巴蜀书社，2012，第 144 页。
② 胡开全主编：《成都龙泉驿百年契约文书》，成都，巴蜀书社，2012，第 138 页。
③ 胡开全主编：《成都龙泉驿百年契约文书》，成都，巴蜀书社，2012，第 146 页。

栋樑桁桷、挑手楼㩊、门窗户格，有门有框。"(《龙泉驿文书》6-1-055，道光十一年五月十五日)①

（4）《刘一士等杜卖田地房屋林园竹木阴阳基址定约》："草房屋两院，偏厕过道、楼㩊挑手、栋梁桁桷、抬梁顶柱、门窗户格，树门拾式扇。"（《龙泉驿文书》6-1-066，咸丰六年四月十一日)②

按：从上述文献用例，我们可以看出，"楼㩊"经常与"挑手"连用，应该是房屋的部分。"㩊"字，我们怀疑是"撵"，两字声旁一样，形旁相近。"撵"是"牵"的异体字。《正字通·牛部》："牵，别作撵。"③元乔吉《金钱记》弟一折："那九龙池，周围撵红绳为界限。"④《警世通言·崔衙内白鹞招妖》："撵将闹装银鞍过来，衙内攀鞍上马出门。"⑤

《龙泉驿文书》中也有将"㩊"字写成"撵"字的。

《李门范氏杜卖田地房屋林园阴阳基地定约》："毛草房屋四座，栋樑桁桷、挑手楼撵、门窗户格，树门扇叁拾皮，有门有框。"(《龙泉驿文书》6-1-047，道光十四年四月五日)⑥

据此，"楼㩊"即"楼撵"，也就是"楼牵"。"楼牵"一词在清代手写文献中的《龙泉驿文书》里多见，也是与"挑手"一词连用，如：

（1）《林门骆氏杜卖田地房屋竹木阴阳基址定约》："草房屋壹院四座，栋樑桁桷、挑手楼撵、门窗户格，树门扇叁拾皮，有门有框。"(《龙泉驿文书》6-1-045，道光二十六年十二月二十八日)⑦

（2）《邓一珂杜卖田地房屋林园竹木阴阳基址定约》："大草房屋一院四向，又另有草房屋店铺一院，铺板俱全。二院房屋栋梁桁桷、楼牵挑手、抬梁顶柱、门窗户格，有银门即有树柜，树门十二扇。"(《龙泉驿文书》6-1-039，道光二十九年十二月十八日)⑧

按：《龙泉驿文书》的作者胡开全告诉我们，"楼牵"是成都龙泉驿东山民居的建筑结构。民居楼层空间较高，民众就利用空间在房屋中用竹子或木板加以隔断，用来堆放杂物。要上去拿取时，则用梯子或凳子作为工具。"牵"有牵连的意思，形容房屋结构之间相互有牵连。"楼牵"一

---

① 胡开全主编：《成都龙泉驿百年契约文书》，成都，巴蜀书社，2012，第150页。
② 胡开全主编：《成都龙泉驿百年契约文书》，成都，巴蜀书社，2012，第174页。
③ （明）张自烈：《正字通》，清代康熙十年(1671)刻本，《巳集下》第8页。
④ （明）臧懋循辑：《元曲选》，明万历刻本，《破幽梦孤雁汉宫秋杂剧》。
⑤ （明）冯梦龙：《警世通言》，明天启四年(1621)刻本，卷十九。
⑥ 胡开全主编：《成都龙泉驿百年契约文书》，成都，巴蜀书社，2012，第148页。
⑦ 胡开全主编：《成都龙泉驿百年契约文书》，成都，巴蜀书社，2012，第158页。
⑧ 胡开全主编：《成都龙泉驿百年契约文书》，成都，巴蜀书社，2012，第166页。

词频繁与"挑手"连用，"挑手"则是房屋另一种结构，是房屋向四周伸展出去的挑檐，如同人伸出去的手挑在空中，又因为伸出部分如同一把尖刀，不能够正对其他人家大门，不然犯忌，可能导致冲突与纠纷。挑檐则是屋面挑出外墙的部分，一般挑出宽度不大于 50 公分。挑手与挑檐类似，都主要是为了方便排水，对房屋及外墙也能够起到保护作用。

有意思的是，"橷"字还有种写法，如：

《李仪龙等杜卖水田旱土房屋林园竹木阴阳基址定约》："房屋一院，抬梁、顶柱、格门六扇，栋梁、桁桷、楼枧、招手、门窗、户格，粪池式口，石板地枧两处，外有研房，粪房。"(《龙泉驿文书》6-1-065，咸丰七年十一月七日)[1]

按："楼枧"与"招手"连用，与上述"楼牵"与"挑手"连用类似。在西南官话中，"枧"与"牵"读音十分相近，记音者容易误记。"招手"则与"挑手"意思相同。

## 【牸】

《姜显宗断卖栽手杉木契》："凭中三面议定价式两六牸正。"(《清水江文书》2-1-3-067，道光十年四月三日)

按："牸"字费解，从上下文来看，应该是金钱的度量衡单位，究竟是什么呢？

清水江文书有类似的文例，如：

《杨邦元等断卖栽手约》："当日凭中议定价银肆拾陆两陆钱整。"(《清水江文书》2-1-3-068，道光十一年正月二十三日)

两相对比，"牸"似当是"钱"字。

清代手写文献中《太行山文书》《徽州文书》里也有这种写法，如：

(1)《王大林立还欠租谷字》："共欠一百八十斤面，计牸(钱)式千七百四十文，其牸(钱)言定来年四月付清。"(《徽州文书》1239，咸丰六年十乙月十日)[2]

(2)《张温典当场、水窑当契》："同中写明当价大牸(钱)四千四百文。"(《太行山文书》，光绪二十七年一月十七日)[3]

"钱"字有个俗字"牸"，与这种写法相似。敦煌文献已经出现这种俗字，张涌泉《汉语俗字研究》就已经研究过，赵红指出除张涌泉的研究外，

①　胡开全主编：《成都龙泉驿百年契约文书》，成都，巴蜀书社，2012，第 182 页。
②　刘伯山编著：《徽州文书》第一辑 9，桂林，广西师范大学出版社，2005，第 34 页。
③　康香阁主编：《太行山文书精萃》，北京，文物出版社，2017，第 72 页。

《中华字海》《宋元以来俗字谱》也有收录，举敦煌文献 P. 3864(8-3)《刺史书仪》①。清代手写文献多见"钱"字的俗字写法，如：

（1）《姜仁德断卖田约》："银伍两四𠫓（钱）整"（《清水江文书》2-4-1-001，乾隆二十三年三月二十二日）

（2）《姚开富弟兄三人卖杉木约》："当日凭中议定价银乙两七𠂆（钱）。"（《清水江文书》2-4-1-003，道光十九年九月二十三日）

（3）《范本辉断卖田约》："议定价纹银六两五𠂆（钱）正。""来年秋收之日代纳银粮六𠂆（钱）。"（《清水江文书》2-4-1-005，道光二十六年三月初四日）

（4）《石维机借银约》："借到本□汪王会银式刃（两）柒𠂆（钱）整。"（《吉昌契约文书》tma-26，同治九年二月六日）②

"𠫓""𠂆""𠂆""𠫓"均是"钱"字的俗字，与"𠂆"相近，容易误认为成"不""小"等字，稍微草写一点就与"扌"相似。

（1）《冕宁县仵作舒弟道辞状》："一并发给全𠫓（钱）工食。"（《冕宁档案》，乾隆三年八月九日）

（2）《龙老包断卖杉木约》："当面议定价㚎（银）八𠫓（钱）乙分。"（《清水江文书》2-4-1-004，道光二十三年三月二十二日）

（3）《南和县王尊路卖地字据》："其𠂆（钱）现交不欠。"（《太行山文书》，咸丰九年一月）③

按："𠫓"与"扌"字形更接近，更能够说明该字是"钱"字的俗字。

又写成"𠆢・"，容易误判。如：

《广南当米签文约王发祥将食粮米签抵与侬老表》："实儅出街市𠆢・（钱）叁千文。"（《云南省博物馆馆藏契约文书》社土 663-7，光绪十七年正月七日）④

又写成"卜"，容易误判。如：

《邹炳才等卖明田地园子文契》："言曰三面意定价㐂二十贰两五卜（钱）整。"（《吉昌契约文书》tyg-10，光绪十五年十月三十日）⑤

①　赵红：《敦煌写本汉字论考》，上海，上海古籍出版社，2012，第 165 页。

②　孙兆霞等编：《吉昌契约文书汇编》，北京，社会科学文献出版社，2010，第 411 页。

③　康香阁主编：《太行山文书精萃》，北京，文物出版社，2017，第 57 页。

④　吴晓亮、徐政芸主编：《云南省博物馆馆藏契约文书整理与汇编》（第六卷），北京，人民出版社，2012，第 43 页。

⑤　孙兆霞等编：《吉昌契约文书汇编》，北京，社会科学文献出版社，2010，第 106 页。录文直接将"㐂"录成"银"，"银"字的声旁是"㐂"。

按："卜"应该是前面所言"钱"字的俗字省写。吉昌契约文书中"言"字整理者认为是"原"字的讹误，两字音近，其他文书也常见"原日"的表达。不过，我们认为"言"字也能够讲通，不需要改成"原"字，"言日"即说话言定之日。

清水江文书中"卜"字也用来表示"分"，说"六钱五卜正""受艮五卜""捆艮四卜"，如：

（1）《姜番究、姜保天立断卖山场约》："凭中龙老估受捆艮五卜（分）。"（《清水江文书》8-1-1-007，乾隆二十六年七月十七日）

（2）《范富臣、范美臣立断卖山场杉木约》："当日凭中议定断纹艮六钱伍卜（分）正。"（《清水江文书》8-1-1-008，乾隆二十七年七月十三日）

（3）《姜兴甫等立分合同字》："姜兴甫、培厚占拾两零九钱八卜（分）。"（《清水江文书》8-1-1-040，光绪二十六年二月十日）

按："卜"既可能是"分"，又可能是"钱"。同一个字形，上下文不同就有"钱""分""卜"三个可能，给整理与研究清代手写文献带来麻烦。《范富臣、范美臣立断卖山场杉木约》明确写明："代笔李永若受艮三卜。凭中范连章受艮五卜。"究竟是什么需要根据上下文来判断。类似的，我们发现，凭中人收受的银钱是以分为计量单位。如：

《彭楼所立断卖山场杉木约》："凭中彭文昌捆艮四分。代笔范华𦫼造字艮三分。"（《清水江文书》8-1-1-009，乾隆三十一年十一月十四日）"

与前面进行对比，格式一样。由此，我们可以判断出，凭中和代笔的费用都是以分为计量单位。也就是说这几处出现的"卜"只能是指"分"。

【𠆢】

《为人之患在于不学无术好为人师事》："吾𠆢（儒）抱大有为之才，苟得选列西席，而操振铎之权，播金声之盛哉！"（《南部档案》17-325-8，光绪三十一年）

按："𠆢"字，《汉语大字典》第一版、第二版均未收录该字。

《中华字海》收录，解释为"曾作'儒'的简化字，后停用。见《第二次汉字简化方案（草案）》。"①《龙龛手镜·人部》收有该字。该字属于形声字，右边"人"为声旁。②

① 冷玉龙等主编：《中华字海》，北京，中华书局、中国友谊出版公司，1994，第65页。
② （辽）释行均：《龙龛手鉴》，四部丛刊续编景宋本，卷一。（辽）释行均：《龙龛手镜》，高丽本，北京，中华书局，1985，第24页。

【矛】

《为书立凭媒说合主婚出嫁事》："立字出嫁主婚文约人王宗俊、王宗贤，二人一合手矛（所）主嫁孙壻。侄孙王孝娃不幸亡于十年，六月内中矛（所）死。二人矛（所）主出嫁孙婿王周氏，凭媒说合，出嫁与邓维才名下为妻（妻），凭媒说（妁）议定主嫁钱十千零四百文整。其钱乙（一）手现交，并无下欠，一个在（再）无异言。倘若日后有家族异言称说，有至（侄）王宗俊、王宗贤一面承当。今恐人心不亦（一），特立主婚出嫁文约一纸为据。见婚书人王玉仁王玉芝王宗诮（诜）冯华祥。同治十年虫月廿五日立出主嫁是实。（《南部档案》6-384-2，同治十年六月廿五日）①

按：其中"矛（所）"字、"诮（诜）"字都不好断定，字形费解。"所"字三见，左边是"王"字，又似"三"字多一竖，右边似"斤"字，辞书不见，与"新"字、"现"字相似，但意思不通顺，查阅上下文及相关档案，也无法断定，暂时取最接近的字形"所"字。我们在清代手写文献中找到类似写法，如下：

(1)《李桃周明仁古堰用水纠纷合约》："在下以为李姓矛（所）凿掘阻。"（《道真契约文书》001-D014190，乾隆二十三年五月九日）②

(2)《阙敏侯分家书》："此天、地二号拈阄内所（所）欠认之银一概不涉人字号之事。"（《石仓契约》第四辑第八册下茶铺·阙氏，乾隆四十年十一月二十九日）③

(3)《田治熏借银约》："凡有所（所）欠之银两。"（《吉昌契约文书》tma-26，同治九年二月六日）④

(4)《王联富立字遗嘱分关合同文据》："尔弟兄私人平派瓜分所（所）有。"（《龙泉驿文书》6-1-156，光绪二十九年八月六日）⑤

按：石仓契约、吉昌契约文书、龙泉驿文书中的"所"字写法比较接近南部档案的写法，可以为我们考证提供线索，但毕竟字形还是有差异。

---

① 本契约文书写的月份没有用常见的数字加月，而是写为"虫月"，据苟德仪：《清代〈南部县档案〉中"虫月"等名称考释》（载《历史档案》2008年第2期）一文考证，"虫月"即六月，"丝月"为四月的代称。
② 汪文学编校：《道真契约文书汇编》，北京，中央编译出版社，2014，第3页。
③ 曹树基、潘星辉、阙龙兴编：《石仓契约》第四辑第八册，杭州，浙江大学出版社，2015，第6页。
④ 孙兆霞等编：《吉昌契约文书汇编》，北京，社会科学文献出版社，2010，第410页。
⑤ 胡开全主编：《成都龙泉驿百年契约文书》，成都，巴蜀书社，2012，第369页。

陈五云等引《可洪音义》说："所（所）齧（齧）：五结反。"①其中"所"字与南部档案的写法也比较接近。

"所"字又写成"所"，与石仓契约、吉昌契约文书、龙泉驿文书的写法类似，如：

《康熙小密折》："向（向）尔所（所）奏，有少鲜（解）宵旰之劳，秋收之后，还写（写）奏帖奏来。九（凡，非所）有奏帖，万不可與（与）人知道。"（康熙三十二年七月）

按：这是皇帝在密奏上的手写批文。同卷中又有其他写法，而臣子的密奏，则比较规范，如"臣无地方之责，不应渎陈仰见，皇上爱（爱）民如子，视民（民）如伤之至意，敢就所（所）知，谨奏以闻。"

《南部档案》中的"诜"字左边是言旁无疑，右边则似"先"和"足"及"告""志"，但此处是人名，难以通过上下文推断，只好取最接近的字形"诜"字。"一拿"疑是"一合手"的合书。本卷档案的断句也十分困难。

## 【会】

《为蒙学堂一体购习大清会典便蒙述略一书饬南部县》："该县小学堂教习杜焕章编辑《大清会典便蒙述略》一书，俱用韵语，略附注释，卷帙会（无）多而大纲已备，以教初学尚为适宜，应准通饬各府厅（厅）州发各蒙学堂，以资诵习。"（《南部档案》16-911-2，光绪七年七月六日）

按："会"字费解，字形似"会""念"，《敦煌俗字典》收有，作"会"。但上下文不通，据语境，该字当是"无"字的俗字。查阅辞书，又未见这种写法。该字草书接近"无"，当是草书影响而产生的俗字。曾良指出："无"字，王献之作"会"②。"抚"字的俗字写"抚"，与之类似。

清水江文书将"无"写成"会"，与"会"接近。类似的写法，清代手写文献中还有用例。

（1）《山林断卖契》："会（无）从得出。"（《贵州苗族林业契约文书汇编》，乾隆十七年十二月六日）

（2）《蒋显宗断卖栽手杉木契》："恐后会（无）凭。"（《清水江文书》2-1-3-067，道光十年四月三日）

（3）《郭承义、郭绍义卖地永远死契文字》："恐口会（无）凭，立字存

① 陈五云、徐时仪、梁晓虹：《佛经音义与汉字研究》，南京，凤凰出版社，2010，第18页。
② 曾良：《敦煌佛经字词与校勘研究》，厦门，厦门大学出版社，2010，第276页。

证。所有房亲户族人等争竞者，某（与）买主某（无）干。"（《太行山文书》，道光十二年十二月）①

（4）《何舒氏等立杜断典豆担约》："即听管业耕种某（无）阻，未卖之先并某（无）重迭交易及内外人声说等情。"（《徽州文书》0020，道光二十一年十一月）②

又写作"某"，与之形近。

（1）《郭承义、郭绍义卖地永远死契文字》："因某（无）钱使用，央中说合。"（《太行山文书》，道光十二年十二月）③

（2）《余尚贤断卖杉木约》："今恐某（无）凭。"（《清水江文书》2-4-1-006，道光二十七年十二月十一日）

（3）《金玉春等立再定兴山承议约》："今恐某（无）凭。"（《徽州文书》1224，咸丰四年六月廿六日）④

（4）《广南当熟地文约那凹寨王布贵将自有地当与侬老太爷》："恐口某（无）凭，立此僧契为据。"（《云南省博物馆馆藏契约文书》社土663-3，咸丰六年四月十七日）⑤

（5）《龚刘氏母子将夫得买之地出当与邹裘格当约》："母子某（无）有度食。"（《道真契约文书》039-D014168，咸丰二年十一月十七日）⑥

（6）《李李氏过继侄子李崑子嗣单》："因为缺子某（无）人承嗣……于旁人某（无）关。"（《太行山文书》，光绪十八年七月二十七日）⑦

（7）《为速将光绪二十三年分正佐各衙门现设官役姓名年岁籍贯变更顶补造册申报事饬南部县》："速将二十三年分正佐各衙门现设官役姓名年岁籍贯有某（无）事故更换顶补。"（《南部档案》14-28-1，光绪二十四年二月）

按："某""某"均是"无"的俗字。

这种写法已经比较接近今天的简化字。民国时期仍见使用，如易培

---

① 康香阁主编：《太行山文书精萃》，北京，文物出版社，2017，第56页。

② 刘伯山编著：《徽州文书》第一辑2，桂林，广西师范大学出版社，2005，第23页。

③ 康香阁主编：《太行山文书精萃》，北京，文物出版社，2017，第56页。

④ 刘伯山编著：《徽州文书》第一辑9，桂林，广西师范大学出版社，2005，第19页。

⑤ 吴晓亮、徐政芸主编：《云南省博物馆馆藏契约文书整理与汇编》第六卷，北京，人民出版社，2012，第37页。

⑥ 汪文学编校：《道真契约文书汇编》，北京，中央编译出版社，2014，第58页。

⑦ 康香阁主编：《太行山文书精萃》，北京，文物出版社，2017，第42页。

基《三国志补注》："南本无（無）在字。"①

又写作"無"。该俗字至迟魏晋南北朝已经出现。赵春兰说：無，《辽藏·妙法莲花经》："無所希望望"。在碑隶中，为刊刻方便，常把"灬"写成"一"。《字样》："無无，二同。"同书跋云："又体殊浅俗，于义无依者，并从删剪。"《隶辨》北海相景君铭："莫不流光口無穷。"②赵春兰说：汉《北海相景君铭》已见"無"字，盖隶变字。《敦煌俗字研究》有此字，《隶辨》："北海相景君铭莫不流光口無穷。"③

## 【聄】

《为谯文贵具告梅应贵等乘病嫁妇伙串估打脚模手印事》："据谯大俊供称，文贵之父大用实因家寒，不能顾聄（眄）孙媳衣食。"（《南部档案》19-268-2，光绪二十八年五月十六日）

按：该字我们翻阅了辞书，均未见收录。《龙龛手镜》有相似的写法。《龙龛手镜》："䎶，正，之忍反。告也。三。耺聄二俗，音好。耻，正。……聘，妙也。聘，疋正反。聘，问也。二。"④《龙龛手镜》收录的字形接近，但意思无法讲通。

该字，辞书未收，实际该字是"眄"的讹误。俗写"耳"与"目"极为相似，多混淆。"眄"字，《史记·周本纪》："道路以目。"《集解》："韦昭曰：'以目相眄而已。'"⑤但"顾眄"在文中仍然不能够理顺，因为"顾眄"在《汉语大词典》中收录，列有三个义项：1. 环视；左顾右盼。多形容自得。宋司马光《观试骑射》诗："扬鞭秋云高，顾眄有余锐。"明方孝孺《益斋记》："元直长身昂然，顾眄峭耸。"2. 眷慕相视。《元朝秘史》卷二："你两个年小的常相顾眄，明后休相弃。"3. 回头看望。清孙枝蔚《插秧》诗："珍惜频顾眄，不闻儿女啼。"⑥

"眄"又是"盼"的俗字或者形近讹误。《佩觿》："眄恨之眄下计翻为盼。"⑦《三国志》中有两字误用的情况，如《三国志·魏志·许褚传》："太

① 易培基：《三国志补注》，台北，艺文印书馆，1955，第26页。
② 赵春兰：《应县木塔辽代秘藏妙法莲花经俗字研究》，上海师范大学硕士学位论文，2006，第17页。
③ 赵春兰：《应县木塔辽代秘藏妙法莲花经俗字研究》，上海师范大学硕士学位论文，2006，第33页。
④ （辽）释行均：《龙龛手镜》，高丽本，北京，中华书局，1985，第314页。
⑤ （汉）司马迁：《史记》，北京，中华书局，2014，第181页。
⑥ 罗竹风：《汉语大词典》，上海：汉语大词典出版社，1986—1993，第12卷362页。
⑦ （宋）郭忠恕：《佩觿》，上海，商务印书馆，1937，第105页。

祖顾指褚，褚瞋目盼之。"《集解》本"盼"字作"眄"字，并指出："何焯校改'眄'作'眒'。"①徽州文书也见到"盼"的俗字"眒"，根据方孝坤《字表》，"眒"字明代有使用。② 南部档案多见，如：

（1）《梁凤止为婚事呈父母的信函》："一则眒（盼）望双亲，二则嗣续前人香烟。"（《南部档案》11-197-8，光绪十七年五月四日）

（2）《为移送事》："切盼（盼）切等。"（《南部档案》12-17-3，光绪二十年八月十二日）

"顾盼"意思是照顾；看顾。《孔丛子·连丛子下》："公顾盼崔生，欲分禄以周其无，君之惠也。"③《西游记》第三二回："八戒道：'看师父是坐，巡山去是走；终不然教我坐一会又走，走一会又坐。两处怎么顾盼得来？'"④清吴敏树《书谢御史》："一朝跌足，谁肯相顾盼耶？"⑤

张涌泉《汉语俗字研究》指出："1991 年 8 月 31 日的《光明日报》第四版载有毛泽东 1917 年 3 月写给日本友人宫崎滔天的一封信，其中有云：'泽东湘之学生，赏读诗书，颇立志气。今者愿一望见风采，聆取宏教，惟先生实赐容接，幸甚幸甚。'其中的'聆'字字书未载（校按：《汉语大词典》载此字，称音义未详），据文意，似当是'聆'字。但'聆'字怎么会写作'聆'呢？当时好生纳闷。事后琢磨再三，才悟出一点道理来：大概因为'聆'与'盼'形义皆近，作者拟书'聆'而受'盼'字影响，遂形误为'聆'。"⑥该写法与"聆"十分接近，讹误过程有共同之处，可以参考。

【雨】

《阙云开分家书》："又横屋式间，并及被雨在内。"（《石仓契约》第四辑第八册下茶铺·阙氏，道光二十五年二月八日）⑦

按："雨"字费解，辞书未见。石仓契约的整理者判断为"厦"字，不过从上下文和字形来看，都无法讲通。

我们认为该字似是"席"字的俗字。"被席"文意较畅通。从字形来看，"席"字的俗字有"囷"，与"雨"字十分接近。《说文·巾部》："囷，古文

① 卢弼：《三国志集解》，北京，中华书局，1982，第 469 页。
② 方孝坤：《徽州文书俗字研究》，北京，人民出版社，2012，第 207 页。
③ （汉）孔鲋：《孔丛子》，四部丛刊景明翻宋本，卷七。
④ （明）吴承恩：《西游记》，明书林杨闽斋刊本，第三十二回。
⑤ （清）吴敏树：《桦湖文集》，清光绪十九年思贤讲舍刻本，卷九。
⑥ 张涌泉：《汉语俗字研究》，北京，商务印书馆，2010，第 69 页。
⑦ 曹树基、潘星辉、阙龙兴编：《石仓契约》第四辑第八册，杭州，浙江大学出版社，2015，第 26 页。

席，从石省。"①商承祚《说文中之古文考》："囦，象席而有织文；厂，室屋也。非从石省。"②《汉语大字典·厂部》收录，可以参阅。

### 【𣭤】

《为具告石洲文允婚悔盟事》："至去九月初二日，肘酒丝带，𣭤衣花粉，下拜为订，係伊请王兴仁执笔开写红庚。"(《南部档案》3-68-2，嘉庆九年五月十九日)

按："𣭤"字，《汉语大字典》《敦煌俗字典》《宋元以来俗字谱》等均未收录。我们怀疑该字为"膝"之俗字。③ "膝"字的俗字有写成"厀"的，唐颜元孙《干禄字书》："厀膝，上俗下正。"④又写成"䣛"，明郭一经《字学三正》："膝，俗作䣛。"⑤《字汇》《正字通》均言："䣛，俗膝字。"⑥还写成"𥞏"，潘重规《敦煌俗字谱》"膝"条有收。另外还有"𨇯"字，《碑别字新编》下"膝"，《清张槐生墓志》作"𨇯"⑦，《汉语大字典》指出："𨇯，同膝"，引明方孝孺《养素斋记》："胁肩累足，拱手屈膝。"⑧这四种俗字相通，其右部"水""小"常相通用，如"泰"作"㤗"，"黍"作"㤗"(俱见《干禄字书》)。众所周知，俗字省略部分笔画十分常见，因此，"𣭤"是"膝"的省减变体，疑受"寮"一类字的影响。

清代的其他传世文献中也有"膝衣"的用例。《(乾隆)重修凤山县志》卷三《风俗·婚礼》："庙见日，新妇献茶于先祖毕，献舅姑，靴袜履膝衣之属以为赘，皆拜。次拜诸父诸母长亲卑幼，以次答之，分致靴袜膝衣，卑幼以荷包，名曰拜茶。"陈瑞生《再生缘》："绣袄花裙俱已备，膝衣鞋履也须装。"⑨《红楼幻梦》第四回："晚饭后，大众将黛玉扶入新装的洞房内，开脸梳头，戴着家传的赤金装珠嵌宝一品凤冠，穿着大红五色刻丝云龙卧海夹时花的蟒服，系着西湖水洋绉满绣五色云龙夹花片金镶边蝉

---

① (东汉)许慎：《说文解字》，北京，中华书局，1963，第 159 页。

② 商承祚：《说文中之古文考》，上海，上海古籍出版社，1983，第 73 页。

③ 该字论述及文献用例详参贺敬朱：《南部档案俗字辨析二则》，《铜仁学院学报》2017 年第 8 期。

④ 中华汉语工具书库编辑委员会：《中华汉语工具书库》第十二册，合肥，安徽教育出版社，2002，第 591 页。

⑤ (明)郭一经：《字学三正》，清文渊阁四库全书本。

⑥ (明)梅膺祚：《字汇》，明代万历四十三年(1615)刻本，《未集》第 91 页。(明)张自烈：《正字通》，清代康熙十年(1671)刻本，《未集下》第 36 页。

⑦ 秦公辑：《碑别字新编》，北京，文物出版社，1985，第 333 页。

⑧ 《汉语大字典》第二版，成都，四川辞书出版社；武汉，崇文书局，2010，第 2246 页。

⑨ (清)陈瑞生：《再生缘》，郑州，中州书画社，1982，第 134 页。

裙，外罩翠蓝地三色金刻丝云鹤霞帔，挂着羊脂玉赤金镶围带，披着天青缎三蓝蟠金菊花瓣云肩，尖小平直周正大红缎彩绣鞋，娇黄绣三翠膝衣。"①另邹弢《三借庐赘谭》卷七《跣足俗》："四川妇女多殊色，冶妆而跣其胫，无膝衣，无行缠素足，如霜行广市中，粤中风俗亦然。而乘以木屐，屐虽敝，犹鳖鳖然着以行，惟士大夫历官南北者归而变其制，竞习弓鞋，粤妇女亦多不袜。"②"跣其胫，无膝衣"，据此，"膝衣"当乃覆于胫之物。

"膝"字为"膝"的俗字，从文意来看也似通顺。而"膝衣"具体是什么意思，"膝衣"是一物，还是两物，《汉语大词典》《辞源》等大型辞书均未收录该词语，无法查阅其意义。

据上所言，"肘酒丝带，膝衣花粉"应是婚约之聘礼。清代传世文献对此有记载。清范祖述《杭俗遗风》叙述做媒择吉下盒时提及"男家行聘之物，造首饰板二块，将黄冠笄、簪环儿、金花、珠花、翠花、金如意、圆方玉如意、圆方金镯、玉钏之类分钉两板，裙袄彩币多少不等，有职分者，凤冠元领霞佩、束带朝裙朝珠补褂，再有衬冠裙袄小棉袄裤各一副，其余胭脂花粉红绳彩线，其喜蛋鲜乾各果如传红。女家回靴帽、袍套、鞋袜、鞋膝，如有公婆者，加堂上鞋袜、鞋膝各一副……""鞋膝"二字，上海文艺出版社1989年版《杭俗遗风》写成"鞋舄"③。"膝衣"之"膝"容易误判为"舄"的音近通假字，实际上并非如此。

然"膝衣"究竟为何物？仍十分费解。

明清小说中，在叙述鞋、履、裙等服饰时皆出现"膝裤"，如《红楼梦》第六十二回："宝玉道：'你快休动，只站着方好，不然连小衣儿膝裤鞋面都要拖脏。'"④《林兰香》第九回："丽人亦起，结抹胸，拴膝裤，兜凤履，整鸳裳，大有去意。"⑤《儿女英雄传》第二十七回："姑娘一看，原来里面小袄、中衣、汗衫儿、汗巾儿，以至抹胸、膝裤、裹脚、襻带一分都有，连舅太太亲自给他作的那双凤头鞋也在里头。"⑥《醒世姻缘传》第八十五回："内衬松花色秋罗大袖衫，外穿大红绉纱麒麟袍，雪白的素板银带，裙腰里挂著七事合包。下穿百蝶绣罗裙，花膝裤，高底鞋。"⑦

① （清）花月痴人：《红楼幻梦》，北京，中国戏剧出版社，2000，第27页。

② （清）邹弢：《三借庐赘谭》，光绪申报馆丛书余集本，卷七。

③ （清）范祖述：《杭俗遗风》，上海，上海文艺出版社，1989，第61页。

④ （清）曹雪芹：《红楼梦》，北京，人民文学出版社，1996，第861页。

⑤ （清）随缘下士：《林兰香》，北京，华夏出版社，1995，第34页。

⑥ （清）文康：《儿女英雄传》，上海，上海古籍出版社，2001，第411页。

⑦ （清）西周生：《醒世姻缘传》，济南，齐鲁书社，第1118页。

"膝衣"似即"膝裤"。清赵翼《陔余丛考》卷三十三指出："俗以男子足衣为袜，女子足衣为膝裤。"①清陈元龙《格致镜原》卷十八则认为："留青日札韈足衣今之膝袴（裤）。《笔丛》：'自昔人以罗袜咏女子，六代相承，唐诗尤众，至杨妃马嵬所遗，足征唐世妇人皆着袜无疑也，然今妇人缠足，其上亦有半袜罩之，谓之膝袴（裤）。'"②清李渔《闲情偶寄》卷七《妇人鞋袜辨》："袜一名膝裤。宋高宗闻秦桧死，喜曰：'今后免膝裤中插匕首矣。'则袜也，膝裤也，乃男女之通称，原无分别。但古有底，今无底耳。"③

最有说服力的证据是清王初桐《奁史》，该书卷六十七《袜履门》："旧时妇人皆穿袜，即窅娘亦着素袜，而舞袜制与男子相同，有底但瘦小耳。自缠足之后，女子所穿有弓鞋、绣鞋、凤头鞋，又往往用高底，遂不用有底之袜，易以无底直桶，名曰褶衣，亦曰膝衣，亦曰绫波小袜，以罩其上，盖妇人多以布缠足，而上口未免参差不齐，故须以褶衣覆之，今称褶衣为膝裤也。"④书中明确指出"膝衣"的多种说法，包括"绫波小袜""褶衣""膝裤"等。

西南官话方言有称"裤子"为"小衣"，疑似为"膝裤"称"膝衣"之由。

综上所述，"膝衣"即"膝裤"无疑，是胫足之间用于罩住鞋面以覆盖缠足布的一种的无底直筒物。


## 第二节　待考疑难俗字

清代手写文献中有部分疑难俗字，难以断定，或者知道为何字，但根据不足，仍需要继续考释。

【图】

《张必生、张必化、张必成、张必荣分书》："长子必化今分到西图图一所，同众义（议）定必化分为本分，此图图内盖五稟房三间，一切梁稟功价图（吃）用丙（并）不于（与）化一字相干。"（《太行山文书》，光绪三十一年二月二十四日）⑤

---

① （清）赵翼：《陔余丛考》，北京，商务印书馆，1957，第704页。
② （清）陈元龙：《格致镜原》，清文渊阁四库全书本，卷十八。
③ （清）李渔：《闲情偶寄》，清康熙刻本，卷七。
④ （清）王初桐：《奁史》，清嘉庆刻本，卷六十七。
⑤ 康香阁主编：《太行山文书精萃》，北京，文物出版社，2017，第38页。

按：其中""初看误以为是"口""光"，后来反复看，才明白是"吃"字，下文也说"一切布疋吃用四分均出"，"吃"字写法一样。但""""为何字，就无法断定和考释，只知道是房屋之类，可能是谷仓等，下文对应的其他三兄弟分的是东两院房，因此长子分的可能是西边的房屋。

【】

《为通饬所有随从仆役介准收受门包及规礼事饬南部县》："所有随从仆役（概）系捐廉给发工资。"（《南部档案》18-8-1，光绪三十三年七月七日）

按：""字比较模糊，根据上下文推断，可能是"概"的俗字，但为何这样写，还有待继续研究分析。① "概"字又写成"槩"，结构发生变化，左右结构变成上下结构。如：

《出卖田字据·王应桂卖与吴□》："一槩（概）是身承当。"（《清至民国婺源县村落契约文书》秋口镇鸿源吴家 63，康熙五十年九月二十一日）

【哦】

（1）《涉县大段地村、何家村、前何家村三村公约》："设法哦人群类皆然。……倘□设法哦人无礼太甚，或告一家，或布一家，欲哦一家之钱财。"（《太行山文书》，光绪元年三月二十六日）②

（2）《涉县前、后何家村二村公约》："设法哦人群类皆然。……倘有设法哦人无礼太甚，或告一家，或布一家，欲哦一家之钱财。"（《太行山文书》，光绪二十五年八月一日）③

按："哦"字费解。查阅辞书，我们发现辞书有收录，如《说文新附·口部》："哦，吟也。"《汉语大字典》收录"哦"字，解释为"吟咏；念（诵）"以及叹词。《中华字海》也收录"哦"字，解释与《汉语大字典》相同。这些解释无法解释文书中的语句。

【】

《张必生、张必化、张必成、张必荣分书》："长子必化今分到西一所，同众义（议）定必化分为本分，此内盖五稟房三间，一切梁稟

---

① 类似模糊的不一定是俗字，而可能是残缺。《为差役查勘冯明禄具告袁廷益谋改截葬情形事》："据宣化乡八甲民冯明祿（禄）以谋改截堃（葬）等情，具告袁廷（廷）益等一案，据此，合行簽（签）勘，为此簽（签）仰该书前往，协同词㐅（议）袁相显等，查勘冯明禄未卖坟茔内蓄柏树（树），有无被袁廷益毁界暮（暮）伐。"（《南部档案》14-59-2，光绪二十四年二月十日）按："㐅"模糊残缺，根据上下文，当是"议"字，但并不是其俗字。

② 康香阁主编：《太行山文书精萃》，北京，文物出版社，2017，第 100 页。

③ 康香阁主编：《太行山文书精萃》，北京，文物出版社，2017，第 101 页。

功价⿰（吃）用丙（并）不于（与）化一字相干。"(《太行山文书》，光绪三十一年二月二十四日)①

按："⿴"为何字，无法断定和考释，只知道是房屋之类，可能是谷仓等，下文对应的其他三兄弟分的是东两院房，因此长子分的可能是西边的房屋。

【炤】

《方其照卖地契》："恐口难凭，立此契存炤（照）。"(《田藏契约文书粹编》681，顺治七年一月)②

按："炤"字未见辞书收录，从上下文可以猜到是"照"字，"照"字未见有此俗字，在《清水江文书》中，"照"字写作"照""炤"等，接近"炤"字的除"炤"之外，就是"照"的俗字"𤎟"。"𤎟"字实际上是将下面的部件"火"（俗称四点底）放到左下角，写成原来的部件"火"，从上下结构变成左右结构。《字汇补·火部》："𤎟，《说文》照字。"③"𤎟"如果写简省一点，就与"炤"字很像。

清水江文书有个类似写法，写成"炤"，与"炤"字十分接近。如：

《姜番究、姜保天立断卖山场约》："立此断约存炤（照）。"(《清水江文书》8-1-1-007，乾隆二十六年七月十七日)

"炤"与"炤"字相似，清代手写文献已见"炤"字，如：

《李桃周明仁古堰用水纠纷合约》："立合约永远周明仁收执存炤（照）。"(《道真契约文书》001-D014190，乾隆二十三年五月九日)④

按："炤"即"照"的俗字，《广雅·释诂四》："炤，明也。"⑤《荀子·天论》："列星随旋，日月递炤。"杨倞注："炤，与照同。"⑥

清代手写文献有不少俗字，辞书未见，传世文献也没有，上下文可以猜测到意思，但不知道是何字。

清代手写文献有更多的疑难俗字，辞书未见，传世文献也没有，上下文也无法猜测到意思，完全不知道是何字，只好存疑待考，以待智者。

①　康香阁主编：《太行山文书精萃》，北京，文物出版社，2017，第38页。
②　田涛、［美］宋格文、郑秦主编：《田藏契约文书粹编》三，北京，中华书局，2001，第28页、第26页，该书契约与录文分列，独立编页，契约在第28页，录文在第26页。
③　（清）吴任臣：《字汇补》，清代康熙五年(1666)刻本，《巳集》第12页。
④　汪文学编校：《道真契约文书汇编》，北京，中央编译出版社，2014，第3页。
⑤　（清）王念孙：《广雅疏证》，北京，中华书局，1936，第76页。
⑥　（清）王先谦：《荀子集解》，北京，中华书局，1988，第308～309页。

这些疑难俗字，留待今后继续研究，如下表所列。

| 正字 | 俗字 | | | | | | | | | |
|---|---|---|---|---|---|---|---|---|---|---|
| | 顺治 | 康熙 | 雍正 | 乾隆 | 嘉庆 | 道光 | 咸丰 | 同治 | 光绪 | 宣统 |
| ？ | | | 祓① | | | | | | | |
| ？ | | | 㙙 | | | | | | | |
| ？ | | | | 脌 | | | | | | |
| ？ | | | | 脁 | | | | | | |
| ？ | | | | | 舢 | | | | | |
| ？ | | | | | | 蒙 | | | | |
| ？ | | | | | | 蔦 | | | | |
| ？ | | | | | | 想 | | | | |
| ？ | | | | | | 庶 | | | | |
| ？ | | | | | | 业 | | | | |
| ？ | | | | | | 骅 | | | | |
| ？ | | | | | | 望 | | | | |
| ？ | | | | | | 芶 | | | | |
| ？ | | | | | | 功 | | | | |
| ？ | | | | | | 大 | | | | |
| ？ | | | | | | | | | 持 | |
| ？ | | | | | | | | | 腥 | |
| ？ | | | | | | | | | 眛 | |
| ？ | | | | | | | | | 庳 | |
| ？ | | | | | | | | | 眤 | |
| ？ | | | | | | | | | 躭 | |

---

① 祓，疑此字为"褫夺"之"褫"，原文："其有文行平常钻充补者，查出，将社学即行祓（褫）革（革）并将该管（管）官嚴（严）加議（议）處（处），如此则知所惩劝而而养蒙育德方之，右制亦无不偹矣。"此处，一旦查出有充补的情况，就将社学革除、取消，褫革有剥夺、革除之意，故疑。

# 结　语

我们认为：俗字是浅近通俗的不规范字，俗字的内涵和本质特征是浅俗，通俗但不一定易懂，并非低俗，是约定俗成的。俗字没有地域性，没有随意性，具有传承性。俗字包括与正字相对的异体字、简体俗字、方言记音俗字等，俗字与古今字、通假字、异体字、讹误字、同义字、方言记音字等有一定的界限，并不相同。很多俗字容易误解，俗字与其他字写法相同，实际上两者是同形字，是不同的两个字。同时，俗字与简体字、异体字、古今字、讹误字交织在一起，不容易区别。俗字与正字并非固定不变，俗字是正字的补充和重要来源。

准确判断识读俗字需要查阅辞书、检索俗字索引、阅读上下文语境、分析字形字义等方法来帮助。

简体俗字有对称俗字和非对称俗字两个类别，直接影响了现在简化字的产生，追求书写简便快捷导致出现简体俗字，繁化俗字则是避免形近误解，都是为追求交际的准确方便，差异是笔画多寡和定形快慢。历史上很多人根本不是认为汉字有问题才用俗字，而是因为艺术、刻印等因素不得已而为之。如果我们认真的去看清代手写文献，就会发现并非文中出现的所有与今日简化字范围重合的字都被俗字取代了。汉字简化是主流，汉字繁化作用也不容忽视，文字规范和改革的主力军在民众，而不是法律法规和辞书。民众在使用汉字上，受到经济简便和交际需要的影响，自觉不自觉地对汉字进行改革探索。当然改革既有成功，又有失败。汉字的定型仍然需要民众广泛认可和使用，必须经过约定俗成的过程，社会的力量和国家政府的力量以及个别人物的力量都有影响。清代手写文献俗字为近代汉字提供了丰富的字形选择。虽然它们是浅俗的不规范汉字，但是为规范正字提供了选择，是汉字改革和规范的先行者和探索者。

清代俗字的产生、发展、演变和消亡受到书法和传承的巨大影响，档案各房书写俗字并无差异，各地书写的俗字也多相同，充分体现俗字书写的系统性和传承性，并非写手随心所欲、胡乱写的，并非局限于某地方的书写习惯。南部档案、巴县档案、淡新档案、龙泉档案、徽州文书、龙泉驿文书、大觉寺文书等的俗字也并不是南部、巴县、淡新、龙泉、徽州、龙泉驿、大觉寺等地独有的，而是传承古代的正俗字等。表义清晰、构形合理简易成为俗字存活的重要原因，表义不明、形近易误是俗字消亡的最大因素。

俗字并不是个人现象，而是社会现象。俗字的书写不是随心所欲，而是有一定习惯和传承的。俗字书写的规律是从简从快以及追求美观，书法对俗字产生了巨大影响。俗字产生、发展、定型等有一定规律可循，可以包括简化和繁化两个趋势。俗字在清代从顺治到宣统各朝发展迅猛，其来源是古代俗字、正字，产生原因是民众书写追求快捷、提高交际效率。民间只要不影响整体交际，俗字笔画的增减并不会影响整个文献的表情达意。历史传承性是俗字的重要特征，俗字起源往往较早。清代手写文献俗字在汉语俗字发展史处在承前启后的关键地位，它们与现行规范汉字关系十分密切，很多规范汉字来源于清代手写文献俗字。俗字与正字并非绝对对立，经时间检验的俗字表义清晰准确，受到民众追捧，往往摇身一变，登上大雅之堂，成为书写的规范汉字。

清代手写文献的疑难俗字不少，考释难度也不小，很多只能存疑，留待今后继续研究。俗字索引编排采用正字查俗字最快捷，部首编排索引是传统方式，但检索较慢，音序编排索引是现代方式，检索较快，加上分朝代列表，这样才能方便查询，整理与研究者需要一个全部的俗字索引，能够检索到不认识的俗字的索引就是好的索引。

# 附　录

## 清代俗字一览表

A

| 正字 | 俗字 | 正字 | 俗字 |
|---|---|---|---|
| 挨 | 挨 | 谙 | 情 |
| 爱 | 爱 | 暗 | 暗 |
| 碍 | 碍碍 | 昂 | 昂 |
| 庵 | 庵 | | |

B

| 正字 | 俗字 | 正字 | 俗字 |
|---|---|---|---|
| 拔 | 拔 | 卑 | 甲 |
| 坝 | 垻 | 碑 | 碑 |
| 霸 | 霸霸霸 | 北 | 北 |
| 坝 | 坝垻 | 孛 | 悖 |
| 柏 | 栢 | 背 | 脊揹背 |
| 办 | 办㸇 | 备 | 俻俻 |
| 拌 | 绊 | 奔 | 逩 |
| 邦 | 邦 | 俾 | 俾俾 |
| 帮 | 帮 | 弊 | 㗊奬㗊 |
| 包 | 包 | 壁 | 壁 |
| 胞 | 肥 | 边 | 边邉迆邉边 |
| 报 | 报报扳 | 遍 | 徧 |

续表

| 正字 | 俗字 | 正字 | 俗字 |
|---|---|---|---|
| 辮 | 辮 | 播 | 播 |
| 宾 | 宾賔賓 | 补 | 補 |
| 禀 | 禀稟禀 | 步 | 步步步 |
| 并 | 開 | 部 | 部 |
| 拨 | 撥㧊撥撥 | | |

C

| 正字 | 俗字 | 正字 | 俗字 |
|---|---|---|---|
| 纜 | 纜纜 | 迟 | 遲遲遟 |
| 叁 | 叄叄 | 齿 | 齒 |
| 惨 | 憯憯 | 充 | 充充 |
| 瞻 | 瞻 | 宠 | 寵 |
| 操 | 操操操 | 仇 | 仇 |
| 曹 | 曹曹 | 筹 | 寿 |
| 曾 | 曾曾 | 除 | 除 |
| 插 | 揷 | 处 | 处處厸處処處处处 处崇容害底底愛处 |
| 差 | 差 | 黜 | 黜黜 |
| 禅 | 禅 | 窗 | 窻 |
| 厂 | 厰 | 垂 | 垂 |
| 常 | 常 | 椿 | 椿 |
| 抄 | 抄抄剿 | 晴 | 晴 |
| 撤 | 撤 | 祠 | 祠 |
| 瞋 | 瞋 | 词 | 词 |
| 称 | 稱稱称 | 慈 | 慈 |
| 成 | 成 | 此 | 此此此 |
| 城 | 城 | 从 | 淀從 |
| 乘 | 乘 | 丛 | 叢 |
| 惩 | 惩惩 | 凑 | 凑 |
| 饬 | 飭劷 | | |

D

| 正字 | 俗字 | 正字 | 俗字 |
|---|---|---|---|
| 搭 | 搭 | 点 | 點 |
| 褡 | 褡搭 | 典 | 典典 |
| 带 | 带带带 | 殿 | 殿 |
| 代 | 代 | 调 | 调 |
| 贷 | 貸 | 寫 | 寫寫 |
| 戴 | 戴 | 牒 | 牒牒牒 |
| 耽 | 躭躭 | 丁 | 丁 |
| 单 | 单 | 鼎 | 鼎 |
| 担 | 躭担 | 定 | 定定 |
| 胆 | 胆 | 斗 | 斗 |
| 弹 | 彈 | 鬪 | 鬪鬪鬪 |
| 当 | 当 | 督 | 督督 |
| 㐆 | 㐆 | 独 | 独 |
| 蹈 | 蹈 | 渎 | 渎 |
| 到 | 到 | 赌 | 賭賭 |
| 盗 | 盗 | 杜 | 杜 |
| 道 | 辺道 | 蠹 | 蠹 |
| 得 | 得得得 | 度 | 度度 |
| 德 | 德德 | 段 | 段段段 |
| 邓 | 邓 | 缎 | 缎 |
| 登 | 登 | 断 | 斷斷斷斷斷 |
| 等 | 等等等等等 | 对 | 對對對 |
| 第 | 弟 | 顿 | 顿顿 |
| 递 | 遞逓遞遞遞遞遞遞 | | |

E

| 正字 | 俗字 | 正字 | 俗字 |
|---|---|---|---|
| 额 | 額額 | 尔 | 尔 |
| 恶 | 惡惡 | 式 | 式 |
| 恩 | 恩恩恩恩 | 贰 | 貳 |
| 儿 | 兒兒见儿 | | |

F

| 正字 | 俗字 | 正字 | 俗字 |
|---|---|---|---|
| 发 | 藗 撥 藗 薐 錂 錽 鬓 | 丰 | 豐 豐 |
| 凡 | 凡 凡 凡 | 封 | 封 |
| 犯 | 犯 | 俸 | 俸 |
| 翻 | 翻 | 凤 | 鳳 鳳 |
| 藩 | 藩 | 服 | 服 |
| 范 | 范 | 辅 | 輔 |
| 贩 | 贩 | 赴 | 赴 |
| 房 | 房 | 复 | 復 復 |
| 仿 | 仿 | 妇 | 媍 |
| 废 | 廢 | 袄 | 袄 |
| 飞 | 飛 | 敷 | 敷 |
| 分 | 分 | 傅 | 溥 |
| 坟 | 坟 | 覆 | 覆 |
| 焚 | 焚 | 富 | 富 富 |
| 峯 | 峯 |  |  |

G

| 正字 | 俗字 | 正字 | 俗字 |
|---|---|---|---|
| 该 | 该 | 个 | 個 |
| 改 | 改 | 功 | 功 |
| 盖 | 盖 | 瓜 | 瓜 |
| 概 | 概 | 褂 | 褂 |
| 骭 | 骭 | 管 | 管 管 |
| 甘 | 甘 | 归 | 歸 歸 歸 歸 歸 |
| 膏 | 膏 | 故 | 故 |
| 告 | 告 | 国 | 囻 囻 国 國 |
| 革 | 革 革 | 裹 | 裹 裸 |
| 隔 | 隔 | 过 | 過 過 |

H

| 正字 | 俗字 | 正字 | 俗字 |
| --- | --- | --- | --- |
| 还 | 還 | 还 | 還還 |
| 含 | 含 | 唤 | 唤唤唤唤 |
| 喊 | 喊 | 荒 | 荒 |
| 汉 | 漢 | 黄 | 黄 |
| 行 | 行 | 回 | 回 |
| 核 | 核 | 毁 | 毁毁毁毁毁 |
| 候 | 候 | 会 | 會會會會 |
| 互 | 互 | 汇 | 彙 |
| 护 | 護護 | 讳 | 諱 |
| 怀 | 懷 | 获 | 獲獲獲獲獲獲獲 |

J

| 正字 | 俗字 | 正字 | 俗字 |
| --- | --- | --- | --- |
| 稽 | 稽 | 奸 | 奸 |
| 机 | 杭 | 疆 | 疆疆 |
| 积 | 积 | 缴 | 繳繳 |
| 即 | 即 | 轿 | 轿 |
| 己 | 己 | 脚 | 脚 |
| 既 | 既 | 接 | 接 |
| 纪 | 纪 | 解 | 解解 |
| 祭 | 祭 | 届 | 届 |
| 继 | 繼繼繼 | 今 | 今今 |
| 价 | 價 | 金 | 金 |
| 兼 | 兼 | 仅 | 僅 |
| 煎 | 煎 | 紧 | 緊 |
| 捡 | 撿 | 近 | 近 |
| 检 | 檢 | 尽 | 尽 |
| 健 | 健 | 经 | 經經 |
| 践 | 踐 | 纠 | 糾 |
| 剑 | 劍 | 九六 | 旭 |

续表

| 正字 | 俗字 | 正字 | 俗字 |
|---|---|---|---|
| 久 | 久 久 | 距 | 距 |
| 就 | 就 | 讵 | 讵 |
| 究 | 究 究 | 据 | 據 撲 撻 抵 擾 覧 撩 撤 擾 様 擾 樣 持 禍 捸 邦 探 擾 撩 拨 掘 覺 掘 擺 撬 掘 姭 拋 擻 拋 拤 捸 具 據 擬 |
| 举 | 举 舉 | 卷 | 捲 |

K

| 正字 | 俗字 | 正字 | 俗字 |
|---|---|---|---|
| 开 | 开 | 叩 | 叩 |
| 楷 | 稭 | 宽 | 宽 寬 |
| 看 | 肴 | 款 | 欵 |
| 可 | 可 | 奎 | 奎 |
| 刻 | 刻 | 亏 | 虧 |

L

| 正字 | 俗字 | 正字 | 俗字 |
|---|---|---|---|
| 懒 | 憹 | 邻 | 邻 憐 |
| 离 | 雜 雜 雜 雜 | 临 | 臨 |
| 里 | 裡 | 领 | 領 |
| 理 | 裡 | 灵 | 靈 |
| 礼 | 禮 | 留 | 畱 |
| 詈 | 詈 | 流 | 流 |
| 隶 | 隶 | 隆 | 隆 隆 |
| 廉 | 廉 | 禄 | 禄 |
| 联 | 聯 聯 | 路 | 路 |
| 莲 | 莲 | 录 | 錄 錄 |
| 粮 | 粮 | 乱 | 亂 亂 乱 |
| 两 | 两 两 两 两 | 旅 | 旅 |
| 聊 | 聊 | 屡 | 屡 |

M

| 正字 | 俗字 | 正字 | 俗字 |
|---|---|---|---|
| 骂 | 罵 | 蒙 | 蒙 |
| 卖 | 賣 | 朦 | 朦 |
| 满 | 滿 | 面 | 面 |
| 卯 | 邜 | 灭 | 滅 |
| 茂 | 茂 | 名 | 名 |
| 冒 | 冒 | 默 | 黙 |
| 貌 | 貌 | 墓 | 墓 |
| 门 | 门 | 暮 | 暮 |

N

| 正字 | 俗字 | 正字 | 俗字 |
|---|---|---|---|
| 拏 | 拏拏 | 念 | 念 |
| 难 | 难 | 捏 | 捏 |
| 能 | 能 | 宁 | 寜宁 |
| 逆 | 迕 | 懦 | 懦 |
| 廿 | 廿 | | |

O

| 正字 | 俗字 |
|---|---|
| 殴 | 殴殴殴殴殴 |

P

| 正字 | 俗字 | 正字 | 俗字 |
|---|---|---|---|
| 派 | 派派派 | 劈 | 劈 |
| 盘 | 盘 | 片 | 片 |
| 跑 | 跑 | 凭 | 凭凭 |
| 配 | 配 | 铺 | 铺 |
| 蓬 | 蓬 | | |

Q

| 正字 | 俗字 | 正字 | 俗字 |
|---|---|---|---|
| 奇 | 奇 | 签 | 簽 |
| 齐 | 齐齐 | 黔 | 黔 |
| 器 | 器器 | 钱 | 錢錢錢 |

| 正字 | 俗字 | 正字 | 俗字 |
| --- | --- | --- | --- |
| 遣 | 遣 | 琼 | 瓊 |
| 乔 | 喬 | 取 | 取 |
| 桥 | 橋 | 券 | 券 |
| 谯 | 譙 | 劝 | 勸 勤 |
| 窃 | 窃 | 缺 | 缺 |
| 请 | 请 | 阒 | 閴 |
| 亲 | 親 |  |  |

R

| 正字 | 俗字 | 正字 | 俗字 |
| --- | --- | --- | --- |
| 染 | 染 染 | 闰 | 閏 |
| 荣 | 荣 | 润 | 潤 |

S

| 正字 | 俗字 | 正字 | 俗字 |
| --- | --- | --- | --- |
| 叁 | 叁 | 收 | 收 收 |
| 散 | 散 | 守 | 守 |
| 丧 | 丧 | 寿 | 寿 寿 |
| 擅 | 擅 | 殊 | 殊 |
| 商 | 商 | 疏 | 踈 踈 |
| 绍 | 绍 | 属 | 属 尿 尿 |
| 舍 | 捨 | 庶 | 庶 |
| 社 | 社 | 数 | 数 数 |
| 涉 | 涉 | 树 | 树 |
| 设 | 设 | 说 | 説 |
| 沈 | 沈 | 丝 | 絲 |
| 审 | 審 審 審 | 死 | 死 |
| 婶 | 婶 | 速 | 速 |
| 升 | 升 升 昇 | 诉 | 訴 |
| 升 | 陞 | 算 | 筭 |
| 省 | 省 | 岁 | 歳 歳 嵗 |
| 盛 | 盛 | 所 | 所 所 |
| 势 | 势 | 锁 | 鎖 |

T

| 正字 | 俗字 | 正字 | 俗字 |
|---|---|---|---|
| 踏 | 踏 | 厅 | 廰廳歴 |
| 逃 | 迯逃迋 | 廷 | 廷 |
| 体 | 体 | 庭 | 庭 |
| 添 | 添添添 | 突 | 宊宊 |
| 条 | 條 | 途 | 途 |
| 铁 | 铁鉄 | 土 | 圡圡 |
| 听 | 聽聽聽 | 驮 | 馱 |

W

| 正字 | 俗字 | 正字 | 俗字 |
|---|---|---|---|
| 挖 | 挖 | 伪 | 伪 |
| 冎 | 冎 | 违 | 違違 |
| 外 | 外 | 维 | 維 |
| 湾 | 湾 | 畏 | 畏 |
| 万 | 万 | 文 | 夂 |
| 王 | 玊 | 问 | 問问 |
| 往 | 徃 | 我 | 找 |
| 妄 | 妄妄 | 吴 | 吴吴 |
| 微 | 微微 | 无 | 㤀㤀 |
| 为 | 為 | 误 | 悮 |

X

| 正字 | 俗字 | 正字 | 俗字 |
|---|---|---|---|
| 析 | 晰 | 县 | 孫縣縣 |
| 熙 | 炅 | 献 | 献 |
| 悉 | 悉 | 显 | 顕 |
| 盼 | 聆 | 宪 | 憲 |
| 戏 | 戱 | 乡 | 鄉 |
| 先 | 先 | 效 | 効 |
| 鲜 | 鮮 | 携 | 携 |
| 嫌 | 嫌 | 写 | 寫寫寫寫寫寫寫 |

续表

| 正字 | 俗字 | 正字 | 俗字 |
| --- | --- | --- | --- |
| 协 | 恊 | 绪 | 緖 |
| 姓 | 姓 | 悬 | 懸 |
| 兴 | 興 | 选 | 選選 |
| 凶 | 兇 | 学 | 孝 |
| 修 | 修 | 勋 | 勲 |
| 虚 | 虗虗虐虘 | 巡 | 廵 |
| 须 | 湏 | 寻 | 尋 |
| 徐 | 徐 | 迅 | 迅迅 |
| 恤 | 峀 | 讯 | 訊訊訊 |

Y

| 正字 | 俗字 | 正字 | 俗字 |
| --- | --- | --- | --- |
| 押 | 押 | 议 | 議 |
| 烟 | 烟烟 | 银 | 艮銀 |
| 严 | 嚴厰厰 | 迎 | 迎 |
| 盐 | 鹽盇 | 营 | 营營營 |
| 验 | 驗验 | 幼 | 幼 |
| 杨 | 楊 | 余 | 馀 |
| 邀 | 邀 | 与 | 与与匆典與與 |
| 药 | 葯 | 玉 | 玉 |
| 业 | 業 | 誉 | 譽 |
| 宜 | 宜 | 冤 | 寃寃 |
| 疑 | 疑 | 远 | 远 |
| 蚁 | 蚁 | 愿 | 願願愿 |
| 役 | 伇伇伇伇 | 辕 | 轅 |
| 益 | 益 | 允 | 允 |

Z

| 正字 | 俗字 | 正字 | 俗字 |
| --- | --- | --- | --- |
| 砸 | 砸 | 在 | 互 |
| 再 | 再 | 葬 | 葬葬葬塟 |

续表

| 正字 | 俗字 | 正字 | 俗字 |
|------|------|------|------|
| 遭 | 遭 | 质 | 贊 |
| 糟 | 蹭 | 众 | 众 眾 衆 衆 |
| 蹭 | 蹭蹭蹭蹭 | 竹 | 竹 竹 |
| 造 | 造 | 抓 | 抓 |
| 札 | 札 | 专 | 専 |
| 占 | 佔 | 转 | 轉 轉 |
| 照 | 㷖照 | 庄 | 庄 |
| 箴 | 箴 | 状 | 状 |
| 挣 | 挣 | 滋 | 滋滋 |
| 正 | 正 | 总 | 總繼纜 |
| 证 | 証證 | 族 | 族 |
| 支 | 支 | 祖 | 祖 |
| 职 | 軄軄 | 钻 | 鑚 |
| 旨 | 旨 | 遵 | 遵 |
| 纸 | 紙紙帋紙 | 坐 | 坐 |

# 清代历朝俗字索引

编制索引是俗字研究的重要内容，但是索引往往与读者的需要脱节，检索不便是俗字索引编制的瓶颈，读者往往不能够识读俗字，不知道究竟是何字。知道读音，却无法利用音序。俗字按照部首编制索引，是通行做法，但需要准确找到俗字部首及其部首外的笔画数，不然也难以检索。还有不少俗字的部首归属多个部首或者部首不明，也让读者无法检索。考虑到以上因素，我们试编制了本索引，结合音序和朝代，读者可以根据读音和俗字所在朝代进行检索，受到表格限制，俗字没有列举例证，多数已经在前面正文中列举有代表的文献例证，希望能够对读者有所帮助。

A

| 正字 | 俗字 | | | | | | | | | |
| --- | --- | --- | --- | --- | --- | --- | --- | --- | --- | --- |
|  | 顺治 | 康熙 | 雍正 | 乾隆 | 嘉庆 | 道光 | 咸丰 | 同治 | 光绪 | 宣统 |
| 挨 |  |  | 挨 |  |  | 挨 |  |  |  |  |
| 爱 |  | 爱 |  |  |  | 爱 |  |  |  |  |
| 碍 |  |  | 碍 | 碍 | 碍 | 碍 | 碍 | 碍 | 碍 | 碍 |
| 庵 |  | 庵 |  |  |  |  |  |  |  |  |
| 谙 |  |  | 谙 |  |  |  |  |  |  |  |
| 暗 |  |  |  |  |  |  |  |  |  | 暗 |
| 昂 |  |  |  |  |  |  |  |  | 昂 |  |

B

| 正字 | 俗字 | | | | | | | | | |
| --- | --- | --- | --- | --- | --- | --- | --- | --- | --- | --- |
|  | 顺治 | 康熙 | 雍正 | 乾隆 | 嘉庆 | 道光 | 咸丰 | 同治 | 光绪 | 宣统 |
| 拔 |  |  | 拔 |  |  |  |  |  |  |  |
| 坝 |  |  | 坝 |  |  |  |  |  |  |  |
| 霸 |  |  |  |  |  | 霸霸 | 霸 |  |  | 霸霸 | 霸 |
| 柏 |  |  |  |  |  |  |  |  | 柏 |  |
| 拜 |  |  | 拜 |  |  |  |  |  |  |  |
| 办 |  |  |  |  |  | 办办 | 办 |  |  | 办办 |  |
| 拌 |  |  |  | 拌 |  |  |  |  |  |  |
| 邦 |  |  |  |  | 邦 |  |  |  |  | 邦 |  |
| 帮 |  |  |  |  |  |  |  |  |  | 帮 |
| 包 |  |  |  |  |  |  |  |  | 包 |  |
| 胞 |  |  |  |  |  | 胞 |  |  |  | 胞 |
| 报 |  |  | 报报 |  |  |  | 报 |  | 报报 |  |
| 卑 |  |  | 卑卑 |  |  |  |  |  |  |  |
| 碑 |  |  |  |  |  | 碑 |  |  |  |  |
| 北 |  |  |  |  | 北 |  |  |  |  |  |
| 背 |  |  |  |  |  |  |  |  | 背 | 背背 |  |
| 备 |  | 俻 | 俻 | 俻 | 俻 | 俻 |  |  |  | 俻俻 |
| 奔 |  |  |  |  |  |  |  |  | 奔 |  |

续表

| 正字 | 俗字 | | | | | | | | | |
|---|---|---|---|---|---|---|---|---|---|---|
| | 顺治 | 康熙 | 雍正 | 乾隆 | 嘉庆 | 道光 | 咸丰 | 同治 | 光绪 | 宣统 |
| 俾 | | | | | | 俾 | | | 俾 | |
| 裨 | | | 裨 | | | 裨裨 | | | | 裨 |
| 樊 | | | 樊 | 樊 | | | | | 奨 | 樊 |
| 壁 | | | | | | | | | | 壁 |
| 边 | 边 | 迸边 | 邉 | 毕迸邉 | 邉 | 邉 | 边 | | 边邉 | 邉迸 |
| 宾 | | | 賓 | | | 賓 | | | 宾 | |
| 禀 | | | 禀禀 | 禀 | | 禀 | | 禀 | 禀 | |
| 并 | | | | | | 開 | 開 | | | |
| 拨 | | | 撥撥後 | | | 撥撥撥撥 | | | 撥 | 撥 |
| 播 | | | | | | 播播 | | | | |
| 博 | | | 愽 | | | 愽 | | | | |
| 补 | | | | | | | | | 補 | |
| 步 | | | 步 | | | 步步 | 步步 | | 步步 | |
| 部 | | | | | | 部部 | 部部 | | | |

C

| 正字 | 俗字 | | | | | | | | | |
|---|---|---|---|---|---|---|---|---|---|---|
| | 顺治 | 康熙 | 雍正 | 乾隆 | 嘉庆 | 道光 | 咸丰 | 同治 | 光绪 | 宣统 |
| 才 | | | | | | 纔 | | | 纔纔 | 纔纔 |
| 参 | | | 叅 | 叅 | | 叅叅 | | | 叅 | |
| 惨 | | | | | | 慘慘 | | 慘 | 慘慘 | |
| 掺 | | | | | | | | | | 掺 |
| 赠 | | | | | | | | | 瞻 | |
| 操 | | | | | | | | | 操 | |
| 曹 | | | | | | 曹 | | | | 曹 |
| 槽 | | | | | | | | | 槽 | |
| 漕 | | | | 漕 | | | | | | |
| 曾 | | | 曾曾 | | | 曾 | | | 曾 | 曾 |

续表

| 正字 | 俗字 | | | | | | | | | |
|---|---|---|---|---|---|---|---|---|---|---|
| | 顺治 | 康熙 | 雍正 | 乾隆 | 嘉庆 | 道光 | 咸丰 | 同治 | 光绪 | 宣统 |
| 插 | | | | | | | | | 揷 | |
| 察 | | | | | | 察 | | | | |
| 差 | | | 差 | | | | | | | |
| 禅 | | 禅 | | | | | | | | |
| 厂 | | | | | | 厰厰 | | | | |
| 常 | | | | | | | 常 | | | |
| 抄 | 剿 | 剿 | 秌 | 抄 | | 抄 | | | 抄 | |
| 撤 | | | | | 撤 | 撤 | | | | |
| 瞋 | | | | | | | 瞋 | | | |
| 称 | | 稱 | 稱 | 稱 | | 稱稱 | 稱 | 称 | | |
| 成 | | 成 | 戊 | | | | | | | |
| 城 | | | 城 | | | 城 | | | | |
| 乘 | | | | | | 乗 | | | 乗 | 乘 |
| 惩 | | | | | | | | | 懲 | 懲 |
| 迟 | | | 遟遟 | | | 遟遟 | | | | |
| 齿 | | | 齒 | | | 齒 | | | | |
| 饬 | | | 飭飭 | 飭 | | 飭飭 | | 飭 | 飭飭 | 飭 |
| 充 | | | 充充 | 充 | | | | | 充 | |
| 宠 | | | | | | | | | 寵 | 寵 |
| 仇 | | | | | | 仇 | | 仇 | | |
| 初 | | 初 | | | | | | | | |
| 筹 | | | | | | | | | 夀 | |
| 除 | | | | | | 除 | | | 除 | |
| 锄 | | | 鋤 | | | | | | | |
| 处 | | | 處 | 處 | | 處處 | 處 | 處 | 处處 | 处 |
| 黜 | | | | | | | | | 黜 | 黜 |
| 窗 | | | | | | 窻 | | 窻 | 窻 | |
| 垂 | | | | | | | | | 垂 | |

续表

| 正字 | 俗字 | | | | | | | | | |
|---|---|---|---|---|---|---|---|---|---|---|
| | 顺治 | 康熙 | 雍正 | 乾隆 | 嘉庆 | 道光 | 咸丰 | 同治 | 光绪 | 宣统 |
| 椿 | | | | | | 椿 | | | | |
| 晴 | | | 晴 | | | | | | | |
| 祠 | | | | | | 祠 | | | | |
| 词 | | | | | | 词 | | | | |
| 慈 | | | | | | | | | 慈慈 | |
| 此 | 此 | | | | | | | | 此 | 此 |
| 从 | | 从 | | | | | 从 | | 从 | |
| 丛 | | | | | | | | | 丛 | |
| 凑 | | | | | | 凑 | | | | |

D

| 正字 | 俗字 | | | | | | | | | |
|---|---|---|---|---|---|---|---|---|---|---|
| | 顺治 | 康熙 | 雍正 | 乾隆 | 嘉庆 | 道光 | 咸丰 | 同治 | 光绪 | 宣统 |
| 搭 | | | | 搭 | | | | | | 搭 |
| 褡 | | | | | | | | | 褡褡 | |
| 带 | | 带 | 带 | | | 带带 | | | 带带 | 带带 |
| 代 | | 代 | | | | | | | | |
| 贷 | | | 贷 | | | | | | | |
| 戴 | | | | | | 戴 | | | 戴 | |
| 耽 | | | | | | 耽 | 耽耽 | | 耽 | 耽 |
| 单 | | 单 | 单单 | | | 单 | | | 单 | 单 |
| 担 | | | | | | | | | 耽 | 担 |
| 胆 | | | | 胆 | | | 胆 | | | |
| 弹 | | | | | | | | | 弹 | |
| 当 | | | | | | 当 | | | | |
| 凼 | | | | | | 凼 | | | | |
| 挡 | | | | | | | | | | 挡 |
| 蹈 | | | | | | | | | 蹈 | |
| 到 | | | | | | 到 | | | | |

续表

| 正字 | 俗字 | | | | | | | | | |
|---|---|---|---|---|---|---|---|---|---|---|
| | 顺治 | 康熙 | 雍正 | 乾隆 | 嘉庆 | 道光 | 咸丰 | 同治 | 光绪 | 宣统 |
| 盗 | | | | | | 盗 | | | | |
| 道 | | | | | | 迬 | | | | |
| 得 | | 淂 | 淂 | | | 得淂浮 | 得 | | | |
| 德 | | 德 | | 德 | | 德徳 | | | 德 | 德 |
| 登 | | | | 埜 | | | | | | |
| 等 | 苇 | 苇 | 苇苇 | | | 苇苇苇 | | 等 | 苇苇苇 | |
| 迪 | | | | | | | | | 迪 | 迪 |
| 第 | | 弟 | | | | | | | | |
| 递 | | | | | | 递递 | | | 递递递 | |
| 典 | | | | | 典 | 典 | 典 | | 典 | |
| 点 | | | 點 | | | | | | | |
| 殿 | | 殿 | | | | | | | | |
| 调 | | | | | | 调 | | | | |
| 寫 | | | 寫 | | | 寫 | | | | |
| 牒 | | | 牒牒牒 | | | | | | | |
| 丁 | | | | 丁 | | | | | | |
| 鼎 | | | | 鼎 | | | | | | |
| 定 | | | | | | 定定 | | | | |
| 斗 | | | | | | | | | 斗 | |
| 鬬 | | | 鬬 | | | 鬭鬭 | | | | |
| 督 | | | | | | 督督督 | | | | |
| 独 | | | | | | | | | 独 | |
| 渎 | | | | | | 渎 | | | 渎 | |
| 赌 | | | | | | 赌赌 | | | | |
| 杜 | | | 杜 | 杜 | | 杜 | | | | |

续表

| 正字 | 俗字 | | | | | | | | | |
|---|---|---|---|---|---|---|---|---|---|---|
| | 顺治 | 康熙 | 雍正 | 乾隆 | 嘉庆 | 道光 | 咸丰 | 同治 | 光绪 | 宣统 |
| 蠹 | | | | | | | | | 蠹 | |
| 度 | | | | | | 度度 | | | | |
| 段 | | 段 | 段 | 段 | 段 | 段 | | | 段段 | 段 |
| 缎 | | 缎 | | | | | | | 缎 | |
| 断 | | | 断 | 断 | 断 | 断断 | 断 | 断断 | 断断 | 断断断 |
| 对 | | | | | | | | | 對 | 對 |
| 顿 | | | | | | | | | 顿顿 | 顿 |
| 夺 | | | | | | 夺 | | | | |
| 多 | | | | | | 多 | | | | |

E

| 正字 | 俗字 | | | | | | | | | |
|---|---|---|---|---|---|---|---|---|---|---|
| | 顺治 | 康熙 | 雍正 | 乾隆 | 嘉庆 | 道光 | 咸丰 | 同治 | 光绪 | 宣统 |
| 额 | | | 额 | | | 额 | | | 额 | |
| 恶 | | | 恶恶 | | 恶 | 恶恶 | | | 恶 | 恶 |
| 恩 | | | 恩恩 | 恩 | 恩 | 恩恩恩 | 恩恩 | | 恩 | 恩 |
| 儿 | | 见儿 | | 儿 | | | | | 儿 | 儿 |
| 耳 | | | 1 | 耳 | | | | | | |
| 尔 | | | | | | | | | 尔 | |
| 弍 | | | | | | | | | 弍 | |
| 贰 | | | | | | | | | 贰 | |

F

| 正字 | 俗字 | | | | | | | | | |
|---|---|---|---|---|---|---|---|---|---|---|
| | 顺治 | 康熙 | 雍正 | 乾隆 | 嘉庆 | 道光 | 咸丰 | 同治 | 光绪 | 宣统 |
| 发 | 发 | | 发 | 发 | 发 | 发发 | 发发 | | 发发 | 发发 |
| 凡 | | | 凡凡 | | | | | | 凡凡 | |
| 犯 | | | 犯 | | 犯 | | | | 犯 | |
| 翻 | | | 翻 | | | 翻 | | | | |

续表

| 正字 | 俗字 | | | | | | | | | |
|---|---|---|---|---|---|---|---|---|---|---|
| | 顺治 | 康熙 | 雍正 | 乾隆 | 嘉庆 | 道光 | 咸丰 | 同治 | 光绪 | 宣统 |
| 藩 | | | | 藩 | | | | | 藩 | |
| 范 | | | | | | | | | 范 | 范 |
| 房 | | | | 房 | | | | | | |
| 仿 | | | | | | | | | 仿 | |
| 飞 | | | | | 飛 | | | | 飛 | |
| 废 | | | | | | | | | | 廢 |
| 分 | | | | | | 分 | | | 分 | |
| 坟 | | | 坟 | | | | | | | |
| 焚 | | | | | | 焚 | | | | |
| 封 | | | 封 | | | | | | | |
| 峰 | | | | | | 峰 | | | | |
| 丰 | | | | | | 豐 豊 | | | 豐 | |
| 俸 | | | | | | 俸 | | | 俸 | 俸 |
| 凤 | | 鳳 | | | 鳳 | | | | | |
| 服 | | | | | | | | | | 服 |
| 辅 | | | | 輔 | | 輔甫 | | | | 輔 |
| 赴 | | | 赴 | | | | | | | |
| 妇 | | 媍 | | | | | | | | |
| 袱 | | | | 袱 | | | | | | |
| 傅 | | | | 傅 | | | | | 傅 | |
| 富 | 冨 | 冨 | | | | | | | | |
| 复 | | | 復 | | | 復 | | | | |
| 覆 | | | 覆覆 | 覆 | | 覆 | | | | |

G

| 正字 | 俗字 | | | | | | | | | |
|---|---|---|---|---|---|---|---|---|---|---|
| | 顺治 | 康熙 | 雍正 | 乾隆 | 嘉庆 | 道光 | 咸丰 | 同治 | 光绪 | 宣统 |
| 该 | | | | | | 该该 | | | 该 | |
| 改 | | 改 | | | | | | | | 改 |

续表

| 正字 | 俗字 | | | | | | | | | |
|---|---|---|---|---|---|---|---|---|---|---|
| | 顺治 | 康熙 | 雍正 | 乾隆 | 嘉庆 | 道光 | 咸丰 | 同治 | 光绪 | 宣统 |
| 概 | | | | | | | | | 概 | |
| 盖 | | | | | | | | | | 盖 |
| 感 | | | | | | 感 | | | | |
| 赶 | | | | | | | | | 赶 | |
| 甘 | | 甘 | | | | | | | | |
| 膏 | | | | | | | | | | 膏 |
| 告 | | | | | | | 告 | | 告 | 告 |
| 革 | | | 革革 | | | 革 | | | 草 | 革 |
| 隔 | | | | | | 隔 | | | | |
| 个 | | | | 個 | | | | | | |
| 公 | | | | | | 公 | | | | |
| 功 | | | 功 | | | 功 | | | | |
| 供 | | | 供 | | | 供 | | | | |
| 恭 | | | | | | 恭恭 | | | | |
| 沟 | 沟沟 | | | | | | 沟 | | | |
| 姑 | | | 姑 | | | | | | | |
| 孤 | | | 孤 | | | | | | | |
| 股 | | | 股股 | | | | | | | |
| 故 | | | | | | | | | | 故 |
| 瓜 | | | | | | | | | 瓜 | 瓜 |
| 褂 | | | 褂 | | | | | | | |
| 乖 | | | 乖 | | | | | | | |
| 冠 | | | | | | 冠 | | | | |
| 关 | | | | 关 | 关 | 关关关 | | | 关 | |
| 官 | | | | | | | | | 官 | |
| 管 | | 管管 | 管管 | 管管 | 管 | 管管 | | | 管管 | 管 |
| 馆 | | | 馆 | | | | | | 馆 | |

续表

| 正字 | 俗字 | | | | | | | | | |
|---|---|---|---|---|---|---|---|---|---|---|
| | 顺治 | 康熙 | 雍正 | 乾隆 | 嘉庆 | 道光 | 咸丰 | 同治 | 光绪 | 宣统 |
| 归 | | | 歸歸歸歸 | | 歸 | 归歸歸歸 | | | 歸歸歸 | 歸歸 |
| 冈 | | | | | 冈 | | | | | |
| 国 | | | 国 | 国 | 国 | 国 | 国 | 国 | 国 | 国 |
| 果 | | 菓 | | | | | | | | |
| 裹 | | | 裹 | | | | | | | |
| 过 | | | 過過過過 | 過 | 過過 | 过過過過 | | | 過過 | 過 |

H

| 正字 | 俗字 | | | | | | | | | |
|---|---|---|---|---|---|---|---|---|---|---|
| | 顺治 | 康熙 | 雍正 | 乾隆 | 嘉庆 | 道光 | 咸丰 | 同治 | 光绪 | 宣统 |
| 还 | | 还 | | | | 還还 | | | 還 | |
| 害 | | | 害害 | | | 害 | | | | |
| 喊 | | | | | | 喴 | | | 喊 | 喊 |
| 汉 | | | | | | | | | 漢 | |
| 行 | | | | | | 行 | | | | |
| 号 | | | 號 | | 號 | 號號 | | | | |
| 豪 | | | | | | 壕 | | | | |
| 毫 | 毛 | | | | | 毛 | | | | |
| 合 | | | | | | | | | | 閤 |
| 核 | | | | | | | | | 核 | |
| 横 | | | 横 | | | | | | | |
| 鸿 | | | 鳥 鴻 | | | | | | | |
| 簧 | | | 簧簧 | | | | | | | |
| 厚 | | | | | | 厚 | | | | |
| 候 | | | | | | 候候候候 | 候 | 候候 | 候 | 候 |
| 互 | | | | | | | | | 互 | |

续表

| 正字 | 俗字 | | | | | | | | | |
|---|---|---|---|---|---|---|---|---|---|---|
| | 顺治 | 康熙 | 雍正 | 乾隆 | 嘉庆 | 道光 | 咸丰 | 同治 | 光绪 | 宣统 |
| 护 | | | | | | | | | 護 | 護 |
| 华 | | 華 | 華 | 華 | | | | | | |
| 画 | | | | 畫 | 画 | 畫 | | | | |
| 怀 | | | | | | 懷懷 | | | | |
| 唤 | | | 唤 | 唤 | | 唤 | 唤唤 | | 唤 | |
| 荒 | | | | | | 荒 | | | | 荒 |
| 黄 | | | | | | 黄 | | | | |
| 灰 | | | | 灰 | | 灰 | | | | |
| 回 | | | 回 | 回回 | 回 | 回 | 回 | 回 | 回回 | 回 |
| 汇 | | | 彙 | | | | | | 彙 | |
| 会 | | | 會 | | 會 | 會會 | | | 會令 | 會 |
| 毁 | | | | | | 毀燬 毀燬 | | | 毀燬 | 譭 |
| 讳 | | | | | | | | | 讳 | |
| 或 | | | 或 | | | | | | | |
| 获 | | | 獲獲 獲 | | | 獲獲 獲 | | | 獲獲 獲 | 獲獲 |

J

| 正字 | 俗字 | | | | | | | | | |
|---|---|---|---|---|---|---|---|---|---|---|
| | 顺治 | 康熙 | 雍正 | 乾隆 | 嘉庆 | 道光 | 咸丰 | 同治 | 光绪 | 宣统 |
| 稽 | | | | | | 稽稽 稽 | | | 稽 | |
| 赍 | | | 賫 | | | | | | | |
| 机 | | | | | | | | | 杌杌 | |
| 积 | | | | | | | | | 积 | |
| 疾 | | | | 疾 | | | | | | |
| 绩 | | | 績 | | | | | | | |
| 及 | | | | | | 及 | | | | |

续表

| 正字 | 俗字 | | | | | | | | | |
|---|---|---|---|---|---|---|---|---|---|---|
| | 顺治 | 康熙 | 雍正 | 乾隆 | 嘉庆 | 道光 | 咸丰 | 同治 | 光绪 | 宣统 |
| 汲 | | | 汲 | | | | | | | |
| 即 | | | 即 | 郎 | | | 郎郎郎 | | | 郎 |
| 暨 | | | | | | | | | 暨 | |
| 己 | | 已巳 | | 巳 | | | | | | |
| 几 | | | | | | 我 | | | | |
| 既 | | | 既 | | | | | | 既 | |
| 纪 | | | | 纪 | | | | | | |
| 寄 | | | 寄 | | | | | | | |
| 祭 | | | | 祭 | | 祭 | | | | 祭 |
| 济 | | | | | | | | 济 | | |
| 继 | | | 继 | | 继 | | | | 繼 | 继 |
| 夹 | | | | | | | | | 夹 | |
| 间 | | | | | | 间 | | | 闲 | |
| 坚 | | | | | | | | | 堅 | |
| 奸 | | | | | | | | | 奸 | |
| 监 | | | | | | | | | 监 | |
| 兼 | | | | 兼 | 兼兼 | 兼兼 | | 兼 | 兼 | |
| 减 | | | | | | | | | 减 | |
| 煎 | | | 煎 | | | | | | | 煎 |
| 捡 | | | | | | 捡 | | | | 捡 |
| 检 | | | | | | 检检检 | | | | 检 |
| 简 | | | | | | 简 | | | | |
| 见 | | | | | | 见见 | | | | |
| 健 | | | 健 | | | 健 | | | 健 | |
| 剑 | | | | | | | | | 剑 | |
| 践 | | | | | | 践 | | | | 践 |

续表

| 正字 | 俗字 | | | | | | | | | |
|---|---|---|---|---|---|---|---|---|---|---|
| | 顺治 | 康熙 | 雍正 | 乾隆 | 嘉庆 | 道光 | 咸丰 | 同治 | 光绪 | 宣统 |
| 鉴 | | | | | | 鑒鑒 | | | | |
| 疆 | | | | | | | | | 彊彊 | |
| 讲 | | | 講 | | | | | | | 講 |
| 将 | | 将 | 將 | | | 將 | | | | |
| 降 | | 降 | | | | | | | | |
| 交 | | | 交 | | | | | | | |
| 角 | | | | | | 角 | | | | |
| 剿 | 剿剿 | | 剿 | | | | | | | |
| 缴 | | | 繳 | | 繳 | 繳 | | | 繳 | 繳 |
| 脚 | | | | | | | | | 脚 | |
| 叫 | | | | 叫 | 叫 | 叫 | | 叫 | 叫 | 叫斗 |
| 轿 | | | | | | | | | | 轎 |
| 醮 | | | | | | 醮 | | | | |
| 劫 | | | | | | 刼刼 | | | | |
| 杰 | | 杰 | | | | | | | | |
| 节 | | | | | | 節 | | | | |
| 解 | | | 解 | | | 解 | | 解 | 解 | 解 |
| 届 | | | | | | 届屆 | | | 屆 | 屆 |
| 今 | | | | | | | | | 今今 | |
| 斤 | | | | 觔 | | | | | 觔 | 觔 |
| 近 | | | | | | 近 | | | | |
| 金 | | | | 金 | | | | | | |
| 衿 | | | 衿衿 | | | | | | | |
| 仅 | | | | | | | | | 僅 | |
| 尽 | | 尽 | | | | 尽 | | | 尽 | |
| 紧 | | | | | | | | 緊 | 緊 | 緊緊 |
| 近 | | | | | | 近近 | | | 近近 | |
| 经 | | | | 経 | | | | 経経経 | | 経 |

续表

| 正字 | 俗字 | | | | | | | | | |
|---|---|---|---|---|---|---|---|---|---|---|
| | 顺治 | 康熙 | 雍正 | 乾隆 | 嘉庆 | 道光 | 咸丰 | 同治 | 光绪 | 宣统 |
| 鲸 | | | | | | 鯨 | | | | |
| 井 | | | 丼 | | | | | | | |
| 究 | | | 究 | | | | | | | |
| 纠 | | 斜 | | | | | | | 斜 | |
| 久 | | | | | | 久 | | 久 | 久久 | |
| 救 | | | 救 | | | | | | | |
| 就 | | | 就 | | | 就 | | | 就 | |
| 旧 | | 旧 | 舊旧 | 旧 | 旧 | 旧 | 旧 | 旧 | 旧旧 | 旧舊 |
| 举 | | | 举舉 | | | | | 举 | 舉 | 舉舉 |
| 具 | | | 具 | | | 具 | | | | |
| 踞 | | | | | | 踞 | | | | |
| 距 | | | | | | | | | 距 | |
| 讵 | | | | | | | | | 讵 | |
| 据 | | 據據休據挑據 | 挑挑據 | 據據 | 挑挑挑據據據據據 | 據 | 挑據 | 據挑 | 挑 |
| 遽 | | | | | | 遽遽 | | | | |
| 圈 | | | | | | 椆 | | | 棬圈 | |
| 觉 | | 覺 | | | | | | | | |

K

| 正字 | 俗字 | | | | | | | | | |
|---|---|---|---|---|---|---|---|---|---|---|
| | 顺治 | 康熙 | 雍正 | 乾隆 | 嘉庆 | 道光 | 咸丰 | 同治 | 光绪 | 宣统 |
| 开 | | | | | | 開開開 | | | 開開開 | |
| 楷 | | | | | | | | | 楷 | |
| 看 | | | | 看 | | | | | 看 | |
| 坎 | | | | | 坎 | | | | | |
| 拷 | | | 拷 | | | | | | | |
| 可 | | | | 可 | | | | | | |

续表

| 正字 | 俗字 | | | | | | | | | |
|---|---|---|---|---|---|---|---|---|---|---|
| | 顺治 | 康熙 | 雍正 | 乾隆 | 嘉庆 | 道光 | 咸丰 | 同治 | 光绪 | 宣统 |
| 苛 | | | | | | 苛 | | | | |
| 恳 | | | 恳 | | | 恳 | | | | |
| 恐 | | 恐恐 | 恐恐 | | | | | | 恐 | 恐 |
| 块 | | | 块 | | 块 | 块块 | | | | |
| 宽 | | | 宽 | | | 宽 | | | | 宽宽 |
| 款 | | | | | | 款 | | | 款款 | |
| 况 | | | 况 | | | | | | 况 | |
| 奎 | | | | 奎 | | | | | | |
| 亏 | | | | | | 亏 | | | 亏 | |
| 愧 | | | 愧 | | | | | | | |
| 魁 | | | | | | 魁 | | | | |
| 馈 | | | 馈 | | | | | | | |
| 阔 | | | | | | | | | | 阔 |

L

| 正字 | 俗字 | | | | | | | | | |
|---|---|---|---|---|---|---|---|---|---|---|
| | 顺治 | 康熙 | 雍正 | 乾隆 | 嘉庆 | 道光 | 咸丰 | 同治 | 光绪 | 宣统 |
| 蜡 | | | | | | | | | 蜡 | |
| 懒 | | | | | | | | | | 懒 |
| 狼 | | | 狼 | | | | | | | |
| 勒 | | | 勒 | 勒 | | 勒 | | 勒 | | |
| 离 | | | | | | 离离 | 离 | 离 | 离 | 离 |
| 里 | | | 裡 | | | 裡 | | 裡 | | |
| 礼 | 礼 | | 礼 | | | 礼 | | | | 禮 |
| 詈 | | | | | | | | | 詈詈 | |
| 历 | | | | | | 歷 | | | | |
| 隶 | | | | | 隸隸 | | | | | 隸隸 |
| 砺 | | | 砺 | | | | | | | |
| 廉 | | | | | | | | | 廉 | |

续表

| 正字 | 俗字 | | | | | | | | | |
|---|---|---|---|---|---|---|---|---|---|---|
| | 顺治 | 康熙 | 雍正 | 乾隆 | 嘉庆 | 道光 | 咸丰 | 同治 | 光绪 | 宣统 |
| 联 | | | | | | 聨 | | | 聨聨 | |
| 两 | | 两两 | 両丙 | 両 | 両 | 両両丑丹尹 | | 丙両 | 丙両両两 | 両丙丙 |
| 量 | | | | | | 量量 | | | | |
| 梁 | | | | | | 梁 | | | | |
| 聊 | | | | | | | | | | 聊 |
| 邻 | 邻 | 邻 | | 隣 | | | | | 邻 | |
| 临 | | | 臨茋 | | | 臨 | | | 臨臨 | 臨 |
| 廪 | | | 稟 | | | | | | 廪 | |
| 瘝 | | | 瘝 | | | | | | | |
| 灵 | | | | | | | | | | 靈 |
| 领 | | | | | | 䬂领 | | | | |
| 流 | | 流 | 流流 | | | 流 | | | 流 | 流 |
| 留 | | 畱 | | 留 | | 畱 | 留 | | 畱 | |
| 刘 | | | | | | 刘 | | | | |
| 隆 | 隆 | | | 隆 | | 隆隆 | | | 隆 | |
| 龙 | 龍 | | 龍 | | | 龍 | | | | |
| 陇 | | | | | | 瀧 | | | | |
| 拢 | | | | | | 攏 | | | | |
| 楼 | | | 楼 | | | | | | | |
| 漏 | | | | | | 漏 | | | | |
| 炉 | | | | | | | | | 炉 | |
| 陆 | | 陸 | | | | | | | | |
| 禄 | | | | | | | | | 祿 | |
| 路 | | | 路路 | | | | | | 路 | |
| 録 | | | | | | 錄 | | | 錄 | |
| 旅 | | | | | | | | | 旅 | |
| 屡 | | | 屡 | | | 屡 | | | | |
| 乱 | 乱 | 乱 | | | | | | | 乱 | |
| 落 | 落 | | | | | | | 落 | | |

M

| 正字 | 俗字 | | | | | | | | | |
|---|---|---|---|---|---|---|---|---|---|---|
| | 顺治 | 康熙 | 雍正 | 乾隆 | 嘉庆 | 道光 | 咸丰 | 同治 | 光绪 | 宣统 |
| 马 | | | | | 為 | | | | | |
| 骂 | | | 罵 | | | | | | 罵 | |
| 麦 | | | | 麦 | | 麦麥 | 麦麥 | | | |
| 卖 | | | 卖 | | | | | | | |
| 满 | | | | | | 满㳸 | | | 蒲 | |
| 茂 | | 茂 | | | | 戓 | | | | |
| 冒 | | | 冒冐冐 | 冐冐 | | 冒冐 | | | | |
| 贸 | | | | | | 貿 | | | | |
| 貌 | | | | | | | | | 貌 | 貌 |
| 每 | | | | | | 每 | | 每 | | |
| 门 | | | | | | 门 | | | 门 | |
| 朦 | | | | | | | | | 朦 | |
| 蒙 | | | 蒙㲀家㝉 | | | 蒙㝉 | | | 䒦蒙 | 蒙 |
| 梦 | | | | | | | | | | 夢 |
| 密 | | | 㝉 | | | | | | | |
| 觅 | | | 覔 | | | 覔 | | | | |
| 面 | | | | | | 面 | | | 面 | 面 |
| 秒 | | | 杪 | | | | | | 抄 | |
| 庙 | | | 庙 | | | 庙 | | | 庙 | |
| 灭 | | 威威 | | | | 烕烕烕 | | | | |
| 民 | | 民 | | | | | | | | |
| 名 | | | | | 名 | | | | | |
| 命 | | | | | | 命 | | | | |
| 默 | | | | | | | | | 默蓦 | 蓦 |
| 母 | | | 㘷 | | | | | | | |

续表

| 正字 | 俗字 | | | | | | | | | |
|---|---|---|---|---|---|---|---|---|---|---|
| | 顺治 | 康熙 | 雍正 | 乾隆 | 嘉庆 | 道光 | 咸丰 | 同治 | 光绪 | 宣统 |
| 沐 | | | | | | 沐 | | | | |
| 墓 | | | | | | | | | 墓 | |
| 暮 | | | | | | 暮 | | | 暮 | 暮 |
| 亩 | 畝 | | | | | 畆 | | | 畆 | |

N

| 正字 | 俗字 | | | | | | | | | |
|---|---|---|---|---|---|---|---|---|---|---|
| | 顺治 | 康熙 | 雍正 | 乾隆 | 嘉庆 | 道光 | 咸丰 | 同治 | 光绪 | 宣统 |
| 拿 | | | | | | 拏 | | | 拏拏 | 拏拏 |
| 难 | 難难 | | 難 | | | 難 | | | 难 | |
| 囊 | | | | | | 囊 | | | | |
| 内 | | | | | | 内 | | | | |
| 能 | | | | | | 能 | | | | 能 |
| 逆 | | | | 逆 | | | | | | |
| 年 | | 年 | 年年 | | | 年年 | | | | |
| 碾 | | | | | | 碾 | | | | |
| 撵 | | | | | | 撵 | | | | |
| 廿 | 廿 | 廿 | | | | | | | | |
| 念 | | 念 | | | | 念念 | 念 | | 念 | |
| 捏 | | | 捏捏 | 捏 | 捏 | 捏捏捏 | 捏 | | 捏 | 捏捏 |
| 臬 | | | | | | 臬 | | | | |
| 宁 | | | 宁 | 寧 | 寧 | 寧寧 | 尖 | | | |
| 弄 | | | | | | 弄 | | | | |
| 奴 | | | | | | 奴 | | | | |

O

| 正字 | 俗字 | | | | | | | | | |
|---|---|---|---|---|---|---|---|---|---|---|
| | 顺治 | 康熙 | 雍正 | 乾隆 | 嘉庆 | 道光 | 咸丰 | 同治 | 光绪 | 宣统 |
| 欧 | | | 歐歐 | | | 歐歐歐 | | | 歐 | |

P

| 正字 | 俗字 | | | | | | | | | |
|---|---|---|---|---|---|---|---|---|---|---|
| | 顺治 | 康熙 | 雍正 | 乾隆 | 嘉庆 | 道光 | 咸丰 | 同治 | 光绪 | 宣统 |
| 牌 | | | 牌牌 牌 | | | 牌牌 | | | | |
| 派 | | | 派 | | 派派 | 派派 | | | 派派 | 派派 |
| 盼 | | | | | | | | | 盼 | |
| 潘 | | | | | | 潘 | | | 潘 | |
| 旁 | | | 傍 | | | | | | | |
| 跑 | | | | | | | | | 跑 | |
| 配 | | | | | | | | | | 配 |
| 蓬 | | | | | | 蓬 | | | 蓬 | |
| 劈 | 劈 | | | | | | | | | |
| 片 | | | | | | 片 | | | 片片 片 | |
| 偏 | | | | | | 偏 | | | | |
| 品 | | | | | | | | 品 | | |
| 聘 | | | | | | 聘 | | | | |
| 批 | | | | | | | | | 批 | |
| 凭 | 凭凭 凭 | 凭凭 凭凭 | 凭凭 凭凭 | 凭凭 凭 | 凭凭 | 凭凭 凭凭 凭凭 | 凭凭 | 凭 | 凭 | 凭 |
| 铺 | | | | | | | | | 铺 | 铺 |
| 璞 | | | 璞 | | | | | | | |

Q

| 正字 | 俗字 | | | | | | | | | |
|---|---|---|---|---|---|---|---|---|---|---|
| | 顺治 | 康熙 | 雍正 | 乾隆 | 嘉庆 | 道光 | 咸丰 | 同治 | 光绪 | 宣统 |
| 柒 | | 柒柒 | 柒柒 | | | | | | | |
| 戚 | | | 戚 | | | | | | | |
| 其 | | | 其 | | | | | | | |
| 奇 | | | 奇 | 奇 | | | | | | 奇 |
| 齐 | 齐 | 齐 | 齐齐 齐 | | | 齐 | | | 齐 | |

续表

| 正字 | 俗字 | | | | | | | | | |
|---|---|---|---|---|---|---|---|---|---|---|
| | 顺治 | 康熙 | 雍正 | 乾隆 | 嘉庆 | 道光 | 咸丰 | 同治 | 光绪 | 宣统 |
| 乞 | | | 乞 | | | | | | | |
| 启 | | | 启 | | | | | | | |
| 契 | | | 契 | | 契 | | | | 契 | |
| 器 | | | 器 | | | | | | 器器 | |
| 牵 | | | 牵牵 | | | 牵 | | | | |
| 签 | | | | | | | | | 签 | 签 |
| 谦 | | | | 谦 | | | | | | |
| 前 | | | | | | 前 | | | | |
| 欠 | | 欠 | | | | | | | | |
| 钱 | | | 钱 | 钱 | 钱钱钱 | 钱钱 | | | 钱钱钱 | 钱 |
| 黔 | | | | | 黔 | | | | 黔 | |
| 迁 | | | | 迁 | | | | | | |
| 遣 | | | | | 遣 | | | | | |
| 虔 | | | | | | | | | 虔 | |
| 枪 | | 枪 | | 枪 | | | | | | |
| 墙 | | | | | | 墙 | | | | |
| 抢 | | | | | | 抢 | | | | |
| 桥 | | | 桥 | | | 桥 | | | 桥 | |
| 窃 | | | 窃 | | | 窃 | | | 窃 | |
| 勤 | | | 勤 | | | 勤勤 | | | | |
| 请 | | | | | | 请 | | | 请 | |
| 情 | | | | | | | 情 | | | |
| 清 | | | | | | | 清 | | | |
| 庆 | | 庆 | | | 庆庆 | 庆 | | | | |
| 琼 | | | 琼 | | | | | | 琼 | |
| 求 | | | 求 | | | | | | | |
| 圻 | | | | | | 圻 | | | | |

续表

| 正字 | 俗字 | | | | | | | | | |
|---|---|---|---|---|---|---|---|---|---|---|
| | 顺治 | 康熙 | 雍正 | 乾隆 | 嘉庆 | 道光 | 咸丰 | 同治 | 光绪 | 宣统 |
| 取 | | | 臥 | | | 臥 | | | | |
| 去 | | | | | | 云 | | | | |
| 券 | 券券券券 | | 券 | | | 券券 | | | 券 | 券券 |
| 劝 | | | 劝 | 劝 | 劝 | 勸劝 | 劝 | 劝 | 勸勸劝 | 劝 |
| 缺 | 缼 | | | 鈌 | 缺 | 鈌鈌缺 | | | 缺缺 | |
| 阙 | | | 闕 | | | 闕 | | | 闕 | |
| 群 | | | | | | | | | | 羣 |

R

| 正字 | 俗字 | | | | | | | | | |
|---|---|---|---|---|---|---|---|---|---|---|
| | 顺治 | 康熙 | 雍正 | 乾隆 | 嘉庆 | 道光 | 咸丰 | 同治 | 光绪 | 宣统 |
| 染 | | | | | | 染染 | | | 染染 | |
| 认 | 认 | | | | | | | | | |
| 荣 | | | | 荣 | | 榮 | | | | |
| 肉 | | | 肉 | | | | | | | |
| 闰 | | | 閏 | | | 閏閏閏 | | | | |
| 润 | | | | | | | | | | 潤 |
| 若 | | | 若 | | | | | | | |

S

| 正字 | 俗字 | | | | | | | | | |
|---|---|---|---|---|---|---|---|---|---|---|
| | 顺治 | 康熙 | 雍正 | 乾隆 | 嘉庆 | 道光 | 咸丰 | 同治 | 光绪 | 宣统 |
| 洒 | | | 洒 | | | | | | | |
| 叁 | | 叁 | 叁 | | | | | | | |
| 散 | | | | | | 散 | | | 散 | |
| 丧 | | | 丧丧 | | | | | | 丧 | |
| 扫 | | | 掃 | | | | | | | |
| 僧 | 僧 | | | | | 僧 | | | | |

续表

| 正字 | 俗字 | | | | | | | | | |
|------|------|------|------|------|------|------|------|------|------|------|
| | 顺治 | 康熙 | 雍正 | 乾隆 | 嘉庆 | 道光 | 咸丰 | 同治 | 光绪 | 宣统 |
| 沙 | 沙 | | | | | | | | | |
| 善 | | | 善 | | | | | | | |
| 擅 | | | | | | | | | | 擅 |
| 陕 | | | | | | | | 陕陕 | | |
| 赡 | | | 赡赡 | | | | | | | |
| 商 | | 商 | | | | 商辒 | | | | |
| 少 | | | 少 | 少 | 少 | 少 | | | | |
| 绍 | | | | | | | | | | 绍 |
| 舍 | 舍 | 拾拾拾 | | | | | | | | |
| 社 | | 社 | 社社 | | | | | | | |
| 涉 | | | 涉 | | | | | | | |
| 设 | | | 設設 | | | 設设 | | | 设 | |
| 沈 | | | | | | | | | | 沈 |
| 审 | | | 篙審 | 春篙 | 審 | 審審 | 審 | | 篙審 | 寉審 |
| 婶 | | | | | | 婿 | | | 婿 | 婿 |
| 身 | | | | | 閇 | | | | | |
| 甚 | | | 甚 | | | | | | | |
| 振 | | | 裎 | | | | | | | |
| 升 | | 升 | 陞昇升 | | 升 | 陞陞 | | | 非升陞陞 | |
| 省 | | | 省 | | 省 | | | | 省 | |
| 盛 | | 盛 | | | | 盛 | | 盛 | 盛盛 | 盛 |
| 圣 | | | | | | 圣 | | | | |
| 十 | | | 甘 | | | 半 | | | | |
| 食 | | | | | | 食 | | | | |
| 石 | | | | | 石 | | | 石 | 石 | |
| 时 | | | 特 | | | 晄 | | | | |
| 事 | | | | | | 事事 | | | | |

续表

| 正字 | 俗字 | | | | | | | | | |
|---|---|---|---|---|---|---|---|---|---|---|
| | 顺治 | 康熙 | 雍正 | 乾隆 | 嘉庆 | 道光 | 咸丰 | 同治 | 光绪 | 宣统 |
| 试 | | | 試試 | | | | | | | |
| 示 | | | | | | 呩 | | | | |
| 适 | | | | | | 適 | | | | |
| 收 | | 収 | 収 | 収 | | 収収 | | | 收 | 収 |
| 守 | | | 守 | | | | | | | |
| 寿 | | | | | | 寿壽 | | | 寿壽 | |
| 叔 | | | 収 | | | | | | | |
| 书 | 书 | 书 | | | | 书書 | | | | |
| 熟 | | | | | | | | 熟 | | |
| 疏 | | | | | | 疎 | | | 疎疎 | |
| 署 | | | | | | 署 | | | | |
| 庶 | | | 庶 | | | 庶庶 | | | 庶 | |
| 数 | | | 数 | 数数 | 数 | 数 | 数 | 数 | 数数 | 数 |
| 树 | | 樹樹 | 树 | 树 | | 树 | | | 树 | |
| 属 | | 属 | 属 | 属屍 | 属 | 属屍 | 属 | 属屍 | 屍属屍属 | 属 |
| 率 | | | | | | 率 | | | | |
| 双 | | | | | | | | | | 双 |
| 顺 | | | | | | | | 顺 | | |
| 说 | | | | | | | | | | 説 |
| 俟 | | | | | | | | 俟 | | |
| 私 | | | 私私 | | | 私 | | | | |
| 丝 | | | | | | | | | | 緣 |
| 死 | | | | | | | | | | 死 |
| 四 | 四 | | 四 | | | | | | | |
| 侯 | | | 侯 | | | | | | | |
| 送 | | | 送 | | | | | | | |

续表

| 正字 | 俗字 | | | | | | | | | |
|---|---|---|---|---|---|---|---|---|---|---|
| | 顺治 | 康熙 | 雍正 | 乾隆 | 嘉庆 | 道光 | 咸丰 | 同治 | 光绪 | 宣统 |
| 搜 | | | 搜 | | | 搜 | | | | |
| 速 | | | | | | | | | 速 | |
| 肃 | | | | | | | | | 肃 | |
| 苏 | | 蘇蘓 | | | | | | | | |
| 朔 | | | | | | 朔 | | | | |
| 算 | | | | | | 筭算 | | | 筭 | 筭算 |
| 随 | | | 随 | | | | | | | |
| 岁 | | | 歲歲歲歲 | 歲歲 | 歲 | 岁歲 | | | 歲歲 | 歲 |
| 笋 | | | 笋 | | | | | | | |
| 所 | | 所所 | 所所 | | | 所 | | | 所 | |
| 锁 | | | 锁 | | | | | | | 锁 |

T

| 正字 | 俗字 | | | | | | | | | |
|---|---|---|---|---|---|---|---|---|---|---|
| | 顺治 | 康熙 | 雍正 | 乾隆 | 嘉庆 | 道光 | 咸丰 | 同治 | 光绪 | 宣统 |
| 弹 | | | | | | 弹弹 | | | | |
| 沓 | | | 沓 | | | | | | | |
| 踏 | | | | 踏 | | 踏踏 | | | | |
| 台 | | | 臺臺臺臺 | | | | | | | |
| 贪 | | | 貪 | | | | | | | |
| 堂 | | | | 堂 | | | | | | |
| 逃 | | | | 逃 | 逃 | 逃 | | | 逃逃 | 逃逃 |
| 体 | | | 体 | 体 | 体 | 体 | 体 | 体 | 体 | 体 |
| 添 | | | | 添添 | | | | | 添添 | 添 |
| 条 | | | 條 | | | | | | | |
| 铁 | | | | 铁 | 铁 | 铁 | 铁 | 铁 | 铁 | 铁 |

续表

| 正字 | 俗字 | | | | | | | | | |
|---|---|---|---|---|---|---|---|---|---|---|
| | 顺治 | 康熙 | 雍正 | 乾隆 | 嘉庆 | 道光 | 咸丰 | 同治 | 光绪 | 宣统 |
| 听 | | | | | | 聽 | | | 聽 聽 | 聽 |
| 厅 | | | 聽 聽 廳 | | 廳 廳 | 听 聽 | | | 廳 廳 照 | |
| 廷 | | | 廷 | 廷 | | 廷 | | | 廷 | |
| 庭 | | | | | | 庭 | 庭 | | | |
| 同 | | | | | | 同 | | | | |
| 投 | | | 投 | | | 投 投 | | | | |
| 突 | | | | | | 突 | | | 突 | 突 |
| 途 | | | | | | | | | 途 | |
| 图 | | 圖 | | | | | | | | |
| 土 | | 土 | | 土 土 | 土 | 土 | 土 | | | |
| 颓 | | | | | | 額 | | | | |
| 驮 | | | | | | 馱 | | | | |

W

| 正字 | 俗字 | | | | | | | | | |
|---|---|---|---|---|---|---|---|---|---|---|
| | 顺治 | 康熙 | 雍正 | 乾隆 | 嘉庆 | 道光 | 咸丰 | 同治 | 光绪 | 宣统 |
| 挖 | | | | | | | | | 挖 | 挖 |
| 瓦 | | | | | | 瓦 | | | 瓦 | |
| 外 | 外 | | 外 | 外 | 外 外 | | | | | |
| 顽 | | | 頑 | | | | | | | |
| 万 | | | | | | 萬 | | | | |
| 往 | | 徃 | 徃 | 徃 | 徃 | | | | 徃 | |
| 忘 | | | | | | 忘 | | | | |
| 王 | | | | | | | 王 | | | |
| 旺 | | 旺 | | | | | | | | |
| 望 | | | | | | 望 | | | | |
| 妄 | | | | | | | | | 妄 | 妄 |
| 微 | | | | | | 微 | | | 微 | 微 |
| 违 | | | | 違 | 違 | 違 | | | 違 | |

续表

| 正字 | 俗字 | | | | | | | | | |
| --- | --- | --- | --- | --- | --- | --- | --- | --- | --- | --- |
| | 顺治 | 康熙 | 雍正 | 乾隆 | 嘉庆 | 道光 | 咸丰 | 同治 | 光绪 | 宣统 |
| 维 | | | 雍 | | | | | | | |
| 惟 | | | | | 惟 | | | | | |
| 闱 | | | 秂 | | | | | | 閜 | |
| 伟 | | | 偉 | | | | | | | |
| 为 | | | | | | | | | 爲 | |
| 伪 | | | | | | | | | 伪 | |
| 未 | | | | 末 | | | | | | |
| 畏 | | | | 畏 | | | | | | |
| 卫 | | | 衛 | | | 衛衔 | | | | |
| 魏 | | | | | | 魏 | | | | |
| 稳 | | | | | | 稳 | | | | |
| 问 | | | | 问 | | 問 | | | 问 | |
| 窝 | | | | | | | | | 窩 | |
| 卧 | | | 臥 | | | | | | | |
| 欹 | | | 欹 | | | | | | | |
| 吴 | | | | | | 吴 | | 吴 | | |
| 无 | | 无 | | | | 無 | | | 無无 | |
| 武 | | | | | | | | | | 武 |

X

| 正字 | 俗字 | | | | | | | | | |
| --- | --- | --- | --- | --- | --- | --- | --- | --- | --- | --- |
| | 顺治 | 康熙 | 雍正 | 乾隆 | 嘉庆 | 道光 | 咸丰 | 同治 | 光绪 | 宣统 |
| 析 | | | | 晰 | 晰 | | | | | 晰 |
| 悉 | | | 悉 | | 悉 | | | | 悉 | |
| 熙 | | 熙熈 | | | | | | | 熙 | |
| 习 | | | 習 | | | 習習 | | | | |
| 席 | | | | | | | | | 席 | |
| 橄 | | | | | | 橄 | | | | |
| 戏 | | | | | | 戲 | | | 戲 | 戲 |

续表

| 正字 | 俗字 | | | | | | | | | |
|---|---|---|---|---|---|---|---|---|---|---|
| | 顺治 | 康熙 | 雍正 | 乾隆 | 嘉庆 | 道光 | 咸丰 | 同治 | 光绪 | 宣统 |
| 饯 | | | 餞餞 | | | | | | | |
| 辖 | | | | | | 辖 | | | | |
| 暇 | | | | | | 暇 | | | | |
| 夏 | | | 夏 | | | | | | | |
| 鲜 | | | 鮮 | | | | | | | 鮮 |
| 嫌 | | | | | | | | | 嫌 | |
| 衔 | | | 銜 | | | 銜 | | | | |
| 贤 | | | 賢賢 | | | | | | | |
| 陷 | | 陷 | 陷 | | 陷 | | | | | |
| 羡 | | | | | | 羨 | | | | |
| 顯 | | | | 顯 | | | | | 顯 | |
| 宪 | | | 憲 | | 憲 | 憲 | | | | 憲 |
| 县 | | 縣 | 縣 | | 縣 | 縣 | | 縣 | 縣 | |
| 献 | | | | | | 献 | | | | |
| 乡 | | | 鄉鄉 | 鄉 | 鄉 | | | | | |
| 祥 | | | | 祥 | | | | | | |
| 详 | | | | | | 詳詳 | | | | |
| 项 | | | | | | 項 | | | | |
| 萧 | | | | | | 蕭 | | | | |
| 潇 | | | 潇 | | | | | | | |
| 小 | | | | 小 | | | | | | |
| 晓 | | | | | | 曉曉 | | | | |
| 效 | | | | | | | | | 效効 | |
| 协 | | 協 | 協 | 協 | | 協 | 協 | | | |
| 携 | | | | | | | | | 携 | |
| 写 | 寫 | 寫寫寫 | 寫 | 寫寫寫寫寫 | 寫 | 寫寫 | | 寫寫 | 寫寫寫 | |
| 兴 | | | | 興 | | 興興 | | | | |

续表

| 正字 | 俗字 | | | | | | | | | |
|---|---|---|---|---|---|---|---|---|---|---|
| | 顺治 | 康熙 | 雍正 | 乾隆 | 嘉庆 | 道光 | 咸丰 | 同治 | 光绪 | 宣统 |
| 行 | | | | | | 行 | | | 行 | 行 |
| 姓 | | | | | | 姓 | | | 姓 | |
| 凶 | | | 兇兇 | | | | | | | |
| 修 | | | | | | | | | 修 | |
| 戍 | | | | | | | | | 戍 | |
| 虚 | | | 虗虛 | 虗虛 | | 虗虗 | | | 虗 | |
| 须 | | | 湏 | 湏 | | 湏 | | | 湏 | |
| 徐 | | | | | | | | | | 徐 |
| 恤 | | | | | | | | | 峄 | 峄 |
| 叙 | | | | | | 叙 | | | | |
| 绪 | | | | | | | | 绪 | 绪绪 | |
| 宣 | | 宣 | | | | | | | | |
| 璇 | | | 璿 | | | | | | | |
| 选 | | | 選 | | | 選 | | 選 | 選選 | 選選 |
| 学 | 学 | | 學學 | | | 學学 | | | 学 | |
| 勋 | | | 勲 | 勲 | 勲 | | | | 勛勲 | |
| 巡 | | | | | | 巡巡 | | | 巡巡 | 巡 |
| 寻 | | | | | | 尋 | 尋 | | 尋 | |
| 徇 | | | | | | 徇 | | | | |
| 循 | | | | | | 循 | | | | |
| 迅 | | | | | | | | | 迅迅 | |
| 讯 | | | | | | 訊訊訊 | | | 訊訊 | 訊訊 |
| 训 | | | | | | 训 | | | | |

Y

| 正字 | 俗字 | | | | | | | | | |
|---|---|---|---|---|---|---|---|---|---|---|
| | 顺治 | 康熙 | 雍正 | 乾隆 | 嘉庆 | 道光 | 咸丰 | 同治 | 光绪 | 宣统 |
| 押 | | | | | | 押 | | | 押 | 押押押 |

续表

| 正字 | 俗字 | | | | | | | | | |
|---|---|---|---|---|---|---|---|---|---|---|
| | 顺治 | 康熙 | 雍正 | 乾隆 | 嘉庆 | 道光 | 咸丰 | 同治 | 光绪 | 宣统 |
| 炎 | | | | | | | | | | 焱 |
| 烟 | | | 烟 | 烟 | | 烟烟 | | | | 菸 |
| 延 | | | 延 | | | 延 | | | | |
| 严 | | | 严严严严 | 严严 | | 严严 | | | 厌 | 严 |
| 盐 | | | 盐盐 | | 盐 | 盐盐盐 | | | | 盐盐 |
| 眼 | | 眼 | | | | | | | | |
| 验 | | 验 | 验 | | | 验验验 | | | 验验 | 验 |
| 易 | | | 易 | | | 易 | | | | |
| 杨 | | | | 杨 | | | | | | |
| 养 | | | 养 | | | 养 | | | | |
| 邀 | | | | 邀 | | 邀邀 | | | 邀邀 | 邀邀 |
| 药 | | | | | | 药 | | | | |
| 徭 | | | | | | 徭 | | | | |
| 爷 | | | 爷 | 爷 | | | | | | |
| 业 | 业 | 业业业 | 业业业业 | 业 | 业 | 业业业业 | 业 | 业业 | | 业 |
| 壹 | | | | | | 壹 | | | | |
| 伊 | | | | | | 伊 | | | | |
| 宜 | | | | | | | | | 宜 | |
| 疑 | | | | | | 疑 | | | | 疑 |
| 仪 | | | 仪 | | | | | | | |
| 矣 | | | | | | 矣 | | | | |
| 蚁 | | | 蚁 | 蚁 | 蚁 | 蚁 | 蚁蚁 | 蚁 | 蚁 | 蚁 |
| 役 | | | 役役 | 役役 | 役 | | 役 | | 役役 | |
| 益 | | | | | | | | | | 益 |
| 异 | | | | 异 | | 异 | | | | 异 |
| 义 | | | | | | 义 | | | | |

续表

| 正字 | 俗字 | | | | | | | | | |
|---|---|---|---|---|---|---|---|---|---|---|
| | 顺治 | 康熙 | 雍正 | 乾隆 | 嘉庆 | 道光 | 咸丰 | 同治 | 光绪 | 宣统 |
| 易 | | | | | | 易 | | | | |
| 谊 | | | 誼 | | | | | | | |
| 翼 | | | | | | 異 | | | | |
| 艺 | | | 藝 | | | 藝 | | | | |
| 议 | | | 議 | | | | | | 議 | |
| 驿 | | | | | | 驛 | | | 驛 | |
| 因 | | | 因 | | | | | | | |
| 阴 | | | 陰阴 | 陰 | | | | | | |
| 银 | 艮 | 艮 | | 艮 | | 艮 銀 | | 銀 | 銀 | |
| 应 | | | | | | 应 | | | | |
| 迎 | | | | | | | | | 迎 | |
| 茔 | | | 茔 | | | 塋 | | | | |
| 营 | | | 营 | 营 | | | | | 营 营 | |
| 雍 | | | 雍雍 雍雍 | | | | | | | |
| 忧 | | | 憂 | | | | | 憂 | | |
| 优 | | | | | | | | | | 優 |
| 幼 | | 幼 | 幼 | | | | | | 幼 | 幼 |
| 于 | | | | | | 于 | | 扵 | | |
| 余 | | | | | | | | | 餘 | |
| 与 | 與布 与與 | 與與 与勾 | 與典 勾與友 | 与與 | 與與 与與 勾與友 與興 勾 | 與典 | | 与與 共勾 |
| 欲 | | | | 欵 | | 欵欵 | | | 欵欲 |
| 玉 | | | 玉 | 玉 | | 玉 | | | | 玉 |
| 遇 | | | | | | 遇 | | | | |
| 谕 | | | | | | 俞 | | | | |

续表

| 正字 | 俗字 | | | | | | | | | |
|---|---|---|---|---|---|---|---|---|---|---|
| | 顺治 | 康熙 | 雍正 | 乾隆 | 嘉庆 | 道光 | 咸丰 | 同治 | 光绪 | 宣统 |
| 誉 | | | | | 𡥀 | | | | | |
| 冤 | | | 寃寃 | | | | | | 寃 | 寃寃 |
| 原 | | 㠪 | | | | 厡 | | | | |
| 园 | | | | | | 蘭 | | 蘭 | | |
| 袁 | | | | | | 衺 | | | | |
| 缘 | | | 緣 | | | | | | | 缘 |
| 远 | | | | | | 逺 | | | 远 | |
| 愿 | 頋 | 𢝪愿 | 愿 | | | 頋 | | 頋 | | 頋 |
| 云 | | | | 㝉 | | | | | | |
| 允 | | | | | | | | | 尤 | 尢 |

Z

| 正字 | 俗字 | | | | | | | | | |
|---|---|---|---|---|---|---|---|---|---|---|
| | 顺治 | 康熙 | 雍正 | 乾隆 | 嘉庆 | 道光 | 咸丰 | 同治 | 光绪 | 宣统 |
| 杂 | | | | | | 襍 | | | | |
| 砸 | | | | | | | | | | 砸 |
| 再 | | | 开再 | | | 冄 | | | | |
| 在 | 左 | | | | | | | | 互 | |
| 葬 | | | 塟 | 塟塟塟 | 塟 | 塟塟 | 塟 | | 塟㴇葬塟 | 塟 |
| 赃 | | | | | | | | | 赃 | |
| 遭 | | | 遭遭 | | | | 遭 | | 遭遭遭 | 遭 |
| 糟 | | | | | | 糟 | | | 糟 | |
| 蹭 | | | | | | 蹭 | | | 蹭蹭蹭蹭 | |
| 灶 | | | | | | | | | 灶 | |
| 造 | | | | | | 迶 | | | | 造 |
| 增 | | | 增 | | | 增 | | | | |
| 札 | | | | | | | | | 礼 | |

| 正字 | 俗字 | | | | | | | | | |
|---|---|---|---|---|---|---|---|---|---|---|
| | 顺治 | 康熙 | 雍正 | 乾隆 | 嘉庆 | 道光 | 咸丰 | 同治 | 光绪 | 宣统 |
| 占 | | | | | | | | | 佔 | 佔 |
| 璋 | | | | | | 璋 | | | | |
| 丈 | | 丈 | | 丈 | | 丈 | | | | |
| 仗 | | | | | | 仗仗 | | | | 仗 |
| 张 | | | 㲀 | | | | | | | |
| 帐 | | | | | | | | | 帐 | |
| 照 | | 炤 | | | | 炤 | | | 炤照 | 照 |
| 折 | | | | | | | | | 硩 | |
| 者 | | | | 者 | | | | | | |
| 折 | | | | | | 折 | | | | |
| 枕 | | | 枕 | | | | | | | |
| 真 | | | | | | 指真 | | | | 真 |
| 争 | | 爭 | | | | 争 | | | | 争 |
| 挣 | | | | | | | | | | 挣 |
| 正 | | | | | | | | | 正 | |
| 证 | | 証 | 証 | 証 | 証 | 証 | 証 | 証 | 証澄 | 証 |
| 徵 | | | 微 | | | | | | | |
| 支 | | | | 支 | 支 | 支支 | | | 支 | |
| 侄 | | 侄 | 侄 | | | | | | | 侄侄 |
| 直 | | | | | | 直 | | | | |
| 值 | | | | | | 值 | | | | |
| 职 | | 耺 | | | | 耺職 | | | 耺 | |
| 旨 | | 旨 | 旨旨 | | | | | | | |
| 纸 | | 䌫 | 䌫䌫 | 縜 | 綵 | 纸 | | | 纸䌈祇 | 纸䌫 |
| 祇 | | 祇 | | | | | | | | |
| 至 | | | 至 | | | 至 | | | | |
| 质 | | | | | | 質 | | | | |

续表

| 正字 | 俗字 | | | | | | | | | |
| --- | --- | --- | --- | --- | --- | --- | --- | --- | --- | --- |
| | 顺治 | 康熙 | 雍正 | 乾隆 | 嘉庆 | 道光 | 咸丰 | 同治 | 光绪 | 宣统 |
| 众 | | 衆衆衆衆 | | 衆 | 衆 | 衆 | | | 众 | 衆 |
| 衮 | | 衮 | | | | | | | | |
| 舟 | | | | | 舟 | | | | | |
| 猪 | | | 猪 | | | 猪 | | | 猪 | |
| 竹 | | | | | | | | | 竹竹 | |
| 抓 | | | | | | 抓 | | | 抓 | 抓 |
| 专 | | | | | | | | | | 專 |
| 转 | | | | | | 轉 | | | 轉转 | |
| 庄 | | 庄 | | | | | | | 庄 | |
| 状 | | | 狀狀 | 狀 | | | | | | |
| 壮 | | | | 壮 | | | | | | |
| 兹 | | | 兹 | 兹 | | 兹 | | | 兹 | 兹 |
| 滋 | | | | | | 滋滋 | | | 滋 | 滋 |
| 总 | | | 總總 | 總 | 總總總總 | | | 總 | 總總据 | |
| 族 | | | | 族 | | 族 | | | 族 | 族族 |
| 钻 | | | 攒鑽 | | | | | | | |
| 嘴 | | | | | | 嘴 | 嘴 | | 嘴 | |
| 遵 | | | | | | 遵 | | | 遵遵 | |
| 昨 | | | 昨 | | | | | | | |
| 坐 | 坐 | 坐 | | 坐 | | 坐 | | | | |

# 参考文献

## 一、图书

### （一）辞书类

[1]《辞海》，上海，上海辞书出版社，1979。

[2]《辞源》，北京，商务印书馆，1979。

[3]《中文大辞典》，台北，华冈出版有限公司，1979。

[4]白维国：《近代汉语词典》，上海，上海教育出版社，2015。

[5]（清）段玉裁：《说文解字段注》，成都，成都古籍书店，1981。

[6]（南朝）顾野王：《宋本玉篇》，北京，中国书店，1983。

[7]（清）桂馥：《说文解字义证》，北京，中华书局，1987。

[8]（宋）郭忠恕：《佩觿》，上海，商务印书馆，1936。

[9]何九盈、王宁、董琨：《辞源》第三版，北京，商务印书馆，2015。

[10]（清）李实：《蜀语校注》，成都，巴蜀书社，1990。

[11]黄征：《敦煌俗字典》，上海，上海教育出版社，2005。

[12]冷玉龙等主编：《中华字海》，北京，中华书局、中国友谊出版公司，1994。

[13]李行健主编：《现代汉语规范词典》第三版，北京，外语教学与研究出版社，2014。

[14]刘复、李家瑞：《宋元以来俗字谱》，北京，文字改革出版社，1957。

[15]刘钧杰：《同源字典补》，北京，商务印书馆，1999。

[16]罗竹风：《汉语大词典》，上海，汉语大词典出版社，1986—1993。

[17]毛远明：《汉魏六朝碑刻异体字典》，北京，中华书局，2014。

[18]（明）梅膺祚：《字汇》，上海，上海辞书出版社，1991。

[19]潘重规：《汉语俗字谱》，台北，石门图书公司，1978。

[20]秦公、刘大新：《广碑别字》，北京，国际文化出版公司，1995。

[21]秦公辑：《碑别字新编》，北京，文物出版社，1985。

[22]［日］山腰敏宽:《清末民初文书读解辞典》,东京,日本汲古书院,1989。

[23]［日］杉本つとむ:《异体字研究资料集成》,东京,雄山阁,1973。

[24]（辽）释行均:《龙龛手镜》,高丽本,北京,中华书局,1985。

[25]（唐）释慧琳:《一切经音义》,上海,上海古籍出版社,1986年影印日本刻本。

[26]（辽）释希麟:《续一切经音义》,上海,上海古籍出版社,1986年影印日本刻本。

[27]［日］太田辰夫:《唐宋俗字谱·祖堂集之部》,东京,日本汲古书院,1982。

[28]王朝忠、王文学:《常用汉字形义演释字典》,成都,四川辞书出版社,1990。

[29]王力:《同源字典》,北京,商务印书馆社,1982。

[30]（清）王念孙:《广雅疏证》,北京,中华书局,1983。

[31]（清）吴任臣:《字汇补》,上海,上海辞书出版社,1991。

[32]夏征农、陈至立:《辞海》第六版,上海,上海辞书出版社,2009。

[32]徐中舒主编:《汉语大字典》第二版,成都,四川辞书出版社;武汉,崇文书局,2010。

[33]徐中舒主编:《汉语大字典》,武汉,湖北辞书出版社;成都,四川辞书出版社,1986～1990。

[34]许宝华、［日］宫田一郎:《汉语方言大词典》,北京,中华书局,1999。

[35]（汉）许慎:《说文解字》,北京,中华书局,1963。

[36]（隋）颜愍楚:《俗书证误》,见《续修四库全书·经部·小学类》,上海,上海古籍出版社,2002。

[37]（唐）颜元孙:《干禄字书》,北京,中华书局,1985。

[38]（汉）扬雄:《輶轩使者绝代语释别国方言》,上海,商务印书馆,1937。

[39]曾良、陈敏:《明清小说俗字典》,扬州,广陵书社,2018。

[40]（清）张玉书等:《康熙字典》,北京,中华书局,1958。

[41]（清）张自烈:《正字通》,见《续修四库全书·经部·小学类》,上海,上海古籍出版社,2002。

[42]中国社会科学院语言研究所词典编辑室:《现代汉语词典》(第七版),北京,商务印书馆,2016。

［43］中国社会科学院语言研究所词典编辑室：《现代汉语词典》(第六版)，
　　　北京，商务印书馆，2012。

［44］中国社会科学院语言研究所词典编辑室：《现代汉语词典》(第五版)，
　　　北京，商务印书馆，2005。

［45］宗福邦、陈世饶、萧海波：《故训汇纂》，北京，商务印书馆，2003。


**(二)史料**

［1］四川省档案局(馆)：《清代四川巴县衙门咸丰朝档案选编》，上海，上
　　海古籍出版社，2011。

［2］上海古籍出版社等：《上海博物馆藏敦煌吐鲁番文献》，上海，上海古
　　籍出版社，1993。

［3］上海古籍出版社等：《上海图书馆藏敦煌吐鲁番文献》，上海，上海古
　　籍出版社，1999。

［4］安徽省博物馆编：《明清徽州社会经济资料丛编》(第一集)，北京，中
　　国社会科学出版社，1988。

［5］包伟民：《龙泉司法档案选编》第一辑《晚清时期》，北京，中华书
　　局，2012。

［6］包伟民：《龙泉司法档案选编》第二辑，北京，中华书局，2014。

［7］北京师范大学图书馆编：《北京师范大学图书馆藏稀见清人别集丛刊
　　影印本第一册》，桂林，广西师范大学出版社，2007。

［8］曹树基、潘星辉、阙龙兴编：《石仓契约》(第一辑)，杭州，浙江大学
　　出版社，2011。

［9］曹树基、潘星辉、阙龙兴编：《石仓契约》(第二辑)，杭州，浙江大学
　　出版社，2012。

［10］曹树基、潘星辉、阙龙兴编：《石仓契约》(第三辑)，杭州，浙江大
　　　学出版社，2014。

［11］曹树基、潘星辉、阙龙兴编：《石仓契约》(第四辑)，杭州，浙江大
　　　学出版社，2015。

［12］大连图书馆编：《大连图书馆藏清代内务府档案》，北京，国家图书
　　　馆出版社，2010。

［13］窦怀永、张涌泉：《敦煌小说合集》，杭州，浙江文艺出版社，2010。

［14］《都江堰：百年档案记忆》编委会编：《都江堰：百年档案记忆》，北
　　　京，中国档案出版社，2010。

［15］段自成、李景文：《清代河南巡抚衙门档案》，北京，中国社会科学

出版社，2012。

[16]敦煌研究院等：《甘肃藏敦煌文献》，兰州，甘肃人民出版社，
1999—2000。

[17]广东省立中山图书馆、中山大学图书馆编：《清代稿钞本》，广州，
广东人民出版社，2007。

[18]广东省立中山图书馆、中山大学图书馆编：《续编清代稿钞本》，广
州，广东人民出版社，2009。

[19]广东省立中山图书馆、中山大学图书馆编：《三编清代稿钞本》，广
州，广东人民出版社，2010。

[20]国家图书馆分馆编：《清代边疆史料抄稿本汇编》(31)，北京，线装
书局，2003。

[21]胡开全主编：《成都龙泉驿百年契约文书》，成都，巴蜀书社，2012。

[22]黄山学院编：《中国徽州文书·民国编》(第一辑)，北京，清华大学
出版社，2010。

[23]黄山学院编：《中国徽州文书·民国编》(第二辑)，合肥，合肥工业
大学出版社，2016。

[24]黄永武：《敦煌宝藏》，台北，新文丰出版公司，1981～1986。

[25]黄征、张崇依：《浙藏敦煌文献校录整理》，上海，上海古籍出版
社，2012。

[26]黄征主编：《陕西神德寺塔出土文献》，南京，凤凰出版社，2012。

[27]黄志繁、邵鸿、彭志军编：《清至民国婺源县村落契约文书辑录》，
北京，商务印书馆，2014。

[28]姬脉利、张蕴芬编著：《北京西山大觉寺藏清代契约文书整理与研
究》，北京，北京燕山出版社，2014。

[29]康香阁主编：《太行山文书精萃》，北京，文物出版社，2017。

[30][日]臼井佐知子：《徽州歙县程氏文书·解说》，东京，日本三元
社，2006。

[31]李琳琦主编：《安徽师范大学馆藏千年徽州契约文书集萃》，合肥，
安徽师范大学出版社，2014。

[32]辽宁省图书馆：《盛京风物：辽宁省图书馆藏清代历史图片集》，北
京，中国人民大学出版社，2007。

[33]刘伯山编著：《徽州文书》(第一辑)，桂林，广西师范大学出版
社，2005。

[34]刘伯山编著：《徽州文书》(第二辑)，桂林，广西师范大学出版

社，2006。

[35]刘伯山编著：《徽州文书》（第三辑），桂林，广西师范大学出版
社，2009。

[36]刘伯山编著：《徽州文书》（第四辑），桂林，广西师范大学出版
社，2011。

[37]刘伯山编著：《徽州文书》（第五辑），桂林，广西师范大学出版
社，2015。

[38]龙显昭、黄海德：《巴蜀道教碑文集成》，成都，四川大学出版
社，1997。

[39]罗志欢、李龙潜：《清代广东土地契约文书汇编》，济南，齐鲁书
社，2014。

[40]倪清华等主编：《中国徽州文化博物馆馆藏文物集·徽州文书卷》，
杭州，西泠印社，2013。

[41][俄]丘古耶夫斯基：《敦煌汉文文书》，上海，上海古籍出版
社，2000。

[42]任半塘编著：《敦煌歌辞总编》，上海，上海古籍出版社，1987。

[43]上海古籍出版社等：《北京大学图书馆藏敦煌文献》，上海，上海古
籍出版社，1995。

[44]上海古籍出版社等：《俄藏敦煌文献》，上海，上海古籍出版社，
1992—2003。

[45]上海古籍出版社等：《法藏敦煌西域文献》，上海，上海古籍出版社，
1994—2005。

[46]上海古籍出版社等：《上海博物馆藏敦煌吐鲁番文献》，上海，上海
古籍出版社，1993。

[47]上海古籍出版社等：《天津市艺术博物馆藏敦煌文献》，上海，上海
古籍出版社，1997。

[48]首都博物馆：《首都博物馆藏清代契约文书》，北京，国家图书馆出
版社，2015。

[49]四川大学历史系、四川省档案馆主编：《清代乾嘉道巴县档案选编》，
成都，四川大学出版社，1989。

[50]四川省档案馆编：《巴蜀撷影：四川省档案馆藏清史图片集》，北京，
中国人民大学出版社，2009。

[51]四川省档案馆：《清代巴县档案汇编》（乾隆卷），北京，档案出版
社，1991。

[52]四川省档案局(馆)：《清代四川巴县衙门咸丰朝档案选编》，上海，上海古籍出版社，2011。

[53]四川省南充市档案局(馆)：《清代四川南部县衙门档案》，合肥，黄山书社，2016。

[54]孙兆霞等编：《吉昌契约文书汇编》，北京，社会科学文献出版社，2010。

[55]唐长孺：《吐鲁番出土文书(第一册)》，北京，文物出版社，1981。

[56]唐耕耦、陆宏基：《敦煌社会经济文献真迹释录》(第一辑)，北京，书目文献出版社，1986。

[57]唐耕耦、陆宏基：《敦煌社会经济文献真迹释录》(第二到五辑)，北京，全国图书馆文献缩微复制中心，1990。

[58]唐立、杨有庚、[日]武内房司：《贵州苗族林业契约文书汇编(1736—1950)》(第一卷)，东京，东京外国语大学，2001。

[59]唐立、杨有庚、[日]武内房司：《贵州苗族林业契约文书汇编(1736—1950)》(第二卷)，东京，东京外国语大学，2002。

[60]唐立、杨有庚、[日]武内房司：《贵州苗族林业契约文书汇编(1736—1950)》(第三卷)，东京，东京外国语大学，2003。

[61]田涛、[美]宋格文、郑秦主编：《田藏契约文书粹编》，北京，中华书局，2001。

[62]汪文学编校：《道真契约文书汇编》，北京，中央编译出版社，2015。

[63]王重民等：《敦煌变文集》，北京，人民文学出版社，1957。

[64]王钰欣、周绍泉主编：《徽州千年契约文书》(宋元明编)，石家庄，花山文艺出版社，1993。

[65]王钰欣、周绍泉主编：《徽州千年契约文书》(清·民国编)，石家庄，花山文艺出版社，1993。

[66]林文勋主编：《云南省博物馆馆藏契约文书整理与汇编》，北京，人民出版社，2012。

[67]西华师范大学、南充市档案局(馆)编：《清代南部县衙档案目录》，北京，中华书局，2009。

[68]徐俊：《敦煌诗集残卷辑考》，北京，中华书局，2000。

[69]张传玺主编：《中国历代契约会编考释(上下册)》，北京，北京大学出版社，1995。

[70]张传玺主编：《中国历代契约粹编》，北京，北京大学出版社，2014。

[71]张建民主编：《湖北天门熊氏契约文书》，武汉，湖北人民出版

社，2014。

[72]张新民：《天柱文书》，南京，江苏人民出版社，2014。

[73]张应强、王宗勋：《清水江文书》(第 1 辑)，桂林，广西师范大学出版社，2007。

[74]张应强、王宗勋：《清水江文书》(第 2 辑)，桂林，广西师范大学出版社，2009。

[75]张应强、王宗勋：《清水江文书》(第 3 辑)，桂林，广西师范大学出版社，2011。

[76]张涌泉：《敦煌经部文献合集》，北京，中华书局，2008。

[77]中国第一历史档案馆、辽宁省档案馆编：《中国明朝档案总汇》，桂林，广西师范大学出版社，2001。

[78]中国第一历史档案馆、承德市普宁寺管理处：《清宫普宁寺档案》，北京，中国档案出版社，2003。

[79]中国第一历史档案馆、承德市文物局：《清宫热河档案》，北京，中国档案出版社，2003。

[80]中国第一历史档案馆：《清代中南海档案》，北京，西苑出版社，2004。

[81]中古第一历史档案馆、天津市档案馆、天津市长芦盐业总公司：《清代长芦盐务档案史料选编》，天津，天津人民出版社，2014。

[82]中国社会科学院历史研究所徽州文契整理组：《明清徽州社会经济资料丛编》(第二集)，北京，中国社会科学出版社，1990。

[83]中国国家图书馆：《中国国家图书馆藏敦煌遗书》，南京，江苏古籍出版社，1999。

[84]中国社会科学院历史研究所等：《英藏敦煌文献(汉文佛经以外部分)》，成都，四川人民出版社，1990—1995。

[85]中国社科院近代史所：《近代史所藏清代名人稿本抄本》(第一辑)，郑州，大象出版社，2011。

[86]中国社科院近代史所：《近代史所藏清代名人稿本抄本》(第二辑)，郑州，大象出版社，2014。

[87]周绍良、白化文等：《敦煌变文集补编》，北京，北京大学出版社，1989。

[88]周绍泉、赵亚光：《窦山公家议校注》，合肥，黄山书社，1993。

[89]周向华编：《安徽师范大学馆藏徽州文书》，合肥，安徽人民出版社，2009。

## (三)学术专著

[1]《安徽大学学报》编辑部：《徽学研究的理论与实践》，合肥，安徽人民出版社，2012。

[2]安尊华、潘志成：《土地契约文书校释(卷一)》，贵阳，贵州民族出版社，2016。

[3]安尊华、潘志成：《土地契约文书校释(卷二)》，贵阳，贵州民族出版社，2016。

[4]阿风：《明清徽州诉讼文书研究》，上海，上海古籍出版社，2016。

[5]蔡东洲等：《清代南部县衙档案研究》，北京，中华书局，2012。

[6]蔡忠霖：《敦煌汉文写卷俗字及其现象》，台北，文津出版社，2002。

[7]曹洁：《裴务齐正字本〈刊谬补缺切韵〉研究》，上海，上海古籍出版社，2013。

[8]巢峰：《辞书记失：一百四十三个是与非》，上海，上海辞书出版社，2013。

[9]晁瑞：《〈醒世姻缘传〉方言词历史演变研究》，北京，中国社会科学出版社，2014。

[10]陈五云：《从新视角看汉字：俗文字学》，郑州，河南人民出版社，2000。

[11]陈五云、徐时仪、梁晓虹：《佛经音义与汉字研究》，南京，凤凰出版社，2010。

[12]陈于柱：《敦煌吐鲁番出土发病书整理研究》，北京，科学出版社，2016。

[13]陈晓强：《敦煌契约文书语言研究》，北京，人民出版社，2012。

[14]程志兵、赵红梅：《汉语大词典订补》，北京，中国文史出版社，2006。

[15](清)戴震等：《小学稿本七种》上，北京，中华全国图书馆文献缩微复制中心，1997。

[16]董珊：《简帛文献考释论丛》，上海，上海古籍出版社，2014。

[17]董志翘：《中古近代汉语探微》，北京，中华书局，2007。

[18]董志翘：《汉语史研究丛稿》，上海，上海古籍出版社，2014。

[19]董志翘：《启颜录笺注》，北京，中华书局，2014。

[20]杜朝晖：《敦煌文献名物研究》，北京，中华书局，2011。

[21]方孝坤：《徽州文书俗字研究》，北京，人民出版社，2012。

[22]伏俊琏：《敦煌文学文献丛稿》，北京，中华书局，2004。

[23]高更生：《汉字研究》，济南，山东教育出版社，2000。

[24]顾月琴：《日常生活变迁中的教育：明清时期杂字研究》，北京，光
明日报出版社，2013。

[25]郝春文：《郝春文敦煌学论集》，上海，上海古籍出版社，2010。

[26]韩小荆：《〈可洪音义〉研究——以文字为中心》，成都，巴蜀书
社，2009。

[27]何华珍：《日本汉字和汉字词研究》，北京，中国社会科学出版
社，2004。

[28]华学诚：《扬雄〈方言〉校释论稿》，北京，高等教育出版社，2011。

[29]华学诚：《扬雄方言校释汇证》，北京，中华书局，2006。

[30]黄承吉：《字诂义府合按》，北京，中华书局，1984。

[31]黄德宽：《古文字学》，上海，上海古籍出版社，2015。

[32]黄晖：《论衡校释》，北京，中华书局，1990。

[33]黄侃：《黄侃论学杂著》，上海，上海古籍出版社，1980。

[34]黄仁瑄：《唐五代佛典音义研究》，北京，中华书局，2011。

[35]黄征：《敦煌语言文字学研究》，兰州，甘肃教育出版社，2002。

[36]蒋礼鸿：《敦煌变文字义通释》，上海，上海古籍出版社，1997。

[37]蒋礼鸿：《义府续貂》，北京，中华书局，1981。

[38]静筠禅僧：《祖堂集》，北京，全国图书馆文献微缩复制中心，1993。

[39]孔仲温：《玉篇俗字研究》，台北，台湾学生书局，2000。

[40]李春桃：《古文异体关系整理与研究》，北京，中华书局，2016。

[41]李青：《清代档案与民事诉讼制度研究》，北京，中国政法大学出版
社，2012。

[42]李申、王本灵：《〈汉语大词典〉研究》，北京，商务印书馆，2015。

[43]李荣：《文字问题》，北京，商务印书馆，1987。

[44]李艳君：《从冕宁县档案看清代民事诉讼制度》，昆明，云南大学出
版社，2009。

[45]李运富：《汉字学新论》，北京，北京师范大学出版社，2012。

[46]梁晓虹：《日本古写本单经音义与汉字研究》，北京，中华书
局，2015。

[47]梁晓虹：《佛教与汉语史研究：以日本资料为中心》，上海，上海古
籍出版社，2008。

[48]梁晓虹、陈五云、苗昱：《〈新译华严经音义私记〉俗字研究》，新北，
台湾花木兰文化出版社，2014。

[49]刘传鸿：《〈酉阳杂俎〉校证：兼字词考释》，北京，北京大学出版社，2014。

[50]刘道胜：《明清徽州宗族文书研究》，合肥，安徽人民出版社，2008。

[51]刘志诚：《汉字与华夏文化》，成都，巴蜀书社，1995。

[52][日]泷川资言：《史记会注考证》，上海，上海古籍出版社，1986。

[53]陆明君：《魏晋南北朝碑别字研究》，北京，文化艺术出版社，2009。

[54]陆锡兴：《汉字传播史》，北京，语文出版社，2002。

[55]吕浩：《〈篆隶万象名义〉校释》，上海，学林出版社，2007。

[56]马固钢：《〈汉语大词典〉札记》，北京，高等教育出版社，2012。

[57]马重奇：《明清闽北方言韵书手抄本音系研究》，北京，商务印书馆，2014。

[58]马向欣：《六朝别字记新编》，北京，书目文献出版社，1995。

[59]毛远明：《语文辞书补正》，成都，巴蜀书社，2002。

[60]乜小红：《俄藏敦煌契约文书研究》，上海，上海古籍出版社，2009。

[61]欧昌俊、李海霞：《六朝唐五代石刻俗字研究》，成都，巴蜀书社，2004。

[62]钱大昕：《十驾斋养新录》，北京，商务印书馆，1957。

[63]钱锺书：《管锥编》，北京，中华书局，1979。

[64]裘锡圭：《文字学概要》，北京，商务印书馆，1988。

[65]曲文军：《〈汉语大词典〉词目补订》，济南，山东人民出版社，2015。

[66]曲文军：《〈汉语大词典〉疏误与修订研究》，济南，山东人民出版社，2012。

[67]沈兼士：《沈兼士学术论文集》，北京，中华书局，1986。

[68]史定国：《简化字研究》，北京，商务印书馆，2004。

[69]唐兰：《中国文字学》，上海，上海古籍出版社，1979。

[70]唐兰：《古文字学概论》，济南，齐鲁书社，1981。

[71]汪维辉：《朝鲜时代汉语教科书丛刊(三)》，北京，中华书局，2005。

[72]汪维辉：《东汉—隋常用词演变研究（修订本）》，北京，商务印书馆，2017。

[73]汪维辉：《汉语核心词的历史与现状研究》，北京，商务印书馆，2018。

[74]王凤阳：《汉字学》，北京，中华书局，2018。

[75]王观国：《学林》（田瑞娟点校），北京，中华书局，1988。

[76]王洪君：《历史语言学方法论与汉语方言音韵史个案研究》，北京，

商务印书馆，2014。

[77]王华宝：《古文献问学丛稿》，北京，中华书局，2009。

[78]王辉：《秦文字编》，北京，中华书局，2015。

[79]王筠：《文字蒙求》，北京，中华书局，1962。

[80]王力：《汉语史稿》，北京，中华书局，2004。

[81]王力：《龙虫并雕斋文集》，北京，中华书局，1980。

[82]王力：《中国语言学史》，太原，山西人民出版社，1981。

[83]王念孙：《读书杂志》，南京，江苏古籍出版社，2000。

[84]王叔岷：《史记斠证》，北京，中华书局，2007。

[85]王闰吉：《无著道忠禅语考释集录与研究》，北京，中国社会科学出版社，2016。

[86]王使臻、王使璋、王慧月：《敦煌所出唐宋书牍整理与研究》，成都，西南交通大学出版社，2016。

[87]王宗勋考释：《加池四合院文书考释》，贵阳，贵州民族出版社，2015。

[88]温振兴：《影戏俗字研究》，太原，三晋出版社，2012。

[89]吴吉煌：《两汉方言词研究》，北京，高等教育出版社，2011。

[90]吴金华：《三国志丛考》，上海，上海古籍出版社，2000。

[91]吴金华：《三国志校诂》，南京，江苏古籍出版社，1990。

[92]吴钢辑、吴大敏编：《唐碑俗字录》，西安，三秦出版社，2004。

[93]吴佩林：《清代县域民事纠纷与法律秩序考察》，北京，中华书局，2013。

[94]吴佩林、蔡东洲：《地方档案与文献研究》(第一辑)，北京，社会科学文献出版社，2014。

[95]吴佩林、蔡东洲：《地方档案与文献研究》(第二辑)，北京，社会科学文献出版社，2016。

[96]吴佩林：《地方档案与文献研究》(第三辑)，北京，国家图书馆出版社，2017。

[97]向熹：《简明汉语史》，北京，高等教育出版社，1993。

[98]相宇剑：《〈汉语大词典〉书证探源》，北京，中国社会科学出版社，2015。

[99]萧登福：《敦煌俗文学论丛》，台北，商务印书馆，1988。

[100]许建平：《敦煌文献丛考》，北京，中华书局，2005。

[101]徐仁甫：《广古书疑义举例》，北京，中华书局，1990。

[102]徐时仪：《玄应〈众经音义〉研究》，北京，中华书局，2004。

[103]徐时仪：《学海先飞：徐时仪学术论文集》，上海，上海辞书出版社，2017。

[104]徐文靖：《管城硕记》，北京，中华书局，1998。

[105]徐鼒：《读书杂释》，北京，中华书局，1997。

[106]杨宝忠：《疑难字考释与研究》，北京，中华书局，2005。

[107]杨宝忠：《疑难字续考》，北京，中华书局，2011。

[108]杨宝忠：《疑难字三考》，北京，中华书局，2018。

[109]杨树达：《积微居小学金石论丛》，北京，科学出版社，1955。

[110]杨正业：《汉语大字典难字考》，成都，四川辞书出版社，2004。

[111]易敏：《云居寺明刻石经文字构形研究》，上海，上海教育出版社，2005。

[112]易培基：《三国志补注》，台北，艺文印书馆，1955。

[113]殷孟伦：《子云乡人类稿》，济南，齐鲁书社，1985。

[114]于鬯：《香草校书》，北京，中华书局，1984。

[115]于鬯：《香草续校书》，北京，中华书局，1963。

[116]于淑健：《敦煌佛典语词和俗字研究》，上海，上海古籍出版社，2012。

[117]于亭：《玄应〈一切经音义〉研究》，北京，中国社会科学出版社，2009。

[118]俞樾等：《古书疑义举例五种》，北京，中华书局，1956。

[119]曾良：《敦煌文献丛札》，杭州，浙江古籍出版社，2010。

[120]曾良：《敦煌文献字义通释》，厦门，厦门大学出版社，2001。

[121]曾良：《敦煌佛经字词与校勘研究》，厦门，厦门大学出版社，2010。

[122]曾良：《明清小说俗字研究》，北京，商务印书馆，2017。

[123]曾良：《俗字及古籍文字通例研究》，南昌，百花洲文艺出版社，2006。

[124]曾绍聪：《明清俗语辞书及其所录俗语词研究》，上海，上海辞书出版社，2015。

[125]曾荣广、姚乐野：《清代文书纲要》，成都，四川大学出版社，1990。

[126]翟灏：《通俗编》，北京，中华书局，2013。

[127]张金泉、许建平：《敦煌音义汇考》，杭州，杭州大学出版社，1996。

[128]张俊民：《敦煌悬泉置出土文书研究》，兰州，甘肃教育出版

　　社，2015。

[129]张美兰：《祖堂集校注》，北京，商务印书馆，2009。

[130]张书岩、王铁昆、李青梅、安宁编著：《简化字溯源》，北京，语文
　　出版社，1997。

[131]张锡厚：《王梵志诗校辑》，北京，中华书局，1983。

[132]张显成：《简帛文献学通论》，北京，中华书局，2004。

[133]张晓蓓：《冕宁清代司法档案研究》，北京，中国政法大学出版
　　社，2010。

[134]张小艳：《敦煌社会经济文献词语论考》，上海，上海人民出版
　　社，2013。

[135]张小艳：《敦煌书仪语言研究》，北京，商务印书馆，2007。

[136]张涌泉：《敦煌俗字研究》，上海，上海古籍出版社，1996。

[137]张涌泉：《敦煌俗字研究》(第2版)，北京，中华书局，2015。

[138]张涌泉：《敦煌写本文献学》，兰州，甘肃教育出版社，2013。

[139]张涌泉：《汉语俗字研究》，长沙，岳麓书社，1995。

[140]张涌泉：《汉语俗字丛考》，北京，中华书局，2000。

[141]张涌泉：《俗字里的学问》，北京，语文出版社，2000年

[142]张玉金：《当代中国文字学》，广州，广东教育出版社，2000。

[143]张元济：《三国志校勘记》，北京，商务印书馆，1999。

[144]赵红：《敦煌写本汉字论考》，上海，上海古籍出版社，2012。

[145]赵幼文：《三国志校笺》，成都，巴蜀书社，2001。

[146]赵振铎：《集韵研究》，北京，语文出版社，2006。

[147]赵振铎：《集韵校本》，上海，上海辞书出版社，2012。

[148]赵之谦：《六朝别字记》，北京，文字改革出版社，1958。

[149]郑贤章：《龙龛手镜研究》，长沙，湖南师范大学出版社，2004。

[150]郑贤章：《〈新集藏经音义随函录〉研究》，长沙，湖南师范大学出版
　　社，2007。

[151]郑贤章：《汉文佛典疑难俗字汇释与研究》，成都，巴蜀书
　　社，2016。

[152]周有光：《汉字改革概论》，北京，文字改革出版社，1961。

[153]周志锋：《大字典论稿》，杭州，浙江教育出版社，1998。

[154]周志锋：《明清小说俗字俗语研究》，北京，中国社会科学出版
　　社，2006。

[155]周志锋：《训诂探索与应用》，杭州，浙江大学出版社，2015。

[156]朱葆华：《原本玉篇文字研究》，济南，齐鲁书社，2004。

[157]朱城：《〈汉语大字典〉释义论稿》，广州，暨南大学出版社，2015。

## 二、论文

### (一)期刊论文

[1]安丽荣：《俗字与新疆少数民族学生汉字偏误对比研究》，载《和田师范专科学校学报》，2016(2)。

[2]卞玮、刘传鸿：《〈酉阳杂俎〉俗字识读五则》，载《西昌学院学报》，2013(4)。

[3]陈宝勤：《汉语俗字的生成、应用、传播》，载《语言文字应用》，2005(2)。

[4]陈聪颖：《唐代敦煌写本的俗字类型》，载《资治文摘》，2010(6)。

[5]陈涵：《〈客英大辞典〉疑难俗字札考》，载《汉字文化》，2015(5)。

[6]陈建裕、房秋凤：《〈篆隶万象名义〉中的俗字及其类型》，载《平顶山师专学报》，2000(3)。

[7]陈建裕：《五十年来的汉语俗字研究》，载《平顶山师专学报》，1999(3)。

[8]陈婷婷：《清水江文书"天柱卷"俗字浅析——以数词式、叁、肆为例》，载《晋城职业技术学院学报》，2016(2)。

[9]陈应时：《宋代俗字谱研究》，载《南京艺术学院学报》，1983(3)。

[10]程建鹏：《俄藏黑水城文献俗字与〈汉语大字典〉证补》，载《齐齐哈尔大学学报》，2012(6)。

[11]褚群武、刘玉邦：《俗字的理据性及其俗用现象分析》，载《成都理工大学学报》，2012(2)。

[12]褚群武：《论俗字的特点及其文化心理表现》，载《牡丹江教育学院学报》，2012(1)。

[13]褚群武：《俗字对正字字体的变异分析》，载《长春理工大学学报》，2012(4)。

[14]褚群武：《俗字应用与汉字规范化分析》，载《巢湖学院学报》，2012(2)。

[15]邓鸥英：《敦煌写本〈佛说地藏菩萨经〉俗字考辨》，载《南京师范大学文学院学报》，2001(4)。

[16]董绍克、赵春阳：《谈聊斋俚曲的俗字》，载《蒲松龄研究》，2007(4)。

[17]董绍克：《聊斋俚曲俗字释例》，载《蒲松龄研究》，2007(1)。

[18]董宪臣：《"綦江天书"与道教复文俗字释读》，载《重庆与世界》，2013(11)。

[19]董兆娜、杨小平：《浅谈清代南部县衙档案俗字》，载《长治学院学报》，2013(3)。

[20]董志翘：《〈观世音应验记三种〉俗字、俗语零札》，载《苏州教育学院学报》，2002(2)。

[21]窦怀永：《唐代俗字避讳试论》，载《浙江大学学报》，2009(3)。

[22]杜爱英：《敦煌遗书中俗体字的诸种类型》，载《敦煌研究》，1992(3)。

[23]段晓华、曾凤：《〈新雕孙真人千金方〉俗字特点初探》，载《北京中医药大学学报》，2013(9)。

[24]范登脉、赖文：《俗字研究在〈太素〉整理中的应用》，载《医古文知识》，1998(2)。

[25]范登脉、赖文：《俗字研究在古医籍整理中的应用》，载《中华医史杂志》，2000(3)。

[26]范登脉：《古医籍同形俗字校读五则》，载《南京中医药大学学报》，2004(2)。

[27]方国平：《汉语俗字在日本的传播——以〈日藏古抄李峤咏物诗注〉为例》，载《汉字文化》，2007(5)。

[28]方国平：《西湖景点中的汉语俗字》，载《汉字文化》，2006(3)。

[29]方孝坤：《徽州俗字成因探微》，载《中国社会科学院研究生院学报》，2011(4)。

[30]方孝坤：《徽州俗字例释》，载《佛山科学技术学院学报》，2011(3)。

[31]冯利华、李讯琪：《〈道藏〉本〈肘后备急方〉俗字研究》，载《怀化学院学报》，2006(10)。

[32]冯利华：《道书俗字与〈汉语大字典〉补订》，载《古汉语研究》，2008(2)。

[33]龚元华：《俗字视野下秩、帙辨》，载《名作欣赏》，2013(9)。

[34]龚元华：《英藏敦煌写卷俗字字形误释考校举例》，载《中国语文》，2014(5)。

[35]苟德仪：《清代〈南部县档案〉中"虫月"等名称考释》，载《历史档案》，2008(2)。

[36]顾之川：《俗字与〈说文〉"俗体"》，载《青海师范大学学报》，1990

(4)。

[37]郭洪丹：《20世纪90年代以来敦煌俗字研究综述》，载《西南交通大学学报》，2010(2)。

[38]韩小荆：《据〈可洪音义〉解读〈龙龛手镜〉俗字释例》，载《语言科学》，2007(5)。

[39]郝茂：《论唐代敦煌写本中的俗字》，载《新疆师范大学学报》，1996(1)。

[40]何红一、王平：《美国国会图书馆馆藏瑶族写本俗字的研究价值》，载《广西民族大学学报》，2012(6)。

[41]何红一：《美国国会图书馆馆藏瑶族写本及俗字举例》，载《民族研究》，2013(1)。

[42]何华珍：《俗字在韩国的传播研究》，载《宁波大学学报》，2013(5)。

[43]何华珍：《俗字在日本的传播研究》，载《宁波大学学报》，2011(6)。

[44]何继军、詹言：《唐代"三书"俗字的诸种类型》，载《上海师范大学学报》，2006(3)。

[45]何丽平：《〈宋元以来俗字谱〉正楷字头构件指误——古籍整理札记之一》，载《汉字文化》，2012(6)。

[46]何丽平：《〈宋元以来俗字谱〉正楷字头笔画指误——古籍整理札记之二》，载《汉字文化》，2013(1)。

[47]何茂活：《〈日用俗字〉庄农章解疏——兼以〈农桑经〉及现代淄川方言为证》，载《蒲松龄研究》，2013(3)。

[48]何茂活：《〈日用俗字〉庄农章解疏(续)——兼以〈农桑经〉及现代淄川方言为证》，载《蒲松龄研究》，2013(4)。

[49]何茂活：《从〈古俗字略〉看汉字简化的历史基础——兼论该书的辞书学价值》，载《辞书研究》，2012(1)。

[50]何茂活：《聊斋俚曲俗字例解——兼以甘肃河西方言为证》，载《蒲松龄研究》，2012(1)。

[51]何山：《明清石刻俗字考释十题》，载《广东技术师范学院学报》，2016(3)。

[52]何山：《新刊碑志俗字考释八题》，载《巢湖学院学报》，2015(4)。

[53]何山：《新刊隋唐碑志俗字考》，载《保定学院学报》，2015(5)。

[54]何泽稀：《清代南部县衙档案俗字浅考》，载《四川文理学院学报》，2015(3)。

[55]贺敬朱：《清代南部县衙档案俗字探析》，载《绵阳师范学院学报》，

2016(10)。

[56]贺敬朱：《南部档案俗字辨析二则》，载《铜仁学院学报》，2017(8)。

[57]河永三：《韩国朝鲜后期坊刻本俗字研究——以〈论语集注〉〈孟子集注〉为例》，载《殷都学刊》，2010(2)。

[58]侯尤峰：《〈说文解字〉徐铉所注"俗字"浅析》，载《古汉语研究》，1995(2)。

[59]胡剑：《清代南部知县章仪庆与半日学堂》，载《南充社会科学》，2011(5)。

[60]胡锦贤：《汉语俗字的产生与应用》，载《武汉交通管理干部学院学报》，2002(3)。

[61]黄静宇：《也谈〈说文〉中的俗字》，载《乐山师范学院学报》，2006(3)。

[62]黄宇鸿：《论〈说文〉俗字研究及其意义》，载《河南师范大学学报》，2002(6)。

[63]黄征、黄卫：《欧阳询行楷〈千字文〉俗字与敦煌俗字特征考辨》，载《西南民族大学学报》，2014(3)。

[64]黄征：《敦煌俗字要论》，载《敦煌研究》，2005(1)。

[65]黄征：《欧阳询行楷〈千字文〉俗字与敦煌俗字异同考辨》，载《敦煌研究》，2009(1)。

[66]吉仕梅：《〈说文解字〉俗字笺议》，载《语言研究》，1996(2)。

[67]吉仕梅：《〈说文解字〉俗字疏证》，载《乐山师专学报》，1992(2)。

[68]纪雅茹：《〈干禄字书〉俗字构形中的声符替换》，载《泰安教育学院学报岱宗学刊》，2008(4)。

[69]贾盖东：《〈大越史记全书〉俗字初探》，载《现代交际》，2013(7)。

[70]贾盖东：《越南汉籍〈大越史记全书〉俗字研究——谈"撥"》，载《现代交际》，2014(8)。

[71]贾忠峰：《论民间文化对楷书俗字构形的影响》，载《殷都学刊》，2015(3)。

[72]贾忠峰：《宋本〈玉篇〉俗字的构形理据及造字规则》，载《重庆三峡学院学报》，2013(6)。

[73]蒋冀骋：《评〈汉语俗字研究〉》，载《古汉语研究》，1996(4)。

[74]蒋礼鸿：《汉语俗文字学研究导言》，载《杭州大学学报》，1959(3)。

[75]金烨：《日本上代金石文与汉语俗字》，载《安庆师范学院学报》，2013(4)。

[76]井米兰：《〈韩国俗字谱〉人部俗字之类型特征——基于与敦煌俗字的比较》，载《潍坊教育学院学报》，2010(6)。

[77]井米兰：《敦煌俗字与宋本〈玉篇〉俗字字形之差异及其原因初探》，载《宁夏大学学报》，2010(5)。

[78]井米兰：《敦煌俗字整理及研究概况》，载《武汉科技大学学报》，2011(5)。

[79]井米兰：《韩国汉字及俗字研究综述》，载《延边大学学报》，2011(1)。

[80]井米兰：《俗字之名义及其相关问题》，载《泰安教育学院学报岱宗学刊》，2010(1)。

[81]井学法：《汉碑俗字的类型及其成因探析》，载《文化学刊》，2010(2)。

[82]孔青青：《韩国汉文小说〈九云梦〉简省类俗字研究》，载《现代交际》，2014(6)。

[83]李发：《北朝石刻俗字类型举隅》，载《南昌航空大学学报》，2008(2)。

[84]李怀之：《〈内经〉俗字校释》，载《山东中医药大学学报》，2006(5)。

[85]李建斌：《〈日藏古抄李峤咏物诗注〉符号代替类俗字研究》，载《汉字文化》，2011(5)。

[86]李金溢：《柳州〈龙城石刻〉俗字考》，载《商》，2013年第21期。

[87]李杉：《〈俗书刊误〉前四卷所列俗字的分类研究》，载《邵阳学院学报》，2006(5)。

[88]李素娟：《上图藏敦煌写卷〈黄仕强传〉俗字考辨》，载《敦煌学辑刊》，2009(1)。

[89]李万鹏：《〈庄农杂字〉与〈日用俗字〉》，载《蒲松龄研究》，2000(C1)。

[90]李文珠：《〈一切经音义〉中几个俗字术语辨析》，载《南阳师范学院学报》，2007(4)。

[91]李焱：《蒲松龄〈日用俗字〉考讹》，载《蒲松龄研究》，1999(3)。

[92]李振聚：《蒲松龄〈日用俗字〉略考》，载《蒲松龄研究》，2012(3)。

[93]梁春胜：《魏晋南北朝石刻俗字考释》，载《中国语文》，2013(4)。

[94]梁春胜：《六朝石刻疑难俗字例释》，载《文史》，2014(4)。

[95]刘丰年、杨小平：《"据"字俗体演变考》，载《乐山师范学院学报》，2013(1)。

[96]刘锋晋：《关于几个俗字》，载《成都师专学报》，1990(3)。

[97]刘福铸:《莆仙戏古剧本俗字研究——以古本〈目连救母〉〈吊丧〉为例》,载《莆田学院学报》,2005(4)。

[98]刘凯:《汉字谜语中的俗字观念例解》,载《黄冈职业技术学院学报》,2010(5)。

[99]刘利:《〈汉语俗字研究〉读后》,载《中国语文》,1997(6)。

[100]刘美娟:《浙南地名俗字考释》,载《浙江工业大学学报》,2008(1)。

[101]刘洋:《〈说文段注〉俗字类型考略》,载《殷都学刊》,2000(3)。

[102]刘洋:《就〈汉语俗字研究〉与张涌泉先生商榷》,载《丽水学院学报》,2015(6)。

[103]刘洋:《〈说文段注〉俗字类型考略》,载《殷都学刊》,2000(3)。

[104]刘中富:《〈干禄字书〉俗字研究》,载《中文自学指导》,2002(3)。

[105]柳建钰:《〈篆隶万象名义〉俗字小议》,载《南阳师范学院学报》,2010(11)。

[106]卢巧琴、樊旭敏:《论正、俗字的语境差异——以魏晋南北朝译经语料为基础的考察》,载《西南交通大学学报》,2011(2)。

[107]卢庆全、黑维强:《贵州契约文书俗字"(文艮)"考释》,载《新疆大学学报》,2015(3)。

[108]罗会同:《〈说文解字〉中俗体字的产生与发展》,载《苏州大学学报》,1996(3)。

[109]吕永进:《中国传统起名方法中的俗字观念》,载《东岳论丛》,2007(6)。

[110]马丹丹:《〈祖堂集〉类化俗字之探析》,载《赤峰学院学报》,2012(6)。

[111]马建东:《敦煌俗字举隅——以写本相书为中心》,载《天水师范学院学报》,2008(1)。

[112]梅季:《一部填补近代汉字研究空白的力作——读〈汉语俗字研究〉》,载《中国图书评论》,1995(12)。

[113]聂志军、贺卫国:《唐代景教写经中的疑难俗字例释》,载《宁夏大学学报》,2010(4)。

[114]钱兴:《〈父母恩重俗文〉俗字辨》,载《镇江高专学报》,2003(3)。

[115]邱龙升:《〈宋元以来俗字谱〉俗字类型考察》,载《宁夏大学学报》,2014(3)。

[116]裘锡圭:《〈汉语俗字研究〉序》,载《古汉语研究》,1994(2)。

[117]饶宗颐:《敦煌俗字研究序》,载《中国文化》,1995(1)。

[118]任力：《现代俗字小议》，载《汉字文化》，2000(3)。

[119]锐声：《俗字的产生与字词书》，载《辞书研究》，1994(5)。

[120]石云孙：《论俗字》，载《安庆师范学院学报》，2000(1)。

[121]宋雨涵、饶冬梅：《〈宋本玉篇〉中的俗字》，载《语文建设》，2013(33)。

[122]苏芃：《敦煌单疏写本〈春秋正义〉残卷录文及校勘记》，载《敦煌学研究》，2006(2)。

[123]苏晓青：《江苏北部地区方言俗字的考察》，载《方言》，2004(2)。

[124]孙芳芳、杨小平：《〈清代南部县衙档案〉俗字考释六则》，载《重庆三峡学院学报》，2013(2)。

[125]孙孝忠、丁春：《中医古籍的俗字研究》，载《福建中医学院学报》，2009(1)。

[126]孙雍长、李建国：《宋元明清时期的汉字规范》，载《学术研究》，2006(4)。

[127]唐天丽：《朝鲜刻本〈樊川文集夹注〉俗字初探》，载《现代交际》，2014(4)。

[128]唐武嘉：《敦煌写本〈老子化胡经〉俗字辑考》，载《现代交际》，2013(2)。

[129]唐智燕：《〈贵州苗族林业契约文书汇编〉误释俗字补正——兼论俗字研究对于民间写本文契开发利用的重要性》，载《原生态民族文化学刊》，2013(4)。

[130]唐智燕：《〈石仓契约〉俗字释读疏漏补正》，载《宁波大学学报》，2013(6)。

[131]唐智燕：《〈石仓契约〉俗字校读十五则》，载《宁波大学学报》，2015(2)。

[132]唐智燕：《〈石仓契约〉俗字校读十则》，载《宁波大学学报》，2014(5)。

[133]唐智燕：《清水江文书疑难俗字例释(一)》，载《原生态民族文化学刊》，2014(3)。

[134]唐智燕：《清水江文书疑难俗字例释(二)》，载《原生态民族文化学刊》，2014(4)。

[135]唐智燕：《清水江文书疑难俗字例释(三)——兼论民间文书标题的构拟问题》，载《原生态民族文化学刊》，2015(1)。

[136]陶家骏：《敦煌佚本〈维摩诘经注〉写卷俗字辑考》，载《苏州大学学

报》，2011(5)。

[137]万献初：《鄂南地名志中的地名俗字评议》，载《咸宁师专学报》，1994(3)。

[138]万献初：《咸宁方言中的人体动作类俗字探微》，载《咸宁师专学报》，1997(1)。

[139]王春艳：《浅论仁和寺本〈太素〉的俗字研究方法》，载《医古文知识》，2002(3)。

[140]王锋：《方块白文与汉字俗字》，载《大理学院学报》，2009(9)。

[141]王慧兰：《浅析清代南部县衙档案中的改换形旁俗字》，载《西昌学院学报》，2015(2)。

[142]王建军、杨奔：《太平天国文献俗字研究述评》，载《广西社会科学》，2013(2)。

[143]王建军：《太平天国文献俗字三题》，载《梧州学院学报》，2013(2)。

[144]王珏：《蒲松龄〈日用俗字〉方言词例释》，载《蒲松龄研究》，2012(2)。

[145]王丽坤：《〈通俗文〉刍议——辑录俗言俚语、冷僻俗字的滥觞之作》，载《文化学刊》，2011(2)。

[146]王灵芝、杨小平：《清代南部县衙档案俗字例析》，载《宜宾学院学报》，2015(5)。

[147]王玲玲、王红彩：《瑶族土俗字探源及文化阐释——兼谈〈两京书〉的俗字》，载《歌海》，2016(1)。

[148]王抒情：《〈宋本广韵〉平声卷俗字研究》，载《语文知识》，2013(3)。

[149]王晓平：《朝鲜李朝汉文小说写本俗字研究》，载《上海师范大学学报》，2013(2)。

[150]王晓平：《从〈镜中释灵实集〉释录看东亚写本俗字研究——兼论东亚写本学研究的意义》，载《天津师范大学学报》，2008(5)。

[151]王晓平：《敦煌俗字研究方法对日本汉字研究的启示——〈今昔物语集〉讹别字考》，载《天津师范大学学报》，2011(5)。

[152]王晓平：《借敦煌俗字破日藏汉籍写本释录之疑——以〈圣武天皇宸翰杂集〉为中心》，载《敦煌研究》，2009(1)。

[153]王晓平：《日本汉籍古写本俗字研究与敦煌俗字研究的一致性——以日本国宝〈毛诗郑笺残卷〉为中心》，载《艺术百家》，2010(1)。

[154]王晓平：《俗字通例研究在日本写本考释中的运用——以〈万叶集〉汉诗文为例》，载《天津师范大学学报》，2010(6)。

[155]王艳：《〈说文解字系传〉俗字研究》，载《中国石油大学胜利学院学报》，2015(2)。

[156]韦茂繁、雷晓臻：《仫佬族土俗字探源及其文化阐释》，载《广西大学学报》，2005(4)。

[157]魏平：《六朝墓志俗字的构件变化简析》，载《重庆工商大学学报》，2012(6)。

[158]魏宇文：《谈毕沅〈释名疏证〉中的"今本俗字"》，载《中国语文》，2007(1)。

[159]文禾：《汉语俗字学的奠基之作——张涌泉博士〈汉语俗字研究〉读后》，载《浙江社会科学》，1995(4)。

[160]吴波：《敦煌俗字女旁替换现象管窥》，载《中国典籍与文化》，2004(1)。

[161]吴峰：《汉字字体设计与汉语俗字造字同构性初探》，载《新疆广播电视大学学报》，2014(1)。

[162]吴军兰：《敦煌写本繁化俗字例析》，载《丽水师专学报》，1997(1)。

[163]吴立、钱汝平：《〈唐碑俗字录〉匡补二十一例》，载《上饶师范学院学报》，2012(1)。

[164]吴文文：《汉碑俗字所反映出来的两类汉字形体演变规律》，载《濮阳职业技术学院学报》，2009(1)。

[165]肖瑜：《敦煌研究院藏〈三国志·步骘传〉残卷疑难俗字补释》，载《敦煌研究》，2008(5)。

[166]肖瑜：《魏晋南北朝写本俗字兴盛原因管窥——以敦煌吐鲁番出土〈三国志〉古写本俗字为例》，载《贺州学院学报》，2012(4)。

[167]熊加全：《〈正字通〉考释疑难俗字的价值》，载《语文建设》，2014(32)。

[168]熊加全：《〈正字通〉疑难俗字考释正误辨》，载《语文建设》，2013(8)。

[169]熊加全：《第二版〈汉语大字典〉引〈古俗字略〉疑误举例》，载《保定学院学报》，2014(6)。

[170]徐时仪：《敦煌写卷佛经音义俗字考探》，载《艺术百家》，2010(6)。

[171]褶健聪：《清末民国刊本龙舟歌俗字选释》，载《文化遗产》，2013(5)。

[172]闫平凡：《浅析清水江文书俗字的价值》，载《贵州大学学报》，2012(2)。

[173]闫艳、祝昊冉：《〈事林广记〉俗字探微》，载《内蒙古师范大学学报》，2014(6)。

[174]晏昌容、杨小平：《清代顺治康熙时期南部县衙档案俗字考释》，载《重庆科技学院学报》，2012(24)。

[175]杨宝忠、齐霄鹏：《论隐性疑难俗字》，载《河北大学学报》，2013(3)。

[176]杨宝忠：《汉语俗字续考(之一)——利用文献材料考释俗字》，载《河北大学学报》，2002(1)。

[177]杨奔、王建军：《试论太平天国文献俗字研究的意义》，载《广西师范大学学报》，2012(5)。

[178]杨清臣：《利用〈新修玉篇〉考辨疑难俗字》，载《河北大学学报》，2011(3)。

[179]杨小平：《南部档案俗字考释》，载《西华师范大学学报》，2012(6)。

[180]杨小平、郭雪敏：《论清代南部县衙档案俗字的类型》，载《西华师范大学学报》，2015(4)。

[181]杨小卫：《〈集韵〉和〈类篇〉的俗字初探》，载《湖南工业大学学报》，2009(4)。

[182]杨正业：《〈龙龛手鉴〉古俗字考辨》，载《西华师范大学学报》，2004(5)。

[183]杨正业：《简论〈古俗字略〉——兼及〈汉语大字典〉疑难字》，载《辞书研究》，2003(5)。

[184]姚美玲：《唐代墓志俗字辨误》，载《语言研究》，2007(1)。

[185]姚小平：《明末〈葡汉词典〉的汉字》，载《中国语文》，2015(2)。

[186]姚永铭：《俗字考释中的音韵问题——〈汉语俗字丛考〉读后》，载《语言研究》，2000(4)。

[187]姚永铭：《俗字研究的几个问题》，载《古汉语研究》，2003(3)。

[188]叶桂郴、罗智丰：《一部汉语俗字和佛经音义研究的力作——评郑贤章博士的〈新集藏经音义随函录研究〉》，载《桂林航天工业高等专科学校学报》，2011(1)。

[189]叶穗、郑贤章：《〈古俗字略〉疑难注音释义札考》，载《桂林航天工业学院学报》，2013(4)。

[190]叶穗、郑贤章：《〈古俗字略〉与〈龙龛手镜〉注音释义对比研究》，载《怀化学院学报》，2014(6)。

[191]叶荧光：《〈施案奇闻〉俗字例释》，载《集美大学学报》，2012(1)。

[192]于淑健：《敦煌佛经俗字误读释正》，载《文献》，2008(2)。

[193]于淑健：《俗字零札——以敦煌写本为例》，载《鲁东大学学报》，2013(3)。

[194]于正安：《敦煌历文俗字类型研究》，载《许昌学院学报》，2013(6)。

[195]余阳：《〈盘王歌〉与〈宋元以来俗字谱〉俗字比较初探》，载《文学教育(上)》，2009(10)。

[196]曾良、林鹭兵：《略谈明清古籍俗字的释读》，载《江南大学学报》，2009(2)。

[197]曾良：《俗字与古籍校勘七题》，载《文献》，2007(2)。

[198]曾良：《俗字与古籍整理举隅》，载《中国典籍与文化》，2003(2)。

[199]曾述忠：《明清小说疑难俗字考二则》，载《中国语文》，2011(6)。

[200]张标：《俗字考辨》，载《古汉语研究》，2001(3)。

[201]张国良：《宝卷俗字札记》，载《古汉语研究》，2015(2)。

[202]张鸿魁：《"啜哄"探源兼论"趂"字——〈金瓶梅〉俗字讹字例释》，载《东岳论丛》，2007(6)。

[203]张鸿魁：《〈金瓶梅〉词语训释和俗字辨识》，载《济宁师专学报》，1996(1)。

[204]张鸿魁：《释"虚簧"并论俗字"嚣"——〈金瓶梅〉俗字讹字例释》，载《中国语文》，2009(4)。

[205]张磊：《〈新撰字镜〉与汉语俗字研究》，载《西南交通大学学报》，2010(4)。

[206]张龙飞、周志锋：《〈法苑珠林〉中的简省俗字》，载《现代语文》，2013(7)。

[207]张龙飞、周志锋：《〈汉语大字典〉失收俗字字形补遗——以〈法苑珠林〉俗字为例》，载《现代语文》，2014(6)。

[208]张民权、田迪：《宋代韵书中的俗字标识与文字观念研究》，载《南昌大学学报》，2013(3)。

[209]张树铮：《〈日用俗字〉形讹字补考——兼论路本、盛本、影印本之关系》，载《蒲松龄研究》，2014(1)。

[210]张树铮：《今本蒲松龄〈日用俗字〉形讹字考正》，载《蒲松龄研究》，2009(3)。

[211]张树铮：《蒲松龄〈日用俗字〉中的俗字》，载《蒲松龄研究》，2012(3)。

[212]张通海：《谈俗字"圿"(钱)的造字理据》，载《淮北煤炭师范学院学

报》，2008(5)。

[213]张文冠：《近代汉语禾部俗字辑考》，载《宁波大学学报》，2015(2)。

[214]张相平：《论俗字在〈读书杂志〉中的应用》，载《惠州学院学报》，
　　　2011(5)。

[215]张燕：《徐铉俗字标准问题》，载《西华师范大学学报》，2015(3)。

[216]张涌泉：《大型字典编纂中与俗字相关的若干问题——〈汉语大字
　　　典〉〈中华字海〉读后》，载《中国社会科学》，1997(4)。

[217]张涌泉：《汉语俗字新考》，载《浙江大学学报》，2005(1)。

[218]张涌泉：《史书俗字辨考五题》，载《语言研究》，2004(4)。

[219]张涌泉：《试论汉语俗字研究的意义》，载《中国社会科学》，1996
　　　(2)。

[220]张涌泉：《试论审辨敦煌写本俗字的方法》，载《敦煌研究》，1994
　　　(2)。

[221]张涌泉：《研究敦煌俗字应注意的几个问题》，载《杭州师范学院学
　　　报》，1995(4)。

[222]赵春兰、冯恩芳：《〈妙法莲花经〉唐写本与辽刻本的俗字异同比
　　　较》，载《通化师范学院学报》，2007(7)。

[223]赵春兰、莫波功：《〈应县木塔辽代秘藏·妙法莲花经〉俗字类型论
　　　略》，载《通化师范学院学报》，2006(1)。

[224]赵春兰、杨建秀：《〈应县木塔辽代秘藏〉俗字类型及成因》，载《通
　　　化师范学院学报》，2007(11)。

[225]赵春兰、张浴秋：《〈应县木塔辽代秘藏〉与〈龙龛手镜〉俗字比较研
　　　究》，载《通化师范学院学报》，2007(5)。

[226]赵春兰：《〈应县木塔辽代秘藏·妙法莲花经〉俗字考辨》，载《通化
　　　师范学院学报》，2006(3)。

[227]赵春兰：《俗字与异体字》，载《时代文学(下半月)》，2011(4)。

[228]赵春兰：《俗字与正字》，载《时代文学(下半月)》，2011(2)。

[229]赵红：《敦煌写本〈甘棠集〉俗字辑考》，载《敦煌研究》，2008(4)。

[230]赵红：《汉语俗字构字理据性初探——以敦煌吐鲁番文献为中心》，
　　　载《西域研究》，2011(4)。

[231]赵立伟：《从隶变看俗字的产生》，载《聊城大学学报》，2004(5)。

[232]赵璐：《浅析〈干禄字书〉中的俗字》，载《南昌教育学院学报》，2011
　　　(6)。

[233]甄周亚：《冯克宽诗集写本笔画类俗字研究》，载《现代交际》，2015

（11）。

[234]郑阿财：《论敦煌俗字与写本学之关系》，载《敦煌研究》，2006(6)。

[235]郑贤章、谷舒：《可洪〈藏经音义随函录〉与汉语俗字研究》，载《湖南师范大学社会科学学报》，2007(1)。

[236]郑贤章：《汉文佛典：谱写汉字研究新篇章》，载《湖南师范大学社会科学学报》，2017(5)。

[237]郑贤章：《〈可洪音义〉与现代大型字典俗字考》，载《汉语学报》，2006(2)。

[238]郑贤章：《〈龙龛手镜〉俗字丛考(一)》，载《古汉语研究》，2004(1)。

[239]郑贤章：《〈龙龛手镜〉未识俗字考辨》，载《语言研究》，2002(2)。

[240]郑贤章：《〈中华字海〉未识俗字考》，载《古汉语研究》，2003(2)。

[241]郑贤章：《从汉文佛典俗字看〈汉语大字典〉的缺漏》，载《中国语文》，2002(3)。

[242]郑贤章：《敦煌音义写卷若干俗字重考》，载《敦煌研究》，2003(1)。

[243]郑贤章：《汉文佛典疑难俗字考释》，载《合肥师范学院学报》，2012(1)。

[244]郑贤章：《汉文佛典疑难俗字札考》，载《古汉语研究》，2011(2)。

[245]郑贤章：《汉语疑难俗字例释》，载《语言研究》，2006(4)。

[246]郑贤章：《汉语疑难俗字重考若干例》，载《中国语文》，2007(6)。

[247]郑贤章：《以可洪〈随函录〉考汉语俗字(续)》，载《古汉语研究》，2007(1)。

[248]郑贤章：《以可洪〈随函录〉考汉语俗字若干例》，载《古汉语研究》，2006(1)。

[249]仲崇山：《潮州歌册俗字的类型》，载《汉字文化》，2014(4)。

[250]仲崇山：《潮州歌册俗字选释》，载《汉字文化》，2011(5)。

[251]周阿根：《五代墓志俗字考辨》，载《学术界》，2010(9)。

[252]周玳：《韩国写本〈漂海录〉俗字类型分析》，载《现代语文》，2014(12)。

[253]周正、詹绪左：《〈宝林传〉俗字考释十则》，载《安庆师范学院学报》，2014(2)。

[254]周志锋：《论〈越谚〉方俗字》，载《古汉语研究》，2011(4)。

[255]周志锋：《论俗字研究与大型字典的编纂》，载《辞书研究》，1999(3)。

[256]周志锋：《俗字考释两则》，载《汉字文化》，2006(4)。

[257]周志锋：《俗字俗语与明清白话小说校勘》，载《宁波广播电视大学学报》，2003(1)。

[258]周志锋：《俗字俗语与明清白话著作校勘》，载《古籍整理研究学刊》，2000(2)。

[259]周志锋：《〈越谚〉与俗字词选释》，载《中国语文》，2011(5)。

[260]朱智武：《东晋南朝墓志俗字及其成因探析》，载《南京晓庄学院学报》，2012(1)。

[261]祝玉洁：《〈朝鲜时代汉语教科书丛刊续编〉本俗字类析》，载《现代交际》，2014(3)。

## （二）硕博士论文

[1]艾东门：《〈广韵〉俗字研究》，硕士学位论文，云南大学，2014。

[2]卞玮：《四部丛刊本〈酉阳杂俎〉俗字研究》，硕士学位论文，温州大学，2014。

[3]陈瑞峰：《〈甘肃藏敦煌文献〉俗字研究》，硕士学位论文，浙江师范大学，2012。

[4]代爽：《〈玉篇校释〉俗字研究》，硕士学位论文，渤海大学，2014。

[5]戴明珠：《〈中国书店藏敦煌文献〉俗字研究》，硕士学位论文，南京师范大学，2014。

[6]杜宝梅：《明尚友堂本"二拍"俗字俗语词考》，硕士学位论文，江西师范大学，2014。

[7]范晓林：《〈元刊杂剧三十种〉俗字俗词俗语与版式研究》，博士学位论文，山西师范大学，2013。

[8]方国平：《〈类聚名义抄〉俗字研究》，硕士学位论文，浙江财经学院，2009。

[9]耿娟：《〈说文通训定声〉俗字研究》，硕士学位论文，河北师范大学，2013。

[10]何茶花：《明万历刻本〈元曲选〉俗字俗语词研究》，硕士学位论文，江西师范大学，2014。

[11]何继军：《唐代"三书"俗字研究》，硕士学位论文，安徽师范大学，2004。

[12]黄征：《汉语俗语词通论》，博士学位论文，杭州大学，1993。

[13]纪雅茹：《〈宋本广韵〉俗字丛考》，硕士学位论文，青岛大学，2010。

[14]贾盖东：《越南汉籍〈大越史记全书〉俗字研究》，硕士学位论文，浙

江财经大学，2015。

[15]金双平：《敦煌写本〈四分律〉俗字研究》，博士学位论文，南京师范大学，2014。

[16]金烨：《新井白石〈同文通考〉俗字研究》，硕士学位论文，浙江财经大学，2014。

[17]井米兰：《敦煌俗字与宋本〈玉篇〉文字比较研究》，华东师范大学，硕士学位论文，2009。

[18]孔青青：《韩国坊刊本〈九云梦〉俗字研究》，硕士学位论文，浙江财经大学，2015。

[19]李建斌：《日藏古抄〈百二十咏诗注〉俗字研究》，硕士学位论文，浙江财经学院，2012。

[20]李建廷：《楼兰残纸文书俗字研究》，硕士学位论文，华东师范大学，2008。

[21]李炜：《宋代笔记中的俗字研究》，硕士学位论文，四川大学，2005。

[22]李文珠：《慧琳〈一切经音义〉俗字研究》，硕士学位论文，河南大学，2007。

[23]李晓华：《〈石仓契约〉俗字研究》，硕士学位论文，湘潭大学，2013。

[24]李义敏：《明朝档案俗字研究》，硕士学位论文，浙江师范大学，2012。

[25]李占平：《段注俗字研究》，硕士学位论文，陕西师范大学，2000。

[26]刘康平：《越南汉文写卷俗字研究》，硕士学位论文，西南交通大学，2011。

[27]刘兴奇：《〈说文解字〉徐铉所注俗字研究》，硕士学位论文，华中科技大学，2006。

[28]刘正烨：《〈省文纂考〉俗字研究》，硕士学位论文，上海师范大学，2010。

[29]刘欣馨：《敦煌写本唐五代俗字研究》，硕士学位论文，南京师范大学，2013。

[30]陆娟娟：《吐鲁番出土文书俗字研究》，硕士学位论文，新疆师范大学，2005。

[31]罗芳：《清代至民国时期云南契约文书俗字研究》，硕士学位论文，湘潭大学，2015。

[32]骆宝萍：《〈红楼梦〉俗字探研》，硕士学位论文，浙江大学，2010。

[33]彭琪：《〈字鉴〉正俗字研究》，硕士学位论文，吉首大学，2013。

[34]屈探春：《俗字字形描述方法研究》，硕士学位论文，南京师范大学，2015。

[35]任韧：《〈英藏黑水城文献〉汉文文献俗字研究》，硕士学位论文，宁夏大学，2014。

[36]宋红芝：《东福寺本〈参天台五台山记〉俗字研究》，硕士学位论文，浙江财经学院，2009。

[37]宋丽丽：《敦煌写本〈籯金〉俗字研究》，硕士学位论文，南京师范大学，2011。

[38]孙海燕：《张仲景医籍俗字研究》，硕士学位论文，西南大学，2011。

[39]孙兆杰：《敦煌汉文中医药文献俗字研究》，硕士学位论文，广州中医药大学，2012。

[40]覃继红：《〈长沙走马楼三国吴简·竹简〉俗字研究》，硕士学位论文，西南大学，2009。

[41]谭翠：《〈唐五代韵书集存〉俗字研究》，硕士学位论文，湖南师范大学，2007。

[42]唐帅彬：《敦煌俗字论辨》，硕士学位论文，南京师范大学，2012。

[43]陶美玲：《〈北京大学图书馆藏敦煌文献〉俗字研究》，硕士学位论文，南京师范大学，2014。

[44]汪安安：《唐代大历年间石刻俗字研究》，硕士学位论文，上海师范大学，2013。

[45]汪华萍：《〈字辨七卷〉俗字研究》，硕士学位论文，西南大学，2015。

[46]王翠：《〈甘肃藏敦煌文献〉俗字研究》，硕士学位论文，南京师范大学，2014。

[47]王凤琴：《北魏墓志俗字研究》，硕士学位论文，安徽大学，2015。

[48]王建民：《〈马王堆汉墓帛书〉"肆"俗字研究》，硕士学位论文，西南师范大学，2002。

[49]王莉：《日本内阁文库藏〈清平山堂话本〉俗字研究》，硕士学位论文，上海师范大学，2011。

[50]王雪：《〈新获吐鲁番出土文献〉俗字研究》，硕士学位论文，南京师范大学，2015。

[51]文丽：《〈干禄字书〉与魏晋南北朝碑刻俗字对比研究》，硕士学位论文，西南大学，2011。

[52]吴士田：《敦煌〈坛经〉写本俗字研究》，硕士学位论文，安徽师范大学，2007。

[53]夏敏：《〈康熙字典〉俗字整理与研究》，硕士学位论文，华东师范大学，2015。

[54]肖冰萌：《法藏归义军时期敦煌汉文写卷俗字研究及应用》，硕士学位论文，广西大学，2014。

[55]肖倩：《敦煌写卷中古俗字研究》，硕士学位论文，南京师范大学，2014。

[56]薛皖东：《〈干禄字书〉所收俗字与敦煌俗字比较研究》，硕士学位论文，南京师范大学，2013。

[57]严燕汝：《敦煌本〈老子〉俗字研究》，硕士学位论文，南京师范大学，2012。

[58]杨宝忠：《大型字书疑难字考释与研究》，博士学位论文，北京师范大学，2004。

[59]杨朝栋：《〈上海博物馆藏敦煌吐鲁番文献〉佛教文献中的俗字研究》，硕士学位论文，南京师范大学，2013。

[60]杨义凤：《〈上海图书馆藏敦煌吐鲁番文献〉佛经写本俗字研究》，硕士学位论文，南京师范大学，2014。

[61]叶纯钰：《赵城金藏〈高僧传〉俗字研究》，硕士学位论文，四川师范大学，2012。

[62]叶穗：《〈古俗字略〉注音释义研究》，硕士学位论文，湖南师范大学，2014。

[63]殷梅：《方言俗字研究中的几个问题》，硕士学位论文，山东师范大学，2000。

[64]余阳：《美国国会图书馆馆藏瑶族手抄文献俗字研究》，硕士学位论文，中南民族大学，2011。

[65]袁睿：《"俗"字背后的不同体认：张爱玲、池莉"俗"的表现及成因》，硕士学位论文，东北师范大学，2008。

[66]曾少林：《法藏公元755年至855年敦煌汉文纪年写卷俗字研究及应用》，硕士学位论文，广西大学，2015。

[67]张改香：《慧琳〈一切经音义〉会意俗字研究》，硕士学位论文，河南大学，2012。

[68]赵春兰：《〈应县木塔辽代秘藏·妙法莲华经〉俗字研究》，硕士学位论文，上海师范大学，2006。

[69]赵立伟：《〈睡虎地秦墓竹简〉通假字、俗字研究》，硕士学位论文，西南师范大学，2002。

[70]赵熊:《〈元至治本全相平话三国志〉异字研究》,硕士学位论文,四川师范大学,2008。

[71]赵曜曜:《公元 618 至 755 年法藏敦煌汉文纪年写卷楷书俗字研究》,硕士学位论文,广西大学,2012。

[72]甄周亚:《冯克宽使华汉诗写本俗字研究》,硕士学位论文,浙江财经大学,2015。

[73]周晨晔:《〈倭楷正讹〉俗字研究》,硕士学位论文,上海师范大学,2012。

[74]周慧:《日本〈中村不折旧藏禹域墨书集成〉俗字研究》,硕士学位论文,南京师范大学,2013。

[75]周梅:《〈东北边疆档案选辑〉俗字研究》,硕士学位论文,浙江师范大学,2014。

[76]周正:《〈宝林传〉俗字研究》,硕士学位论文,安徽师范大学,2014。

[77]周志波:《〈古俗字略〉研究》,硕士学位论文,河北大学,2008。

[78]朱轶:《〈宋元以来俗字谱〉俗字研究》,硕士学位论文,福建师范大学,2007。

[79]祝昊冉:《〈事林广记〉俗字实例与正字理念研究》,硕士学位论文,内蒙古师范大学,2014。

[80]卓佳乐:《元氏墓志俗字构形研究》,硕士学位论文,浙江财经大学,2015。